결혼준비교육

전귀연 이지민 이순복 임지영 박혜란
배문조 임주영 정유진 김은지 신현정 공저

신정

머리말

대학생들에게 결혼과 가족관계에 대한 교양 강의를 시작하면서부터 결혼을 마음에 두고 있는 대학생들을 위해 필요한 지식과 기술을 담은 책을 만들고 싶었습니다. 실제적으로 필요한 내용을 선별하는 것이 나름 어렵고 힘든 일이라 실험적으로 만든 원고로 강의를 하면서도 최종 출간을 하기까지 시간이 많이 소요되어 버렸습니다. 이러는 동안 한국 사회의 젊은이들에게 결혼은 선택이 되고, 심지어 결혼과 출산을 기피하는 경향까지 보이는 것 같아 마음이 착잡하기도 합니다. 그럼에도 출간된 책이 결혼을 준비하는 젊은이들에게 조금이라도 도움이 되기를 희망합니다.

결혼준비교육은 젊은 미혼남녀를 대상으로 행복한 결혼과 건강한 가정생활에 필요한 지식, 기술 및 태도를 가르치고 적용함으로써 개인과 가족의 전반적인 삶의 질을 높이고, 결혼과 가족생활에서 발생할 수 있는 다양한 문제를 예방하기 위해 개인과 가족의 잠재력을 개발하고 강화시키고자 의도된 교육입니다. 궁극적으로 결혼준비교육의 목표는 부부의 결혼안정성과 만족도를 높이는 데 있습니다.

이 책은 저자들이 모여 결혼생활에 필요한 주제를 결정하는 것부터 시작을 했습니다. 각자 주제에 맞는 내용을 집필하면서 결혼준비교육의 목표를 달성하고자 노력하였습니다. 사정에 의해 초기 집필진이 바뀌기도 하고, 각자 강의를 하면서 서로 구상한 것에 대한 의견을 조율하는 등으로 원고를 탈고하기까지 많은 기간이 걸렸습니다. 매번 책의 출간이 늦어지는 관계로 일부 저자는 원고를 여러 번 수정해야 하는 번거로운 일을 하였습니다.

이 책은 총 13장으로 구성하였습니다. 제1장은 전귀연과 임지영, 제2장과 제12장은 임주영, 제3장과 제10장은 박혜란, 제4장과 제8장은 김은지, 제5장은 신현정, 제6장과 제9장은 배문조, 제7장은 정유진, 제11장은 이순복, 제13장은 이지민이 집필하였습니다. 여전히 미흡하지만 앞으로 필요한 부분은 보완할 기회가 있을 것이라 기대하면서 책을 출간하기로 하였습니다.

끝으로 저술 약속을 한 후 너무나도 많은 시간을 기다려 주신 도서출판 신정의 최용구 사장님과 교정 작업을 세밀하게 도와주신 편집부 여러분께 진심으로 깊은 감사를 드립니다.

2021년 1월

저자 일동

차례

Contents

Contents

Chapter 05 친밀감

Chapter 06 가계재무설계

Contents

Chapter 08 안전하고 건강한 성

Chapter 09 의사소통

Chapter 10 갈등관리

Contents

Chapter 11 부모역할

Chapter 12 친인척관계

Contents

Chapter 01

준비된 결혼 · 건강한 가족

Chapter 01

준비된 결혼 · 건강한 가족

사람들은 가족 안에서 태어나 성장하며 배우자를 만나 가족을 형성하고 자녀를 출산하여 성장시키고, 새로운 가족을 만들어 떠나보내고 배우자와 사별하며 죽음으로 가족을 떠난다. 이렇듯 가족은 우리들의 삶의 안전기지이고, 가족관계는 친밀하며 세대를 통해 지속되는 인간관계이다. 이 장에서는 우선 결혼, 독신, 동거, 결혼의향 및 최근 결혼과 이혼에 관련된 한국 가족의 경향에 대해 알아보고 이혼율 및 가족해체현상이 증가하고 있는 현실에서 결혼준비교육의 필요성 및 구체적 주제와 내용을 살펴보기로 한다. 그리고 부부관계에서 충족시키고 싶은 욕구들에 대한 이해 및 건강한 가족의 특성 등을 통해 행복한 부부관계와 건강한 가족을 형성하기 위한 기초능력을 배양하고자 한다.

1. 결혼에 대한 이해

1) 결혼의 정의

결혼은 남녀가 정식으로 부부 관계를 맺는 것으로, 가정을 형성하는 가장 보편적인 방법이자 사회적으로 용인되는 수단이며 우리나라 성인 남녀라면 누구나 당면하는 발달과업이기도 하다. 결혼의 9가지 특성은 다음과 같다(Broderick, 1992, 1993).

- **결혼은 인구통계학적 사건이다.** 각 결혼은 사회에서 하나의 사회적 단위를 형성한다.
- **결혼은 두 가족의 결합이며 사회적 네트워크이다.** 두 개인이 결혼할 때, 그들은 서로와만 결혼하는 것이 아니라 파트너의 가족, 친구들과도 결혼하는 셈이다. 그들의 사회적 인맥은 각자의 친구들을 포함할 수 있지만, 두 사람 모두가 좋아하는 친구들만 그 부부의 친구로 남게 된다.
- **결혼은 커플과 정부 사이의 법적 계약이다.** 각 정부는 부부의 의무와 권리에 대하여 규정한다.
- **결혼은 경제적 결합이다.** 대부분의 상황에서 결혼한 커플은 하나의 경제적 단위를 만든다. 한 집단으로서 결혼한 커플들은 사회의 가장 중요한 경제적 의사결정자들일 것이다. 그들은 마치 한 명인 것처럼 재원을 사고 팔며, 빌리고 공유한다.
- **결혼은 성인에게 가장 흔한 삶의 방식이다.** 적지 않은 수의 사람들이 독신으로 살 것을 선택하지만, 아직까지 결혼은 성인에게 가장 대중적인 삶의 방식이다.
- **결혼은 대부분의 성적 활동의 근간이 된다.** 대부분의 결혼한 커플들은 성적인 활동을 긍정적으로 평가하는데, 특히 결혼 초기에 그러하다.
- **결혼은 재생산적 단위이다.** 대부분의 결혼한 커플은 부부가 되며, 부모역할을 자신

들의 삶에서 매우 중요하고 가치 있는 목적으로 생각한다.

- 결혼은 아이들을 사회화시키기 위한 하나의 단위이다. 아이들이 한 부모, 확대가족 혹은 조부모나 다른 양육자에게서 키워질 수도 있지만, 결혼은 자녀양육의 기본 단위이다.
- 결혼은 공유하는 친밀한 관계를 발전시키기 위한 기회이다. 비록 많은 결혼이 실패로 끝나지만, 다른 많은 결혼은 사람들이 친밀감을 유지하고 발전시키는 데 도움을 제공한다.

이상과 같이 결혼은 개인에게는 욕구 충족과 행복 추구를 실현하는 방법으로써, 사회적으로는 가정의 형성과 발달 측면에서 중요한 의의가 있다.

2) 결혼의 강점

통계적 관점에서 볼 때 결혼한 부부관계가 많은 이유로 독신(미혼, 이별, 사별 등)이나 동거관계보다 더 강하고 인생은 더 잘 살아가는 경향이 있다. 많은 측면에서 결혼한 사람들은 독신이거나 동거하는 커플들이 가질 수 없는 많은 긍정적인 성과를 경험할 수 있다. 다음은 결혼의 주요 긍정적 영향에 대해 설명한 200개 이상의 연구를 요약한 결과이다(Waite & Gallagher, 2000).

- 결혼한 사람들이 이혼하거나 미혼자들보다 건강하게 더 오래 산다. 결혼한 사람들이 더 오래 사는 이유는 이혼자나 미혼자보다 더 건강한 삶의 양식을 추구하기 때문이다. 미혼 남성들은 음주, 흡연, 약물복용 등에서 위험한 행동을 하기 쉽다. 비록 미혼 여성들이 남성들에 비해서 위험한 행동을 할 가능성은 낮지만, 결혼을 함으로써 여성들이 건강하지 못한 행동에 참가하는 비율이 떨어진다. 결혼은 남

성과 여성 모두의 건강을 증진시킨다. 결혼한 부부는 동거하는 커플들보다 서로의 건강에 대하여 더 유심히 살펴본다.

- **결혼한 사람들은 미혼자, 사별한 사람, 동거하는 커플들보다 더 행복하다.** 약 40%의 결혼한 커플이 행복하다고 한 데에 반해, 18%의 이혼한 사람들, 15%의 별거하는 사람들, 22%의 미망인과 22%의 동거하는 사람들만이 행복하다고 하였다.
- **결혼한 사람들은 독신, 사별한 사람, 동거 중인 사람보다 성관계를 더 빈번하게 가지며, 독신자들보다 정서적, 신체적으로 더 만족스럽다.** 결혼 후에 가지는 성관계가 더 나은 이유는 4가지인데, 이는 가까움, 장기간의 계약, 독점성 그리고 정서적 유대감을 포함한다.
- **결혼한 사람들은 독신, 사별한 사람, 동거 중인 사람보다 자기 직업에서 더 성공하고 더 많이 벌며 더 많은 부를 축적한다.** 결혼한 커플들은 그들의 수입을 합칠 수 있다. 특히 오늘날은 여성들이 예전보다 더 일을 많이 하고 남성들만큼 돈을 벌어오기에 수입이 더 늘어났다. 독신과 비교했을 때 이러한 합동의 효과는 30대 커플의 경우 12~14%만큼 더 크며, 은퇴한 커플들은 30% 가량 더 크다. 또한 결혼한 커플은 소비를 결정하는 데 참여하는 사람이 한 명 더 생기기 때문에 소비에 더 큰 책임을 지게 된다. 이와는 반대로 부부가 이혼을 한다면, 부는 분배되고 각자 다시 시작한다.
- **결혼한 사람들, 특히 여성들은 동거 혹은 별거하는 여성들보다 가정 학대를 덜 경험한다.** 통계적으로 동거하는 여성들이 학대를 당할 확률은 이혼한 여성보다 3배 이상 크며, 결혼한 커플보다는 25배 이상 크다. 또한, 커플들 사이에서의 논쟁은 결혼한 커플들에게 4% 가량의 신체적 학대를 야기할 수 있는데, 동거하는 커플들 사이에서는 13% 가량이다.
- **결혼한 부모에게서 길러진 자녀들이 정서적으로 더 안정적이며 학업 성과도 높다.** 결혼한 가정의 아이들은 학업적으로 더 성공적인 경향을 보이며, 더 자주 지도적인 역할을 수행한다. 이는 부분적으로 부모님의 안정성과 지도 덕분이다. 또한 결혼

한 커플은 대화와 협력적인 태도로 자녀의 모델이 될 수 있으며, 이는 아동기 학습에 도움이 된다.

결혼은 여전히 가족을 구성하는 자연적이고 필수적인 삶의 한 과정이지만 현대에는 결혼이 필수가 아닌 선택으로 받아들여지는 경향이다. 개인적 · 사회적 · 제도적으로 중요한 의의를 가지는 결혼이 남녀의 자유로운 의사에 영향을 받으며, 과거에 비해 많이 약화되고 있다. Cherlin(2004)은 결혼의 탈제도화(deinstitutionalization of marriage)라는 개념으로 결혼이라는 제도는 점차 쇠퇴하고 가구나 가족의 형태가 독신, 동거, 동성결혼 등으로 다양하게 나타나며, 결혼이 제도로서의 의미에서 개인적인 선택과 자기계발에 중점을 둔 개인적 의미로 전환되었다고 보았다(박혜민, 2017에서 재인용).

3) 동거에 대한 현실적 이해

동거는 한 집에 함께 사는 것을 뜻하는데, 결혼하지 않은 남녀가 함께 사는 것을 가리키는 경우가 많다. 실제로 두 사람이 성관계와 가사 등 공동생활을 보내고 있다는 점에서 사실상 결혼 관계와 같지만, 사회적으로 법적 혼인 상태가 아닌 경우를 일컫는다. 미혼 동거란 커플들이 서로 결혼하지 않은 채 성적 파트너로서 함께 사는 것이라고 정의된다. 미국인에게 동거는 독신에서 결혼으로 이행하기 전에 거치는 과정으로, 초혼의 60~75%, 재혼의 경우 80~85%가 동거를 하는 것으로 조사되었다(U.S. Census Bureau, 2003).

결혼은 동거와는 많은 관점에서 다르다(Waite & Gallagher, 2000). 동거는 사회나 본인들에게 있어 일시적인 합의일 뿐이지만 결혼은 평생을 약속하는 책임으로 생각된다. 또한 결혼은 성적인 관계에서 배타적으로 여겨지지만, 동거는 서로에게 더 개방적이다. 동거하는 커플들은 결혼한 커플들에 비해서 상대에게 재정적인 책임을 지고 싶어 하지 않는다. 그리고 동거하는 커플들에 비해서 결혼한 커플들은 사회적으로 커플로 행동하고자 하는 기대가 더 크다. 동거하는 커플들은 결혼한 커플들에 비해서 결혼에 대해 덜 긍정적인 태도를 보이며, 이혼에 더 긍정적인 태도를 보인다. 다음은 동거에 대한 오해를 정리한 것이다.

- 동거는 결혼을 준비하기 위한 최고의 방법이다. 동거에 대한 대부분의 연구에서 동거는 결혼을 준비하는 좋은 방법이 아니라고 한다. 결혼을 준비하는 더 나은 방법은 결혼 전 교육 및 상담을 받는 것이다. 이 방법은 관계의 강점과 약점을 파악하며, 관계에서 진행 중인 문제들을 극복할 수 있게 도와준다.
- 동거에서의 관계는 결혼 이후 유사하게 진행될 것이다. 대부분 동거하는 커플들은 결혼하는 것이 동거와 다르다고 생각한다. 왜냐하면 결혼은 부부로서 활동하는데 더 높은 기대를 불러오기 때문이다. 예를 들어 동거를 할 때는 각각의 가족들과 시간을 보내며, 휴일을 따로 지내기도 한다. 그러나 일단 결혼하면 부부로서 더 자주 함께 있어야 하고, 행사에 함께 참석해야 한다는 압력을 받게 된다.
- 동거는 이혼할 기회를 줄여준다. 동거하는 커플에 대한 가장 흔한 오해는 동거가 결혼생활의 성공가능성을 높여줄 수 있다고 생각하는 점이다. 그러나 주요 연구는 동거를 하지 않는 커플보다 결혼 전 동거한 커플들의 이혼율이 더 높다는 것을 보여준다. 결혼 전 상담의 목표는 커플들이 그들의 관계를 발전시키게 돕고, 그리하여 그들의 이혼가능성을 줄이는 것이다.
- 동거는 헌신과 친밀감을 증가시킬 것이다. 대부분의 연구에서는 만약 커플들이 결혼하기로 계획한 것이 아니라면, 동거하는 동안 헌신과 친밀감이 반드시 증가하지는 않는다. 일단 커플들이 결혼하기로 결심하고 나면 그들은 그들의 증가된 헌신을 보여주고, 이것은 더 강한 커플 간의 친밀감으로 이어진다.
- 동거하는 동안 갈등을 해결하고 의사소통하는 능력과 기술은 증가한다. 동거는 커플

들이 더 많은 시간을 함께 보낼 수 있게 한다. 이것은 데이트하는 동안에는 몰랐던 성격, 의사소통, 갈등해결의 차이를 인식하게 만들어준다. 동거하는 커플들에 대한 연구에서 동거커플의 관계기술능력은 감소되고, 해결되지 않는 갈등은 증가하는 경향이 있음이 밝혀졌다.

- **동거하는 커플들의 풀리지 않는 문제는 결혼 후에 사라진다.** 동거하는 커플들이 결혼 후에는 사라지기를 바라는 문제들은 때로 더 강력해지기도 한다. 이러한 문제들이 풀리지 않으면, 시간이 지날수록 점점 더 악화된다. 결혼 전에 커플들이 문제를 해결하려는 노력이 중요하지만 이러한 경우는 거의 없다. 결혼 후 대부분의 커플들은 동거하면서 이미 가지고 있던 문제들뿐만 아니라 생각지 않았던 새로운 문제들을 발견하게 된다.

2. 결혼의향

결혼의향(marriage intention)이란 결혼에 대한 의사결정에 영향을 미치는 개인의 생각이나 뜻으로, 결혼으로의 진입을 위해 결혼의향의 영향력이 높아졌다. 왜냐하면, 과거에는 결혼을 인생의 당연한 절차 중 하나로 인식하였으나 요즘 결혼에 당면하는 젊은 세대들은 결혼을 삶의 필수과정이 아닌 선택의 요소로 여기고 있는 추세이기 때문이다. 과거에는 때가 되면 결혼을 해야 한다는 무조건적인 인식으로 인해 결혼의 출발선이 누구와 어떻게 결혼할 것인가에 대한 물음이었다면, 이제는 결혼을 할 것인가 하지 않을 것인가, 즉 결혼의향에 대한 결론을 내리는 것이 결혼의 출발선이 되었다고 볼 수 있다. 따라서 개인의 결혼의향에 대한 변화추세를 눈여겨볼 필요가 있다. 젊은 세대들이 결혼을 고려하는 데 자신의 결혼의향이 중요해지고 있다.

결혼의향을 심도 있게 탐색해본 결과, 결혼의향에 내재된 특성을 정서적, 당위적, 기능적인 3가지 측면으로 세분화할 수 있었다. 결혼의향은 첫째, 결혼에 대한 안정감, 행복, 사랑 등 긍정적 정서를 통해 결혼의향을 가지게 되는 정서적 결혼의향, 둘째, 결혼은 반드시 필요한 것, 당연히 해야 하는 것이라 인식하기 때문에 결혼의향을 가지게 되는 당위적 결혼의향, 셋째, 결혼을 함으로써 얻게 되는 경제적 안정, 합법적인 성생활, 자녀출산 등으로부터 결혼의향을 가지게 되는 기능적 결혼의향으로 구성되어 있다. 미혼남녀의 결혼의향은 하위요인 중에서도 정서적인 안정, 사랑 등을 기반으로 한 정서적 결혼의향이 가장 크게 나타났는데, 결혼이 갖는 당위성이나 기능적 이점, 편리함보다 정서적인 측면, 즉 개인 심리정서적인 요소가 결혼의향에 더욱 중요하게 작용할 수 있음을 시사한다(박혜민, 2017).

참고자료 1-1 결혼의향 자가진단

아래는 결혼에 대한 의사결정에 영향을 미치는 당신의 생각이나 뜻을 물어보는 결혼의향에 대한 문항입니다. 각 문항을 읽고 평소 당신의 생각을 잘 나타낸다고 여겨지는 한 곳에 ○표하세요.

전혀 아니다 1 — 보통이다 3 — 매우 그렇다 5

	질문	점수
1.	결혼은 사랑하는 사람과 함께 살 수 있는 것이라 생각하기 때문에 나는 결혼할 의향이 있다.	1 2 3 4 5
2.	결혼은 평생의 동반자를 만나는 일이라 생각하기 때문에 나는 결혼할 의향이 있다.	1 2 3 4 5
3.	결혼을 하면 더욱 행복해질 것이라 생각하기 때문에 나는 결혼할 의향이 있다.	1 2 3 4 5
4.	결혼은 심리적인 안정감을 주는 것이라 생각하기 때문에 나는 결혼할 의향이 있다.	1 2 3 4 5
5.	결혼은 인생을 풍요롭게 하는 것이라 생각하기 때문에 나는 결혼할 의향이 있다.	1 2 3 4 5
6.	결혼한 후가 결혼하기 전보다 행복할 것이라 생각하기 때문에 나는 결혼할 의향이 있다.	1 2 3 4 5
7.	결혼은 사람을 성숙시켜주는 것이라 생각하기 때문에 나는 결혼할 의향이 있다.	1 2 3 4 5

8.	결혼은 인생에서 중요한 의미를 갖는 것이라 생각하기 때문에 나는 결혼할 의향이 있다.	1 2 3 4 5
9.	결혼은 사랑의 완성이라고 생각하기 때문에 나는 결혼할 의향이 있다.	1 2 3 4 5
10.	결혼은 당연히 하는 것이라고 생각하기 때문에 나는 결혼할 의향이 있다.	1 2 3 4 5
11.	결혼은 인생에 있어서 반드시 필요한 것이라 생각하기 때문에 나는 결혼할 의향이 있다.	1 2 3 4 5
12.	결혼은 바람직한 제도라고 생각하기 때문에 나는 결혼할 의향이 있다.	1 2 3 4 5
13.	무조건적으로, 반드시 나는 결혼을 할 의향이 있다.	1 2 3 4 5
14.	결혼은 빨리 할수록 좋다고 생각하기 때문에 나는 결혼할 의향이 있다.	1 2 3 4 5
15.	인생에서 일보다는 결혼과 가정이 우선이기 때문에 나는 결혼할 의향이 있다.	1 2 3 4 5
16.	결혼은 경제적 안정을 가져다주는 것이라 생각하기 때문에 나는 결혼할 의향이 있다.	1 2 3 4 5
17.	결혼은 노후의 경제적 안정과 의지하는 데 도움 된다고 생각하기 때문에 나는 결혼할 의향이 있다.	1 2 3 4 5
18.	결혼은 합법적인 성생활을 가능하게 한다고 생각하기 때문에 나는 결혼할 의향이 있다.	1 2 3 4 5
19.	결혼은 부모님께 효도하는 방법이라 생각하기 때문에 나는 결혼할 의향이 있다.	1 2 3 4 5
20.	결혼은 아이를 낳아 기를 수 있는 방법이라 생각하기 때문에 나는 결혼할 의향이 있다.	1 2 3 4 5
21.	결혼은 생활의 편리함을 가져다줄 것이라 생각하기 때문에 나는 결혼할 의향이 있다.	1 2 3 4 5
22.	결혼은 부모로부터 독립하는 것이라 생각하기 때문에 나는 결혼할 의향이 있다.	1 2 3 4 5

■ **채점**

- 1번 문항에서 9번 문항까지의 점수를 합산하여 9로 나누시오.
- 10번 문항에서 15번 문항까지의 점수를 합산하여 6으로 나누시오.
- 16번 문항에서 22번 문항까지의 점수를 합산하여 7로 나누시오.

문항번호	원점수	문항수	평균점수 (원점수/문항수)	결혼의향 요인
1~9	점	9	점	정서적 결혼의향
10~15	점	6	점	당위적 결혼의향
16~22	점	7	점	기능적 결혼의향

평균점수가 가장 큰 점수에 해당하는 결혼의향이 당신의 결혼의향이다.

결혼의향은 결혼에 대한 안정감, 행복, 사랑 등 긍정적 정서를 통해 결혼의향을 가지게 되는 정서적 결혼의향, 결혼은 반드시 필요한 것, 당연히 해야 하는 것이라 인식하기 때문에 결혼의향을 가지게 되는 당위적 결혼의향, 결혼을 함으로써 얻게 되는 경제적 안정, 합법적인 성생활, 자녀출산 등으로부터 결혼의향을 가지게 되는 기능적 결혼의향으로 구성되어 있다.

더 알아보기

경북대학교 대학원 가족학 연구실에서 대학생들의 결혼의향에 대하여 조사해 본 결과, 정서적 결혼의향이 가장 높게, 당위적 결혼의향이 가장 낮게 나타났다. 또한 '결혼준비교육' 강좌가 대학생들의 결혼의향에 미치는 효과를 검증해 본 결과, '결혼준비교육'을 수강한 집단이 기능적 결혼의향에서 유의한 증가를 보였다.

3. 결혼과 이혼의 최근 경향

통계청에서 매년 실시하는 인구동향조사를 근거로 발표한 2019년 혼인 · 이혼 통계 보도자료를 중심으로 살펴본 결혼과 이혼의 최근 경향을 살펴보면 다음과 같다(통계청, 2020).

① 혼인건수 및 조(粗)혼인율

최근 10년간 총 혼인건수 및 인구 1천 명당 혼인건수를 나타내는 조혼인율(인구 1천 명당 혼인건수)이 지속적으로 감소하였다. 2019년 혼인건수는 7년 연속 감소해 46년만에 최저인 23만 9천 2백 건으로 전년 대비 7.2%(−1만 8천 5백 건) 감소하였고, 조혼인율도 4.7건으로 전년 대비 0.3건 감소하여 1970년 통계 작성 이후 최저를 기록하였다.

② 초 · 재혼별 혼인

혼인 종류별 구성비를 보면 2019년 남녀 모두 초혼인 부부는 전체 혼인의 76.9%,

남녀 모두 재혼인 경우는 전체 혼인의 12.3%였다. 남성이 초혼이고 여성이 재혼인 경우는 6.3%, 여성이 초혼이고 남성이 재혼인 경우는 4.1%였다.

③ 혼인연령

2019년 평균초혼연령은 남성 33.4세, 여성 30.6세로 남녀 모두 전년 대비 0.2세 상승하였으며, 10년 전에 비해 남성은 1.8세, 여성은 1.9세 상승하였다. 평균 재혼연령은 남성 49.5세, 여성 45.2세로 전년에 비해 남성은 0.7세, 여성은 0.5세 상승하였으며, 10년 전에 비해 남성은 4.0세, 여성은 4.1세 상승하였다.

④ 초혼 부부의 연령차

2019년 남녀 간의 평균초혼연령 차이는 2.8세로 전년과 동일하였다. 초혼 부부 중 남성 연상 부부는 66.8%, 여성 연상 부부는 17.5%, 동갑 부부는 15.7%를 차지하였다. 연령차별 혼인 비중은 남성 3~5세 연상(25.8%)이 가장 많고, 남성 1~2세 연상(25.1%), 동갑(15.7%), 여성 1~2세 연상(11.9%) 순으로 높았다.

⑤ 외국인과의 혼인

2019년 외국인과의 혼인은 2만 3천 6백 건으로 전체 혼인 중 외국인과의 혼인 비중은 9.9%로 전년보다 1.1%p 증가하였다. 외국인과의 혼인 중 외국 여성과의 혼인 비중은 74.8%, 외국 남성과의 혼인 비중은 25.2%를 차지하였다. 한국 남성과 혼인한 외국 여성의 국적은 베트남(37.9%), 중국(20.6%), 태국(11.6%) 순이었고, 한국 여성과 혼인한 외국 남성의 국적은 미국(24.6%), 중국(23.6%), 베트남(10.7%) 순이었다.

⑥ 이혼건수 및 조(粗)이혼율

2019년 이혼은 11만 8천 7백 건으로 전년 대비 2.0% 증가하였고, 2019년 조이혼율(인구 1천 명당 이혼건수)은 2.2건으로 전년보다 0.1건 증가하였다. 유배우 이혼율(유

배우 인구 1천 명당 이혼건수)은 4.5건으로 전년과 유사하였다.

⑦ 평균이혼연령

2019년 남성 평균이혼연령은 48.7세로 전년에 비해 0.4세 상승하였고 10년 전에 비해서는 4.2세 상승하였다. 여성 평균이혼연령은 45.3세로 전년에 비해 0.5세 상승하였고, 10년 전에 비해서는 4.6세 상승하였다. 남녀 간의 평균이혼연령 차이는 3.4세로 2012년(3.9세)을 정점으로 감소 추세이다. 2019년 남성의 연령별 이혼 구성비는 40대 후반(17.5%), 50대 초반(15.7%), 40대 초반(14.4%) 순이었고, 여성의 연령별 이혼 구성비는 40대 후반(17.5%), 40대 초반(15.5%), 30대 후반(15.1%) 순이었다.

⑧ 혼인지속기간 및 미성년 자녀 유무

혼인지속기간은 법적인 결혼(혼인) 여부와 관계없이 실제 결혼생활 시작에서 사실상 이혼(별거)까지의 동거기간을 의미하며, 2019년 이혼 부부의 평균혼인지속기간은 16.0년으로 전년 대비 0.3년, 10년 전 대비 3.1년 증가하였다. 20년 전에는 혼인지속기간이 길수록 이혼이 감소했으나, 최근에는 혼인지속기간 20년 이상 이혼이 전체 이혼의 38.4%로 가장 많고, 다음으로 4년 이하가 23.3%를 차지하였다. 혼인지속기간 30년 이상 이혼도 지속적으로 늘어 10년 전에 비해 2.1배 늘어났다.

2019년 미성년 자녀가 있는 부부의 이혼은 4만 9천 건으로 전체 이혼의 44.2%이며, 지속적으로 감소하는 추세이다. 미성년 자녀가 없는 이혼 부부의 구성비는 53.6%로 10년 전 대비 9.1%p 증가하였다.

⑨ 이혼 종류(협의 · 재판)별 이혼

2019년 협의이혼은 8만 7천 4백 건으로 전년 대비 2.1%, 재판이혼은 2만 3천 건으로 전년 대비 1.5% 각각 증가하였다. 이혼 종류별 구성비는 협의이혼 78.9%, 재판이혼 21.1%로 전년 대비 각각 0.1%p 증가, 0.1%p 감소하였다. 2008년부터 재판이혼의 비중이 급증했으나 2011년 이후 감소하는 추세이다.

⑩ 외국인과의 이혼

2019년 외국인과의 이혼은 6천 9백 건으로 전체 이혼 중 외국인과의 이혼 구성비는 6.2%로 전년보다 0.3%p 감소하였다. 외국인 여성과 이혼은 4천 9백건으로 전년대비 5.0% 감소하였고, 외국인 남성과 이혼은 2천 건으로 전년 대비 0.8% 증가하였다. 외국인과의 이혼 중 외국인 여성과 이혼 비중은 71.3%, 외국인 남성과 이혼 비중은 28.7%를 차지하였다. 한국 남성과 이혼한 외국 여성의 국적 구성비는 중국(42.8%), 베트남(29.8%), 필리핀(4.7%) 순이며, 한국 여성과 이혼한 외국 남성의 국적 구성비는 중국(41.1%), 일본(22.6%), 미국(12.4%) 순이었다.

⑪ 이혼 사유별 구성비

2017년 10만 6천 건의 이혼 사유를 배우자 부정, 정신적 · 육체적 학대, 가족 간 불화, 경제문제, 성격차이, 건강문제 및 기타(이혼 사유 미상 포함)로 분류하여 구성 비율을 살펴보았다. 가장 높은 구성 비율을 보인 이혼 사유는 성격차이(43%)로 인한 이혼이었으며, 경제문제(10%), 배우자부정(7.1%) 및 가족 간 불화(7.1%) 순이었다.

4. 결혼준비교육

1) 결혼준비교육의 정의 및 필요성

결혼준비교육은 젊은 미혼남녀를 대상으로 행복한 결혼과 건강한 가정생활에 필요한 지식, 기술 및 태도를 가르치고 적용함으로써 개인과 가족의 전반적인 삶의 질을 높이고, 결혼과 가족생활에서 발생할 수 있는 다양한 문제를 예방하기 위해 개인과 가족의 잠재력을 개발하고 강화시키고자 의도된 교육이다. 결혼준비교육의 목표는 부부의 결혼안정성과 질을 높이는 데 있으며, 이러한 결혼준비교육이 필요한 이유는 다음과 같다.

- 이혼율 및 가족해체현상이 증가하고 있는 현실에서 부부의 관계기술이 결혼생활 유지에 필수적이지만 결혼을 앞둔 예비부부들이 이러한 기술을 습득할 기회는 매우 제한되어 있다.
- 행복한 가족생활을 유지하기 위해서 구체적인 노력을 해야 하며 이를 위해 새로운 방법들을 배워야 하지만 우리 사회에서는 현실적으로 공교육에서 사랑이 무엇이며, 어떤 것이 질적인 삶인가에 대해 체계적으로 가르칠 수 있는 교과목이 부재하다.
- 가족의 문제는 가족문제가 발생하고 나서 배우기에는 그 대가가 너무 크므로 결혼준비교육이 절실히 필요하다고 볼 수 있다.
- 급변하는 사회에서 결혼과 가족에 대한 가치관을 교육하여 현대사회의 가족생활에 적절히 대처할 수 있는 구체적인 방법을 학습할 기회가 필요하다.
- 현대가족이 안고 있는 복합적인 문제와 역기능적인 측면을 긍정적인 기제로 받아들이도록 도와줄 필요성이 제기된다.
- 젊은 미혼남녀를 대상으로 변화하는 가족생활에 대해 보다 기능적으로 적응하고, 갈등에 대처할 수 있도록 개개인의 성장 잠재력을 개발하여 조기이혼을 방지하고 결혼생활의 질을 향상시키기 위해 예방적 차원의 결혼준비교육이 필요하다.
- 정보화시대에 결혼에 대한 의미가 다양하게 변화되고 있어 올바른 결혼관과 부부관이 확립되지 않은 결과로 이혼율이 증가하고 있으므로 이러한 가치관 혼란을 극복하는 역할을 담당할 교육의 필요성이 제기된다.

2) 결혼준비교육의 선행연구 및 기대효과

부부간의 일상적 상호작용이 결혼만족도와 결혼안정성에 영향을 미치므로 이러한 내용을 미리 학습함으로써 향후 결혼생활에서 발생할 수 있는 문제점을 예방할 수 있다는 연구 및 기대효과를 구체적으로 열거하면 다음과 같다.

- 결혼준비교육의 내용은 부부관계가 형성되기 전인 미혼 시기의 교육이 매우 효과적이며, 교육효과도 지속적이라고 보고되어 미혼의 젊은 사람들을 대상으로 교육하였을 경우에 그 효과가 극대화될 것으로 예상된다.
- 결혼준비교육에 참여했던 부부가 결혼준비교육에 참여하지 않았던 부부보다 관계 향상, 갈등해결, 성에 대한 태도, 평등한 역할이 향상된 것으로 나타난 연구가 많아 결혼준비교육을 통해 상호존중, 공감 및 문제해결능력을 향상시킬 수 있을 것으로 예상된다.
- 결혼준비교육 프로그램에 참여한 사람들이 교육경험이 없는 사람들보다 훨씬 행복하게 살고 있으며, 결혼 전 교육을 받은 부부들의 결혼만족도가 높다는 보고가 있다.
- 결혼 전 결혼생활에 필요한 의사소통기술 및 갈등해결기술을 교육받은 집단이 이혼이나 가정폭력 발생 비율이 낮게 나타난 것으로 보고되므로 결혼준비교육이 가족문제 예방에 효과적 방안인 것으로 확인된다.
- 결혼준비교육을 통해 성별에 따른 가치관의 차이를 좁히고 보다 평등하고 개방적이며 합리적인 가족 신념과 가치관을 정립할 수 있게 도와준다.
- 결혼준비교육을 통해 개인으로서, 커플로서 관계 성장 및 친밀감을 유지하고 발전시키는 능력을 향상시켜, 관계 유지는 물론 행복한 관계를 창조하며 삶의 다양한 어려움에 직면했을 때 사용할 수 있는 관계적 자원을 개발할 수 있다.

이상의 결과와 기대효과로 인해 적지 않은 국가에서 결혼준비교육을 국가정책으로 추진하여 결혼 전 결혼준비교육의 참가를 의무화하거나 교육 참가 커플에게 특정 혜택을 주는 법을 입법화하거나 준비 중이다.

3) 결혼준비교육의 세부 주제 및 내용

결혼준비교육의 세부 주제는 연구자마다 다르지만 결혼과 배우자 욕구충족, 한국 가족의 변화, 이성교제와 배우자 선택, 사랑, 가계재무설계, 역할관계, 의사소통, 갈등관리, 안전하고 건강한 성생활, 자녀출산과 부모역할, 친인척관계, 가족문제와 개입 등이 결혼준비교육의 핵심적인 주제 내용이다.

- 결혼생활의 주요한 주체인 부부가 서로 상대방에게 원하는 것이 무엇인지를 알고 서로 욕구를 충족시켜 주고, 사랑을 표현하는 방법을 익혀 인생의 동반자관계를 만들기 위해 최선을 다하는 기초능력을 함양한다.
- 이성교제와 배우자 선택과정과 관련된 변인 및 결혼생활에 미치는 영향요인을 살펴 건전한 커플관계의 형성과 유지와 행복한 결혼생활에 대한 기초를 다진다.
- 커플관계의 사랑 및 결혼에 대한 기대를 탐색함으로써 올바른 결혼관, 가족관을 확립하여 삶의 목표를 이룰 수 있는 적극적인 자세와 능력을 기른다.
- 자신의 경제생활에 대한 냉철한 분석과 재무관리방법을 학습함으로써 합리적인 경제생활을 할 수 있는 능력을 함양한다.
- 가족과 개인의 역할을 이해함으로써 직장생활 및 가사노동 분담 등에 있어 평등하고 융통성 있는 역할을 수행할 수 있는 자세와 능력을 기른다.
- 서로를 알아가는 의사소통기술은 물론 상호작용과정에서 생기는 서로의 차이점을 이해하는 의사소통에 관한 기술을 습득하여 친밀한 관계를 발전시킬 수 있는 능력을 함양한다.
- 가족관계에서 생기는 갈등과 문제의 존재와 해결에 관한 지식을 학습함으로써

갈등대처능력을 함양한다.

- 부부간의 애정 및 성관계에 대한 감정과 태도를 이해함으로써 성에 대한 건전한 가치관과 태도를 확립하게 한다.
- 자녀의 출산과 양육에 대한 감정과 태도를 이해함으로써 부모기로의 전환으로 발생할 수 있는 변화에 대해 준비할 수 있게 한다.
- 양가부모 및 친척과의 관계에 대한 적응방법을 학습하여 근원가족(친가, 처가)과 생성가족이 건강한 경계를 유지하고 원만한 상호교류방안을 모색하여 조화로운 가족생활을 영위할 수 있는 능력을 함양한다.
- 현대가족에서 주로 발생되는 가족문제에 대한 이해를 통해 사전예방 및 사후대처방법에 대한 정보와 개인적, 사회적, 국가적 노력방안을 모색해 본다.

5. 부부관계에서 충족시키고 싶은 욕구

결혼은 남녀가 정식으로 부부관계를 맺는 것으로, 각자 부부관계를 통해 어떠한 욕구를 충족시키고 싶은지를 아는 것이 결혼의 질과 안정성을 높일 수 있다. 먼저 자신이 결혼하여 부부관계에서 충족시키고 싶은 욕구가 무엇인지를 차분히 생각해 보고, 다음으로 상대 배우자가 부부관계에서 충족시키고자 하는 욕구가 무엇인지를 알아보려 노력한다. 서로의 욕구를 알고 난 다음에는 상대방이 원하는 사랑주기 방법, 즉 상대방의 욕구를 충족시키는 효율적인 방법을 실행한다면 건강한 부부관계를 유지하게 될 것이다. 다음에 열거된 것은 일반적인 사람들이 부부관계에서 충족시키고 싶은 욕구들이다(윤영삼 역, 2006; 황을호 · 장동숙 역, 2010).

1) 존중과 인정에 대한 욕구

인간의 가장 심오한 욕구는 누군가로부터 존중받고 인정받고 싶어 하는 욕구이다. 상대방에 대한 조건 없는 존중과 인정은 상대방의 행동이나 외모, 물질 때문이 아니라 있는 그대로 사랑받는다는 사실을 보여주는 것이다. 또한 어떤 잘못을 저질러도 존중과 인정을 거둬들이지 않을 것이라는 확신을 심어주는 것이다. 말로 칭찬하는 것은 배우자를 인정하는 하나의 좋은 표현이 된다.

2) 배려와 지지에 대한 욕구

상대방을 서로 배려하고 지지하는 부부관계가 자리 잡으면 어떤 개인적인 문제, 부부간의 문제, 직장문제가 닥쳐도 쉽게 헤쳐 나간다. 어려운 가정 상황이 생기더라도 서로 배려하고 지지한다면 어려움을 헤쳐 나갈 용기가 생길 것이다. 격려하는 말은 상대방을 배려하고 지지하는 것이다. '격려한다'는 것은 '용기를 불러일으킨다'는 의미이다. 우리 모두는 불안정한 상황에 처할 수 있다. 격려에 필요한 것은 배우자의 마음에 공감하는 것과 배우자의 관점에서 세상을 보는 자세이다.

3) 신체적 접촉 및 성적 만족에 대한 욕구

신체적 접촉은 사랑을 전달하는 방법 중의 하나이다. 손을 잡아주거나, 어깨에 손을 얹거나, 포옹이나 키스를 하거나, 성관계를 갖는 것 등은 배우자에게 사랑을 전달하는 수단이다. 가장 이상적인 부부관계는 부부가 서로 자신의 몸과 성적 욕구를 사랑하고, 자신의 욕구를 스스럼없이 표현하며, 서로 상대방을 즐겁게 해줄 수 있다는 사실에 자부심을 느끼는 것이다.

4) 부모가 되고 아이 키우는 책임을 공유하고자 하는 욕구

부부가 되면 무조건 아이를 낳아야 한다고 생각하지만, 부모가 된다는 것은 엄청난 책임을 떠맡는다는 의미이다. 아이를 낳아 키우겠다고 결심했다면, 그로 인해 파생되는 책임을 부부는 공평히 나누어야 한다. 남성들도 당연히 아이를 잘 키울 수 있고 키우는 일을 분담해야 한다.

5) 직접적이고 분명한 의사소통에 대한 욕구

분명하고 직접적인 대화는 부부의 욕구를 충족시키는 본질적인 요소다. 가족은 물론 어떤 관계, 어떤 조직이든 의사소통에 어려움을 겪는 상황은 관계에 문제가 있다는 사실을 알려주는 가장 전형적인 신호이다. 침묵, 공격적인 반응, 거짓말, 움츠러듦, 욕구나 기분을 숨김 등의 행동은 부부의 행복과 부부관계에 큰 영향을 미친다. 분명하고 직접적인 대화는 부부의 욕구를 충족시키는 본질적인 요소이다.

6) 함께 활동하고 싶은 욕구

부부가 함께 사회적 활동을 자주 할수록 친밀감, 우정, 동료애의 수준이 더 높아진다. 부부가 함께 할 수 있는 사회적 활동은 많다. 함께하는 활동의 욕구는 배우자와 함께하는 여가활동을 의미하기도 하지만, 서로에게 관심을 집중하고 시간을 함께 하는 것을 의미한다. 다만 공간적으로 함께하는 의미가 아니라 연대감을 가지고, 상대방에게 관심을 기울여서 함께 무엇인가를 하는 것을 의미한다. 함께하는 활동이 사랑을 표현하는 필수적인 요소가 되기 위해서는 첫째, 적어도 둘 중 하나는 그 활동을 원하며, 둘째, 상대방은 기꺼이 그것을 따라가고, 셋째, 둘 다 왜 그것을 하고 있는지 그 이유를 알아야 한다.

7) 서비스를 받고 싶은 욕구

서비스는 봉사라고도 한다. 봉사란 상대방을 도와주는 행위이며 상대방이 필요로 하는 것을 해주는 것이다. 즉, 상대방을 도와줌으로써 기쁘게 하고 상대가 필요로 하는 무엇인가를 함으로써 자신의 사랑을 표현하는 것을 말한다. 요리를 하고, 식탁을 정리하고, 설거지를 하고, 옷장을 정리하고, 청소기로 청소를 하고, 세면대에서 머리카락을 끄집어내고, 쓰레기를 버리고, 아기 기저귀를 갈아주고, 침실 벽을 단장하고, 창고를 청소하고, 블라인드 틈의 먼지를 털어내고, 애완동물의 오물을 치우는 것 등 헤아릴 수도 없이 많은 가정의 일이 '봉사'라는 사랑의 행위가 된다. 이러한 일들은 생각하고, 계획을 세우고, 시간을 내는 노력과 에너지를 요구한다. 이러한 일들을 자발적으로 하는 것은 놀라운 사랑의 표현이 될 수 있다.

8) 경제적 평등과 안정에 대한 욕구

아무리 금실이 좋은 부부라도 돈 때문에 싸우는 경우가 많다. 부부가 함께 노력하여 경제적으로 안정감을 가지고 평등한 관계를 유지하는 것이 바람직하다. 맞벌이 부부라면 개인의 수입일지라도 개인이 필요한 비용과 가족이 살아가는 데 필요한 비용을 함께 나누는 것이 좋다. 맞벌이가 아닐 경우에는 수입원이 되는 직업노동의 가치는 물론 가사노동의 가치 역시 인정되어야 할 것이다. 집세, 난방비, 부식비, 양육비, 노후보장저축, 경조사비 등과 같이 가족생활을 유지하는 데 들어가는 비용을 할당할 때는 부부간에 토론과 협상을 해야 한다. 돈 문제가 생겼을 때는 서로의 의견 차이를 이해하고 서로 격려하고 배려하는 마음으로 타협해야 한다.

9) 더 높은 학력이나 경력을 얻고 싶은 욕구

자신의 학력이나 경력을 키워나가고 싶어 하는 욕구에 대해서 이야기할 때는 '균형'이 가장 중요한 키워드다. 남편들은 대부분 너무나 많은 시간을 일에 몰두하기 때문에 부부나 가족의 욕구를 소홀히 하는 경향이 높다. 아내의 직업적 성공보다도 자신의 성공을 더 중요시하는 남편으로 인해 갈등을 겪기도 한다. 중요한 문제는 부부간에 서로 상대방의 학력과 경력의 발전을 위해 관심을 가지고, 지지하고, 격려하고, 돈이나 시간 등 물질적 지원을 하는 것이다. 나날이 높아지는 고용주들의 요구에 부응하기 위해, 또 끊임없이 다가오는 사회적 · 문화적 · 기술적 변화에 뒤쳐지지 않기 위해서 평생교육이 필수조건이 되고 있기 때문이다.

10) 독립적인 개인으로 남고 싶은 욕구

두 사람이 함께 살려면 자신의 고유한 정체성과 가치관이 훼손되지 않으며 자신이 원하는 주체성의 수준을 유지할 수 있다는 확신이 서야 한다. 부부가 어느 한쪽 '품에 안겨' 사는 경우, 서로 질식할 수 있을 뿐만 아니라 개인도 발전하지 못한다. 부부관계는 둘 사이의 부부애도 중요하지만 서로 독립적인 삶을 누릴 수 있는 열린 공간도 필요하다. 적지 않은 부부들이 '모든 것을 같이 해야 한다'는 낭만적인 허울 속에 갇혀 불편해하고 힘든 생활을 하기도 한다. 부부는 각자 자유롭게 행동할 수 있도록 서로 여유를 주어야 한다.

11) 선물을 주고받고 싶은 욕구

선물을 하는 것은 사랑의 행위이다. 사랑하는 사람에게 선물을 줄 때 우리는 반드시 그 사람을 생각한다. 선물 자체는 생각한다는 상징이며, 값이 얼마나 되느냐는 큰 문제가 아니다. 중요한 것은 상대방을 생각하고 있다는 것이다. 그러므로 마음속에 생각만 품지 말고 그 생각을 선물을 주는 행위로 표현하면 선물은 사랑을 실제로 표현하는 수단이 된다. 선물이 반드시 돈을 주고 산 물건일 필요는 없다. 때로 사람의 손에 쥐어주는 것보다 더 큰 기쁨을 주는 눈에 보이지 않는 선물이 있다. 그것을 자아의 선물 혹은 존재의 선물이라 부른다. 배우자가 당신을 필요로 할 때 함께 있는 것은 당신 자신이 선물(자아의 선물 혹은 존재의 선물)이 된 경우이다. "어려운 순간에 함께한다는 것이 큰 힘이 된다. 위기의 순간에 함께하는 것은 당신이 줄 수 있는 가장 훌륭한 선물이다."

6. 건강한 가족

인간은 가족과 같은 친밀한 인간관계를 통해 물질적으로 채워지지는 않는 심리적 · 정신적 욕구를 충족하며, 그러한 욕구충족이 건강한 가족 안에서 이루어질 때 행복을 느낀다. 하지만 현대사회에서는 다양한 가족 형태가 출현하면서 가장 이상적이고 바람직한 가족 형태에 대한 사회적 합의가 점차 어려워지고 있고, 가족기능의 건강성을 강조한 건강한 가족 추구가 더 중요해졌다.

건강한 가족이란 '가족원 개개인의 건강한 발달을 도모하고 가족원 간의 상호작용이 원만하여 집단으로서 가족체계를 잘 유지하는 가족'을 의미한다(유영주, 2001). Stinnett과 Sauer(1977) 역시 건강한 가족을 '가족원 모두 부부관계에서나 부모자녀관계에서 행복도가 높고, 서로의 요구를 충분히 만족시켜 주는 가족'이라고 정의하였다. 이처럼 건강한 가족은 가족의 형태나 외형적 구조에 초점을 두기보다는 가족원 상호 간의 내적 관계와 가족이 수행하는 기능에 중점을 둔다. 즉, 가족이 가족원 개개인의 욕구를 충족시키고 가족 내에서 상호관계가 만족스러우며, 가족으로서의 대내외적 기능을 잘 수행한다면 그 가족은 건강하다고 할 수 있다.

이에 본 절에서는 건강한 가족의 의미를 알고, 건강한 가족의 특성을 이해하며, 건강한 가족이 되기 위한 실천적 전략을 중심으로 살펴보고자 한다. Stinnett과 DeFrain은 지난 30년 간 미국과 전 세계 27개국의 21,000여 가족들로부터 수집된 자료를 정리하여 건강가족적 관점(family strengths perspective)에서 건강한 가족의 공통된 특성을 제시하였는데, 건강한 가족의 여섯 가지 특성은 다음과 같다(Stinnett & DeFrain, 1985; DeFrain, 1999; Olson & DeFrain, 2003).

1) 감사와 애정

건강한 가족은 가족구성원들 간의 감사와 애정 표현을 두려워하지 않고 서로를 세심하게 보살펴준다. 건강한 가족은 각자의 개성을 존중하고 서로를 배려하며 친밀함을 표현하기 위해 미소 짓기, 안아 주기, 유머나 농담 등을 편하게 주고받으면서 감사와 애정을 표현한다. 부부관계에서는 성(性)이 애정표현의 한 방식이다. 이처럼 가족구성원 간에 애정을 표현하고 서로 감사를 주고받는 것은 가족의 분위기를 더욱 긍정적으로 만들어 주기 때문에 건강한 가족의 매우 중요한 특성이다.

2) 헌신

건강한 가족은 서로의 안녕과 행복을 위해 헌신하며, 직업이나 다른 어떤 일보다도 가족에 우선순위를 둔다. 즉, 건강한 가족은 가족활동에 시간과 에너지를 먼저 투자함으로써 서로에게 헌신하는 모습을 보인다. 이처럼 건강한 가족의 구성원들은 서로를 신뢰하며, 책임감을 공유하고, 서로에게 충실하지만 이것이 서로를 구속한다는 의미는 아니다. 부부관계에서 헌신의 의미는 성적 충실감을 포함하며, 서로에 대한 정직함을 반영하는 요소이기도 하다. 이처럼 헌신이란 가족구성원 개인의 목표를 달성할 수 있도록 서로에게 자유를 허용하고 격려해 주지만, 가족 중 누군가는 가족이 함께하는 시간이 방해받을 경우 자신의 목표나 일을 어느 정도 포기할 수도 있음을 의미한다.

3) 긍정적인 의사소통

건강한 가족이라고 해서 항상 의견의 일치를 보이는 것은 아니지만 건강한 가족의 구성원들은 서로를 비난하지 않고, 직접적이면서 솔직한 방식으로 대화를 나눈다. 건강한 가족은 의사소통 시 과제지향적이며, 문제를 규명하고, 이를 함께 해결하는 방식 등에 대해 적극적으로 논의한다. 하지만 이보다 더 중요한 점은 건강한 가족은 유대감을 형성하기 위해 타인의 이야기를 듣는 데에도 많은 시간을 보낸다는 것이다. 건강한 가족들의 의사소통을 관찰해 보면 말하기보다 듣기를 더 많이 한다. 때로는 서로 대립하고 반대 의견으로 갈등을 겪기도 하지만, 서로를 비난하지 않고 의견 차이를 좁히기 위해 노력한다. 즉, 서로의 의견 차이를 해결하기 위해 노력하지만, 때로는 의견의 차이가 있음을 그대로 받아들이기도 한다. 이처럼 건강한 가족의 구성원들은 서로의 이야기를 경청하며, 상대방의 질문을 잘 이해하고 상대방의 마음을 임의로 해석하지 않는다. 그리고 가족 내에서 따뜻하고 애정적인 분위기를 만들기 위해, 대화를 쉽게 풀어나가기 위해, 어려운 상황을 극복해 나가기 위해, 그리고 삶을 긍정적으로 바라보기 위해 유머를 자주 사용한다.

4) 함께 즐거운 시간 보내기

건강한 가족은 구성원들이 함께 식사하거나 캠핑이나 산책과 같은 야외활동을 즐기는 등의 일상적이고 평범한 활동을 공유한다. 건강한 가족이 함께 보내는 시간은 특별한 경험만을 함께하는 것이 아니라 일상을 함께하는 것이다. 그리고 건강한 가족은 함께 보내는 시간의 양이 많기도 하지만 그 중에서도 서로 공유하는 시간을 진정으로 즐기면서 보내는 시간의 양도 많다. 그리고 건강한 가족은 생일이나 기념일을 함께 축하하는 것과 같은 가족 전통에 해당하는 가족의례를 공유하며 가족에 대한 정체성과 심리적인 안정감을 꾀하면서 즐거운 시간을 보낸다.

5) 영적 안녕

건강한 가족의 특성 중 다소 이견이 있는 특성이 바로 영적 안녕이다. 영적 안녕은 제도화된 종교에 대한 신앙을 의미하기도 하지만, 반드시 종교만을 포함하는 것은 아니다. 여기에는 종교적인 믿음 이외에도 가족원들이 공유하는 신념, 희망이나 낙관주의적 인생관, 세상과의 일체감, 가족원 간의 경외심이나 헌신, 윤리적 가치 등을 포함하며, 이는 자신이나 일상의 사소한 갈등을 초월하고 영적인 것에 초점을 맞추도록 하는 감정이나 힘을 의미한다. 이는 건강한 가족의 구성원들이 일상적인 스트레스를 초월하여 가족생활의 신성한 부분에 초점을 두도록 도와주는 특성이다.

6) 스트레스와 위기대처능력

건강한 가족이 갖는 대표적인 특성은 스트레스와 위기에 대한 성공적인 대처능력이다. 건강한 가족은 문제가 일어나기 전에 적절하게 이를 예방하고, 스트레스나 위기가 발생하면 이를 성장의 기회로 여기며 일상적인 스트레스나 어려운 위기를 창의적이고 효과적으로 관리할 수 있는 능력을 보유하고 있다. 물론 건강한 가족이라도 가족원의 질병이나 수술 혹은 죽음, 성인 자녀의 결혼 등의 문제, 청소년 자녀의 비행이나 학교 부적응 등의 문제를 경험할 수 있다. 하지만 건강한 가족은 이러한 위기가 닥치면 모두 협력하며 상대의 부담을 덜기 위해 각자 일정 역할을 맡아 처리한다. 그리고 문제를 스스로 해결할 수 없다면 기꺼이 상담과 같은 외부의 도움을 요청하기도 한다. 〈표 1-1〉에 건강한 가족의 여섯 가지 특성과 각 특성에 포함되는 핵심요소를 정리하였다(Defrain & Asay, 2007).

| 표 1-1 | 건강한 가족의 특성

감사와 애정 (appreciation and affection)	헌신 (commitment)
• 서로 돌봄 • 친밀 • 개성에 대한 존중 • 농담 • 유머	• 신뢰 • 정직 • 의존할 수 있음 • 충실 • 공유
긍정적인 의사소통 (positive communication)	**함께 시간 보내기 (enjoyable time together)**
• 칭찬해 주기 • 감정 공유하기 • 비난 피하기 • 절충(타협)하기 • 동의하지 않는 것을 받아들이기	• 양질의 시간을 많이 보내기 • 좋아하는 일에 시간 보내기 • 서로의 동료들과 잘 지내기 • 일상적인 것을 하며 좋은 시간 보내기 • 즐거운 시간 공유하기
영적 안녕 (spiritual well-being)	**스트레스와 위기대처능력 (the ability to manage stress and crisis effectively)**
• 희망 • 믿음 • 연민 • 공유된 윤리적 가치 • 인류와의 하나됨	• 적응성 • 도전과 기회로 위기를 바라보기 • 함께 위기를 극복함으로써 성장하기 • 변화에 대한 열린 마음 • 회복탄력성

출처: DeFrain & Asay (2007). pp. 4-5.

지금까지 살펴본 건강가족적 관점에서의 건강한 가족의 특성 이외에도 가족체계적 관점(family systems perspective)에 기초하여 '기능적인' 가족으로서의 건강한 가족의 특성을 살펴본 연구들이 있는데, 기능적인 가족으로서의 건강한 가족의 특성은 가족의 문제를 진단하고 치료하는 가족상담 및 치료에서 많이 활용되어왔다(유계숙, 2004). 가족체계적 관점에서 건강한 가족의 특성으로는 응집성과 적응성을 주요 요소로 보고 있다. 간략하게 설명하면 응집성은 가족원 간의 친밀감과 유대감을 나타내는 결속의 수준과 가족원 각자의 자율성을 나타내는 분리의 수준을 나타내는 개념이다. 이에 건강한 가족은 결속과 자율성 어느 한쪽으로 치우치지 않고 상황이나 문제에 따라 가족이 결집하거나 개인의 발전을 위해 자율성을 존중하는 균형 잡힌 응집성을 가지고 있음을 의미한다. 반면에 적응성은 가족이 안정과 변화 사이에서 어느 한쪽에 치우치지 않고 상황에 따라 가족의 안정을 추구하거나, 위기상황과 같이 필요한 경우에는 변화를 모색하는 균형 잡힌 적응성을 의미한다(유계숙, 2004). 그리고 이러한 응집성과 적응성을 촉진하는 주요 기술로는 의사소통 능력이 있다.

Olson과 DeFrain(2000, 2003)은 공동 연구를 통하여 각자가 제안했던 건강가족의 개념 및 특성들, 즉 가족체계론에 기초한 가족기능성과 건강가족모델에 기초한 건강한 가족의 특성들 간의 관련성을 다음과 같이 설명하였다(유계숙, 2004 재인용). 즉, 건강가족모델에서 보는 건강가족의 여섯 가지 특성들(Olson & DeFrain, 2003; Stinnett & DeFrain, 1985) 중 '헌신'과 '함께 시간 보내기'는 '응집성'에, '스트레스 대처능력'과 '영적 안녕'은 '적응성'에, 그리고 '긍정적 의사소통' 및 '감사와 애정'은 '의사소통'에 해당된다고 하여 두 관점에서의 건강가족 특성들 간의 연관성에 대해 설명하였다.

한편, 국내 학자들(어은주 · 유영주, 1995; 이경은, 2003)도 건강한 가족의 특성을 규명하고자 노력하였는데(박미숙, 2017 재인용), 가족 간의 유대관계, 의사소통, 문제해결 수행능력, 가치체계 공유 등을 건강한 가족의 특성으로 보고 있어 Olson보다는 Stinnett과 DeFrain의 건강가족적 관점에서의 건강한 가족의 특성들과 유사한 면이 있다.

먼저, 어은주와 유영주가 제시한 가족 간의 유대관계란 가족원들 간에 유대감이 강해 가족활동에 많은 시간과 에너지를 투자하는 것을 의미한다. 가족 간의 유대관계란 구속을 의미하는 것이 아니라 사랑, 신뢰, 이해를 바탕으로 서로의 목표를 이룰 수 있도록 격려해 주고 상호 자율성을 인정하는 것을 의미한다. 따라서 건강한 가족은 서로를 얽매지 않고 가족 내 다른 구성원들과 견고하게 유대관계를 맺음으로써 개인주의나 이기주의, 혹은 고립감 등을 보이지 않게 된다(한영숙, 2006).

두 번째 특성은 가족 간의 의사소통이다. 가족 간의 의사소통이란 언어적인 것뿐만 아니라 비언어적인 정보가 가족구성원 간에 교환되는 방식을 모두 포함한다(이현주, 2011). 즉, 건강한 가족은 가족 건강성을 지향하는 방향으로 의사소통을 하는데, 상대방의 의도를 마음대로 추측하지 않기 위해 명확하고 직접적인 의사소통을 하며, 경청과 집중 역시 잘 이루어진다. 반면, 건강하지 못한 가족은 가족구성원들이 함께 하는 시간이 많지 않고 이로 인해 추측이나 가정 등의 간접적인 방식으로 잘못된 의사소통을 한다(Satir, 1967).

셋째, 문제해결 수행능력은 건강한 가족이 가족 내의 위기나 문제를 긍정적인 방법으로 해결하는 능력을 가지고 있음을 의미한다. 이는 스트레스나 위기상황일수록 긍정적인 요소에 초점을 맞추고 스트레스나 위기상황 발생 시 가족 간의 결속이 약해지기보다는 가족이 함께 위기를 다루면서 대안적 해결책을 효과적으로 찾는 문제해결 수행능력을 갖고 있다는 것이다. 즉, 건강한 가족은 위기로 인해 결속력이 약해지기보다는 오히려 위기를 통해 바람직한 해결책을 도출할 수 있는 능력을 갖추고 있으며, 가능한 한 효과적으로 위협을 수용하고 손해를 최소화하며, 이 과정을 통해 성장할 수 있는 기회를 찾는다(Stinnett, 1985).

마지막 특성으로 가치체계 공유를 들고 있는데, 이는 가족구성원이 건강한 가치체계를 공유하며, 무엇이 중요한 것인가 혹은 목표가 무엇인가에 대해 가족구성원들 간에 생각을 공유한다는 의미이다. 즉, 건강한 가족은 행복에 늘 주의를 기울이며, 자신이 가족의 일원임에 늘 긍지를 갖는다. 또한 가족 전통과 가족사에 대해서도 자부심을 갖고 가족의 가치관이나 규율을 명확히 이해한다(Stinnett, 1985).

이경은(2003)은 어은주와 유영주(1995)가 언급한 네 가지 특성에 가족 역할 유연성을 추가하여 건강한 가족의 특성을 다섯 가지로 확장하여 구분하였다. 가족 역할의 유연성이란 변화하는 상황이나 과정에 대한 가족구성원들의 반응을 의미하는데, 이는 곧 적응능력을 나타낸다. 즉, 상황의 변화에 따라 행동과 가족규칙을 변화시키는 유연함을 의미하며, 건강한 가족은 이러한 유연성을 가지고 있다고 하였다.

지금까지 국내외 학자들이 주장하는 건강한 가족의 특성들에 대해 살펴보았다. 이처럼 건강한 가족은 개인의 행복과 건강한 사회의 기초가 되어 사회적 자본이 된다. 이에 가족원 모두의 욕구가 충족되고 인간다운 삶이 보장되는 가정을 만들기 위해 가족의 부양, 양육, 보호, 교육 등 가족의 기능을 강화하고, 가족의 취약성을 보완하며, 가족문제를 사전에 예방하는 데 초점을 두고 2005년 1월 1일 「건강가정기본법」이 시행되었다(유계숙, 2004).

참고자료 1-2 건강가정기본법(健康家庭基本法)

건강가정기본법은 건강한 가정생활의 영위와 가족의 유지 및 발전을 위한 국민의 권리 · 의무와 국가 및 지방자치단체 등의 책임을 명백히 하고, 가정문제의 적절한 해결방안을 강구하며 지원정책을 강화함으로써 건강가정 구현에 기여하기 위해 제정한 법(2004.2.9. 법률 제7166호)이다.

건강가정이란 가족구성원의 욕구가 충족되고 인간다운 삶이 보장되는 가정으로 정의한다. 가족구성원은 부양 · 자녀양육 · 가사노동 등 가정생활의 운영에 동참해야 하고 서로 존중하며 신뢰해야 한다.

국가와 지방자치단체는 출산과 육아의 사회적 책임을 인식하고 모성보호와 태아의 건강보장 등 적절한 출산환경을 조성하는 데 적극적으로 지원해야 한다. 가정의 중요성을 고취하고 개인 · 가정 · 사회의 적극적인 참여 분위기를 조성하기 위해 매년 5월을 가정의 달로, 5월 15일을 가정의 날로 정한다.

건강가정에 관한 주요 시책을 심의하기 위해 국무총리에 소속되는 중앙건강가정정책위원회와 건강가정실무기획단을 둔다. 특별시 · 광역시 · 도에는 건강가정위원회를 둔다. 보건복지부 장관은 5년마다 가정의 자립증진 대책 등이 포함된 건강가정기본계획을 세워야 한다. 관계 중앙행정기관장 및 시 · 도지사는 매년 기본계획에 따라 시행계획을 세워 시행해야 한다.

국가와 지방자치단체는 5년마다 가족실태조사를 실시하고 그 결과를 발표해야 한다. 또 가정이 원활한 기능을 수행하도록 가족구성원의 정신적 · 신체적 건강과 소득보장 등 경제생활의 안정, 안정된 주거생활 등을 지원해야 한다. 자녀양육의 지원을 강화하고, 가족의 건강증진, 가족부양의 지원, 민주적이고 양성평등한 가족관계의 증진 등에 힘써야 한다.

이밖에 가사 · 육아 · 산후조리 · 간병 등을 돕는 가정봉사원을 지원할 수 있다. 이혼조정을 내실화하고, 이혼의 의사가 정해진 가족이 자녀양육 · 재산 · 정서 등의 제반 문제를 준비할 수 있도록 지원해야 한다. 중앙과 특별시 · 광역시 · 도 및 시 · 군 · 구에 건강가정지원센터를 두고 전문가로서 건강가정사를 두어야 한다.

5장으로 나누어진 전문 36조와 부칙으로 구성되어 있다.

출처: doopedia. http://www.doopedia.co.kr/index.do.

읽어보기 보건복지부 건강가족 실천지침

보건복지부는 15일 세계 가정의 날을 맞아 건강한 가족을 만들기 위한 '10가지 약속' 등 실천지침을 제정했다. '건강한 가족 행복한 가정, 우리가 만들어갑니다.'라는 주제로 한국여성단체협의회에 의뢰해 만든 실천지침은 건강가족의 개념을 '가족원끼리 사랑, 존중, 평등, 책임, 민주적 의사결정으로 가족관계를 형성하는 것'으로 규정했다.

10가지 약속(건강가족 10계명)

1. 사랑하는 마음을 표현합니다.
2. 충분한 대화시간을 갖습니다.
3. 같이 하는 취미활동을 만듭니다.
4. 집안일을 나눠 합니다.
5. 집안의 중요한 일을 함께 결정합니다.
6. 함께 지킬 규칙을 서로 상의해 만듭니다.
7. 각자의 자기계발을 격려합니다.
8. 사회봉사활동에 함께 참여합니다.
9. 가족의 전통을 이해하고 새롭게 만들어 갑니다.
10. 가족의 날을 정합니다.

출처: 보건복지부 (2000). 건강가족 실천지침.

활동하기 10가지 약속 구체화하기

1. 사랑하는 마음을 표현합니다.

⇒ 하루에 ___번 이상 ________________________으로 마음을 표현할 것이다.

2. 충분한 대화시간을 갖습니다.

⇒ 하루에 적어도 _______분 동안 가족과 대화하는 시간을 가질 것이다.

3. 같이 하는 취미활동을 만듭니다.

⇒ 가족과 함께 ____________활동을 하며 즐거운 시간을 보낸다.

4. 집안일을 나눠 합니다.

⇒ 내가 자신 있는 집안일은 ___________, ___________, ___________이다.

5. 집안의 중요한 일을 함께 결정합니다.

⇒ 중요한 일을 함께 결정한다면 삶이 더 _________________할 것이다.

6. 함께 지킬 규칙을 서로 상의해 만듭니다.

⇒ 나는 우리 가족이 ________________________하기를 바란다.

7. 각자의 자기계발을 격려합니다.

⇒ 내가 현재 노력하고 있는 것은 _________________이다.

8. 사회봉사활동에 함께 참여합니다.

⇒ 우리 가족이 함께 봉사활동을 한다면 그것은 __________________이다.

9. 가족의 전통을 이해하고 새롭게 만들어 갑니다.

⇒ 우리 가족의 가훈은 ________________________________입니다.

10. 가족의 날을 정합니다.

⇒ 매주 ____요일은 가족과 함께 ________를 하며 시간을 보낸다.

*참고문헌

박미숙 (2017). 가족 건강성이 유아 리더십에 미치는 효과. 인천대학교 박사학위논문.

박혜민 (2017). 미혼남녀의 결혼의향에 영향을 미치는 변인 연구. 경북대학교 석사학위논문.

보건복지부 (2000). 건강가족 실천지침.

어은주, 유영주 (1995). '가족의 건강도' 측정을 위한 척도 개발에 관한 연구. **한국가정관리학회지, 13**(1), 145-155.

유계숙 (2004). 건강가족의 요소에 관한 연구 -가족체계와 건강성을 중심으로-. **한국가족관계학회지, 9**(2), 25-42.

유영주 (2001). **건강가족연구**. 서울: 교문사.

윤영삼 역 (2006). **아는 만큼 행복이 커지는 가족의 심리학**. Humphrey. T. (2004). Leaving the nest : what families are all about. 다산초당.

이경은 (2003). 가족자원봉사경험과 가족의 건강성에 관한 연구. **한국사회복지학, 52**, 63-87.

이현주 (2011). 어머니의 심리적 복지감과 가족건강성이 유아의 자아탄력성에 미치는 영향. 가톨릭대학교 석사학위논문.

통계청 (2020). 인구동향조사, 2019년 혼인 · 이혼 통계 보도자료.

한영숙 (2006). 아동이 지각한 가족의 건강성 및 부모의 양육태도와 행동문제간의 관계 연구: 초등학교 5, 6학년을 대상으로. 한남대학교 석사학위논문.

황을호, 장동숙 역 (2010). **5가지 사랑의 언어**. Chapman, G. (1997). The Five Love Languages. 서울: 생명의 말씀사.

Broderick, C. B. (1992). *Marriage and the family* (4th ed.). Englewood Cliffs, NJ: Prentice Hall.

Broderick, C. B. (1993). *Understanding family process: Basics of family systems theory*. Newbury Park, CA: Sage.

Cherlin, A. J. (2004). The Deinstitutionalization of American marriage. *Journal of Marriage and Family, 66*(4), 848-861.

DeFrain, J. (1999). *Strong families. Family Matters, 53*, 6–13.

DeFrain, J., & Asay, S. M. (2007). Strong families around the world: An introduction to the family strengths perspective. *Marriage & Family Review, 41*(1–2), 1–10.

doopedia. http://www.doopedia.co.kr/index.do.

Olson, D. H., & DeFrain, J. (2000). *Marriage and the family: Diversity and strengths* (3rd ed). Mouuntain View, CA: Mayfield Publishing Co.

Olson, D. H., & Defrain, J. (2003). *Marriage and the family: Intimacy, diversity, and strengths* (4th ed). McGrow Hill.

Satir, V. M. (1967). *Conjoint family therapy*. Palo Alto, CA: Science and Behavior Books.

Stinnett, N., & DeFrain, J. (1985). *Secrets of strong families*. Boston: Little, Brown.

Stinnett, N., & Sauer, K. (1977). Relationship patterns among strong families. *Family Perspective, 11*, 3–11.

U.S. Census Bureau. (2003). *Statistical abstract of the United States* (123rd ed.). Washington, DC: U.S. Government Printing Office.

Waite, L. J., & Gallagher, M. (2000). The Case for Marriage: Why married people are happier, healthier, and better off financially. New York: Doubleday.

Chapter 02

사랑 및 이성교제

1. 사랑
2. 이성교제

Chapter 02

사랑 및 이성교제

인간은 태어나면서부터 죽을 때까지 누군가와 끊임없는 사랑을 주고받으며 살아가는 사회적 존재이다. 사랑은 인간의 본질이며 인간을 존재하도록 하는 능동적인 힘이다. 또한, 사랑은 누구나 동경하는 체험이며 동서고금을 막론하고 예술과 문학의 변함없는 주제로(권석만, 1997), 현대사회에서는 개인과 가족의 행복에 필수적인 전제조건으로 간주된다. 이렇듯 중요한 사랑에 대해 우리는 제대로 알고 배우려 하지 않고 누구나 그냥 하는 것으로 잘못 생각하는 경향이 있다. 그러므로 우리는 인간관계에 깊은 의미를 주는 사랑에 대해 제대로 배우고 사랑의 역동에 대해 바르게 이해할 필요가 있다. 본 장에서는 사랑에 관한 원형, 여러 학자들의 이론, 사랑의 기술들에 대해 알아보고 나아가 사랑하는 관계에서의 이성교제의 기능, 문제점 및 이성교제의 종료에 대해서도 알아보도록 하겠다.

1. 사랑

1) 사랑의 의미

인간의 역사가 시작된 이래 '사랑'에 대해 정의하려는 끊임없는 노력이 이어지고 있지만, 사랑이란 그 의미가 매우 넓고 주관적인 특성을 가지고 있다. 시대, 문화, 개인에 따라 의미가 다양하기 때문에 "사랑이란 무엇인가"에 대한 명확한 정의는 없는 듯하다(최외선 외, 2003). 오히려 모든 사람이 동의할 수 있는 사랑에 대한 정의를 발견하지 못해 사랑이 무엇인지에 대한 더 많은 논쟁들이 생겨났다.

Fehr(1988)는 사랑의 정의에 관한 이러한 혼동들 때문에, 과연 사랑에 대한 정의를 내리는 것이 가능한 일인지에 대한 근본적인 의문을 제기하기도 하였다. 그리하여 사랑에 대한 형식적인 정의를 내리기보다는 우리가 누군가를 사랑할 때 그 마음속에 담겨 있는 원형(prototype)으로 받아들여지는 공통적 특성을 밝히는 것이 더 효과적일 것(Strong & DeValut, 1992)이라고 생각하였다.

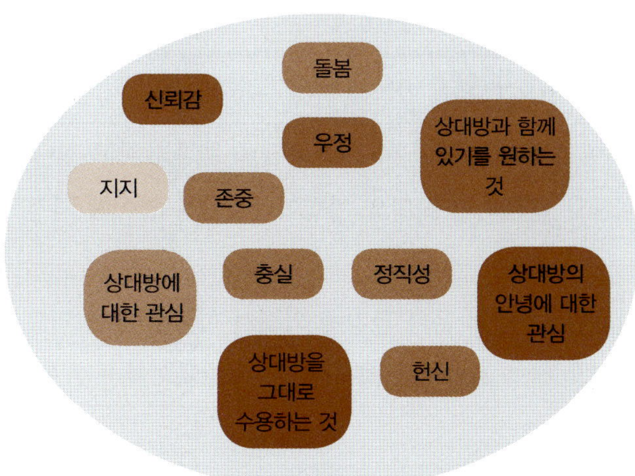

| 그림 2-1 | 사랑의 열두 가지 속성

그리하여 Fehr(1988)는 사람들이 사랑에 대해 갖고 있는 원형을 발견하기 위해 일반인 172명을 대상으로 사랑의 중심적인 특성을 조사하였다. 그 결과 사람들이 응답한 사랑의 열두 가지 속성은 〈그림 2-1〉과 같다.

Baum(1971)은 사랑의 특성으로 나눔, 우애, 상호지지, 이해를 꼽았고, Rubin (1973)은 사람들이 밝힌 네 가지 사랑의 감정을 다음과 같이 제시하였다. ① 상대방을 도와주고 싶어서 돌보는 것, ② 나를 생각해 주고 마음 써주기를 바라는 상대방을 신뢰하는 것, ③ 서로 속마음을 털어놓을 수 있을 만큼 상대방을 신뢰하는 것, ④ 상대방의 결점까지도 너그럽게 받아들이는 것(정현숙 · 유계숙, 2001 재인용).

그러나 '사랑이란 무엇인가?'라는 질문이 중요한 이유는 유명한 학자들의 철학적 개념의 정의를 알기 위해서가 아니라 자신이 어떠한 사랑을 원하며, 무엇을 사랑이라고 생각하는지, 그리고 나는 어떠한 사랑을 하고 있는가를 깊이 생각해 보기 위해서이다. 더불어 내가 사랑을 함에 있어 보다 행복해지기 위한 실제적인 목적이 우선되어야 할 것이다.

2) 사랑의 일반적 특성

사랑의 일반적인 특성은 다음과 같다(송진숙 · 권희경 · 김순기, 2008 재인용).

첫째, 사랑은 현실 생활에 존재하며, 객관적인 진실성을 갖고 있다. 그러므로 사랑은 어디까지나 실제로 존재하며 사랑의 경험이야말로 인간에게 가장 강력한 경험이 될 수 있다.

둘째, 사랑의 능력은 개인의 문화 환경에 의해서 학습된다. 그러므로 인간은 각자 어렸을 때부터 배워온 대로 사랑하기 때문에 문화가 다른 사람 간의 사랑표현방법은 다를 수 있다.

셋째, 사랑은 좋아한다는 막연한 호감에서부터 아주 강렬한 애정에 이르기까지 여러 단계가 존재한다.

넷째, 사랑은 여러 형태가 있다. 타인을 위해 희생하는 이타적 사랑, 청소년기의 낭만적 사랑, 성인기의 동료적 사랑, 성적인 사랑 등이다.

다섯째, 사랑은 성장한다. 사랑은 어느 일순간에 깨닫게 되는 것이 아닌, 많은 경험을 통하여 성장하는 것이다. 즉 어릴 때부터 모든 경험을 통하여 발달된 개인의 성격이나 인성 속에서 성장하는 것이다. 그러므로 한 개인에 있어서 정서적 성장이 건강하고 건전하다면 그의 타인에 대한 사랑도 이와 더불어 건전하게 성장한다고 볼 수 있다.

참고자료 2-1 **낭만적 사랑에 대한 비합리적 신념**

- 사랑은 뜨겁고 열정적이어야 한다.
- 내가 열정적으로 사랑할 수 있는 대상은 평생 한 명뿐이다. 진정한 사랑은 일생에 한 번뿐이다.
- 낭만적 사랑은 영원히 지속될 것이다. 결혼은 낭만적 사랑을 영원히 보장할 것이다.
- 나를 사랑한다면 사랑받고 있다고 항상 느낄 수 있어야 한다.
- 사랑하는 사람과 헤어지면 다시는 사랑을 못할 것이다. 오랫동안 실연의 고통으로부터 오랫동안 빠져나오지 못할 것이다.
- 첫눈에 반하는 사랑이 진짜 사랑이다.
- 진정한 사랑을 위해서라면 모든 것을 희생해야 한다.

출처: 권석만 (1997). pp. 280–281.

3) 사랑의 이론

(1) Lee의 사랑의 색채이론

캐나다의 사회학자인 John Lee(1975)는 《사랑의 색깔》이라는 저서에서 세 가지 원색에서 여러 가지 색채의 조합이 이루어지듯, 사랑도 세 가지 원형이 있어 거기에서 여러 가지 조합이 이루어진다고 설명하였다. 예컨대, 갈색 톤의 옷이 가장 잘 어울리는 사람이 "갈색만이 진짜 색이야"라고 주장할 수 없는 것처럼, '진정한 사랑'을 이야기 할 때도 "이런 사랑만이 진짜 사랑이야"라고 주장할 수는 없다.

Lee(1975)는 사랑의 원형을 동료적 사랑(Storge), 낭만적 사랑(Eros), 유희적 사랑(Ludus) 세 가지라고 하며, 세 원형들을 두 가지씩 결합시켜 소유적 사랑인 마니아(Mania: 에로스+루두스), 실용적 사랑인 프래그마(Pragma: 루두스+스토르게), 이타적 사랑인 아가페(Agape: 에로스+스토르게)로 분류하였다. 일반적으로 두 개의 사랑 유형이 인접해 있을수록 두 사람은 서로 잘 어울린다고 볼 수 있는데, 이것을 '인접성의 법칙'이라고 한다(Lee, 1977). 그러나 사랑의 정의가 너무 비슷한 나머지 관계가 결국은 흥미를 잃게 되는 경우도 있다. 따라서 사랑의 관계에서 서로 쉽게 싫증나는 것을 막기 위해서는 어느 정도 상충되는 요소도 있어야 한다. '인접성의 법칙'에서 예외는 마니아와 루두스 유형의 만남이다. 이 둘은 〈그림 2-2〉에서 보듯이 아주 가깝게 위치해 있지만, 서로 다른 사랑의 정의를 내리고 있기에 어울리기 힘든 점이 있다. 그러나 주변에서 이러한 사랑 유형의 조합 또한 흔히 볼 수 있다.

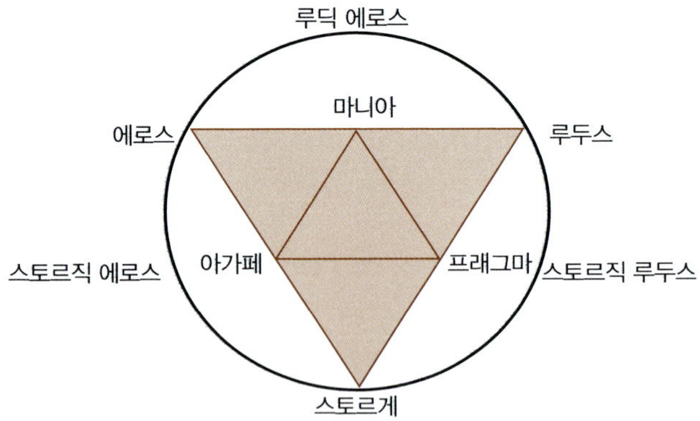

| 그림 2-2 | John Lee의 사랑 유형

출처: 최연실 외 편역 (2001). p. 24.

① 에로스(Eros): 육체적 · 낭만적 사랑

고대 그리스 신화에서 에로스의 화살에 맞으면 즉시 사랑에 빠진다는 신화에서 비롯된 말이다. 에로스의 사랑을 하는 사람은 상대에게 첫눈에 전류에 감전된 듯 반해 열정이 솟아난다. 이러한 사랑을 하는 사람들은 사랑하는 사람을 위해 위험을 감수할 준비가 되어 있다.

에로스는 상대의 육체적 매력에 강한 자극을 받아 성적으로 흥분하게 되는 감정이기도 하다. 상대방의 긍정적인 특징만을 보게 됨으로써 상대방의 실체를 왜곡하여 받아들이기도 한다. 따라서 사랑의 속도가 빠르며 강렬하지만 오래 지속적이지 못하다는 특징이 있다. 이렇게 낭만적인 사랑은 비현실적인 경향이 강하고 상대방을 이상화시키는 것이기 때문에, 이를 장기적 결혼과 연결시키기에는 어려운 사랑의 유형이다.

② 루두스(Ludus): 유희적 사랑

루두스란 라틴어로 놀이나 게임을 의미하는 말로, 루두스의 돈주앙처럼 많은 상대와 사랑을 하지만 한 사람에게 정착하여 장기적으로 애착을 갖는 것을 부담스러워한다. 이러한 사랑을 하는 사람들은 사랑을 하나의 유희로 보고, 많은 사랑의 경험을 수집하기를 즐긴다. 또한, 동시에 여러 상대를 사랑하는 것에 대해 갈등이나 모순을 느끼지 않고, 성은 헌신의 표현이 아니라 재미를 위한 것이라 생각한다. 이러한 유형들은 서로가 함께 나누는 사랑보다는 상대에 대한 배려 없이 자신의 만족과 성취감에 치중함으로써 관계가 오래 지속되지 못한다.

③ 스토르게(Storge): 우애적 사랑

스토르게는 서서히 무르익는 사랑의 유형으로 열정적인 요소는 매우 약하다. 그러나 세월의 흐름과 함께 천천히 무르익는 좋은 친구 같은 사랑이다. 오랜 만남을 통하여 서로가 편안하게 느끼고 많은 부분을 공유한다(최외선 외, 2003). 열정적인 사랑을 선호하는 사람에게 스토르게 사랑은 사랑이 아닌 우정이나 애정으로 보일 수 있다. 이 유형의 특징은 상대를 이성적으로 대하며 감정을 억제할 수 있고, 상대방에 대한 요구가 지나치지 않고, 현실을 받아들여 상호협조적이고 보완적인 관계로 장시간 안정적인 특징이 있다.

④ 마니아(에로스+루두스): 광적 사랑

어원은 테이아 마니아(theia mania: 신으로부터 내려온 광기)로 강박관념에 사로잡힌 열광적인 사랑을 의미한다(이기숙 외, 2001). 이 유형의 연인들은 독점욕, 의존감, 질투심이라는 감정적 반응을 가지므로 영속적인 근심 및 불안의 상태에 놓여 있다. 자신이 어떤 유형을 좋아하는지 확신이 없으며, 사랑하는 상대에게 강박적으로 집착하며 질투가 강하고 소유적이다. 친밀한 관계에서의 강한 질투심은 심각한 갈등이나 이혼, 심지어는 살인까지 초래할 수 있게 된다. 마니아 사랑의 사이클에서 벗어나지 못하는 사람은 그 자신이 사랑에 대한 절실한 욕구가 있기 때문으로 이러한 근원적인 문제에 대한 해결이 필요하다.

⑤ 프래그마(루두스+스토르게): 실용적 사랑

프래그마는 루두스와 스토르게의 혼합으로, 매우 실용적인 사랑을 말한다. 사랑의 대상을 찾는 것이 마치 '쇼핑목록'처럼 의식적으로 각 개인의 여러 측면을 신중히 고려하여 자신과 잘 어울리는 상대를 찾는다. 즉, 이들은 자신의 개성, 배경, 가치, 흥미 등이 양립할 수 있는 상대방과 어울리며 이러한 상대방을 발견했을 때 더욱 강한 감정으로 사랑하게 되고 상대를 제대로 알기 전까지는 헌신이나 미래에 대해 언급하지 않는다. 또한, 상대를 제대로 알기 전까지는 관계상의 헌신이나 미래에 대해 언급하지 않는다. 만일 서로에게 변화가 생겨 상대의 자원교환가치가 전과 같지 않다면 사랑이 끝날 수 있으며, 다시 만나고자 하는 대상 역시 동일한 안목으로 찾는다(최외선 외, 2003).

⑥ 아가페(에로스+스토르게): 이타적 사랑

아가페 사랑은 이타적인 사랑을 말하며, 조건 없이 베풀어 주는 자기희생적인 천사의 사랑이다. 즉, 조건 없이 상대를 좋아하고, 돌보아주며, 용서하고, 베풀어주는 희생적 사랑이다. 아가페 사랑 유형의 사람들은 사랑하는 사람에게 애정 어린 보살핌을 베풀어야 할 강한 의무감을 느낀다. 이처럼 부모님의 무조건적인 사랑이나 성자와 같은 마음으로 사랑의 대상으로 찾기 때문에 현실에서는 극히 드문 사랑 유형에 해당한다.

(2) Sternberg의 사랑의 삼각이론

심리학자 Sternberg(1988)는 사랑을 세 가지 요소가 서로 맞물려 형성된 삼각형 모양의 관계라고 하였다. 세 가지 요소는 '뜨거운' 측면의 열정(passion), '따뜻한' 측면의 친밀감(intimacy), '차가운' 측면의 헌신(commitment)으로 삼각형의 꼭짓점으로 나타낼 수 있다. 열정은 심리적 각성과 생리적 각성을 통해 나타나는 요소로, 파트너가 서로에게 느끼는 낭만적인 감정과 욕구, 신체적 매력을 말하며, 일반적으로 성적 욕구나 성적 극치감을 포함한다. 친밀감은 사랑하는 관계에서 경험하는 유대감과 감정적으로 연결되어 있고 결합되어 있는 느낌을 말하며, 열정이나 헌신과는 달리 부모나 형제, 친구 등 다른 친밀한 관계에서도 공통적으로 나타나는 요소이다. 헌신은 상대방에 대한 인지적 애착을 말하며 서로에게 충실하며 같이 있어 주고자 하는 바람으로서 '누군가를 사랑하겠다는 결정과 그 사랑의 관계를 지속하겠다는 책임감'을 의미한다(그림 2-3 참조).

사랑의 유형은 〈그림 2-4〉와 같이 세 요소의 유무에 따라 여덟 가지로 구분되며, 사랑의 세 요소가 균형 있게 모두 존재할 때 이를 '성숙한 사랑' 혹은 '완전한 사랑'이라고 한다. 모두가 이러한 사랑을 원하고는 있지만, 사랑하는 두 사람의 노력 없이는 이루어내기 힘든 관계 유형이기도 하다.

사랑의 삼각형은 사랑의 강도와 사랑의 균형이라는 두 가지 요소에 의해 만들어진다(최연실 외, 2001). 먼저, 사랑의 강도는 삼각형의 면적을 결정짓는 것으로 기본적으로 상대방에 대해 느끼는 사랑의 강도가 클수록 상대를 향한 그 사람의 사랑삼각형의 면적은 커진다. 이는 사랑의 세 요소가 더 클수록 삼각형의 중심으로부터 꼭지점이 더 멀리 위치하기 때문이다. 사랑의 균형은 삼각형의 모양을 결정한다. 완전히 균형 잡힌 관계는 정삼각형으로 표시되며, 불균형적인 관계는 가장 큰 구성요소

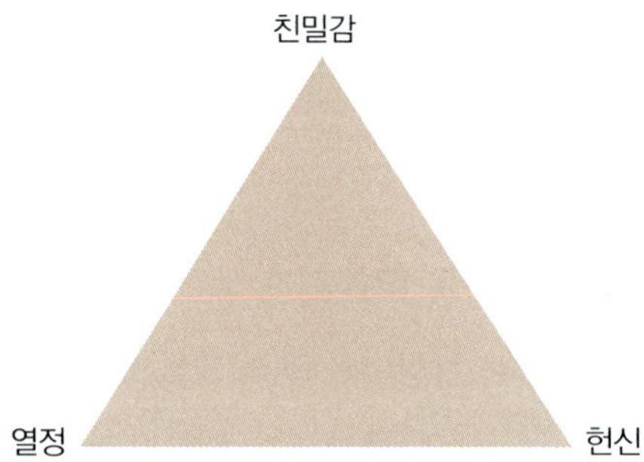

| 그림 2-3 | 사랑의 세 요소

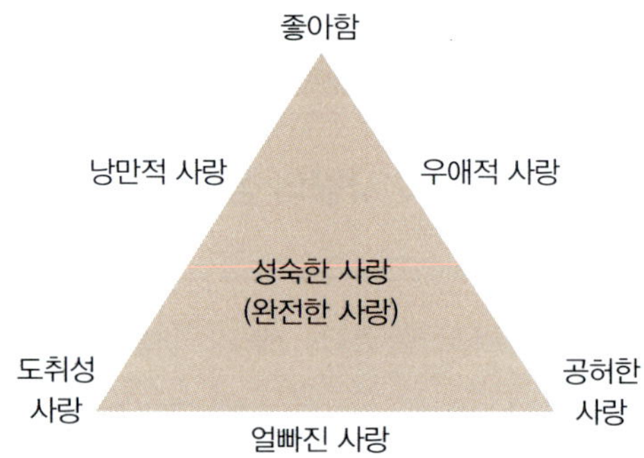

| 그림 2-4 | 사랑의 종류

| 표 2-1 | Sternberg의 사랑의 여덟 가지 유형

사랑의 유형	구성요소		
	친밀감	열정	헌신
비사랑	−	−	−
좋아함	+	−	−
도취성 사랑	−	+	−
공허한 사랑	−	−	+
낭만적 사랑	+	+	−
얼빠진 사랑	−	+	+
우애적 사랑	+	−	+
완전한 사랑	+	+	+

+: 있음, −: 없음

출처: 최연실 외 역 (2001). pp. 45−46.

쪽으로 치우치는 형태의 삼각형이 된다. 사랑의 강도와 균형은 사랑의 관계에 따라 매우 다양하므로 사랑삼각형의 크기와 모양도 다양하다. 그러므로 자신과 상대방의 사랑삼각형의 크기와 모양을 알면 서로에 대해 어떻게 느끼는지를 파악하는 데 도움이 된다.

사랑의 삼각이론에 의하면 사랑은 시간이 경과하면서 변화될 수 있다고 여러 연구를 통해 밝혀졌다. 예를 들어, 열정은 처음 사랑을 시작할 때는 가장 큰 요소로 작용하지만 시간이 지나면 가장 먼저 사라진다. 친밀감은 처음에는 꾸준히 증가하다가 어느 정도 증가하면 사라지거나 너무 익숙해져 의식하지 못하게 된다. 이것을 헌신이 매워주는 것이다. 헌신은 관계에서의 행복과 가장 밀접하게 연관되어 있다. 그러나 사랑의 이 세 가지 중요한 요소의 발달속도가 각각 다르기 때문에 친밀한 관계는 항상 변화한다.

활동하기 자기진단: Sternberg의 삼각형의 삼각 척도

아래의 문장들은 현재 당신이 사귀고 있는 이성친구에 대한 당신의 심리상태를 기술한 것이다. ○○는 이성친구의 이름을 뜻한다. 각 문장이 ○○에 대한 당신의 상태를 잘 나타내는 정도에 따라 아래의 숫자에 ○표하시오.

전혀 아니다 — 보통이다 — 대단히 그렇다

1 2 3 4 5 6 7 8 9

문항	점수								
1. 나는 OO의 행복을 적극적으로 지지한다.	1	2	3	4	5	6	7	8	9
2. 나는 OO와 다정한 관계를 맺고 있다.	1	2	3	4	5	6	7	8	9
3. OO가 필요할 때 OO에게 기댈 수 있다.	1	2	3	4	5	6	7	8	9
4. OO는 내가 필요할 때 나한테 기댈 수 있다.	1	2	3	4	5	6	7	8	9
5. 나 자신과 내가 소유한 것들을 OO와 기꺼이 나누고자 한다.	1	2	3	4	5	6	7	8	9
6. 나는 OO에게 정서적으로 지지받고 있다.	1	2	3	4	5	6	7	8	9

7. 나는 OO를 정서적으로 많이 지지하고 있다.	1	2	3	4	5	6	7	8	9
8. 나는 OO와 의사소통이 서로 잘 된다.	1	2	3	4	5	6	7	8	9
9. 나의 삶에서 OO를 매우 소중하게 생각한다.	1	2	3	4	5	6	7	8	9
10. 나는 OO를 친밀하게 느낀다.	1	2	3	4	5	6	7	8	9
11. 나는 OO와의 관계를 편안하게 느낀다.	1	2	3	4	5	6	7	8	9
12. 나는 OO를 진실로 이해한다고 느낀다.	1	2	3	4	5	6	7	8	9
13. 나는 OO가 나를 진실로 이해한다고 느낀다.	1	2	3	4	5	6	7	8	9
14. 나는 OO를 정말로 믿을 수 있다고 느낀다.	1	2	3	4	5	6	7	8	9
15. 나 자신의 지극히 사적인 부분까지도 OO에게 털어놓는다.	1	2	3	4	5	6	7	8	9
16. 나는 OO를 보기만 해도 흥분이 된다.	1	2	3	4	5	6	7	8	9
17. 나는 하루에도 몇 번씩 OO를 생각하고 있는 나 자신을 발견하곤 한다.	1	2	3	4	5	6	7	8	9
18. 나와 OO, 우리 둘의 관계는 매우 낭만적이다.	1	2	3	4	5	6	7	8	9
19. 나는 OO이 나에게 매우 매력적인 사람이라고 생각한다.	1	2	3	4	5	6	7	8	9
20. 나는 OO를 나의 이상형으로 생각한다.	1	2	3	4	5	6	7	8	9
21. 세상에서 OO처럼 나를 행복하게 만드는 사람은 아마 없을 것이다.	1	2	3	4	5	6	7	8	9
22. 나는 다른 어떤 사람보다도 OO와 함께 있고 싶다.	1	2	3	4	5	6	7	8	9
23. OO와의 관계보다 더 중요한 것은 이 세상에 없다.	1	2	3	4	5	6	7	8	9
24. 나는 OO와 신체적으로 접촉하는 것을 특히 좋아한다.	1	2	3	4	5	6	7	8	9
25. OO와의 관계에는 뭔가 '마법에 빠진 듯한' 점이 있다.	1	2	3	4	5	6	7	8	9
26. 나는 OO에게 흠뻑 빠져 있다.	1	2	3	4	5	6	7	8	9
27. OO 없는 인생을 나는 상상할 수 없다.	1	2	3	4	5	6	7	8	9
28. 나는 OO와 열렬한 관계에 있다.	1	2	3	4	5	6	7	8	9
29. 낭만적인 영화나 책을 보면 OO를 생각하게 한다.	1	2	3	4	5	6	7	8	9
30. 나는 OO에 대한 환상에 사로잡히곤 한다	1	2	3	4	5	6	7	8	9
31. 내가 OO에게 마음을 쓰고 있다는 것을 나는 안다.	1	2	3	4	5	6	7	8	9
32. 나는 OO와의 관계를 지속시키기 위해 최선을 다하고 있다.	1	2	3	4	5	6	7	8	9
33. 나는 OO와의 사랑을 지키기 위해서 다른 사람이 우리 사이에 끼어들지 않도록 할 것이다.	1	2	3	4	5	6	7	8	9

34. 나는 OO와 헤어지지 않을 자신이 있다.	1	2	3	4	5	6	7	8	9
35. 어떠한 것도 OO에 대한 나의 사랑을 막을 수 없다.	1	2	3	4	5	6	7	8	9
36. OO에 대한 나의 사랑은 죽을 때까지 변치 않을 것이다.	1	2	3	4	5	6	7	8	9
37. 나는 OO에 대하여 언제나 강한 책임감을 가질 것이다.	1	2	3	4	5	6	7	8	9
38. OO에 대한 나의 사랑은 확고하다고 생각한다.	1	2	3	4	5	6	7	8	9
39. OO와 헤어진다는 것은 상상도 할 수 없다.	1	2	3	4	5	6	7	8	9
40. 나는 OO에 대한 나의 사랑을 확신한다.	1	2	3	4	5	6	7	8	9
41. 나는 OO와의 관계가 영원할 것이라고 생각한다.	1	2	3	4	5	6	7	8	9
42. OO를 사랑하기도 결심한 것은 잘한 결정이라고 생각한다.	1	2	3	4	5	6	7	8	9
43. 나는 OO에 대해 책임감을 느낀다.	1	2	3	4	5	6	7	8	9
44. 나는 OO와의 관계를 계속 유지할 생각이다.	1	2	3	4	5	6	7	8	9
45. 설혹 OO와 갈등이 생긴다 해도 나는 우리의 관계를 계속 유지할 것이다.	1	2	3	4	5	6	7	8	9

■ **채점**

① 1번에서 15번까지 점수를 합산한 후 15로 나눈 평균값 : 친밀감 점수
② 16번에서 30번까지 점수를 합산한 후, 15로 나눈 평균값 : 열정 점수
③ 31번에서 45번까지의 점수를 합산한 후, 15로 나눈 평균값 : 헌신 점수
– 이 세 점수를 이용하여 삼각형의 중심이 되는 한 점을 기준으로 120도 간격으로 세 방향으로 각 요소의 점수만큼 선을 그리고 세 선분이 끝나는 바깥쪽의 세 점들을 연결하면 자신의 사랑 삼각형이 완성된다. 삼각형의 크기와 모양을 살펴보고 사람의 삼각형 이론을 근거로 자신의 사랑을 진단한다.

출처: 정현숙 · 유계숙 (2001). pp. 220–222에서 재인용.

(3) 애착에 따른 사랑 유형

애착이란 영아와 주 양육자 간에 형성되는 친밀한 정서적 유대감으로, 생후 6개월 전후에 형성되는 인간의 가장 원초적 형태의 사랑이다. Bowlby는 한 사람이 어떻게 타인과 자기 자신을 연관시키는지에 관한 애착이론을 정립하였고, 이를 Ainsworth가 낯선 상황 실험을 통해 현재 통용되는 애착이론의 형태를 발전시켰다(김보미 역, 2016).

개인이 영유아기에 주 양육자와의 관계에서 형성된 애착이 긍정적이라면 자신이

사랑받을 만한 존재, 자기가 필요로 할 때 상대방이 나타난다는 신뢰감, 보호받을 수 있다는 믿음 등이 발달하게 된다. 하지만 초기 애착이 적절히 발달하지 못한다면 이후의 삶에서 개인은 자신을 사랑받을 만하지 못한 존재, 또는 타인에 대해서도 불신감을 가지게 된다(이기숙 외, 2009). 이러한 영유아기의 경험이 개인의 내면에 형성되어 인지적 표상을 만들게 되는데, 이것이 바로 Bowlby(1973)가 제시한 내적작동모델(internal working model)이다. 내적작동모델은 애착과 관련된 경험, 감정, 사고를 조직하는 인지구조로서, 초기 애착관계의 유형을 토대로 하여 자아와 양육자 그리고 세상에 대해 형성되는 정신적 표상을 말한다(Bowlby, 1973).

유아기에 형성된 애착관계는 성장 후에 형성하게 되는 대인관계, 예컨대 사랑관계에도 영향을 준다. 이를 증명하기 위해 Hazan과 Shaver(1987)는 Bowlby와 Ainsworth의 애착이론에서 확인한 아동기의 애착이 성인기까지 지속되는지를 살펴보았다. 그 결과 아동기의 애착 유형은 성인기까지 지속되는 것으로 확인되었다. 예를 들면, 유아기에 안정된 애착관계를 가졌던 사람은 사랑하는 상대에게 자연스럽게 신체적·심리적 욕구를 기대하며, 애정관계에서 보다 긍정적이고 높은 수준의 신뢰, 헌신, 만족감 등을 보였다. 그러나 불안한 애착관계를 형성했던 사람은 자신감이 낮고 상대로부터 부정적 반응이 있을 것으로 예측하는 경향이 있으며, 강박적이고 질투하는 사랑의 형태를 갖는 경향이 있다. 회피애착 유형은 낮은 수준의 신뢰, 헌신, 만족을 보이며 친밀감을 불편하게 여기기도 한다(그림 2-5 참조).

Hazan과 Shaver에 이어 Bartholomew와 Horowitz(1991)도 자신과 타인에 대해 개인이 지니고 있는 긍정, 부정의 표상을 구분하여 안정형(secure), 몰두형(preoccupied), 거부형(dismissing), 두려움형(fearful)의 4범주 애착 유형 모델을 만들었다(표 2-2 참조). 많은 연구자들이 4범주 애착 유형에서도 안정형이 불안정 유형보다 사랑하는 사람들과의 관계에 더 만족해하는 경향이 있으며, 그들의 관계는 신뢰, 책임, 상호의존을 바탕으로 더 오래 지속되는 경향이 있다고 하였다(Feeney, Noller, & Callan, 1994; Keenlan, Dion, Dion & Dion, 1994).

부모의 양육방식	영아기 애착 유형	성인기 애착 유형
따뜻하고 반응적 부모는 일반적으로 따뜻하고 반응적임. 부모는 나를 언제 지지해 주어야 하는지, 언제 스스로 해보도록 해야 하는지 잘 알고 있음. 우리 관계는 거의 편안했고, 불행이 없었음.	**안정애착** 영아와 양육자 간 안정된 유대관계는 아동으로 하여금 또래들과 접촉하는 것을 격려하고, 환경을 탐색하기 위한 안정된 기반으로서 양육자를 활용함.	**안전한** 비교적 다른 사람과 쉽게 가까워질 수 있으며, 그들에게 의존하거나 그들이 나에게 의존하는 것을 편안하게 여김. 나와 헤어지려 하거나 친해지려고 하는 사람에 대해 별로 걱정하지 않음.
냉담하고 거부적 부모는 아주 냉담하고 거리감이 느껴지고 거부적이고 매우 반응적이지 않았음. 부모의 관심은 대개 다른 데 있었으므로, 부모는 나를 갖지 않을 때와 거의 같은 생활을 할 가능성이 있음.	**회피애착** 영아와 양육자 간 불안정애착은 분리저항이 거의 없고, 아동이 양육자를 회피하거나 무시하는 경향의 특징이 있음.	**회피적** 나는 다른 사람과 가까워지는 것이 어느 정도는 불편함. 그들을 믿는 것이 어렵고, 내가 그들에게 의지하는 것도 어려움. 누군가와 너무 가까워질 때 나는 내가 예민해지는 것을 느끼며, 애인에게는 내가 좀더 편안함을 느낄 수 있도록 친밀해지기를 원함.
양가적, 비일관적 부모는 나에게 때로는 따뜻하게, 때로는 그렇지 않게 비일관적인 태도로서 반응하였음. 부모는 나의 욕구에 대한 반응과 자신의 반응에 대한 나름대로의 기준을 갖고 있었음.	**불안/양가적 애착** 영아와 양육자 간 불안정애착은 강력한 불안정한 특징이 있으며, 특히 분리 이후에는 양육자의 접촉에 대해 아동이 강력하게 저항하는 경향을 보임.	**불안/양가적** 나는 종종 애인이 나를 사랑하지 않는지 혹은 나와 함께 있기를 원하지 않는지에 대해 걱정함. 나는 다른 사람과 완벽하게 하나 되는 것을 원하며, 이러한 욕구는 종종 사람들을 떠나게 함.

| 그림 2-5 | 성인기 애착과 낭만적 관계

출처: Weiten & Lioyde (1997). p. 251.

| 표 2-2 | 4범주 성인애착 유형의 특성

구분	안정형	거부형	몰두형	두려움형
정서적 친밀감	정서적으로 타인과 친밀해지는 것이 쉬움.	친밀한 정서적 관계가 없어야 편함.	타인과 완전하게 정서적으로 친밀해지기를 원함.	타인과 친밀해지는 것이 불편함.
의존성	타인에게 의지하는 것이 편안하고 타인도 나에게 의존하게 함.	타인에게 의존하거나 타인이 나에게 의존하는 것을 좋아하지 않음.	자신이 원하는 것과는 달리 타인은 자신이 가까워지는 것을 꺼린다는 것을 느낌.	정서적으로 친밀한 관계를 원하지만 타인을 완전히 믿거나 그들에게 의존하는 데 어려움이 있음.
타인과의 관계	혼자 있거나 타인이 나를 받아들이지 않을 것을 걱정하지 않음.	독립과 자기만족을 느끼는 것이 매우 중요함.	친밀한 관계가 없으면 불편함.	타인과 지나치게 친밀해져서 자신이 다치게 될까봐 걱정함.

출처: 김명숙 (2009).

이처럼 아동기 때의 애착 유형이 성인기까지 지속되어 현재 맺고 있는 관계 유형에도 영향을 미치고 있음을 알 수 있다. 그러나 다행히도 성인기 애착은 개인이 어떠한 연애상대를 만나는가에 따라 그 유형이 변하기도 한다. Hazan과 Shaver(1987)는 불안정애착 유형을 가진 성인들도 안정형 애착 유형을 가진 성인과 사랑을 하면 긍정적인 방향으로 변화하는 것을 발견하였다. 이는 어린 시절의 애착 형태가 평생 지속된다는 결정론적인 시각에서 벗어나 자신과 주변의 노력에 의해 변화될 가능성이 있음을 의미한다. 안정형을 가진 개인이 다른 애착 유형을 가진 타인의 욕구를 어떤 시각으로 바라보는지 살펴보도록 하자(참고자료 2-2 참고).

참고자료 2-2 모든 것은 어떻게 바라보는가에 달렸다!

상충하는 두 애착 유형이 만나면 서로 다른 욕구를 인정하기 어렵다. 하지만 그래도 안정형 애착 유형의 사람은 당신의 욕구를 긍정적으로 받아들여 줄 것이며, 자신과 다른 욕구를 아래와 같은 단어로 표현하기도 한다.

불안형			
회피형은 불안형을 이렇게 말한다.		안정형은 불안형을 이렇게 말한다.	
• 집착하는	• 애정에 굶주린	• 애정어린	• 걱정스러워하는
• 극단적인	• 까다로운	• 속상해 하는	• 다정한
• 강박에 가까운 헌신		• 충실한	
회피형			
불안형은 회피형을 이렇게 말한다.		안정형은 회피형을 이렇게 말한다.	
• 거리를 두는	• 혼란스러운	• 개인적인/독립적인	• 신중한
• 이기적인	• 심술궂은	• 자급자족하는	• 갈등을 겪는

출처: 김보미 역 (2016); Leslie (2016).

4) 사랑의 기술

앞서 살펴본 사랑의 의미와 이론들을 통해 내가 생각하는 사랑의 원형과 사랑 이론을 바탕으로 나의 사랑 유형에 대해 알아보았다. 그렇다면 우리가 어떻게 하면 더 건강한 사랑을 할 수 있을까? 사랑을 하는 데도 기술이 필요할까? 연구에 의하면, 타인과 친밀하게 지내는 방법을 학습하는 것이, 그리고 준비하는 것이 사랑하는 사람과 더욱 친밀하면서도 건강한 관계를 유지할 수 있게 해준다고 한다. 이제부터 그 방법들에 대해 알아보도록 하겠다(이기숙 외, 2001).

(1) 균형감 가지기

여기서 말하는 균형감이란 자신의 독립감과 커플관계에서의 상호의존 사이의 균형을 말한다. 독립감은 친밀감과 반대되는 성격 특성이 아니라 오히려 친밀감과 상호연결된 대인 기술로 독립감이 결여된 사람은 진정으로 친밀한 관계에서 건강한 상호의존 관계를 맺는 것이 불가능하다.

Crosby(1976)는 정서적 관계의 유형을 글자모양을 본떠 A구조, H구조, M구조의 세 유형으로 분류하였다. A구조는 파트너가 한 쌍으로서 강한 정체성을 보이며 의존적이나 개인으로서의 정체성이 약하여 그들 스스로를 별개의 개인으로보다 하나의 단위로 인식한다. 글자모양 A처럼 서로 기대고 있는 형상을 나타내고 독립감이 부족하여 한쪽이 떠나가 버리면 다른 쪽도 무너진다.

H구조는 파트너가 사실상 혼자 서 있고 자기충족적이어서 상대방으로부터 별로 영향을 받지 않는다. 한 쌍으로서의 상호의존감은 거의 없고 정서적으로 연결되어 있지 않아 한쪽이 가버려도 다른 쪽은 별로 느끼지 못한다.

M구조는 글자모양처럼 서로 기대어 상호의존적인 의미 있는 커플의 정체성을 보이며 또한, 각 파트너 각자가 독립감과 자존감이 높은 경우이다. 즉, 연인관계에서 각자의 독립감을 유지하면서 하나의 커플로서의 상호의존감도 가지고 있는 균형감을 가진 건강한 커플이라 할 수 있다. 따라서 한쪽이 가버리면 다른 쪽은 상실감을 느끼지만 평형을 회복한다. 그러므로 사랑하는 연인들은 관계를 시작, 유지, 종결하는 과정에서 각자의 독립감과 깊은 생각을 나누는 정서적 상호의존 사이의 균형감을 가지는 것이 필요하다.

(2) 친밀감의 기술

① 나를 있는 그대로 받아들이기

친밀감과 독립감을 배우는 첫 단계는 바로 나를 있는 그대로 받아들이는 것이다. 일단 자신을 정확하게 알고 받아들이게 되면 다른 사람도 그렇게 할 수 있다고 믿고 받아들이고 사랑할 수 있다. 그러나 자신을 수용하지 못하는 사람은 다른 사람도 거부하거나 또는 지나치게 의존하는 경향이 있다(최외선 외, 2003).

인간은 신이 아니므로 완전한 존재가 아니다. 강점과 함께 단점을 가지고 있다. 긍정적인 자아 인식을 통해 사랑하는 사람과의 관계를 건강하게 발전시키도록 하는 지혜가 필요하다.

생각해보기

- 친구들이 가장 먼저 떠올리는 당신의 장점은 무엇인가?
- 언급된 장점 중 가장 마음에 드는 것은 무엇인가? 그 이유는? (신체적인 부분, 태도적인 부분 모두 괜찮다)
- 내가 생각하는 나의 재능은 무엇인가? 그런 재능을 나의 장점으로 사용할 수 있는가?

② 상대방을 있는 그대로 받아들이기

상대에 대해 자신의 관점대로 고정시켜 허황된 기대를 가지고 있지는 않은가? 자기에게도 엄격하지만 상대에게는 더욱 엄격한 것은 아닌가? 상대는 내가 원하는 그런 사람이 아니라 지금 보이는 '이 사람'이라는 것을 깨닫는다면 친밀한 관계에 한걸음 가까이 간 것이다.

③ 자아개방

사랑을 하고 사랑을 받기 위해서는 자기개방이 필요하다. 자기 자신을 진실되게 개방하지 못하는 사람은 다른 사람을 사랑할 수도 없고 사랑받을 수도 없다. 서로의 관계에서 더 정직하고 관대하며 인내하도록 노력해야 하며, 이성과 감정에 대해 표출할 수 있어야 한다.

상대를 신뢰하는 것이 자신을 기꺼이 개방할 수 있는 조건이 된다. 신뢰한다는 것은 자신의 어떤 감정이나 사실도 상대방으로부터 비판받지 않고 안전하게 지켜줄 것이라는 확신이다. 사랑을 하다 보면 귀찮고 보기 싫고 불일치된 부정적인 면도 함께 있기 마련이다. 그러나 역설적으로 연인들은 자신들의 분노와 짜증, 양가감정 등을 토로하고 서로 자신을 드러내기 시작할 때 다시 정열적인 사랑의 감정을 느끼게 된다.

④ 상대의 반응에 민감하기

자신이 한 말을 상대가 어떻게 느낄지 곰곰이 생각해 보고 상대의 반응에 대해 다시 반응해 주는 것이 필요하다. 상대의 반응에 귀 기울여야 하며, 그의 느낌을 느끼려고 노력해 보고, 조용히 기다려야 할 수도 있다. 상대의 반응에 관심을 갖는 태도를 지속적으로 갖는다면 진정한 친밀감의 순간이 올 것이다.

2. 이성교제

1) 이성교제

이성교제는 이성에 대한 관심이 구체화되어 남녀 간의 친밀한 관계가 시작되는 첫 단계를 말한다. 현대에는 폭넓고 다양한 이성교제가 매우 보편적으로 일어나고 있지만 사실 이성교제의 역사는 그리 길지 않다. 자유로운 이성교제는 기껏해야 1세기도 되지 않으며, 우리나라의 경우 반세기 정도의 짧은 역사를 가지고 있다. 과거에는 부모의 감시와 간섭으로 이성교제가 힘들었으나, 산업혁명이라는 사회적 변화와 함께 이성교제도 새로운 변화를 겪게 된다. 산업화와 도시화로 인한 익명성의 증가, 늘어난 자유시간 등이 청년기 이성에 대한 관심을 증가시키며 이 시기의 인간발달적 특성과 부합하여 데이트라는 새로운 문화가 생겨나게 되었다.

특히, TV, 영화, 소설 등의 매스컴과 전화, 핸드폰, SNS 등의 발달로 남녀의 접촉이 보다 쉬워졌으며 이성에 대한 낭만적 꿈을 키워주게 되었다. 오늘날의 데이트는 결혼을 전제로 하던 20세기 초의 규범과는 다른 양상을 보이고 있는데 그 특징은 다음과 같다(이정우 외, 2001).

- 가족원 중의 누군가가 젊은 남녀를 소개하는 일은 필요하지 않다고 느낀다.
- 젊은 여성은 보호자의 보호를 받을 필요가 없다.
- 데이트 이후 남녀 모두 공적이건 사적이건 그 관계를 지속해야 할 의무는 없다.
- 데이트는 당사자들 스스로가 계획하는 것이며 부모나 어른들에 의해 계획되는 것은 아니다.
- 신체적 접촉이 어느 정도는 허용되나 그 정도는 교제기간, 연령, 계층, 종교적 규범 등에 의해 영향을 받는다.

2) 이성교제의 기능

이성교제의 기능에는 사회화의 기능, 오락의 기능, 이성에 대한 적응의 기능, 인성 발달의 기능, 배우자 선택의 기능 등이 있다(최외선 외, 2003).

(1) 사회화의 기능

이성과 교제하는 동안 다양한 상호작용을 통해 여러 가지 사회화 기능을 획득하게 된다. 특히, 성격이 다른 여러 이성친구들과 접촉하며 교제하는 동안 상호작용을 통해 다양한 역할을 배우게 되고 이성과의 관계에 있어 행동과 대화 등의 인간관계의 기술을 발달시키게 된다.

또한, 사회에서 기대하는 성역할을 이성교제를 통해 습득하게 되며, 이성과 친밀하고 깊이 있는 만남을 유지하는 방법을 알게 된다. 따라서 결혼 후에 가족이라는 사회에서 상대방을 이해하고 문제를 함께 해결하는 방법 등을 배우는 예비사회화의 기능을 수행한다(오영희 외, 2005 재인용).

(2) 오락의 기능

이성교제는 그 자체로 참여자에게 생활의 기쁨과 즐거운 경험을 제공한다. 이성을 만나기 전부터 만나는 그 순간, 그 후까지 생활에 활력을 준다. 모든 이성교제가 결혼을 목적으로 하거나 배우자 선택의 의미를 갖는 것은 아니며, 서로에게 매력을 느끼는 두 남녀가 결혼과 같은 현실적인 문제를 배제하고 긴장을 풀고 여가를 즐기는 일 또한 가치 있는 일이다.

(3) 이성에 대한 적응

남녀 간에는 학자들이 제시하는 몇 가지 기본적인 차이뿐 아니라 후천적으로 학습된 차이점도 있다. 이성과 직접 만나서 사귀며 친해지는 과정에서 이성에 대한 적응력이 생기게 되고, 그동안 피상적으로만 알고 있던 서로에 대한 특성을 이해하고 그들과 잘 지낼 수 있는 방법을 학습하게 된다. 즉, 자연스럽게 대인관계 기술을 배우게 되고 이성에 대한 막연한 신비감과 편견에서 벗어나서 좀 더 실제적인 대상으로서 이성을 접하게 되므로 이성을 대하는 태도를 세련되고 적합하게 가꾸어갈 수 있게 된다.

(4) 인성발달의 기능

이성과의 접촉은 사회가 일반적으로 기대하는 정상적인 인격을 길러주는 데 중요한 역할을 한다. 이성과의 관계를 통해 자신에 대한 평가와 자아의식이 나타나며 이것은 상대방의 태도와 반응에 따라 달라진다. 즉, 상대방의 행동에 영향을 받고, 자신의 행동이 이성에 영향을 주는 것을 인지함으로써 여러 다른 상태나 사회생활에 적용할 수 있도록 성장해간다. 또한, 장차 결혼생활을 원만히 할 수 있는 기초적인 자질을 배양하고 자신에게 적합한 배우자 선택을 위한 구체적인 표준을 확립할 계기가 되기도 한다(최외선 외, 2003).

(5) 배우자 선택의 기능

이성교제의 중요한 기능 중 하나는 배우자 선택이다. 이성교제가 내포하는 배우자 선택의 의미는 과거에 비해 약화되었지만 다양한 이성교제를 통하여 인격적으로 조화되고 사랑을 할 수 있는 배우자를 선택하는 기회를 갖게 된다.

3) 이성교제와 관련된 문제들

(1) 데이트 비용

데이트는 이성과 일련의 행동을 함께 하는 것으로 그에 따른 비용이 필요하기 마련이다. 특히, 경제적 능력이 부족한 젊은이들에게는 이 비용이 부담이 된다. 한 설문조사에서 응답자 10명 중 8명은 데이트 비용이 부담스러우며, 그 중 절반 이상이 데이트 비용 마련을 위해 아르바이트를 시작한 적이 있다고 보고하고 있다(한국경제, 2017.9.18). 욕구는 많은데 경제적 능력이 뒤따르지 못한 젊은이들에게 실제로 데이트 비용은 문제이며, 미혼 직장인들도 데이트 비용에 대해 부담감을 호소하기도 한다(파이낸셜뉴스, 2014.11.7).

과거 남성이 모든 경제활동을 하고 의사결정권을 가졌던 전통적 구조에서는 일방적으로 데이트 비용을 남성이 모두 지불하는 것이 상례였으나, 서서히 양성평등 체제로 바뀌어가는 과도기인 지금 여성들도 데이트 비용은 더 이상 남성들의 부담이 아니라 분담의 문제라는 인식의 전환이 필요하다. 데이트 비용을 남성이 전적으로 부담했을 때 관계 내에서 성적 요구를 더 많이 한다는 조사에 비추어 볼 때 관계상의 평등을 원한다면 데이트 비용도 같이 부담하는 것이 바람직할 것이다.

생각해보기

- 데이트 비용으로 연인관계에서 문제가 발생한 적이 있나요? 있다면 구체적으로 어떤 상황이었나요? 두 사람은 이 문제를 어떻게 해결했나요?
- 시중 은행에서 출시된 커플을 위한 데이트 통장이 있습니다. 장점과 단점에 대해 이야기 나누어 봅시다.

(2) 일, 학업의 지장

이성교제는 삶의 활력을 주는 긍정적인 측면이 있는 반면 이성교제에 지나치게 몰입하는 경우 자신의 다른 생활에 부정적인 영향을 미칠 수 있다. 특히, 10대, 20대는 자신의 미래를 위한 준비기간인데 이성교제에 너무 많은 에너지를 쓰게 되면 자신의 과업 달성이나 발전에 차질이 생길 수 있다. 이러한 문제를 해결하기 위해 이성교제하되, 더욱 효율적으로 시간을 배분하여 자신의 일과 학업 생활에 문제가 생기지 않도록 해야 한다. 또한 자신이 더 나은 사람으로 발전할 수 있도록 끊임없이 다듬어가는 과정을 중요하게 생각해야 할 것이다.

(3) 데이트 폭력

일반적으로 데이트 폭력은 미혼의 남녀가 혼전에 교제하는 과정에서 한 사람이 일방적으로 상대방에게 행하는 신체적, 정서적, 언어적, 경제적, 성적 폭력을 아우르는 개념으로 상대를 감시하거나 통제하려는 행위도 포함될 수 있다. 데이트 폭력은 가정폭력과 마찬가지로 '친밀한 파트너에 대한 폭력(Intimate partner violence)'에 해당한다. 한국형사정책연구원 연구보고서(2016)에 따르면, 전체 여성 응답자 2000명 중 76%가 상대 남성로부터 통제 경험을 당한 것으로 조사되었다. 또한, 데이트 폭력 유형 중 심리적 · 정서적 폭력피해가 35.2%, 성추행피해 35.5%, 성폭력피해 20.3%, 신체적 폭력피해 19.4%, 상해피해는 6.8%로 나타나, 데이트 폭력이 교제관계에서 빈번히 일어나고 있음을 알 수 있다.

데이트 폭력은 애정을 전제로 폭력이 행해지는 사례가 많아 피해자가 폭력을 인지하기 어려운 측면이 있고, 가해자가 피해자의 행동이나 태도를 폭력의 원인으로 지목하며 폭력을 정당화하기도 한다. 특히, 교제 중 신체적 폭력과 관련이 있는 요인들은 폭력을 수용하는 태도, 두 사람의 성역할 태도가 맞지 않을 때, 낮은 자존감 등이 관계가 깊으며, 데이트를 시작하는 시기가 빠를수록, 데이트 때 성관계를 가진 사람일수록 폭력의 가능성이 더 높다(최외선 외, 2003). 일반적으로 폭력은 어느 정도의 친밀감이 형성된 상황에서 일어나기가 더 쉬우며, 주로 둘만이 있는 시간과 공간, 즉 자신들의 거주지, 자동차 안, 한적한 야외 등에서 일어나기 때문에 제 3자의 개입을 어렵게 한다.

교제 중의 폭력은 정서적인 면은 물론 교제관계에도 부정적인 영향을 미치고(이영숙 외, 1999 재인용), 데이트 관계가 해소되거나 혹은 결혼을 한다고 해도 폭력의 주기적 · 반복적인 속성상 부부 폭력으로 이어질 가능성이 크다. 그러므로 데이트 중의 사소한 폭력이라도 단호하고 신중한 대처가 필요하다.

(4) 성적인 문제

성행위에 대한 기준과 가치는 각 사회, 문화 그리고 시대에 따라 달라진다. 오늘날 혼전 성행위에 대하여 비교적 자유롭고 개방적이 되면서 성경험의 연령이 낮아지고 있다.

참고자료 2-3 데이트 폭력

1. 데이트 폭력 유형

언어적 · 정서적	경제적	성적	신체적
• 폭언, 무시 • 통제, 감시 • 협박, 자해	• 돈을 요구 • 피해보상 • 데이트 비용 청구	• 강제 성행위 • 성관계 영상 촬영 및 유포	• 손발로 위협 · 폭행 • 흉기로 위협 · 폭행

2. 연인 사이를 확인해 보세요.

- 사소한 일에 과하게 화내며 소리를 지른다.
- 하루에도 수십 통씩 전화를 하거나 문자를 보낸다.
- 휴대폰을 체크하며 간섭한다.
- 매일 만나기를 원하며 다른 친구를 만나지 못하게 한다.
- 과거에 대해 캐묻거나 집착한다.
- 이별을 통보하면 자살을 하겠다는 등의 협박을 한다.
- 다른 사람과 함께 있을 때와 단둘이 있을 때 태도가 바뀐다.
- 화가 나면 감정조절을 못하고 물건을 던지거나 벽을 치는 등의 폭력적인 모습을 보인다.

3. 이렇게 대처하세요.

- 주변 사람(친구, 가족, 각종 기관)에게 알리기
- 폭력의 흔적 남기기(문자, 전화, 사진, 진단서 등)
- 단둘이 만나지 말기
- 폭력에 대해 단호한 태도 보이기
- 112 신고 접수
- 1366(여성폭력 긴급전화)
- 한국 성폭력 상담소(02-338-5801)

출처: 경찰청 (2017).

이성교제 시 혼전 성행위는 이성교제가 증가하면서 자연스럽게 남녀의 신체적 접촉의 기회와 빈도가 늘고 육체적 쾌락에 대한 통제력 상실이 원인이라고 볼 수 있다. 혼전 성행위에 의하여 임신한 경우 결혼으로 이어져도 갈등의 원인이 될 수 있으며, 결혼을 하지 않을 경우 남성과 여성 모두 정신적인 상처를 입게 된다. 혼전 성행위는 임신뿐 아니라 낙태와 후유증, 미혼모, 성병 등의 문제가 따를 수 있고 실제로도 사회적 쟁점이 되고 있다(최외선 외, 2003). 그러므로 혼전 성행위에 대해 남녀 모두 신중한 자세로 책임 있는 이성교제를 유지하며, 성에 대한 근본적인 가치관을 올바로 확립하는 교육이 선행되어야 할 것이다.

(5) 인간관계 문제

이성교제를 통해 고정적인 데이트를 시작하게 되면 다양한 사회적 관계를 통해 자신의 인격을 다듬어 가야 하는 시기인 20대에 인간관계의 폭이 축소될 우려가 있다. 실제 파트너와 헤어지게 되면 주변의 인간관계가 어색해지거나 관계의 폭이 줄어드는 경우가 있다.

또한 데이트가 오락적인 것만 강조되고 만남과 헤어짐이 잦아지면서 진지함을 잃게 되면 인간관계가 피상적으로 흐르거나, 쾌락만을 추구하는 일시적인 관계로 끝나는 경우가 많다. 그러므로 이성교제의 경험을 인간에 대해 학습한다는 생각으로 상호간에 이해의 폭을 넓혀 나가는 자세가 필요하다.

(6) 심리적 문제

이성교제는 결혼보다 관계의 안정성이 결여되어 있으므로 미래에 대한 불안감도 있으며 이성교제 자체에 대해서 불안하게 생각하는 경향이 있다(이정우 외, 2001). 그리고 인간관계에 필요한 의사소통능력이나 문제해결능력 등 사회적 기술이 부족하여 관계에서 발생하는 상황을 제대로 극복하지 못해서 오는 불안감도 있을 수 있으며, 이러한 심리적 문제가 일상생활에도 지장을 초래할 수 있다. 또한, 이성교제 중의 문제나 관계의 해소 이후 개인에 따라 심한 심리적 상처를 입을 수도 있다.

4) 이성교제의 종료

이성교제 과정에서 상대와의 조화 여부를 신중히 검토하고 관계를 발전시켜 나가는 것만큼 끝낼 필요가 있을 때 마무리를 잘 하는 것도 매우 중요하다. 정 때문에 혹은 두려워서 말을 못하거나 만나면 다투지만 헤어지면 외롭고 공허한 마음에 다시 만나기도 한다. 그러나 좋은 파트너를 만나 관계를 발전시키는 것만큼 중요한 것이 자신에게 맞지 않는 파트너와 잘 헤어지는 것이다. 다음은 파트너와 헤어질 때 고려해야 할 실질적인 지침들이다(정현숙 외, 1998 재인용).

첫째, 관계를 끝내는 것이 진정으로 자신이 원하는 것인지를 분명히 한다.

둘째, 관계를 끝낼 때 두 사람 모두 상처를 받을 것임을 인정하고 받아들인다.

셋째, 관계를 끝내는 것이 목표라면 명확한 이유를 말하며 관계가 지속되기를 원하지 않는다고 밝힌다.

넷째, 상대를 위해 관계를 완전히 끊는다.

다섯째, 새로운 관계를 시작하도록 한다.

참고자료 2-4 헤어짐을 극복하는 방법

- 고통은 일시적이라는 것을 인지하라.
- 파트너의 부정적인 점에 집중하라.
- 그 사람을 생각나게 하는 기념물과 인연을 끊어라.
- 여행 등을 떠나라.
- 새로운 관계를 시작하라.

출처: 송진숙 외 (2006). 재인용.

*참고문헌

경찰청 (2017). 우리 연인관계, 이대로 괜찮을까? 정책브리핑 경기남부경찰.

권석만 (1997). 인간관계 심리학. 서울: 학지사.

김명숙 (2009). 성인애착유형 조합에 따른 이성교제행동과 이성관계 만족간의 관계. 홍익대학교 대학원 박사학위논문.

김보미 역 (2016). 사랑, 끌림의 심리학. Leslie B. P. (2016). Love, The Psychology of Attraction. 서울: 시그마북스.

김지선 외 19인 (2016). 한국의 범죄현상과 형사정책(2016). 한국형사정책연구원.

송진숙, 권희경, 김순기 (2006). 결혼과 가족 그리고 부모됨. 파주: 창지사.

오영희, 송진숙, 송영란, 양승지 (2005). 최신 가족학의 이론과 실제. 대전: 21세기사.

유영주, 강학중, 김밀양, 김순기, 김연, 박정희, 배선희, 손정영, 안재희, 양순미, 오윤자, 이인수, 이정연, 이창숙, 전영자, 홍성례, 홍숙자 (2008). 새로운 가족학. 서울: 신정.

이기숙, 공미혜, 김득성, 김은경, 손태홍, 오경희, 전영주 (2001). 결혼의 기술. 서울: 신정.

이영숙, 박경란, 전귀연 (1999). 가족문제론. 서울: 학지사.

이정우, 김명자, 계선자 (2001). 현대 결혼과 가족문화. 서울: 숙명여자대학교출판부.

정현숙, 유계숙 (2001). 가족관계. 서울: 신정.

정현숙, 최연실, 유계숙 (1998). 결혼학 개론. 서울: 신정.

최연실, 이경희, 고선주, 조은숙 편역 (2001). 사랑의 심리학. Sternberg, R. J. & Michael, B. (1988). The Psychology of Love. 서울: 하우.

최외선, 현은민, 전귀연, 이기숙, 김득성, 손낙주, 구순주, 배기조, 박혜인, 최보가 (2003). 결혼과 가족. 대구: 정림사.

파이낸셜뉴스 (2014.11.7). 미혼 직장인 10명 중 7명 '데이트 비용 부담된다'. 박나원 기자.

한국경제 (2017.9.18). 알바생 80% '데이트 비용 부담된다'. 이미나 기자.

Bartholomew, K., & Horowitz, L. M. (1991). Attachment styles among young adults: A test of a four-category model. *Journal of Personality and Social*

Psychology, 61, 226–244.

Baum (1971). Love, marriage, and the division of labor. *Sociological Inquiry, 41*, 107–117.

Bowlby (1973). Attachment and Loss: Volume II: Separation, Anxiety and Anger. *The International Psycho–Analytical Library, 95*:1–429. London: The Hogarth Press and the Institute of Psycho–Analysis.

Crosby, J. F. (1976). *Illusion and disillusion: The self in love and marriage*, (2nd ed). Belmont, Calif: Wadsworth.

Feeney, J. A., & Noller, P., & Callan, V. J. (1994). Attachment style, communication and satisfaction in early years of marriage. In K. Bartholomew & D. Perlman(Eds.), Advances in personal relationships: 5, Adult attachment relationships(pp. 269–308). London: Jessica Kingsley.

Fehr, B. (1988). Prototype of analysis of the concepts of love and commitment. *Journal of Personality and Social Psychology, 55*(4), 557–579.

Hazan, C., & Shaver, P. (1987). Romantic love conceptualize as an attachment process. *Journal of Personality and Social Psychology, 52*, 511–524.

Keenlan, J. P. R., Dion, K. L., & Dion, K. K. (1994). Attachment style and heterosexual relationships among young adults: A short–term panel study. *Journal of Social and Personal Relationships, 11*(2), 201–214.

Lee, J. A. (1975). *Colors of love*. Toronto: New Press.

Lee, J. A. (1977). A typology of styles of loving. Personality Social Psychology Bulletin, 3.

Sternberg, R. J. (1988). *A triangle of love: intimacy, passion, commitment*. NY: Basic Books.

Strong, B., & DeValut, C. (1992). *The marriage and family experience*. NY: West Publishing Co.

Rubin, Z. (1973). *Liking and loving: An invitation social psychology*. NY: Holt Rinehart and Winston.

Weiten, W., & Lioyde M. A. (1997). *Applied Psychology to Modern Life*. Brooks/ Cole Pub.,Co.

Chapter 03

배우자 선택

1. 배우자 선택의 의의
2. 배우자 선택과정의 변화
3. 배우자 선택 이론
4. 배우자 선택 요인
5. 바람직한 배우자 선택

Chapter 03

배우자 선택

배우자 선택은 일생의 가장 중요한 결정 중의 하나이다. 자신과 배우자의 자질과 특성을 파악하여 자신과 가장 잘 어울리는 파트너를 찾는 현명한 선택은 행복한 결혼생활의 전제조건이다. 그러나 결혼을 하기 전에 막연한 상상을 하고 환상에 젖어 있다가 막상 배우자 선택 시 심사숙고하지 않고 행동한 결과 불행한 결혼생활을 하는 사람들이 많이 있다. 따라서 본 장에서는 배우자 선택의 중요성과 변화과정을 이해하고, 관련 이론들과 결혼생활에 영향을 미치는 여러 요인들을 살펴봄으로써 바람직한 배우자를 선택할 수 있는 판단력과 안목을 높이고자 한다.

1. 배우자 선택의 의의

서로 다른 사람들이 만나서 결혼을 통해 가정이라는 공동체를 형성하고 각자 책임 있는 역할을 수행하는 것은 자신의 일생에서 매우 중요한 일이다. 특히 그 중에서 함께 살아갈 배우자를 선택하는 일은 미혼남녀에게 가장 큰 관심사이다. 가족처럼 태어날 때부터 이미 주어진 사람들이 아니라, 자신이 선택해서 새롭게 가족을 구성해야 하기 때문에 배우자 선택은 어려우면서도 신중해야 하는 일이다(최영숙, 2010).

서로 다른 가정에서 자라난 남녀는 배우자를 선택하여 결혼을 결정하면서 자신의 생리적 · 심리적 욕구를 충족시키고, 상호 성장하는 행복한 결혼생활을 꿈꾼다. 그러나 자칫 잘못하면 견딜 수 없을 정도로 괴로운 인간관계로 변질되어 불행한 결혼생활을 하게 된다. 결혼 후, 자신의 욕구가 충족되지 못할 때에는 기대욕구 상실에서 오는 실망과 불만, 스트레스 등이 갈등을 유발하게 되고 이것을 극복할만한 정서적 성숙이나 성격 형성이 안 되어 있는 경우 이혼을 결정할 수도 있다(반승원, 2013).

최근 우리나라에서는 급변하는 현대사회와 가치관의 혼란 속에 혼인율이 감소하고 이혼율이 증가하여 심각한 사회문제가 되고 있다. 이혼율이 높은 사회적 현실을 감안할 때, 평생을 함께 살면서 만족스러운 결혼생활을 기대할 수 있는, 자신에게 가장 적합한 배우자를 선택하는 것은 그 무엇보다도 중요한 일이다. 특히 현대사회는 전통성과 개방성이 공존하면서 젊은 세대들이 혼란과 갈등을 겪기 쉬우므로 배우자 선택과정을 성공적으로 거치기 위한 지식과 판단력을 갖도록 노력하는 일이 매우 중요하다.

2. 배우자 선택과정의 변화

결혼을 위한 필수 단계이며 가족형성의 핵심적인 요소인 배우자 선택과정은 사회, 문화, 시대적 상황에 따라 변하고 있다(유가효, 2007). 현재 우리 사회도 우리가 원하든 원치 않든 결혼풍속도가 서구 산업사회와 유사한 방향으로 변하고 있다. 결혼 시기, 동기, 규범 등 과거의 제도적이고 정형화된 결혼의 양상들이 점차 사라지면서 선택적이고 다양화되고 있는 추세이다(장은영 · 유지연, 2005).

본 장에서는 배우자 선택과정의 변화를 결혼 개념 및 목적의 변화, 배우자 선택 주체 및 결혼 유형의 변화, 배우자를 만나는 경로의 변화, 그리고 배우자 선택 기준의 변화로 나누어 살펴보고자 한다.

1) 결혼 개념 및 목적의 변화

우리나라의 전통사회에서는 결혼을 성인이 되면 치르는 통과의례이자 전 생애에 한 번 있는 인륜지대사로 인식하였다(조병은 외, 2012). 따라서 결혼을 가문의 영속과 번영을 위한 두 가족 혹은 친족 간의 결합수단으로 숙명처럼 받아들이고 적응하는 것이 당연한 것으로 여겨졌다(남순현, 2007). 결혼의 주요 목적은 경제 단위이자 생존 공동체인 가족의 번영에 기여하고, 노동력이자 상속자를 출산하는 데 있었다. 즉, 새로운 단위를 만들기보다는 현존하는 가족단위를 확장하고 다른 가족들과의 유대를 강화하여 지역사회의 질서와 조직을 강하게 만드는 것이 목적이었다(Bhopal, 2010).

그러나 현대사회에서 결혼은 인생의 중요한 과정이기는 하지만 필수가 아닌 개인의 선택으로 받아들여지고 있다. 과거와 달리, 젊은 성인 남녀는 더 이상 결혼 때문에 자신의 일을 포기하지 않을 뿐만 아니라 결혼을 해도 일과 가정을 양립하려는 경향이 강하다(남순현, 2007). 결혼에 대한 규범이 의무에서 선택으로 변화되면서 결혼의 목적으로는 개인의 행복과 성장, 그리고 자아실현이 중요해지고 있으며 부부관계가 애정적이고 동반자적인 특성을 보이고 있다(조병은 외, 2012).

2) 배우자 선택 주체 및 결혼 유형의 변화

배우자를 결정하는 데에 있어 부모와 당사자 간 영향력의 역사적 변천과정은 전적으로 부모의 의지에 따라 결혼이 성사되던 단계, 부모들이 자녀의 결혼을 관장하되 당사자가 거부권을 갖는 단계, 자식이 선택하되 부모가 거부권을 갖는 단계, 그리고 당사자의 선택권이 전적으로 보장되는 단계로 요약될 수 있다(Lee & Stone, 1980). 이는 현대사회로의 산업화, 도시화가 진행되면서 배우자 선택에 있어 부모의 영향력이 줄어들고 당사자의 영향력이 강화되어 왔음을 보여준다. 서구의 결혼 결정은 네 번째 단계에 이른 것으로 분석되나 한국 사회에는 아직도 부모와 당사자의 의견을 절충하는 두 번째, 세 번째 단계가 혼재하고 있다(반승원, 2013).

또한 배우자 선택의 주체가 누구이며 교제경로가 어떠한가에 따라 결혼의 유형은 일반적으로 중매혼과 연애혼으로 나누어지는데, 다소 애매한 점이 있어 절충혼(중매 후 연애)을 포함하기도 한다.

(1) 부모가 선택하는 중매혼

부모에 의한 중매혼은 오늘날에도 비산업화된 문화에 흔하게 남아 있는데 어른들에게는 적당한 배우자를 선택하는 지혜가 있다는 원리에 근거한다. 일반적으로 중매혼은 개인의 선택을 엄격하게 제한하나, 다른 한편으로는 집안과 집안이 묶여 친숙함과 보호, 안정적 자리매김과 확실한 정체성을 제공해왔다(함인희, 2001). 즉 부모가 배우자를 정해주는 결혼제도에서는 결혼당사자들이 서구식 데이트의 많은 문제들을 피하게 되고 안정된 결혼을 유지하는 경향이 있다는 장점이 있다(Olson et al., 2013).

전통적으로 우리나라는 유교의 영향을 받아 개인보다는 부모를 비롯한 가족이라는 집단의 의사결정을 통해 결혼이나 배우자가 결정되는 경우가 많았다(반승원 · 전범수, 2011). 특히 여성들의 경우, 결혼할 배우자 선택에 있어서 본인의 의사는 최소로 축소되어 부모가 결정해 주는 것에 무조건적으로 따라야 했고, 스스로의 감정 표현은 존재할 수 없었다(김영옥, 1999). 이처럼 한국 사회는 전통적으로 유교 이데올로기의 영향을 받은 억압된 문화 속에서 개인들이 자유롭게 자신의 이상형을 찾아 연애를 하기가 현실적으로 쉽지 않았다.

(2) 본인이 선택하는 연애혼

중매결혼의 감소는 산업화와 관련이 있다. 농촌이 도시로, 산업사회로 변해가면서 연애결혼이 더 흔해졌다. 일반적으로 더 늦은 나이에 결혼하고, 교육수준이 더 높고, 사회경제적 지위(또는 신분상승 가능성)가 더 높으며, 도시적 환경에 살고 있는 사람들일수록 연애결혼을 할 가능성이 더 크다(Olson et al., 2013).

우리나라에서는 1960년 후반부터 1980년 중반에 급격한 산업화와 서구식 현대화를 거치면서 개인의 자유로운 의사를 존중하는 흐름이 자리 잡게 되었다. 1970년 전후를 기점으로 연애에 대한 사회적 인식이 많이 부드러워짐에 따라 연애결혼이 폭발적으로 증가하였으나 자녀는 부모를 설득해야 결혼할 수 있었다(조병은 외, 2012). 특히 매스미디어의 발달과 더불어 연애를 사회적으로 자연스러운 현상으로 받아들이는 시각이 팽배해지면서, 시대 상황에 따른 다양한 이상형 및 배우자 선택 기준이 등장하게 되었다. 즉, 자아의 확대와 더불어 배우자도 본인 스스로 선택하고자 하는 변화가 생겨 연애혼이 보편화되었다.

결혼의 유형에 있어 중매혼이 감소되고 연애혼이 늘어난 것은 여성의 교육수준 향상 및 취업 증가와도 밀접한 관련이 있다. 재정적으로 자립이 가능한 여성들은 결혼 상대를 자기 스스로 결정하기를 더 원하는 경향이 있다. 따라서 여성의 경제적 능력은 중매결혼의 감소와 연애결혼의 증가를 가져오고, 그 결과 결혼률은 다소 감소하였다(Olson et al., 2013).

(3) 절충혼

최근에 한국 가정에서 가부장적인 부모의 권위가 감소되면서 배우자 선택에 있어서도 자녀들의 자율성이 존중되는 경향이 확대되고 있다. 그러나 가정과 가정의 합일인 결혼과 그 가정을 함께 이룰 배우자를 선택하는 부분에 있어서 서구의 가정에서 보다는 여전히 부모의 영향력이 존재하는 것으로 보인다(반승원, 2013). 즉, 현대 한국 사회에는 결혼을 집안끼리의 만남으로 보는 전통적 요소와 결혼 당사자들의 개인성을 고려하는 근대적 요소가 공존하고 있어, 가족은 배우자 선택을 포함한 최종적인 결혼 결정에서 변함없이 중요한 위치를 차지하고 있다.

절충혼은 중매혼의 단점을 보완하고 연애혼의 장점을 살리는 중간방식이다. 변화의 과정에서 우리나라는 부모가 결정하고 본인이 동의하는 형태에서 본인이 먼저 결정하고 부모가 동의하는 유형이 압도적인 상황으로 변화하여 왔다(유가효, 2007). 이는 현대사회의 개인주의적 사고를 나타내면서도 결혼을 둘러싼 다양한 상황들도 배우자 선택 시 신중하게 고려하고 있음을 보여준다.

한편 연애혼이 대세인 오늘날에도 중매혼은 여전히 중요한 위치를 차지하고 있다. 그러나 과거와는 달리 오늘날의 중매혼은 안정적인 조건의 배우자를 만나는 하나의 경로로 자리 잡아 조건중매의 양상을 보인다. 조건중매는 배우자의 조건을 따져 계산적 · 현실적으로 능력 있는 배우자와 결혼한 후에 사랑이 생겨날 수 있을 것이라고 생각하는 공리주의적 입장(조병은 외, 2012)과 인간의 상품화 등 배금주의의 어두운 면을 보여주는 부정적인 의미를 갖는다. 이와 같이 젊은 세대들도 부모 세대와 크게 다르지 않게 결혼으로 인한 사회적 지위 확보나 경제적 안정을 추구하는 입장을 수용하고 있는데 이러한 젊은이들의 결혼에 관한 현실주의적 성향은 경제위기를 거치면서 더욱 확산된 것으로 보인다(유가효, 2007).

3) 배우자를 만나는 경로의 변화

당사자의 자율성 확대는 결혼상대를 만나는 경로에도 차이를 가져온다. 전통사회에서는 배우자를 부모나 친척의 주선으로 만나는 것이 일반적이었지만, 현대사회에서는 직장동료 및 친구 등 당사자의 활동영역에서 상대를 만날 확률이 높다. 실제로 기혼가족을 대상으로 한 조사에서 배우자 선택과정은 근접성의 원리가 적용되고 있으며 이는 친구, 선후배, 동료 등의 소개(34.4%)와 부모 및 친척의 소개(32.8%) 등 가까운 사람들이 매개가 되고 있다. 특히 직장을 다니는 경우에 직장이나 오프라인 모임(서클, 동호회) 등에서 만남이 이루어졌으며, 결혼기간이 짧을수록 온라인에서 만나기도 한다(여성가족부, 2010).

당사자가 배우자를 스스로 선택하는 제도에서 아직도 짝을 찾는 데 도움이 필요한 이들도 많다. 이 필요를 충족시키기 위하여 등장한 것이 결혼정보회사 혹은 결혼정보업체들이다. 결혼정보회사는 조건을 고려하는 중매혼의 형식과 연애혼의 성격을 절충한 형태로, 성업의 비결은 한국적 결혼문화에 최신의 정보기술을 활용한 시장자본주의의 논리를 절묘하게 배합한 결과에 있다(함인희, 2001). 결혼정보회사는 1984년 '코리아 알트만 시스템'이 처음 문을 연 이후에 하나 둘씩 생겨나기 시작하여 1990년대 중반에 우후죽순으로 늘어났다가(유가효, 2007) 2000년대 초반 2위권 업체들은 사라졌고, 신생업체가 급부상하고 몰락하기를 반복하고 있다. 결혼정보업계의 전체 시장규모는 2000년대 초반 500억 원에서 2014년 1,200억 원대를 넘은 것으로 추정된다(조선일보, 2017.7.12). 여성가족부 자료에 의하면 지방자치단체에 신고를 마친 국내결혼중개업체는 2009년 671개에서 2012년 1,180개로 급등하는 등, 결혼중개서비스 시장은 성장 일변도의 추세이다(채희영, 2013).

그러나 결혼정보회사 관련 법규의 낮은 규제 수준으로 업체 난립 및 소비자 피해 발생이 지속되는 상황이며 그 부작용에 대한 우려가 증가하고 있다. 그들은 재산정도, 학벌, 외모 등에 심사기준을 두고 등급을 매겨 계층 간에 위화감을 조성할 뿐 아니라 우리 사회의 '끼리끼리 문화'를 공고화하고 있다고 비판받는다(유가효, 2007). 그럼에도 불구하고 4차 산업혁명 시대에 결혼정보업체는 빅데이터의 과학적 자료와 고객의 다양한 감성을 매치시키며 더욱 성장할 것으로 전망된다(조선일보, 2017.7.12).

뿐만 아니라 최근 남녀의 만남을 주선하는 수많은 인터넷 포털사이트가 인기를 얻고 있는데, 인터넷을 통해 사람들이 완전히 낯선 사람들을 만나고 그들과의 관계를 쉽게 형성할 수 있기 때문이다(Rosenfeld & Thomas, 2012). 오늘날 4,000만 명의 미국인들이 온라인 데이트 서비스를 이용하고 있으며 이는 미국 내 혼자 사는 인구의

40%에 해당한다. 온라인 데이트산업의 규모는 26억 달러에 이르는데, 이런 서비스는 지역과 사회적 계층을 초월한다(박영숙 · 제롬 글렌, 2017).

우리나라에도 미혼남녀를 소개시키는 온라인 데이트 시스템 사용이 늘어나면서 많은 업체들이 고객에게 직접 배우자 선정기준을 기재하도록 요구하고 있다(박윤주, 2012). 그러나 온라인상에서 사람들은 자신을 상상 속의 인물로 꾸며서 소개할 수 있으므로 개인광고와 마찬가지로 사람들이 본인에 대해 제공하는 정보의 정확성을 확인할 수 있는 안전책이 부족하다(Strong & Cohen, 2013).

4) 배우자 선택 기준의 변화

배우자를 선택하는 기준은 개인뿐만 아니라 그가 속한 사회의 태도나 가치관을 반영하므로 시대와 사회에 따라서도 차이가 있다(반승원, 2013).

과거 전통사회에서의 결혼은 일차적으로 부모의 의도하에서 이루어졌기 때문에 결혼 당사자보다 전통적 결속의 기반이 되었던 상대방의 가문, 즉 상대방 집안의 사회적 배경에 많은 비중을 두어왔다(김영옥, 1999). 그런데 산업화, 도시화가 급속히 진행됨에 따라 핵가족 형태가 많아졌고, 가정과 직장이 분리되면서 개인의 자율성이 확대되었다. 그 결과 배우자 선택에서 전통적인 요인보다는 당사자에게 호소하는 개인적인 요건들(외모, 건강, 성격 등)이 중요한 기준이 되었다(최영숙, 2010). 뿐만 아니라 현재의 배우자 선택기준은 과거에 비해 보다 경제적이고 실용적인 측면으로 흘러가고 있다. 1970년대에는 인간성 됨됨이나 성실성이 배우자 선택의 우선 요건이었으나 최근에는 배우자를 자신의 욕구 충족의 대상으로 보아 돈, 사회적 위치와 조건, 미모 등의 외적 요인을 우선시하는 경향을 보이고 있다.

이러한 변화는 여성에게서 더욱 두드러지게 나타나고 있다. 과거에는 남성만이 사회경제적 특성을 가짐에 따라 여성보다 결혼 결정의 선택권이 컸으며 여성의 연령이나 신체적 매력을 배우자 선택의 특성으로 중시하였다. 반면에 여성은 배우자감의 경제적 능력이나 지위, 건강 등의 특성을 중시하여 동질혼 내지 상향혼을 지향하는 경향이 있었다. 그러나 현대사회에서는 여성이 사회경제적 능력을 갖게 되면서 배우자 선택의 권한이 남녀 모두 동등하게 되었고, 일과 가정을 양립해야 하므로 평등한 부부관계를 추구하게 되었다(조병은 외, 2012).

한편 과거의 전통적 결혼에서는 신분이나 경제적 지위가 배우자 선택의 주요 기준이었고 사랑은 중요한 조건으로 대두되지 않았다. 그러나 현대에는 애정 중심의 의식이 강조되고 선택이나 자유가 중시되고 있다(최영숙, 2010). 결혼의 목적이 두 사람 간의 애정 · 인성을 바탕으로 한 개인적 · 정서적 동기에 치중하게 됨에 따라 개인을 기초로 하는 애정, 사랑, 정서적 매력 등 개인의 행복을 추구할 수 있는 조건들이 중시되고 있다(홍달아기, 2003).

3. 배우자 선택 이론

배우자 선택과정은 사회와 역사에 따라 그 규정 및 방법이 다르며, 인간의 정서가 개입되는 문제이니만큼 과학적으로 이론화하기가 쉽지 않다. 그럼에도 불구하고 학자들은 사람들이 어떻게 왜 특별한 파트너를 배우자로 선택하는지를 설명하기 위해 많은 이론을 개발하였다. 그러나 이런 질문에 완전하게 답해주는 하나의 이론은 없다(Olson et al., 2013). 따라서 여러 이론을 종합하여 이들이 중요하게 언급하고 있는 요인들이나 관점을 알아봄으로써 배우자 선택 현상에 대한 이해를 증진시킬 수 있다. 여기에서는 대표적으로 보완적 욕구이론과 동질성이론, 교환이론, 공평이론, 여과망이론, 그리고 자극-가치-역할(SVR) 이론을 살펴보기로 한다.

1) 보완성 대 유사성

배우자 선택은 크게 보완성(complementarity)과 유사성(similarity)의 두 개념으로 설명할 수 있다. 배우자 선택 기준으로 보완성, 즉 이질적 요인을 강조하는 입장은 두 사람의 성격이나 욕구가 다르면 이것이 보완적으로 작용해 서로 매력을 느끼고 배우자로 선택하게 된다고 본다. 반면 배우자 선택 기준을 유사성, 즉 동질적 요인에 두는 입장은 두 사람이 서로 비슷하기 때문에 쉽게 선택하고 상대방의 조건이 자신과 비슷해야 더 공감이 가고 서로를 이해할 수 있으며 적응이 쉽게 이루어진다고 본다.

(1) 보완적 욕구이론(complementary needs theory)

보완성에 기반을 둔 이론으로는 사람들은 서로 비슷한 사람보다는 서로를 보완해 줄 수 있는 요인이 있을 때 매력을 느끼고 그것을 감안해 배우자를 선택한다는 보완적 욕구이론이 있다. 고전적 저서에서, Winch(1958)는 사람들은 자신과 매우 다른 성격을 가진 사람들, 즉 반대끼리 끌린다며 보완적 욕구이론을 주장하였다. 예를 들어, 다른 사람을 통제하려는 지배적인 사람과 순종적인 사람은 서로 끌리며, 남을 보살펴주기 원하는 모성적이고 양육적인 사람은 보살핌을 받기 원하는 의존적인 사람과 잘 맞는다. 또한 성취지향적인 사람은 대리성취를 하는 사람과 잘 어울린다.

결국 서로가 최대의 만족감을 얻으려면 각자가 가지고 있지 않는 면을 충족시켜 자신을 보완해 주는 상대를 선택해야 한다는 것이다. 특히 사람들은 배우자 선택 시 다른 사회적 자원과는 달리 성격에 있어서는 이질적인 대상에게 매력을 느끼는 경향이 있으므로 보완적 욕구이론은 개인의 심리적 특성의 이질혼을 강조하는 이론이다.

그러나 보완적 욕구이론에 대해 몇 가지 의문점이 제기되었다(Knox & Schacht, 2012). 즉, 성격욕구는 배우자 선택을 통해서라기보다는 배우자 이외의 관계에서도 쉽게 충족될 수 있고, 보완욕구가 정확히 무엇인지 잘 이해되지 않으며, 사람들은 나이가 들어감에 따라 변화되기도 한다는 것이다.

또한 보완성에 근거한 배우자 선택은 그동안 많은 연구들에서 증거가 약하고 일관되지 않은 결과를 보여주었다. 외모나 성격 등과 같은 개인적인 차이에서는 해당되지만, 그 외에 가정환경이나 경제적 수준 같은 사회적인 요인에서의 차이는 공감대를 형성하기 어려워 갈등 발생의 원인이 될 수 있다는 주장도 제기되었다(반승원, 2013).

(2) 동질성이론(homogamy theory)

동질성이론에 따르면 사람들은 자신과 유사한 배우자를 선택함으로써 자신이 원래 갖추고 있는 심리적 · 신체적 특성들을 유지시키고 더욱 발전시킨다(허윤미, 2001). 가치관과 생활양식이 유사한 사람은 비슷한 경험을 통하여 태도나 취향이 비슷해지고 편안함을 주므로 관계에서의 갈등이 적다. 또한 교육수준, 종교 및 사회 계층적 수준, 거주지 등 사회적 배경이나 속성이 비슷할수록 서로 접촉할 기회가 많아서 배우자로 선택할 가능성이 많다. 따라서 균등한 자질을 가진 사람들이 상호 최대한의 보상을 주게 되므로 결국 동질적인 유사한 수준의 결혼을 하게 된다(반승원, 2013).

사람들이 동질혼을 추구하는 이유는 첫째, 자신과 유사한 자원을 교환함으로써 얻는 만족감, 둘째, 가치 체계, 생활 경험, 사회적 배경이 유사한 사람에 대한 선호, 셋째, 동질혼을 추구하도록 하는 사회적 규범이나 부모 · 동료로부터의 압력(Schoen & Weinick, 1993) 등이다.

동질혼은 결혼의 질과 만족도에도 상관이 있으며, 성인기의 지능, 성격, 태도, 가치관 등과 같은 심리 특성의 유지와 발달과정에서 중요한 기제로 작용한다(허윤미, 2001). 실제 결혼생활에서는 부부가 서로 유사하다고 느낄 때 부부 모두의 결혼만족도가 비슷한 수준으로 나타나는 반면, 한쪽 배우자만이 유사하다고 느끼는 경우에는 부부의 결혼만족도의 차이가 커지는 것으로 나타났다. 하지만 이러한 동질혼은 자신들이 속한 사회집단 내에서는 유사성이 유지되나 사회집단 간의 격차를 지속시키는 결과를 초래하며 안정된 결혼을 이루게 되면서 서로에 대해 지루함을 느낄 가능성도 있다(이여봉, 2006).

2) 교환이론(exchange theory)

교환이론에서는 어떤 사람들은 바람직한 특성(예: 매력, 지위)을 가지고 있기 때문에 다른 사람들보다 더 많은 배우자 가치를 가지고 있으며, 배우자 선택은 누가 최소의 비용으로 최대의 보상을 가져다줄 것인가에 대한 평가에 근거하여 이루어진다고 강조한다(Knox & Schacht, 2012). 이 이론은 배우자 선택을 남성과 여성이라는 상품을 중심으로 결혼시장에서 이루어지는 거래라고 보는데, 현대사회의 결혼상을 잘 나타내 주고 있다(장은영 · 유지연, 2005).

미혼남녀는 결혼으로부터 얻어지는 보상을 극대화시켜줄 배우자를 찾는 과정에서 자신이 가지고 있는 것과 가지지 못한 것을 고려하여 합리적인 선택을 하게 된다(Wolf, 1996). 즉 서로가 가진 교육 수준, 경제력, 외모 등을 교환하며 자신과 비슷한 특성을 가진 사람이거나 자기보다 더 높은 특성을 가진 상대를 고르려 한다. 따라서 결혼시장에서 남녀의 교제는 이성적이며 계산된 행위이다(조병은 외, 2012). 이때 남녀가 상호교환하는 각기 상이한 자원에 대한 보상과 대가는 개인의 주관적인 평가가 객관적인 공평성이나 균등성보다 중요하며, 자신이 인지한 절대적 보상수준이 높다고 여겨질 때 만족한다(Surra & Boelter, 2013).

배우자 선택에 적용할 수 있는 가장 일반적인 교환은 남성이 사회경제적 자원을 여성의 신체적 매력과 교환하려 한다는 것이다(Schoen & Weinick, 1993). 최근에는 결혼시장에서 여성에게 중요한 교환자원으로 작용했던 연령에 대한 규범이 변화되면서 여성의 직업과 남성의 젊음이 교환된다든지, 여성의 경제력과 남성의 성격이 교환된다든지 하는 다양한 교환 양상을 보이고 있다(반승원, 2013).

3) 공평이론(equity theory)

공평이론은 교환이론을 정교화한 것으로 대부분의 사람들은 다른 사람과의 관계에서 자신이 준 것과 균형을 이루어 이득을 취하려 한다고 믿으며, 자신들이 준만큼 받을 수 있는 사람에게 끌린다고 주장한다(Schwartz & Scott, 2012). 사람들은 공평한 관계를 원하기 때문에 상대방보다 자신이 대가를 더 지불하거나 보상을 더 받기를 바라지 않는다는 것이다(조병은 · 신화용, 2006). 관계의 균형을 깨뜨릴 만큼의 불공평한 교환은 불균등한 권력관계를 감내해야 하는 대가를 치러야 하기 때문에 어느 정도 양측이 공평하다고 생각되는 지점에서 교환이 이루어지게 된다(반승원, 2013). 따라서 남성과 여성은 자신이 지닌 자원을 교환할 때 단순히 이익이 되는 교환보다는 제공된 자원의 질과 양이 상호 형평성을 유지하는 공정한 거래에 더 많은 매력을 느낀다. 이때 공평에 대한 판단은 지극히 개인적인 것이다(Hatfield et al., 1978).

이와 같이 공평이론에서는 사람들이 공평한 관계를 원하기 때문에 동질혼의 경향이 나타난다고 본다. 배우자 선택 시 공정성의 판단기준이 어느 정도 비슷하게 되면 선택이 이루어지므로(홍달아기, 2003) 사회계층, 연령, 종교, 생활방식, 가치관 등을 공유할 수 있는 자신과 유사한 배우자를 선택한다는 것이다.

4) 여과망이론(filter theory)

법률상 성년이 된 사람은 자기가 선택한 그 누구와도 결혼할 수 있다. 그럼에도 불구하고, 배우자 선택과정을 분석해 보면 사람들이 가능성 있는 상대 집단으로부터 몇몇의 배우자 후보로 좁혀나가기 위해 여과과정을 거치는 경향이 있다(Olson et al., 2013). 이런 생각에 대해 Kerckhoff와 Davis(1962)는 동질성이론과 보완적 욕구이론을 결합하여 배우자 선택의 발달모형으로 전개하고 여과망이론으로 제시하였으며,

Udry(1971)는 이를 발전시켰다.

여과망이론은 많은 배우자감 중에서 여러 단계의 여과과정을 통해 최종적으로 한 사람의 결혼대상자가 선택되는 과정을 설명하고 있다(그림 3-1 참조). 교제부터 결혼 성립까지 여섯 개의 여과망을 거쳐 선택의 대상이 줄어들면서 마지막으로 한 사람을 선택하게 되는데 그 과정에는 다양한 이론들이 적용된다(Schwartz & Scott, 2012).

첫 번째는 시간이나 공간적으로 가까움 즉 근접성의 여과망이다. 이 과정을 통해 가능성 있는 모든 대상자들 중에서 현실적이고 지리적으로 쉽게 만날 수 있는 사람들로 좁혀진다. 파트너가 될 가능성이 있는 집단은 같은 지역에 살고 있거나 접촉하기 쉬운 사람들로 이루어진다. 또한 제도의 근접성도 거주지의 근접성만큼 중요하다. 예를 들어 직장, 학교, 교회 등의 장소에서 가까운 접촉을 하는 사람들이 그렇지 못한 사람들보다 결혼관계로 발달하는 경우가 더 많은데 이것은 유사한 관심, 가치, 인생경험, 특성 등을 공유할 가능성이 높기 때문이다(Davis-Brown et al., 1987).

그러나 오늘날엔 사람들이 훨씬 왕성하게 먼 거리를 여행하고 사회적 교제의 범위가 더 넓어졌으며 인터넷이 발달하여 가능성 있는 배우자 집단을 변화시키고 있다. 온라인 인터넷 서비스가 사람들이 잠재적 파트너를 더 넓은 범위에서 만날 수 있도록 도움을 주므로 이런 추세는 증가할 것이다(Olson et al., 2013).

두 번째는 매력의 여과망으로 자신과 가까이 있는 사람들 가운데서 상호매력을 느끼며 호감을 갖는 사람들로 그 대상은 다시 좁혀진다. 매력은 성격적 매력(친절, 배려, 이해심, 솔직함 등)과 신체적인 매력 등이 있는데 대부분의 사람들은 신체적인 매력이 있는 사람에게 호의적인 태도를 보이는 경향이 있다(박경란 외, 2001). 신체적 매력은 데이트 상대를 선택하는 데는 중요하나 배우자를 선택하는 데는 덜 중요하다(Olson et al., 2013).

세 번째는 사회적 배경의 여과망으로 인종, 연령, 종교, 사회경제적 계층, 직업, 교육수준 등이 비슷하고, 유사한 배경을 가진 대상으로 배우자 선택의 범위가 더욱 축소된다(Olson et al., 2013). 사회적 배경의 경우 전반적으로 이질혼보다는 동질혼이 결혼생활을 더 조화롭고 만족스럽게 유지할 수 있다.

| 그림 3-1 | 여과과정

출처: Udry (1971).

네 번째는 상호의견일치의 여과망으로 인생관, 결혼관, 가치관, 견해와 태도 등이 유사한 커플만 남게 된다. 즉, 성격, 관심, 그리고 가치의 적합성이 또 다른 여과로 작용하여 사람들은 더 소수의 자격 있는 파트너 집단에서 선택을 하게 되고, 그 결과 사귈 수 있는 상대를 발견할 가능성이 증가된다(Olson et al., 2013).

다섯 번째는 상호보완의 여과망으로 서로의 필요와 요구를 충족시켜 주면서 한쪽의 부족함을 다른 한쪽이 보완해 줄 수 있는 대상으로 좁혀진다.

여섯 번째는 결혼준비상태의 여과망으로 자신에게 가장 적합하다고 생각하는 의식적 · 무의식적인 감정을 통해 배우자를 선택하게 되며, 그들은 서로 헌신하는 관계로 진전하여 결혼에 이르게 된다(Olson et al., 2013).

여과이론을 제시한 Kerckhoff와 Davis(1962)에 의하면 배우자를 선택하는 초기단계에는 근접성, 매력, 사회적 배경, 의견 일치 등의 동질적 측면이 중요하게 작용되고, 이후의 관계가 발전되기 위해서는 상호보완적 측면이 중요한 작용을 한다.

5) 자극-가치-역할이론(SVR)

Murstein(1987)의 자극-가치-역할이론(SVR: Stimulus-Value-Role theory)은 여과망이론과 교환이론을 결합하고 보완한 것으로 세 단계를 거쳐 배우자 선택이 이루어진다고 본다. 이 3가지 요소는 별개의 것이 아니고 함께 작용하여 커플이 서로 헌신하는 관계로 나아가게 된다.

첫 번째, 자극(stimulus) 단계는 미혼남녀의 첫 만남에서 시작된다. 그들은 외모, 음성, 의상, 그리고 평판 같은 바로 식별할 수 있는 특성들에 상호 매력을 느끼면서 끌린다(Wolf, 1996). 각 개인은 저마다 매력을 느끼는 자극이 다르므로 서로 다른 사람에게 매력을 느낀다. 자극은 커플을 끌어당기는 자력의 형태로 작용하여 단순한 우정의 경계를 넘어선 관계에 활력을 불어넣는다(Olson et al., 2013).

두 번째, 가치(value) 단계에서는 호감과 매력을 느껴 친해진 상태에서 서로간의 가치나 신념 등을 나누어 합의에 도달할 수 있는지를 평가한다(홍달아기, 2003). 동시에 첫 단계에서 매력적으로 자극을 주었던 요인들에 대해서도 세밀하게 관찰을 계속한다(Olson et al., 2013). 이 단계에서 서로의 태도와 가치관이 유사하거나 양립할 수 있고 의견이 일치된다면 관계는 더 깊은 감정으로 진전되어 다음 단계로 발전된다.

세 번째, 역할(role) 단계에서는 두 사람이 역할 수행능력과 상호 역할기대가 두 사람에게 얼마나 적합한지를 측정하게 된다. 즉, 두 사람이 부부로서 잘 기능할지, 그리고 직업인역할, 부부역할, 부모역할, 며느리역할, 사위역할 등에 대한 기대들이 양립되고 적합하게 수행될지를 파악한다(Olson et al., 2013). 평가결과 역할이 상호 양립될 수 있고 적절하게 기능할 것으로 판단되면 그들의 관계가 결혼으로 발전되나, 기대가 어긋나고 적합하지 못하면 관계는 종료된다.

이상에서 설명한 SVR이론의 3가지 구성요소는 사람들이 자신들의 관계를 평가하고 그것을 계속할 것인지 끝낼 것이지 결정하는 데 도움을 준다(Olson et al., 2013). 한편 이 세 단계는 연속적이고 단계적으로 일어나지만 동시에 일어날 가능성도 있다. 그리고 누구나 이 세 단계를 거친 후에 결혼하는 것은 아니고, 1, 2단계에서 결혼을 결정하기도 한다(성은주, 2008).

4. 배우자 선택 요인

배우자 선택은 시대적 · 사회적으로 다양한 요인에 의해 영향을 받으므로 배우자를 선택하는 기준은 당사자 개인뿐만 아니라 그 사회의 태도나 가치관을 반영한다.

우리나라의 미혼자들이 배우자 선택 시 가장 중요하게 고려하는 조건을 살펴보면 변화의 양상이 보인다. 제2차 가족실태조사(여성가족부, 2010)에서는 남성의 경우 성격〉신체적 조건〉건강〉신뢰와 사랑〉경제력의 순서로, 여성은 성격〉경제력〉신체적 조건〉건강〉신뢰와 사랑의 순서로 나타났다. 미혼남녀 모두 배우자의 선택기준 1순위로는 성격을 꼽았으나 2순위로는 남성은 신체적 조건을, 여성은 경제력을 우선순위로 선택하였다. 그러나 2012년 전국 결혼 및 출산 동향 조사에서는 남녀 모두 경제력에 대한 중요성이 증가한 경향을 보였다(김승권 외, 2012).

배우자 선택과정에서 가장 중요하게 고려되는 대표적인 요인들과 이러한 요인들이 이후 결혼생활에 미치는 영향을 살펴보면 다음과 같다.

생각해보기

결혼 상대자를 선택하는 기준으로 자신이 생각하는 조건이 무엇인지 생각해 보자.
그리고 친구들의 조건과 비교해 보고 이 조건의 상대적 중요성에 대해 순서를 매겨 보자.

1) 연령

연령을 통해 한 사람의 성숙도와 판단능력을 일부 가늠할 수 있으며, 배우자의 연령은 세대차, 상대에 대한 존경심, 가정 내에서의 권력 및 질서 등과 관련된 요인이 될 수 있다. 그러므로 연령은 배우자 선택에 있어 고려해야 할 중요한 변수이다.

시대와 사회에 따라 다르긴 하지만 일반적으로 사람들은 자신과 비슷한 연령의 배우자를 선택한다. 그리고 남성들은 자신보다 3~5살 어린 여성을 선호하는 경향이 있다(Knox & Schacht, 2012). 이는 남성의 경우 자신보다 나이 어린 여성을 선택해 보호하려는 경향이 있고, 여성의 경우 자신보다 나이 많은 배우자에게 의지하려는 보수적 성향 때문인 듯하다. 한편 생리학적으로 남성들은 여성들보다 더 천천히 성숙하고 여성들만큼 오래 살지 못하기 때문이라는 설명도 있다(Olson et al., 2013). 그러나 연령이 너무 많이 차이 나면 세대차이로 인한 갈등이 발생할 수 있다. 또한, 결혼의 질 이외에 고려해야 할 또 다른 측면이 있는데, 나이든 사람과 결혼하면 배우자 사망 후 홀로 지내야 하는 기간이 길어진다는 점이다(Foster et al., 1984).

현재 우리 사회는 연령과 관련하여 결혼의 양상이 많이 변화하고 있다. 몇 년 동안의 변화 추이를 보면 점차 결혼연령이 늦어지고 있는데, 2016년 초혼인 남성의 평균 연령은 32.8세, 여성은 30.1세로서 10년 전에 비해 남성은 1.8세, 여성은 2.3세 상승하였다(통계청, 2017). 이러한 변화는 저출산의 주요 원인 중 하나인 만혼 행진이 계속됨을 예고하고 있다(여성가족부, 2010).

또 다른 변화는 결혼에서 연령차에 대한 전통적 규범이 변화되고 있다는 점이다. 즉 남성이 여성보다 연상이어야 한다는 고정관념은 여성의 고학력화, 사회진출 증가, 경제력 향상, 결혼에 대한 가치관 변화 등으로 점차 약화되고 있다. 실제로 2016년 결혼한 초혼 100쌍 중 16쌍은 여성이 연상, 16쌍은 동갑인 것으로 나타났다. 20년 전에 비해 남성 3~5세 연상은 9.1%p 감소하고, 동갑과 여성 1~2세 연상은 각각 4.9%p, 4.1%p 증가하였다(통계청, 2017). 현대사회에서 결혼에 대한 연령규범의 붕괴, 부부 적응, 여성노인의 장수현상을 고려하면 배우자 선택에서 연령차에 대한 경직된 사고의 전환이 필요하다(홍달아기, 2003).

2) 성격 및 가치관

부부간의 성격과 가치관은 인생의 지표로 결혼생활에 큰 영향을 미치기 때문에 조화로운 결혼생활을 위해서는 결혼 전 이를 충분히 파악해야 한다. 결혼 전 성격 및 가치관의 일치정도가 높을수록 결혼적응이 높아지는데 결혼적응에는 특정 성격도 중요하지만 커플 간 성격의 조화도 매우 중요하다(박경란 외, 2001).

현대로 올수록 배우자 선택조건에서 개인적 특성을 중요하게 여기며, 그중 성격은 가장 중요한 요인으로 꼽히고 있다(옥선화 외, 2006). 일반적으로 비슷한 성격을 가진 부부들은 주관적인 행복지수가 높고, 성격의 차이가 클수록 정서적으로 매우 파괴적일 수 있어 부부가 느끼는 결혼만족도와 질이 낮다(Knox & Schacht, 2012).

제2차 가족실태조사(여성가족부, 2010)를 비롯한 각종 통계결과에서는 이혼 당사자들에게 이혼 사유를 물었을 때 1위가 성격차이로 일관성 있게 나타나고 있다. 2016년 사법연감의 자료를 보면 이혼의 반 정도(46.5%)가 성격차이로 인한 것이었다. 이를 보면 배우자 선택에서 성격, 가치관 등의 내적요인에 대한 고려가 얼마나 중요한지를 알 수 있다. 그러나 최근 결혼을 하나의 인생 성공의 도구로 간주하게 되면서 오히려 배우자의 사회적 · 외적 조건을 중요시하게 되고, 내적요인에 대한 고려 부족으로 성격차이 등의 갈등으로 인한 이혼율은 더 높아지는 추세이다(반승원, 2013).

한 사람의 가치관은 삶의 목표와 직결되고 그것을 향한 현실 방향을 제시하기 때문에 결혼 결정에 있어서 중요한 요인임에는 분명하나 지극히 주관적인 영역이므로 교제 초기에는 쉽게 파악되기 어렵다. 가치관이 유사한 두 사람은 배우자로 선택될 가능성이 높고 결혼 후에도 대체로 조화롭게 살아간다(Lasswell & Lasswell, 1987).

| 표 3-1 | 나와 파트너의 생각은 얼마나 비슷한가요?

항 목	전혀 그렇지 않다	별로 그렇지 않다	보통이다	대체로 그렇다	매우 그렇다
삶의 방식과 가족 가치관					
한부모(편부/편모) 가족도 양부모(부모 모두 있음) 가족과 동일하게 자녀를 잘 키울 수 있다.					
결혼을 하지 않고 독신으로 살아도 괜찮다.					
결혼을 하지 않고 함께 사는 것도 괜찮다.					
이혼 후 혼자 사는 것보다는 재혼하는 것이 낫다.					
부부 사이의 문제를 해결할 수 없다면 이혼하는 것이 좋다.					
결혼을 하더라도 반드시 아이를 가질 필요는 없다.					
결혼을 하지 않고 아이를 낳는 것도 괜찮다.					
부부가 멀리 떨어져 사는 것도 괜찮다.					

외국인과 결혼해도 괜찮다.					
입양한 자녀도 직접 낳은 자녀만큼 잘 키울 수 있다.					
결혼식 및 비용					
하객수가 적으면 결혼식이 초라해 보인다.					
신랑과 신부가 결혼의 총 비용을 동등하게 분담해야 한다.					
신랑은 신혼집을 마련하고, 신부는 혼수를 준비해야 한다.					
성역할 태도					
아버지도 어머니와 똑같이 자녀를 돌볼 책임이 있다.					
여성도 남성과 똑같이 가족부양의 책임이 있다.					
맞벌이 부부는 집안일도 똑같이 나누어서 해야 한다.					
남성이 할 일은 돈을 버는 것이고 여성이 할 일은 가정을 돌보는 것이다.					
친정과 시집 모두 도움이 필요할 때 결혼한 여성은 친정보다 시집을 먼저 도와야 한다.					
자녀가치와 자녀양육					
자녀의 성장을 지켜보는 것이 인생에서 가장 큰 즐거움이다.					
노후를 위해서는 자녀가 필요하다.					
자식의 성공은 나의 성공과 같다.					
자녀를 돌보는 일은 힘든 일이다.					
자녀 때문에 하고 싶은 일을 못할 수 있다.					
자녀를 키우는 것은 경제적으로 부담이 된다.					
부모봉양 및 부모 책임					
자식은 나이든 부모를 모시고 살아야 한다.					
자식은 나이든 부모를 경제적으로 부양해야 한다.					
아들, 딸 구분 없이 나이든 부모를 돌보아야 한다.					
부모는 자녀의 대학교육비를 책임져야 한다.					
부모는 자녀가 취업할 때까지 책임져야 한다.					
부모는 자녀의 결혼준비(혼수, 신혼집 마련) 비용을 책임져야 한다.					
부모는 자녀가 결혼한 이후에도 돌보아줄 책임이 있다. (경제적 도움, 손자녀 돌보기 등)					

출처: 여성가족부 (2015). 제3차 가족실태조사.

3) 경제력 및 직업

경제적인 안정성은 생활을 꾸려나가는 데 중요한 조건이어서 결혼에 있어 중요한 위치를 차지하고 있다. 이러한 경제력에 대한 가치는 시대와 사회의 변화에 따라 달라지고 있는데 우리나라에서는 경제위기를 겪으면서 경제력과 능력이 중요한 조건으로 더욱 부각되었다(홍달아기, 2003). 과거와는 달리 현대에는 남녀 구분 없이 경제력을 중요하게 고려하고 맞벌이를 선호하며, 남성도 여성의 경제력에 의지하는 경향을 보여주기도 한다. 이런 현상은 요즘의 결혼 풍속에도 반영되고 있다. 듀오, 선우 등 결혼정보업체를 통한 소위 조건을 맞춘 만남 등이 성행하고 있으며 결혼할 상대는 물론, 상대의 집안여건에서도 경제적 조건에 민감한 경향이다.

직업은 생활능력과 경제력의 정도를 나타내므로 배우자 선택에 있어 매우 중요한 변수가 될 수 있는데(장은영 · 유지연, 2005), 선호하는 배우자감의 직업도 시대와 사회의 변화에 따라 달라지고 있다. 과거 백남희(1987)의 연구에 의하면 남성은 배우자의 직업으로 공무원, 교직원을 가장 선호하였고, 여성들이 원하는 배우자의 직업은 사무직, 기업경영자, 전문직, 기술직 순으로 나타났다. 한편 2002년 미혼남녀들을 대상으로 한 설문조사 결과, 여성들은 소프트웨어개발자를 1등 신랑감으로 꼽았으며, 외환딜러, 공무원이 그 뒤를 이었다. 남성들이 1등 신붓감의 직업으로 교사를 꼽았으며 뒤를 이어 상담전문가, 쇼핑호스트, 프리랜서, 치료사 순이었다. 또한 2016년 결혼정보회사 듀오의 조사결과, 남성들이 선호하는 이상적인 배우자 직업은 공무원 · 공사, 교사, 의사, 약사, 일반사무직이었으며, 여성들은 공무원 · 공사, 의사, 약사, 일반사무직, 금융직, 교사를 이상적인 남편의 직업으로 꼽았다. 기본적으로 미혼남녀들은 상대의 현재의 수입보다는 직업의 장래성에 더욱 중점을 두고 있으며 배우자의 경제적 현실성이나 안정성을 중요한 여건으로 삼고 있는 것으로 보인다.

또한 직업을 갖고 있는 여성들은 경제적인 제공자가 될 수 있는 배우자를 찾는 것은 물론이고 가사노동과 자녀양육 책임을 공유할 수 있는가에도 관심을 갖는다. 그러나 많은 직업여성들은 자신의 커리어를 개발하면서 결혼과 가족으로 나아갈 수 있는 관계를 찾고 발전시키는 데에 좌절감을 느낀다(Olson et al., 2013).

4) 건강 및 신체적 매력

배우자의 건강은 안정된 가정을 꾸리기 위한 기본 조건이고 건강한 2세를 출산 · 양육하기 위해 매우 중요하므로 배우자 선택 시 반드시 고려되어야 한다. 건강과는 또 다른 측면으로 신체적 매력은 배우자 선택과정에서 주요한 요인으로 작용한다.

사람들은 다른 사람에 대하여 외모를 보고 판단하는 경향이 있어 잘 생긴 사람들은 못 생긴 사람들에 비해 사회적으로 바람직한 특성을 더 많이 가지고 있을 것이라고 생각하는데 이를 후광효과(halo effect)라고 한다(Strong & Cohen, 2013). 특히 이성교제 초기에 사람들은 상대가 가진 내면의 특성을 파악하기 전에 외적인 모습을 먼저 보게 되고 이때의 첫인상은 신체적 매력에 크게 영향을 받게 된다. 이러한 과정에서 드러나는 성별의 차이로 남성들은 여성들의 신체적 매력에, 여성들은 남성들의 사회적 지위에 더 가치를 둔다.

사람들은 자신이 잘 생겼는지 못 생겼는지 알고 있으며 신체적 매력 면에서 자신과 비슷한 사람들과 맺어지는 경향이 있다(Knox & Schacht, 2012). 이러한 외부의 유사성은 자기애적 성향 또는 자신의 부모와 유사한 상대를 선택하려는 경향으로 볼 수 있다(성은주, 2008).

5) 사회계층 및 가정환경

사회계층은 부모의 직업, 소득, 교육 등 사회경제적 지위를 반영하는 것으로 한 사람의 거주지, 언어, 그리고 가치에도 영향을 준다(Knox & Schacht, 2012). 이것은 결혼당사자의 삶의 질뿐만 아니라 추구하는 목표에도 영향을 미치므로 중요한 배우자 선택기준 중의 하나이다.

비슷한 사회계층 배경을 지닌 사람들은 관심사, 목표, 생활방식 그리고 일반적인 행동이 유사한 경향이 있고 이는 친밀한 관계의 기초가 된다(Schwartz & Scott, 2012). 따라서 결혼은 사회계층상 위치가 비슷한 사람들끼리 이루어져야 상호작용하는 데 편안함을 느낀다.

우리나라의 결혼은 결혼당사자의 상황뿐 아니라 양가 부모의 사회경제적 지위에서도 영향을 받는다. 결혼 후 부모와 완전히 독립된 세대로서의 생활을 하지 않는 현실을 감안하면 부모의 사회경제적 지위는 배우자를 선택할 때 교환자원의 역할을 할 수 있다(장은영 · 유지연, 2005).

가정환경은 가문, 부모의 천성, 성장환경, 부양의무, 재산, 종교, 부모의 직업, 부모의 학벌 등을 포함하는데, 일반적으로 여성들은 부유한 환경에서 자란 남성들을 더 선호한다(Fisman et al., 2006). 우리나라 대학생들의 경우, 남 · 여학생 모두가 배우자 선택 시 가정환경, 특히 성장환경을 많이 보는데, 이는 가장 중요한 배우자 요인 중의 하나로 여겨지는 성격이 성장하면서 환경의 영향을 많이 받기 때문으로 해석된다(홍달아기, 2003).

6) 교육수준

교육수준은 장래의 사회경제적인 안정과 밀접한 관련이 있으므로 배우자 선택에 있어 중요한 요인이다. 최근으로 올수록 교육수준을 통해 기대할 수 있는 장래성을 중요하게 고려하는 것으로 나타나고 있다.

자신이 받은 교육의 정도는 배우자 선택에 영향을 미치는데, 학력이 높은 계층일수록 '비슷한 사회경제적 지위를 지닌 사람과 결혼해야 한다'고 생각하는 경향이 있다(이앵주, 2009). 부부간 교육적인 수준이 비슷한 경우 미래에 이혼할 확률이 적고, 교육수준에 현저한 차이가 있는 경우에는 대체로 남편의 교육수준이 더 높을 때 이혼빈도가 낮다(박경란 외, 2001). 그러나 조화로운 부부관계를 이루는 데 교육적 성취가 중요한 단 하나의 요인은 아니다. 공식적인 교육은 적게 받았지만 매우 지성적인 사람들은 교육을 많이 받은 사람들과 행복한 결혼생활을 할 수도 있다(DeGenova & Rice, 2002).

우리나라의 경우 사회경제적 특성인 교육수준과 취업이 결혼시기와 배우자 선택의 변화를 초래하여왔다. 1990년 이전에는 남녀 모두 교육수준이 높아질수록 초혼시기가 늦었으나 1990~1997년에는 교육수준이 높을수록 초혼시기가 빠르게 나타났다. 그러나 1997년 IMF 경제위기 이후에는 교육수준과 취업이 초혼시기에 영향을 주어 결혼을 가능하게 하는 중요한 요인이 되고 있다(박경숙 외, 2005). 고학력 여성의 경우에는 경제활동에 대한 동기가 증가되어 결혼에 대한 규범적이고 필수적인 태도가 약화되면서 결혼에 대한 가치가 약화되고 있다.

7) 종교

종교는 단순한 교리, 생각, 경험, 또는 소속만을 뜻하는 것이 아니고 개인의 신념 및 가치와 밀접한 관련이 있으므로 한 사람에게 많은 방법으로 영향을 줄 수 있다(Furnham, 2009). 결혼 후에는 부부가 서로 적응해 가고 가족생활을 영위해 나가는 데 있어서 종교가 전반적인 가치개념이나 생활태도에 영향을 미친다.

따라서 종교를 가진 대부분의 사람들은 되도록 같은 종교를 가진 사람을 찾아 동질혼적 성향을 보이는데(장은영 · 유지영, 2005), 남성 대학생에 비해 여성 대학생이 종교를 더 중요한 동질적 요인으로 지각하고 있는 것으로 나타났다(홍달아기, 2003). 종교에 대한 동질혼 선호현상은 같은 종교를 믿는 사람과의 결혼이 보다 안정적이라는 가정 때문이다. 실제로 종교가 다른 경우, 결혼 안정성과 행복에 부정적인 영향을 미치며 이혼율이 높은 것으로 나타났다(DeGenova & Rice, 2002).

그러나 최근 들어 종교에 대한 동질혼 선호 경향은 젊은 층으로 갈수록 약화되고 있어(장은영 · 유지연, 2005) 배우자를 선택할 때 종교의 일치가 더 이상 중요한 고려사항이 아니라고 밝혀지고 있다. 비록 종교적인 동질혼이 이전보다 감소되는 경향이지만 많은 가정이 결혼 전후에 종교로 인해 겪는 갈등을 볼 때 종교는 아직도 여전히 배우자 선택에 영향을 미치는 무시하지 못할 요인이라 할 수 있다(반승원, 2013).

5. 바람직한 배우자 선택

결혼을 해서 가족을 형성한다는 것은 우리의 삶에서 가장 중요한 의사결정이다. 이를 위해 적합한 배우자를 선택하는 일은 결혼 이후의 삶의 안정성과 질에 지대한 영향을 주므로 신중하고 사려 깊게 이루어져야 할 것이다. 배우자 선택이 어렵고 복잡한 만큼 주위사람들의 조언을 더 철저히 듣고, 감성이 아닌 이성으로 판단하는 냉철함을 키워야 한다. 배우자 선택을 잘 하기 위해서 고려해야 할 몇 가지를 살펴보면 다음과 같다(김양희 외, 2011; 옥선화 외, 2006).

첫째, 충분한 이성교제의 기회와 교제기간을 갖도록 한다. 결혼을 너무 빨리 결정하거나 너무 이른 나이에 하면 두 사람이 함께한 기간과 경험의 토대가 너무 약하기 때문에 문제가 발생할 수 있다.

둘째, 결혼은 냉혹한 현실이라는 점을 이해하고 비현실적인 기대를 가져서는 안 된다. 결혼은 사랑한다는 감정만으로는 충분치 않으며 사랑하여 결혼하기 때문에 다양한 책임과 의무를 실행해야 한다.

셋째, 상대방의 외적 조건보다는 내면적 요인이 본인과 상호조화를 이룰 수 있는지 검토해야 한다. 그러기 위해서는 다양한 상황에서 상대방을 점검하는 것이 필요하다.

넷째, 상대방의 약점, 부족한 면도 수용할 수 있어야 한다. 그러기 위해서는 상대방에게 완벽함을 기대하지 않는 현실적인 안목과 지혜가 필요하며 상대방을 변화시키려고 하기보다는 서로 이해하고 적응하려고 노력해야 한다.

다섯째, 부모 및 친구의 지지를 받을 수 있는 상대자를 선택해야 한다. 부모를 비롯하여 주위의 사람들이 반대한다면 그럴만한 이유가 있을지도 모르므로 시간을 두고 다시 한 번 생각해 보아야 한다. 부모의 반대가 비합리적이라면 그때에는 부모를 설득할 수 있도록 노력해야 한다.

여섯째, 진실된 만남을 위해서는 상대방의 장점과 단점을 파악하는 일만큼이나 자신의 장단점을 있는 그대로 적절하게 표현하는 것이 중요하다. 그 결과 두 사람이 상호 이해하고 적응할 수 있어야 한다.

일곱째, 바람직한 배우자는 사회적 · 정서적 성숙이 요구된다. 결혼이라는 현실에서 맞닥뜨리게 되는 수많은 어려움과 갈등을 슬기롭게 해결하기 위해서는 성숙됨을 갖추는 것이 중요하다.

위의 고려사항 외에도 배우자 선택 시 다양한 실수들을 범할 수 있다. 사랑과 성에 대한 혼돈, 낮은 자아존중감, 결혼을 통해 충족시키려 하는 무의식적인 감정과 욕구, 그리고 결혼 압력, 즉 적령기가 지나서 결혼할 기회가 다시는 없을 것이라는 두려움이나 혼전임신 등을 생각할 수 있다(박경란 외, 2001). 이 외에도 연애에 실패한 후 상처를 치유받기 위해, 동정심에서, 외로움 때문에, 불행한 가정에서 탈출하기 위해 등과 같은 부정적인 동기로 결혼을 결정해서는 안 된다(김양희 외, 2011).

활동하기 좋은 배우자를 만나기 위한 6가지 제언

1. 내 상대를 다른 사람과 비교하는 것을 멈추자.

비교하다 보면 나 자신도 초라해지고 상대도 초라해진다. 바로 내 옆에 있는 내 사람에게 눈길을 고정하자. 그리고 상대방의 특별함에 주목하자.

2 "내가 사랑에 빠진 걸까?"라는 질문을 멈추자.

사랑이 나를 선택하는 게 아니라, 내가 사랑을 선택하는 것이다. 가슴으로 전해오는 찌르르한 그 느낌만이 진짜 사랑이라고 믿고 있다면 잠깐 멈춤 신호를 보내야 한다.

3. 체크리스트를 찢어버려라.

체크리스트는 사랑의 영역을 축소시킨다. 체크리스트에 빠져 사람을 놓치지 마라. 지금 당신이 생각하고 보는 것이 전부가 아니다.

4. 나의 배우자를 한눈에 알아보려는 생각을 버려라.

처음 만난 사람들이 서로에게 보는 모습은 실제 상대가 아닌 나의 무의식이 반사된 모습인 경우가 대부분이다. 한눈에 알아보려 하지 말고 느긋하게 기다려라. 특정한 부분이 아닌 전체를 보려면 시간이 필요하다.

5. 사랑은 모든 것을 바치는 것, 바치는 것을 두려워 마라.

자본주의 사고방식에 익숙해진 우리는 사랑할 때조차 밑지고 싶지 않다. 그렇지만 사랑은 그 논리에서 철저하게 비껴난다. 끝없이 바치고 바쳐도 절대로 손해 보지 않는 일이 바로 사랑이다.

6. 처음의 환희가 관계의 결정이라는 착각을 버려라.

첫 느낌의 강렬함은 그들이 얼마나 외로웠는지를 반영할 뿐이다. 지금의 짝과 함께하는 매순간을 소홀히 넘기지 않는 사람에게만 허락되는 절정은 아직 오지 않았다.

출처: 문지현 (2013). pp. 250-262.

*참고문헌

김승권, 박종서, 김유경, 김연우, 최영준, 손창균, 윤아름 (2012). 2012년 전국 결혼 출산 동향 조사. 한국보건사회연구원.

김양희 외 11인 (2011). 결혼과 가족. 파주: 양서원.

김영옥 (1999). 우리나라 여대생의 배우자 선택 및 결혼관에 관한 조사연구. 한국생활 과학 회지, 8(1), 1-43.

남순현 (2007). 한국형 결혼관 척도 개발 연구. 한국심리학회지: 문화 및 사회문제, 13(4), 1-27.

문지현 (2013). 좋은 배우자를 만나는 법. 서울: 할라스.

박경란, 이영숙, 전귀연 (2001). 현대가족학. 서울: 신정.

박경숙, 김영혜, 김현숙 (2005). 남녀 결혼시기 연장의 주요 원인: 계층혼, 성역할분리규범, 경제조정의 우발적 결합. 한국인구학, 28(2), 33-62.

박순욱, 채희영 (2013). 국내결혼중개서비스 문제점 및 개선방안. 한국소비자원 시장조사. 13-15.

박영숙, 제롬 글렌 (2017). 세계미래보고서 2055. 서울: 비즈니스북스.

박윤주 (2012). 고객의 암묵적 이상형을 반영하여 배우자 선택기준을 동적으로 조정하는 온라인 매칭 시스템: 의사결정나무의 활용을 중심으로. 한국경영정보학회학술대회, 53-61.

반승원 (2013). 가족 커뮤니케이션이 자녀의 배우자 선택에 미치는 영향. 한양대학교 박사학위논문.

반승원, 전범수 (2011). 가족 커뮤니케이션 유형별 결혼관 및 배우자 선택 차이 연구. 스피치와 커뮤니케이션, 16, 244-269.

백남희 (1987). 결혼 결정기 남녀의 배우자 선정 조건 -서울을 중심으로. 이화여자대학교 교육대학원 석사학위논문.

성은주 (2008). 부의 외도경험이 있는 기혼여성의 배우자선택요인에 관한 연구: 중년기 기혼여성의 배우자 선택요인을 중심으로. 평택대학교 석사학위논문.
여성가족부 (2010). 제2차 가족실태조사.
여성가족부 (2015). 제3차 가족실태조사.
옥선화, 정민자, 고선주 (2006). 결혼과 가족. 서울: 하우.
유가효 (2007). 해방 이후 혼전 교제와 배우자선택 과정의 변화. 한국학논집, 34, 319-346.
이앵주 (2009). 미혼 남녀의 사회, 경제적 지위에 따른 배우자 선호 이미지에 관한 연구. 국제문화대학원대학교 석사학위논문.
이여봉 (2006). 가족 안의 사회, 사회 안의 가족. 파주: 양서원.
장은영, 유지연 (2005). 배우자 선택 시 여성의 개인적 자원과 부모관련 자원이 초기 결혼 만족도에 미치는 영향. 한국가족자원경영학회지, 9(2), 127-144.
조병은, 신화용 (2006). 재미교포 기혼여성의 가족역할 분담과 결혼의 질: 취업주부와 전업주부의 비교. 한국가족관계학회지, 11(3), 147-172.
조병은, 이종희, 이현정, 곽선정 (2012). 미혼 여교사의 배우자 선택에서의 동질혼 추구 경향. 한국가정과교육학회지, 24(4), 1-18.
조선일보 (2017.07.12). 4차 산업혁명에도 대체할 수 없는 직업 '커플매니저'.
최영숙 (2010). 대학생의 성격유형에 따른 사랑구성요소 및 이상적인 배우자 선택에 관한 연구. 에니어그램연구, 7(1), 121-156.
통계청 (2017). 20016년 혼인 · 이혼 통계.
함인희 (2001). 배우자 선택 양식의 변화: 친밀성의 혁명. 가족과 문화, 13(2), 3-28.
허윤미 (2001). 심리적 및 신체적 특성의 동질 결혼. 한국심리학회지: 일반, 20(2), 429-448.
홍달아기 (2003). 대학생의 배우자 선택성향에 대한 연구. 한국가족관계학회지, 8(1), 75-97.
Bhopal, K. (2010, May-June). Gender, identity and experience: Researching marginalised groups. In *Women's Studies International Forum*, *33*(3), 188-195, Pergamon.
Davis-Brown, K., Salamon, S., & Surra, C. A. (1987). Economic and social factors in mate selection: An ethnographic analysis of an agricultural community. *Journal of Marriage and the Family*, 41-55.
DeGenova, M. K., & Rice, F. P. (2002). *Intimate relationships, marriages, and families*. Boston: McGraw Hill.

Fisman, R., Iyengar, S. S., Kamenica, E., & Simonson, I. (2006). Gender differences in mate selection: Evidence from a speed dating experiment. *The Quarterly Journal of Economics*, 673–697.

Foster, D., Klinger–Vartabedian, L., & Wispe, L. (1984). Male longevity and age differences between spouses. *Journal of gerontology*, *39*(1), 117–120.

Furnham, A. (2009). Sex differences in mate selection preferences. *Personality and individual differences*, *47*(4), 262–267.

Hatfield, E., Walster, E. H., Walster, G. W., & Berscheid, E. (1978). *Equity: Theory and research*. Allyn & Bacon.

Kerckhoff, A. C., & Davis, K. E. (1962). Value consensus and need complementarity in mate selection. *American Sociological Review*, *27*, 295–303.

Knox, D., & Schacht, C. (2012). *Choices in relationships: An introduction to marriage and the family*. Cengage Learning.

Lasswell, M. E., & Lasswell, T. E. (1987). *Marriage and the Family*. Wadsworth Pub. Co.

Lee, G. R., & Stone, L. H. (1980). Mate–selection systems and criteria: Variation according to family structure. *Journal of Marriage and the Family*, 319–326.

Murstein, B. I. (1987). A clarification and extension of the SVR theory of dyadic pairing. *Journal of Marriage and the Family*, *49*, 929–933.

Olson, D., DeFrain, J., & Skogrand, L. (2013). *Marriages and families: Intimacy, diversity, and strengths* (*8th ed.*). NewYork: McGraw Hill.

Rosenfeld, M. J., & Thomas, R. J. (2012). Searching for a mate the rise of the internet as a social intermediary. *American Sociological Review*, *77*(4), 523–547.

Schoen, R., & Weinick, R. M. (1993). Partner choice in marriages and cohabitations. *Journal of Marriage and the Family*, *55*(2), 408.

Schwartz, M. A., & Scott, B. M. (2012). *Marriages and Families: Diversity and Change* (loose–leaf version eff. 10.18. 13).

Strong, B., & Cohen, T. (2013). *The marriage and family experience: Intimate relationships in a changing society*. Cengage Learning.

Surra, C. A., & Boelter, J. M. (2013). Dating and mate selection. In *Handbook of Marriage and the Family* (pp. 211–232). Springer US.

Udry, J. R. (1971). The social context of marriage. NewYork: Lippincott, Co.

Winch, R. F. (1958). *Mate selection: A study of complementary needs*. NewYork: Harper.

Wolf, R. (1996). *Marriages and families in a diverse society*. Harper Colins College Publishers.

Chapter 04

결혼과정

1. 결혼식 준비과정
2. 새로운 결혼식 트렌드: 작은결혼식(스몰웨딩)

Chapter 04

결혼과정

행복한 결혼생활이 '사랑'만으로 충족된다면 사랑해서 결혼한 수많은 부부가 이혼하는 일은 벌어지지 않을 것이다. 사랑하는 사람을 만나서 결혼하는 것은 그 자체로 축복일 수 있으나, 결혼생활을 유지하기 위해서는 두 남녀의 끊임없는 노력이 필요하다. 그 노력은 바로 결혼을 준비하는 과정에서부터 시작되는데, 서로의 이견을 조율하고 '함께'를 연습해가는 결혼 준비과정이야말로 결혼생활에 있어서 가장 중요한 첫 단추이다.

결혼을 준비할 때 보통 신랑이 신혼집을 마련하고 신부가 혼수를 준비하는 풍습이 짙었다. 하지만 결혼 적령기 청년이 자력으로 신혼집을 구하는 것은 현실상 매우 어려운 일이며, 고비용이 드는 예단과 혼수에 대한 커플 간의 갈등도 끊이지 않고 있다(듀오, 2010). 이러한 결혼 풍습은 지양되고 있는 추세인데, 요즘 많은 커플이 총 결혼비용을 계산해서 반반씩 부담하기도 하고, 양가 합의하에 예단이나 예물을 주고받지 않기도 한다. 근래에는 스몰웨딩족[01], 프리웨딩족[02]과 같이 남들과 똑같은 결혼식을 거부하고 자신들만의 결혼을 준비하는 커플도 늘고 있다. 어떤 커플은 웨딩촬영에

---

01 소박한 결혼을 희망하는 사람들

02 자신만의 독특한 개성을 살려 결혼식을 준비하는 사람들

큰 의미를 두지 않고, 여행 속 추억 사진을 더 소중히 여겨 신혼여행에 많은 비용을 들이기도 한다.

특히 결혼을 준비할 때 결혼의 주체가 타인이 되는 것을 경계해야 하는데, 가족과 주변 사람들이 부부의 선택에 도움을 줄 수는 있지만, 선택의 결정자가 되어서는 안 된다. "우리는 소박하게 하고 싶은데 주변에서 없어 보인다고 할까 봐요."라든지 다른 사람과 비교해서 '이 정도는 해야 하지 않을까?'라고 고민하는 때야말로 현명한 결혼과정에서 멀어져 가고 있다는 것을 깨우쳐야 한다.

과거의 혼례과정을 살펴보면, 먼저 중매인을 통해 혼담이 오가고 신랑 측에서 사주(四柱)를 신부댁에 보내 청혼하면 택일하여 혼례가 결정되었다. 신랑이 신붓집에 가서 함을 전달하고 식을 올린 뒤 첫날밤을 보내게 된다. 그 뒤 신랑집에 가서 현구고례(폐백)를 올리고 다시 신부가 친정에 가서 부모님을 뵙고 오면 혼인의례의 모든 과정이 끝나게 되었다.

오늘날의 혼례는 서구문화의 유입으로 인해 과거와는 달리 혼례 장소, 혼례복, 혼례 절차에서의 변화가 두드러졌다. 근래 대부분의 결혼식은 신붓집이 아닌 예식장에서 이뤄지고, 신혼여행도 폐백을 먼저 드린 이후에 갔다 오는 것으로 바뀌었다. 혼례복 또한 음양을 나타내는 녹의홍상과 달리 신부의 순결을 의미하는 하얀 웨딩드레스로 바뀌었다(김혜선 외, 2011). 여러 절차와 다일 간에 치러지던 혼례과정이 오늘날은 예식장에서 한 시간 남짓한 시간을 보내는 것으로 간소화되었다. 혼례방식에 변화가 있을 뿐 결혼이 주는 인륜지대사의 의미는 여전히 중요하다. 형식과 절차를 떠나서 결혼을 생각할 때 두 남녀가 하나되는 결합의 과정으로 자신들만의 의미와 가치를 부여하는 태도가 필요하다.

본 장은 결혼을 준비하는 과정에 도움이 되는 내용으로 구성하였다. 결혼을 앞둔 커플이 일정에 맞게 결혼식을 준비하는 과정과 그에 필요한 정보를 실었다. 이러한 내용은 결혼을 결정한 커플이 결혼 준비 시 느끼는 막연함과 혼란스러움을 덜어주고 체계적인 준비를 할 수 있도록 도움을 줄 것이다.

1. 결혼식 준비과정

결혼을 결정하게 되면 혼수 준비와 결혼식에 관련된 계획을 짜게 된다. 결혼 예식일을 목표로 일정에 맞춰서 필요한 준비사항을 정리할 수 있다. 본격적인 준비는 길게는 결혼 일 년 전부터 짧게는 결혼 6개월 전에 시작하며, 방법과 일정은 개개인의 사정에 따라 융통성 있게 적용할 수 있다. 보편적으로 예비신랑, 신부들이 준비하는 결혼과정을 살펴보도록 하자.

1) 결혼식 6개월 전

(1) 프러포즈

결혼을 준비하기에 앞서 결혼을 결단하는 계기가 필요하다. 그것이 바로 프러포즈이다. 사전적으로 '제안하다, 청혼하다'라는 뜻을 가지고 있는 프러포즈(Propose)는 미래를 함께하고 싶은 연인에게 결혼하자고 청하는 것이다. 이는 일정한 형식이 있어야 하는 것도 아니고 거창한 이벤트로 꾸며져야 하는 것도 아니다. 하지만 프러포즈를 통해 결혼 전 상대방의 생각을 물어보는 것과 그렇지 않은 것은 확연히 다르다. 두 사람이 함께함을 약속하는 그 시작을 어떻게 보내고 싶은지 진중히 생각해볼 필요가 있다. 프러포즈 방식은 정성스러운 편지 한 장으로도 가능하며 레스토랑을 대관하거나 대행사를 통해 이뤄지기도 한다.

현대에는 남성에게만 프러포즈를 요구하지 않는다. 누가 먼저 결혼 얘기를 할지, 어떤 선물이나 이벤트를 할지는 크게 중요하지 않다. 다만 상대가 좋아하는 것과 자신이 줄 수 있는 것을 고려하여 두 사람에게 딱 맞는 프러포즈를 준비할 필요가 있다.

(2) 상견례

상견례는 결혼 당사자들이 양가 부모님을 비롯한 직계가족을 모시고 식사를 하고 인사를 나누는 자리다. 상견례를 떠올릴 때는 부담스러움과 어색함도 같이 상기되는데, 이는 사돈이라는 조심스러운 관계에서 첫 만남을 갖고 좋은 인상을 남겨야 하기 때문이다. 그렇지만 상견례 자리를 미리 준비하고 도움이 될 몇 가지 요령만 잘 안다면 어렵지 않게 상견례를 치를 수 있다.

먼저 상견례 장소는 양가에서 오기에 멀지 않으며 교통이 나쁘지 않은 곳이 좋다. 두 집안의 어르신 중 연배가 높은 쪽이나 양가의 중간지점에서 하기도 한다. 또는 신랑과 신붓집이 서로 다른 지역에 있으면 결혼식을 하기로 한 지역의 반대 지역에서 상견례를 하는 것이 좋다(정주희, 2017).

식당의 메뉴는 양가 부모님의 식사 취향을 고려하는 것이 좋다. 한식이 가장 무난하지만, 중식과 일식도 선호도가 높다. 각자의 부모님과 의논한 뒤 취향을 공유하여 식사나 식당 종류를 결정하도록 한다. 예약은 최소 일주일 전에 하는 것이 좋으며 예약 후에도 하루 전날 최종 확인 전화를 하여 혹시 모를 변수에 대비하는 것이 좋다.

복장은 깔끔한 정장 차림이 좋다. 수수하면서도 은근한 멋이 배어나는 의상이 좋은 인상을 준다. 상견례 당일에는 예정된 장소에 10분 정도 미리 도착하여 예의를 갖추는 것이 좋으며, 식사 자리에서는 상대 자녀와 부모님에 대한 가벼운 칭찬으로 대화를 시작하는 것이 좋다. 상견례가 끝나면 각자의 부모님께 불편했거나 불쾌했던 점이 없으셨는지 혹은 좋은 인상을 받았을 때는 언제인지 여쭤보는 것이 좋다. 그리고 오해의 소지가 있었을 때는 파트너의 도움을 받아 해결할 수 있도록 노력해야 한다.

(3) 예식장 예약

결혼식을 위해서는 먼저 예식장을 예약해야 한다. 상견례 이후 결혼식 날짜가 정해지면 예식장을 모색하여 원하는 시간대에 예약이 가능한지 확인한다. 예전에는 신부 측에서 결혼식 날짜를 정하였지만 근래에는 양가가 합의하여 함께 결정한다. 예식장 비용은 양가가 함께 부담하는 것이 통례이다. 양가의 하객 수를 고려하여 '최소지불보증인원'을 충족할 수 있는 홀을 구한다. 예식홀의 좌석 수는 얼마나 되는지, 식장 규모에 따른 지불보증 하객 수는 얼마인지를 확인해서 초청인원수에 맞는 홀을 대관해야 한다. 예상보다 많은 하객이 올 경우, 추가로 식사를 더 준비할 수 있는지 미리 알아본다. 또한 대중교통편과 주차시설을 확인하여야 한다. 아무리 시설과 서비스가 마음에 든다 하여도 찾아오기 어려운 예식장은 하객들에게 불편을 주기 십상이다. 주차장이 만차일 경우에는 어떻게 하는지, 주차장으로 가는 길에 안내원이 잘 배치되어 있는지, 셔틀버스 운행은 얼마나 자주 하는지 등을 꼼꼼히 확인하여야 한다. 예식장의 음식은 예비부부가 직접 시식하여 평가해 보는 것이 좋다. 시식은 언제, 어떻게 할 수 있고, 몇 인분이 가능한지를 체크한다. 식장 이용 시간 및 예식 간격을 확인하여야 한다. 총 예식 시간이 식장마다 다르므로 이용가능한 시간을 확인해야 한다. 종교식으로 진행할 경우 예식 시간이 지나치게 짧지 않은 곳이 좋다. 또한 식장이 단독 홀이 아닐 경우 예식 간격이 짧으면 복잡하고 어수선해질 수 있으므로 예식 간격이 좁은 곳은 피하는 것이 좋다. 폐백실, 신부대기실 사용 시간도 체크하여야 한다. 신부대기실의 여유 공간이 어느 정도 되는지, 신부 전용 엘리베이터, 폐백실의 인테리어, 하객들을 위한 휴게실이 별도로 마련되어 있는지 등을 점검해야 한다. 또한 특수연출 비용 등 예상치 못한 비용이 예식 당일 청구되지 않도록 금액을 안내받을 때 별도의 비용에 대해서도 꼼꼼히 점검한다. 마지막으로 환불 규정을 확인하여 환불을 하게 되면 어떤 방식으로 언제까지 가능한지를 확인한다(정주희, 2017).

(4) 스드메

최근에 결혼을 준비했던 사람들은 '스드메'란 단어가 익숙할 것이다. 스드메는 스튜디오, 드레스, 메이크업과 헤어스타일링의 줄임말이다. 2010년 이후 많은 사람들이 스드메라는 용어를 편의상 사용하므로 결혼 준비과정 중 하나의 항목이 되었다. 스드메를 준비할 때 나에게 꼭 맞고 필요한 업체를 선정하기 위해서는 분명한 주관과 결단력이 필요하다.

① 스튜디오 촬영

스튜디오 촬영은 전문 웨딩스튜디오에서 세트장과 조명 등의 각종 효과를 넣어 커플의 모습을 멋있게 연출하는 것이다. 대략 비용은 60~300만원 상당이며 스튜디오 규모나 사진작가의 경력에 따라 비용이 다를 수 있다. 전문 스튜디오에서 촬영할 경우 자연스러운 분위기보다 꾸며진 느낌이 강하게 들며 남들과 차별점이 없다는 단점이 있다.

한편 업체의 도움을 받지 않고 스스로 촬영준비를 해서 웨딩사진을 남기는 것을 셀프 웨딩촬영이라 한다. 인터넷 쇼핑몰 활성화로 쉽게 웨딩소품과 의상을 구할 수 있고 실제 많은 커플이 셀프 웨딩촬영을 하기도 한다.

② 드레스 및 턱시도

웨딩드레스는 모든 신부들의 로망이기도 하면서 선택 시 가장 어려워하는 부분이기도 하다. 많은 신부들이 세월이 흘러도 촌스럽지 않으며 언제 봐도 아름다운 드레스를 입고 싶어 한다. 막상 자신이 원했던 드레스 디자인이 자신의 체형과 어울리지 않아 실망할 때도 있다. 대체적으로 신부들은 드레스 숍에서 피팅을 여러 번 거쳐 최종 본식 때 입을 드레스를 고른다. 신랑의 턱시도는 신부 드레스와 함께 숍에서 대여하기도 하며 양복점에서 맞춤 예복으로 제작하기도 한다.

③ 메이크업과 헤어스타일링

신부 화장 자체를 일률적으로 생각했던 과거와 달리 요즘 디자이너들의 메이크업과 헤어스타일링은 다양하고 세련되어졌다. 두껍고 화려한 신부화장보다 자연스럽고 피부를 좋아보이게 하는 화장을 선호하며 이런 준비는 신부만이 아닌 신랑도 해당되는 부분이다. 많은 디자이너들이 개인 블로그를 운영하고 있어 블로그에 들어가 보면 여러 샘플 사진을 확인할 수 있다. 자신에게 잘 어울릴 것 같은 이미지나 원하는 스타일링을 찾아가면 대부분의 메이크업 숍의 디자이너들은 이를 반영해서 연출해 준다.

생각해보기

웨딩플래너, 꼭 필요한가?

웨딩플래너는 결혼 준비를 원활하게 진행할 수 있도록 도와주는 협력자이다. 시간적 여유가 많지 않고 전문적으로 결혼식을 준비하고자 하는 커플은 웨딩플래너를 찾는다. 웨딩플래너를 고용하면 개인이 직접 준비하는 것보다 다양한 정보를 손쉽게 얻을 수 있으며, 두 사람의 취향에 맞는 업체를 추천받을 수 있다. 그러므로 결혼 준비에 시간이 절약되는 등의 장점이 있지만, 꼭 필수적인 것은 아니다. 요즘은 인터넷으로 손쉽게 정보를 수집할 수 있으며 자신들만의 결혼식을 꾸려가고 싶은 프리웨딩족도 많아졌기 때문이다. 일부 커플은 웨딩플래너에게 지급할 비용을 아껴서 신혼여행이나 혼수 마련에 더 투자하기도 한다.

(5) 신혼여행지 선정

기혼자들에게 다시 결혼해 보고 싶은지 질문을 던지면 대개 신혼여행을 다시 가보고 싶다고들 말한다. 어찌 보면 신혼여행은 결혼을 꿈꾸는 사람들이 가장 기대하고 있는 이벤트일지 모른다. 이처럼 신혼여행은 생애 중 가장 큰 기쁨과 설렘으로 준비하는 여행이기도 할 것이다. 결혼식 후 바로 여행을 가는 커플의 경우 신혼여행이 부부로서 공식적으로 함께하는 첫 행사가 된다. 여행지에서 좋은 것을 먹고 쉬는 일도 중요하지만, 사랑하는 배우자를 아껴주고 배려하는 결혼생활의 시작이라는 점을 명심할 필요가 있다.

신혼여행의 기능은 두 남녀가 함께 생활할 때에 잘 적응하기 쉽도록 전환기를 마련해 주는 데 있다(최외선 외, 2008). 구체적으로는 신혼여행을 통해 동료의식을 확장하여 부부로서 함께 살아감을 인식하고, 또한 지금까지 각자가 따로 꾸려온 생활을 마무리할 기회를 주며, 정신적 · 신체적인 친숙함과 성적 경험을 통해 애정이 공고해지도록 하는 기능을 갖고 있다(정현숙 외, 1998 재인용).

그러나 많은 커플들이 신혼여행지에서 갈등을 겪으며 가장 행복할 시간에 불만을 쌓은 채 귀국하기도 한다. 무엇이 문제일까. 신혼여행을 준비하는 가장 중요한 첫 단계는 여행에 대해 서로가 가지고 있는 생각을 알고 조율하는 것이다. 자신과 배우자가 가고 싶어 하는 여행지가 다를 수 있다. 예를 들어, 신혼여행지에서 관광과 쇼핑을 하고 싶어 하는 자신과 달리 배우자는 쉼과 여유를 누리고 싶어 할지도 모른다. 이러한 이유로 일방적으로 한쪽에게 여행지 결정에 대한 책임과 권한을 주고 모든 것을 맡긴다면, 여행 중에 맞닥뜨릴 갈등은 필연적일지도 모른다. 부부가 함께하는 생애 가장 소중한 시간인 만큼 여행 준비도 부부가 함께 시작하여야 한다. 두 사람의 여행 스타일 차이로 인해 적합한 지역을 찾지 못했을 때는 여행 전문 블로그나 여행사를 이용하는 것도 좋은 방법이다. 자신들이 원하는 여행지의 이미지라든지, 여행지에서 꼭 하고 싶은 활동과 같은 정보를 전달하면 전문업체에서는 알맞은 여행지를 추천해줄 것이다.

또한 신혼여행의 목적을 분명히 할 필요가 있다. 대개 신혼여행의 유형은 휴양과 관광으로 나뉜다. 두 사람의 취향을 모두 고려하여 휴양 위주의 여행을 떠날지 관광 위주의 여행을 떠날지를 결정하여야 한다. 그 다음 원하는 신혼여행지에 대한 정보를 수집하여 비용(항공료, 숙식비, 체류비)과 일정을 따져본 후 최종적으로 결정하여야 한다. 비수기와 성수기에 따라 항공료와 패키지여행 비용에 많은 차이가 있다.

(6) 결혼준비교육 참여

결혼의 의미를 되새겨보고 행복한 결혼생활을 준비하기 위해 예비신랑, 신부가 함께 결혼준비교육에 참가하는 것도 좋다. 각 시 · 군 · 구마다 있는 가족센터에서 예비

부부를 위한 교육을 제공하고 있으며, 같은 종교를 가진 커플이라면 종교기관에서 진행하는 교육 프로그램에 참여할 수 있다. (기독교-두란노 결혼예비학교, 가톨릭-약혼자주말)

참고자료 4-1 가족센터 결혼준비교육

■ 가족센터SOC (soc.kihf.or.kr)

영등포구가족센터 프로그램 (https://familyseoul.or.kr/node/13625)

강좌	내용
1강 서로의 차이 이해하기	• 커플 소개, DISC를 이용한 서로의 차이 이해하고 적응하기
2강 행복한 커플 대화법	• 부부갈등 이해 및 갈등해결을 위한 바람직한 의사소통 방법 학습
3강 결혼의 의미와 결혼 체크리스트	• 결혼의 의미 및 행복한 결혼을 위한 요건 이해하기 • 사랑의 관점과 사랑의 구성요소/원가족, 건강, 자녀와 가사
4강 우리 결혼 설계하기와 재무관리	• 준비된 결혼생활을 위한 결혼생활 설계 • 재무관리

2) 결혼식 3개월 전

(1) 신혼집 구하기

신랑 · 신부의 직장 위치와 주변 환경, 교통, 편의시설 등을 고려해 예산 범위 내에서 신혼집을 구한다. 맞벌이일 경우 두 사람이 다니는 회사 중간 위치에 집을 구하는 것보다 한 사람의 직장과 가까운 곳을 선택하는 것이 더 효율적이다. 신혼집을 구할 때의 주택 유형과 평수는 자금의 규모에 따라 결정되므로, 자금 상태를 충분히 고려한 후 정보를 수집해야 한다. 신혼부부가 원하는 집과 자금의 조건을 동시에 충족시킬 수 있는 집을 찾기는 쉽지 않다. 하지만 집의 규모와 시설과 같은 생활의 편의를 중요시하는지 또는 이동반경과 한정적인 예산 내에서 실용성을 중시하는지에 따라 선택의 폭을 좁혀 나갈 수 있다. 주택을 구입할 때는 계약하기 전에 토지대장, 건축물관리대장, 토지이용계획확인서 등의 서류를 점검하고 등기부등본을 떼어 집주인 여부와 담보 관계를 확인해야 한다. 전세를 얻을 때도 등기부등본을 반드시 확인하

참고자료 4-2 신혼집 찾기 십계명

1. 남향이나 동남향이어야 한다.
2. 맞바람을 맞을 수 있는 창의 구조인지 살펴라.
3 수납공간 혹은 수납할 수 있는 구석공간이 있는지 살펴라.
4. 빨래를 널 만한 실외공간이 있는지 살펴라.
5. 부엌 조리대 주변에 창이 있어야 한다.
6. 반드시 낮에 해가 있을 때 집을 보러 가라.
7. 창을 보기만 할 뿐 아니라 열어보기도 하여 창틀의 상태와 조망권을 확인하라.
8. 집주인의 허락을 구하여 샤워기, 수도꼭지 물을 틀어보고 변기의 물도 한 번씩 내려 본다.
9. 바로 보이는 공간보다 구석진 공간과 천장 등에 곰팡이가 없는지 살펴본다.
10. 집 주변에 편의시설이 있는지 살펴보고 어떤 동선으로 갈 수 있는지 확인한다.

출처 : 정주희 (2017).

고 전세권을 설정하여야 한다. 매매의 경우는 3~4개월 전에 집을 구하는 것이 좋으며, 전세나 월세의 경우에는 결혼 2~3개월 전에 알아보는 것이 좋다. 신혼집이 정해진 이후에 혼수를 장만할 수 있으므로 집을 정하는 것이 먼저 이루어져야 한다.

3) 결혼식 2개월 전

(1) 혼수 구입

일생에 단 한 번뿐인 결혼에서 웨딩 상품과 혼수는 최신 유행에 따르면서 고급스러운 것을 마련하는 것이 모든 신혼부부의 바람일 것이다. 그러한 경향을 반영이라도 한 듯 혼수품의 고급화, 프리미엄화 현상이 가속화되고 있다. 사람들의 심리에는 시중 제품이 고급화될 수록 혼수를 잘해가야 한다는 마음이 있어서 무리하여 비싼 제품을 구입하는 신혼부부도 더러 있다. 이는 꼭 필요한 것만 먼저 구입한 뒤 살림을 키워가는 재미를 추구했던 과거와는 대비되는 모습이다. 최근에 혼수 필수품으로 공기청정기, 건조기, 커피머신, 로봇청소기, 식기세척기 등이 목록에 새로이 오르고 있다.

그러나 무턱대고 고급스럽고 비싼 제품을 구입할 필요는 없다. 수입품이고 고급스러운 제품이라 해서 꼭 나와 잘 어울리는 것은 아니다. 혼수를 준비할 때 나와 배우자에게 적합한 제품을 찾아서 구입하는 것이 중요하다. 또한 신혼집 장만 후 신혼집의 규모와 분위기에 어울리는 혼수품을 구입하여야 한다. 구입 전에는 시장조사를 철저히 하여 제품의 장단점을 정확히 파악하도록 한다. 같은 모델이라도 판매업체에 따라 제품의 가격에 차이가 있을 수 있으므로 할인매장, 백화점 세일 기간, 전문몰 등의 정보도 활용하는 것이 좋다. 혼수품에 대한 정보를 얼마만큼 입수했느냐에 따라 비용을 절약할 수 있는가가 결정되기 때문이다.

〈활동하기〉에 각자가 원하는 혼수품을 우선순위대로 채워보자. 두 사람의 욕구를 한눈에 비교할 수 있으며, 혼수 품목을 고를 때 유용한 자료로 활용할 수 있다.

활동하기 신혼집에 구비하고 싶은 혼수품

신혼집에 구비하고 싶은 혼수품을 우선순위대로 작성해 보시오.

신 랑	신 부
1.	1.
2.	2.
3.	3.
4.	4.
5.	5.
6.	6.
7.	7.
8.	8.
9.	9.
10.	10.

(2) 예단 준비

예단은 신랑댁에서 신붓집으로 비단을 보내는 것을 말한다. 비단을 받은 신붓집에서는 옷을 지어 다시 보내고 신랑집에서는 그 답례로 돈을 보냈었다. 오늘날에 신부 측에서 준비하는 혼수와 예단은 과거 예장, 예단과도 같다. 예장이란 여성이 시집올 때 생활에 필요한 생필품을 준비해 오는 것을 말하며, 자장(資粧) 또는 치장(置粧)이라고도 한다. 그리고 시부모님과 시댁 일가친척들에게 드리는 옷 견지를 예단이라 한다. 최근 과다한 혼수품과 예단이 경제적 부담을 안겨주고 결혼 기피의 원인이 되기도 했는데 이는 예장과 예단의 뜻을 모르는 데서 빚어진 잘못된 결과이다. 문중자의 말을 빌리면 "시집가고 장가드는 데 재물을 논하는 것은 오랑캐의 도"라고 하였을 정도로 대단히 무례한 경우로 보았다(신유아, 2008).

예단에는 정해진 정답이 없다. 액수가 중요한 것이 아니라 예단을 준비한 마음을 아는 것이 본래의 의미를 더 잘 반영했다고 볼 수 있다. 예단 준비 시 발생할 수 있는 오해와 갈등을 없애기 위해서는 사전에 양가의 의사를 충분히 파악하고 조율해나가는 시간이 필요하다. 근래에 예단은 현금 예단과 현물 예단인 반상기, 은수저, 이불로 구성하는 경우가 많다.

① 현금 예단

현금을 예단으로 보낼 때는 정성스레 포장하여야 한다. 한지나 백지로 봉투를 만들고 속지 위에 예단 품목과 금액, 일시, 아무개 배상이라고 쓴 후, 세 번 접어 그 속에 현금을 넣는다. 봉투 앞면에는 禮緞(예단)이라 쓰고 봉투 입구는 봉하지 않은 채 근봉이라고 쓴 후 봉투를 다시 예단 주머니에 넣거나 청홍색 보자기에 싼다. 청홍색 보자기의 경우 예단이 신랑집으로 가므로 파란 면이 바깥으로 보이도록 포장한다. 현금은 한 장짜리 수표로 준비하거나 수표와 현금 형태로 한눈에 금액을 확인할 수 있게 하여야 한다. 수표와 현금은 신권으로 준비하는 것이 예의이다(신유아, 2008).

② 현물 예단

- **이불 세트:** 예단 이불은 예단을 대표하는 품목으로 비단이 귀했던 시절에 가장 귀한 것을 선물한다는 의미를 담고 있다. 또한 이불 세트는 며느리의 부족한 부분을 사랑으로 덮어달라는 의미와 편하게 주무시고 장수하시라는 의미도 가지고 있다.
- **반상기 세트:** 격식을 갖춘 그릇 세트를 일컫는 반상기는 친정에서 시댁으로 복을 담아 드린다는 뜻과 앞으로 시부모님의 음식을 챙겨드려서 건강하고 오래 사실 수 있게 하겠다는 의미를 담고 있다.
- **은수저:** 은수저는 옛날 임금의 밥상에 독이 있는지를 확인했던 것에서 유래되어 시부모님의 무병장수를 기원한다는 의미를 지니고 있다. 은수저는 오래 사용할 경우 변색되는 단점이 있어서 근래에는 방짜유기 수저로 대체하기도 한다.

현물 예단은 하나하나 정성스럽게 싼 후 큰 보자기에 싸거나 가방에 담아 드린다.

반상기 안에 팥과 찹쌀을 넣기도 하는데 팥은 잡귀를 쫓는다는 의미이고, 찹쌀은 부부간의 금실이 좋기를 바라는 마음을 담고 있다. 이외에 목화씨나 향, 노란콩을 함께 넣는데 그릇에 넣고 랩으로 봉하기보다 오곡 주머니에 한꺼번에 담아 드리는 것이 더 멋스럽다(신유아, 2008).

(3) 한복 맞춤

결혼을 앞둔 커플은 한복을 맞추기도 하며 대여하기도 한다. 신부의 한복은 붉은 치마에 녹색 저고리로 지어 '녹의홍상'을 기본으로 한다. 녹색 저고리는 여성을 상징하며 붉은 치마는 양의 색이라 하여 남성을 뜻하고, 자주색 고름은 남편이 있음을 나타낸다. 요즘은 색상에 얽매이지 않고 신부에게 어울리는 색감으로 한복을 맞추는 경우가 많다. 신랑은 바지, 저고리, 마고자, 두루마기를 맞추는 경우가 많다.

(4) 예물 준비

보석은 크기, 질, 디자인 등에 따라 같은 종류라도 가격 차이가 많이 나므로, 결혼 예산에서 어느 정도를 지출할 것인가 잘 생각하여 적절한 예산을 세워야 한다. 예물로 가장 선호되는 보석은 다이아몬드이며 그밖에 진주 세트, 유색(루비, 에메랄드, 사파이어) 세트를 준비하기도 한다. 보석 외에도 신랑 · 신부가 주고받는 예물에는 시계, 정장 등이 있다.

4) 결혼식 1개월 전

(1) 청첩장 제작 및 배부

청첩장은 보통 결혼식 1달 전에서 2주 전 사이에 전달한다. 인터넷 기술 발달로 클릭 몇 번만으로 마음에 드는 청첩장을 샘플로 받아볼 수 있게 되었다. 포털사이트에

'청첩장'을 검색하면 수많은 업체가 쏟아져 나오는데, 그중에서 마음에 드는 디자인을 선택하면 업체에서 샘플을 무료로 보내준다. 실제로 수령한 청첩장을 만져보고 가족들의 의견을 참조한 뒤 최종적으로 결정하면 된다. 근래에는 청첩장을 주문한 업체에서 모바일 청첩장 서비스도 함께 제공해준다. 젊은 세대 간에는 지류 청첩장보다 스마트폰으로 쉽게 전송하고 볼 수 있는 모바일 청첩장을 더 선호하기도 한다.

(2) 지인에게 결혼 상대 소개

더 바빠지기 전에 이 시기에 자신의 지인들에게 결혼 상대를 소개해두는 것이 좋다. 지인들과 식사를 하면서 자연스럽게 청첩장을 전달하기도 한다.

(3) 결혼예식을 도울 사람 섭외

- 사회자: 비용을 지급하여 사회자를 섭외하기도 하며, 가까운 친구에게 부탁하기도 한다.
- 주례자: 주례 있는 결혼식의 경우 신랑 · 신부와 인연이 깊은 은사, 직장 상사 등 존경하는 분을 주례자로 모신다. 주위에서 주례자를 찾지 못할 경우 주례전문가를 섭외하여, 신랑 · 신부에 대한 정보를 미리 제공하면 그에 맞는 주례사를 들을 수 있다.
- 신부 도우미: 하객들이 신부대기실에 직접 축의금을 전달하기도 하기에 가방을 들어 줄 수 있는 도우미를 둔다. 축의금을 챙겨주는 것뿐 아니라 드레스를 입어 거동이 불편한 신부의 잔심부름을 도맡아주며, 다른 하객들을 안내하는 역할을 해야 하기 때문에 친분이 있고 믿을 만한 사람에게 부탁하는 것이 좋다.
- 부케 받을 친구: 결혼식을 앞둔 친구가 신부의 부케를 받게 되는데, 앨범에 남는 기념사진이 되므로 정말 친한 친구에게 부케를 주는 것이 좋다.
- 축가: 신랑 · 신부의 지인 중에 노래를 잘하는 사람이 축가를 불러주기도 하며, 가족원이 축가를 해주기도 한다.

- 그 밖의 도우미: 전세 버스 차량 담당, 부조석 담당, 공항으로 이동할 차량 및 웨딩카 꾸미기 담당 등의 역할이 필요하다.

(4) 신혼집 살림 배치

먼저 벽에 붙은 콘센트의 위치와 개수를 파악하여야 한다. 냉장고와 같이 부피가 크고 무거운 살림의 경우 한번 자리를 배치하면 다시 옮기기 쉽지 않기 때문이다. 그리고 방의 구조를 참고하여 침대와 장롱 같은 큰 가구를 먼저 배치하는 것이 좋다. 한쪽 벽을 빼곡히 채웠다면 다른 쪽 벽은 비워두는 것이 공간을 더 넓어 보이게 한다. 특히 방문을 열었을 때 등지게 되는 쪽을 가구로 채운다면 방이 더 넓어 보이는 효과를 얻을 수 있다. 바쁜 아침 출근 시간이나 청소 시에 동선이 복잡하면 생활에 불편함을 주기 때문에 이동 동선을 고려하여 화장대, 옷장, 책장 등은 한쪽에 몰아서 배치하는 것이 좋다. 침실의 침대는 문을 열었을 때 대각선이나 옆면이 보이게 배치하는 것이 좋다. 침대는 벽에서 10cm 이상 띄워 두어야 매트리스의 통풍이 잘되고, 벽의 차가운 냉기가 직접 몸에 닿는 것을 방지할 수 있다. 거실의 경우 높은 가구를 배치하게 되면 공간이 좁고 답답해 보일 수 있으므로 낮은 가구를 중심으로 배치하는 것이 좋다. 거실에서 가장 큰 비중을 차지하는 소파는 현관을 등지고 배치하는 것이 공간이 트여 보이게 하는 효과를 준다.

5) 결혼식 일주일 전

(1) 함

함은 결혼을 앞두고 신랑집에서 신붓집으로 예물을 담아 보내는 상자를 말한다. 함은 오동나무 함이 가장 좋지만, 가격이 비싸고 귀하므로 은행나무 함이나 한지에 다홍빛 물감을 들인 지함, 나전칠기함 등을 이용한다. 최근에는 상자대신 신혼여행

가방에 내용물을 넣어 보내기도 한다. 함 들어오는 날은 결혼 성사를 알리는 작은 축제와 같은 역할을 했다. 원래 '납폐'라고 불리던 함은 결혼을 일주일 정도 앞두고 신랑집에서 신붓집으로 보내는 감사와 예의, 멋이 깃든 우리 고유의 전통이었다. 함은 양가는 물론 마을 사람들에게 두 사람의 결혼을 알리고 모두의 흥을 돋우는 일종의 작은 축제였지만, 시대가 변하면서 의식과 방법이 간소화되었다.

① 함에 들어가는 품목

- **혼서지:** 신랑 아버지가 신부 아버지에게 자신의 가문 소개와 감사의 내용을 담은 종이봉투를 검정 겹보자기에 싸서 상, 중, 하에 근봉한다. 보통 혼서는 집안의 가장 어른이 쓰는 것이 원칙이나 요즘에는 주단집에서 인쇄된 것을 주로 사용한다.
- **채단:** 음양의 결합을 뜻하는 것으로 청색 비단을 홍색 종이에 싸서 청색 명주실에 감고, 홍색 비단을 청색 종이에 싸서 홍색 명주실에 감은 것을 말하는데 묶을 때는 동심결로 묶고 매듭은 짓지 않는다. 요즘은 한복 치마저고리와 양장, 예물로 채단을 대신하고 있다.
- **오방주머니:** 붉은색, 노란색, 분홍색, 청색, 연두색의 오색주머니를 지칭해 오방주머니라 한다. 오방주머니 속에 넣는 곡식은 붉은팥, 노란콩, 향나무, 찹쌀, 목화씨 등이며 지방이나 집안의 가풍에 따라 차이가 있다.
- **물목기:** 물목기는 채단의 내용과 수량을 적은 것인데, 사주단자와 같은 크기의 한지에 적어서 혼서지와 함께 넣는다.

② 함 들어가는 시기

과거에는 결혼식 바로 전날 함을 들였는데 결혼식 날 신랑 · 신부가 피곤하고 집안이 서로 떨어져 있는 경우가 많으므로 근래에는 결혼식 일주일 전쯤에 함을 보내기도 한다. 함은 해가 지면 들어가야 하는데, 함 자체가 음양의 화합을 상징하기 때문이다(신유아, 2008).

(2) 신혼여행 짐 꾸리기

신혼여행에 필요한 짐을 미리 챙겨두어 여행에 차질이 없도록 한다. 신혼여행에 필요한 준비물은 대략 아래와 같다.

① 여권(해외여행일 경우): 여행지에서 비자를 요구할 경우 여행 일정에 차질이 생기지 않게 미리 발급해 놓는다.

② 여행용 크로스백: 핸드폰, 현금, 여권 등 필요한 소지품을 넣을 수 있는 작은 가방을 준비한다.

③ 여행 경비: 현지 화폐로 환전하여 준비한다.

④ 카메라, 충전기: 현지 전압에 맞는 어댑터를 준비한다.

⑤ 캐리어: 여행 일정을 다 소화할 수 있는 사이즈로 준비하되 선물을 많이 살 경우 큰 캐리어를 준비해 여유롭게 들고 가서 채워 오는 것이 좋다.

⑥ 의류: 기후에 맞는 옷을 준비한다. 속옷과 외출복 등을 지퍼백에 보관하면 찾기 쉽고 오염되지 않는다.

⑦ 세면도구와 화장품: 숙소에 기본적으로 비치되어 있지만, 자신이 쓰는 세면도구와 화장품을 챙겨가는 것이 좋다. 동남아와 같은 열대지방에 갈 경우 선크림을 잊지 말자.

⑧ 피임 용품: 허니문 베이비를 원치 않는 부부라면 피임약이나 콘돔 등을 확실하게 챙겨야 한다.

⑨ 비상약: 해외에서 아프게 되면 곤란하므로 비상약(모기약, 멀미약, 감기약, 진통제, 소화제, 밴드, 연고, 피임약 등)을 챙긴다.

⑩ 로밍: 출국하기 전 로밍서비스에 대한 정보를 확실히 익혀둔다.

⑪ 여행자보험: 패키지여행이 아닐 경우 여행자보험을 따로 드는 것이 좋다.

6) 결혼식 당일

(1) 식순

근래에는 주례 없는 결혼식도 많아서 예식에 주례사를 넣을지를 미리 결정하여야 한다. 주례 있는 결혼식을 할 경우 미리 주례자를 섭외하여야 하고, 주례 없는 결혼식을 할 때는 미리 식순을 짜고 담당자를 정해두어야 한다. 주례 있는 결혼식과 주례 없는 결혼식의 식순이 꼭 정해져 있는 것은 아니지만 대략적인 순서는 〈표 4-1〉과 같다.

| 표 4-1 | 결혼식 식순

	주례 있는 결혼식	주례 없는 결혼식
1	예식 안내	예식 안내
2	사회자 - 개식사	사회자 – 개식사
3	양가 어머님 입장 및 화촉점화	양가 어머님 입장 및 화촉점화
4	사회자 – 주례자 소개	
5	신랑 입장	신랑 입장
6	신부 입장	신부 입장
7	주례사	혼인서약서 낭독
8	혼인서약 및 성혼선언	양가 아버님 중 한 분이 성혼선언
9		부모님 말씀 및 지인 축사
10	이벤트(케이크 커팅, 축가 등)	이벤트(케이크 커팅, 축가 등)
11	주례자 – 양가 부모님께 인사, 하객인사	사회자 – 양가 부모님께 인사, 하객인사
12	신랑 · 신부 행진	신랑 · 신부 행진
13	친인척 및 지인 사진촬영	친인척 및 지인 사진촬영
14	폐백	폐백

(2) 폐백

폐백은 신부가 시부모님과 시댁의 여러 친족에게 처음으로 인사를 드리는 예로 현구고례(見舅姑禮)라 한다. 신부 측은 절을 받지 않지만, 요즘은 지방이나 집안에 따라 신부 부모님까지 폐백을 받는 경우도 있다. 신랑은 두 번 절하고, 신부는 수모의 도움을 받으며 시부모님께 각각 네 번의 큰절을 올린다. 그 뒤에는 반절을 하고 뒤로 물러서는 것이 올바른 예의이다. 요즘은 절차가 간소화되면서 사 배를 올리지 않고 두 배만 올리기도 한다. 신랑 · 신부의 절이 끝난 후에는 수모가 신부를 대신해서 시아버지께 약주와 대추고임을 올리고, 시어머니께는 육포를 드린다. 만일 시아버지가 계시지 않을 때는 폐백상에 대추를 올리지 않고 시어머니께만 폐백을 올리며, 반대로 시어머니가 안 계실 경우에는 포를 올리지 않는다. 시어머니가 육포를 받고 어루만지는 절차는 며느리의 흉허물을 덮고 자식으로 받아들여 감싸겠다는 의미를 갖고 있다. 시아버지께 드린 대추는 장수를 의미하고 부지런히 모시겠다는 며느리의 마음가짐을 뜻한다. 약주를 마신 시부모님은 신부의 치마에 대추와 밤을 던져주며 자식을 잘 낳으라는 등의 덕담을 해준다.

7) 신혼여행 이후

(1) 양가 부모님께 인사드리기

신혼여행을 다녀와서 가장 먼저 해야 할 일은 양가 부모님께 인사를 드리는 일이다. 예전에는 신혼여행에서 돌아온 날 친정(처가)에서 하룻밤을 자고 시댁(본가)으로 가기도 했지만 요즘은 신혼여행 기간도 길어졌고, 다음 날 출근해야 하는 경우도 많기 때문에 양가에서 묵지 않고 인사 겸 식사만 하기도 한다. 친정에서 이바지 음식을 챙겨주면 시댁에 전해드리는 풍속이 있다.

① 이바지 음식

시댁 사당에 제를 올리기 위해 마련해 가던 이바지 음식이 오늘날에는 사돈과의 정을 나누는 인사의 의미를 갖게 되었다. 이바지란 '정성'을 들여 음식 등을 보낸다는 '이바지하다'에서 온 것으로, 정성스러운 음식으로 시부모님을 편안하게 모시겠다는 의미가 함축되어 있다. 신붓집의 첫인상이라고 말할 수 있는 이바지 음식은 지방에 따라 가짓수와 조리법이 다르지만, 시집가는 딸이 시댁에서 사랑받으며 잘 살기를 바라는 친정어머니의 마음을 담고 있는 것은 동일하다. 옛 풍속에는 열두 가지의 양념과 육류, 전, 찜, 조림, 과일, 떡, 한과, 술 등을 종류별로 한 가지씩 준비하였지만 서너 가지라도 정성스럽고 맛깔스럽게 준비하면 된다(신유아, 2008).

(2) 각종 신고

주민센터에서 혼인신고를 하고 각종 공과금 명의를 변경한다. 신용카드, 보험사의 결제일과 청구서 주소지를 확인한다.

2. 새로운 결혼식 트렌드: 작은결혼식(스몰웨딩)

근래 많은 커플이 틀에 박힌 결혼식보다는 자신들만의 예식을 꾸미고 덩달아 비용도 절감할 수 있는 '작은결혼(스몰웨딩)'을 선호하고 있다. 작은결혼이란 예식 절차의 참된 의미를 깨닫고 스스로 준비하여 치르는 혼례를 의미한다(여성가족부, 2016). 실제로 유명배우인 원빈과 이나영 부부의 밀밭 결혼식은 110만 원의 비용이 들었던 것으로 알려져 있다(서울경제, 2015.08.04). 스몰웨딩을 진행할 경우 비용 면에서 절감할 수 있는 부분이 많기 때문에 부모님께 부담을 드리지 않고 결혼식을 치를 수 있다. 하지만 기존 형식에서 벗어난 예식이고 하객 수가 제한되어 있기 때문에 부모님과의 충분한 상의가 필요하다. 아래 스몰웨딩의 여러 콘셉트를 참고할 수 있다.

1) 스몰웨딩 콘셉트

(1) 성평등 결혼

남자는 집, 여자는 혼수와 같이 남녀를 구분짓는 공식에서 벗어나 신랑 · 신부가 같이 준비하는 결혼식을 말한다. 결혼준비 비용을 신랑 · 신부가 공평하게 부담하고, 결혼식도 평등하게 진행하는 것이 특징이다. 신부가 웨딩드레스를 입고 대기실에서 대기하지 않고 신랑과 함께 하객 맞이를 하며, 주례자나 사회자도 남녀를 가리지 않고 의미 있는 분을 섭외한다.

(2) 숲속 결혼

답답한 도심을 벗어나 한가로움을 즐길 수 있는 결혼식은 숲속 결혼이다. 실내 예식장의 화려한 불빛과 샹들리에는 없지만, 화창한 햇살 속 나무가 만들어주는 자연 그늘 아래서 새들의 지저귀는 소리를 축가 삼아 결혼식을 꾸밀 수 있다. 결혼식 꽃길을 예쁜 화분으로 꾸며서 하객 답례품으로 주기도 한다. 야외 결혼식이기에 봄, 가을에 많이 진행한다.

(3) 공공시설 예식장 결혼

작은 결혼 문화 확산을 위해 개방되고 있는 공공시설 예식장은 대부분 신축시설로 깔끔하고 접근성도 좋다. 합리적인 비용으로 형식에 구애받지 않는 결혼식을 꾸밀 수 있고 보통 하루에 한 예식만 있기 때문에 여유로운 진행이 가능하다.

(4) 공원 결혼

야외에서 결혼을 하고 싶지만, 접근성이 떨어지는 근교에서 결혼하기는 부담스럽고 도심 속 야외 결혼식을 원한다면 공원 결혼이 적합하다. 소풍 결혼이라고도 불리는 공원 결혼은 잘 가꾸어진 아름다운 조경과 잔디밭에서 펼쳐진다. 보통 1일 1예식으로 이뤄지기 때문에 여유로운 결혼예식이 가능하며 공공시설에서 진행되기에 장소 대여료가 없거나 매우 저렴한 편이다.

(5) 해변 결혼

시원한 바다 풍경과 파도가 부서지는 소리를 들으며 낭만적인 결혼을 꿈꾼다면 해변 결혼이 제격이다. 해변 결혼 사례는 아직까지 많이 없지만 많은 이들이 꿈꾸고 있는 로망 결혼으로 손꼽힌다. 해변 결혼을 준비하고자 할 때는 흰색 계열로 전체 데코레이션을 하고 파란색으로 포인트를 주면 해변과 어울리는 식장을 꾸밀 수 있다. 원하는 해변이 있다면 해변이 속한 지자체에 미리 협조 요청을 하여야 한다.

(6) 캠핑 결혼

등산, 캠핑, 낚시 데이트를 즐기는 커플이라면 밝고 경쾌한 캠핑 결혼을 추천한다. 햇볕이 따사로운 오전과 오후 둘 다 가능하며, 특히 캠핑장의 별빛을 볼 수 있는 밤에도 예식을 진행할 수 있다. 그럴 경우 석양이 지기 시작하는 5시부터 식을 진행하는 것이 좋으며, 어두워지면 사진 찍기가 어려워지므로 본식 전에 기념촬영을 해두는 것이 좋다. 일반적인 출장 뷔페가 아닌 통돼지 바비큐를 대접할 수도 있으며 빔프로젝터로 웨딩 영상을 상영할 수 있다. 또한 두 사람의 결혼을 알리는 불꽃놀이도 좋은 이벤트가 될 수 있다.

(7) 카페, 레스토랑 결혼

인테리어가 아름다운 곳에서 결혼하고 싶지만 직접 꾸미는 것이 부담스럽다면 다양한 테마가 있는 카페나 레스토랑에서 결혼을 할 수 있다. 북카페, 빈티지 카페, 식물이 가득한 카페 등 커플의 취향에 따라 선택할 수 있다. 레스토랑의 경우 식사를 따로 준비하지 않아도 되는 장점이 있다. 다만 별도의 대관료, 장식비, 영상 장비 등을 꼼꼼히 확인해야 한다. 장소를 대여할 때는 결혼식 준비와 정리에 소요되는 시간을 넉넉히 고려하여 예약을 한다.

(8) 그 밖의 결혼

- **펜션, 게스트하우스 결혼:** 가든파티처럼 하객들과 대화하며 즐길 수 있는 결혼
- **전통혼례:** 한국 전통의 멋스러움을 만끽하고 마을 잔치와 같이 흥겨운 분위기 속에서 진행하는 결혼
- **콘서트 결혼:** 노래와 춤을 즐기며 축제 분위기 속에서 진행하는 결혼
- **수목 결혼:** 함께 묘목을 심으며 영원한 사랑을 맹세하는 결혼
- **놀이터 결혼:** 동네에서 이웃들의 축복 속에 올리는 놀이터 결혼
- **영화관 결혼:** 상영관을 빌려 둘만의 스토리를 담은 영상을 하객들과 나누는 결혼

참고자료 4-3 스몰웨딩에 대한 아이디어를 얻을 수 있는 해외 사이트

■ www.intimateweddings.com

레스토랑 결혼식, 홈 웨딩 등 천만 원 이하로 결혼한 이야기까지 범주별로 분류되어 있어 필요한 이미지를 쉽고 간편하게 찾아볼 수 있다.

■ www.theknot.com/real-weddings

실제로 미국 예비부부들이 결혼을 앞두고 즐겨 활용하는 사이트이다. 청첩장, 부케와 같이 카테고리를 세세하게 나누어 놓아 특정 아이템에 대한 통찰력을 얻고 싶을 때 유용하다.

■ www.glamourandgraceblog.com

마치 영화 스틸컷처럼 자연스러움이 살아 있는 웨딩 사진이 강점이다.

출처: 김민정 (2016).

활동하기 나의 결혼 리허설

학습한 내용을 토대로 미래의 결혼식을 준비해 보자. 아래 표에 자신만의 결혼과정을 작성해 보시오.

	준비 사항	세부 항목	예산	비고
결혼 6개월 전				
결혼 3개월 전				
결혼 2개월 전				
결혼 1개월 전				

*참고문헌

김민정 (2016). 나의 작은 결혼식. 경기: 21세기북스.

김혜선, 박혜인, 홍형옥 (2011). 한국가정생활사. 서울: 한국방송통신대학교.

듀오 (2010). 결혼 전 스트레스 조사.

서울경제 (2015.08.04). 원빈-이나영 임신에 과거 소박한 결혼식 재조명…. 한국아이닷컴 이슈팀.

신유아 (2008). 웨딩플래너's 다이어리. 경기: 새론북스.

여성가족부 (2016). 작은결혼 우리의 빛나는 시작을 위해.

정주희 (2017). 결혼대백과. 서울: 청림출판.

정현숙, 유계숙, 최연실 (2002). 결혼학. 서울: 신정.

정현숙, 최연실, 유계숙 (1998). 결혼학 개론. 상명대학교 출판부.

최외선, 현은민, 전귀연, 이기숙, 김득성, 손낙주, 구순주, 배기조, 홍상욱, 박혜인, 최보가 (2008). 결혼과 가족 개정판. 대구: 정림사.

Chapter 05

친밀감

1. 부부 친밀감의 개념
2. 부부 친밀감 형성의 중요성
3. 부부 친밀감에 영향을 미치는 변인
4. 부부 친밀감 형성의 장애요인
5. 부부간 친밀감 향상 방안

Chapter 05

친밀감

과거 전통적인 결혼과는 달리 현대사회에서는 친밀한 관계를 통한 결혼을 우선시하고 있다. 애정과 친밀감을 추구하고자 하는 욕구는 부부간 유대를 강화하기도 하지만 서로의 기대에 불응할 경우 불만과 실망감이 커져 부부갈등이 발생할 가능성이 높아지게 되었다. 결혼은 많은 사람들에게 친밀감을 쌓게도 하지만 모순적이게도 결혼생활이 지속되면서 친밀감은 점점 감소하며 완전히 사라지기도 한다.

혼인과 이혼에 관한 통계청 2019년 자료에 따르면, 1995년 6만 8천 300건이었던 이혼건수는 2019년 11만 800건으로 거의 두 배의 증가율을 보인 것으로 나타났다(통계청, 2020). 이는 최근 들어 가정의 기본구조로서 기능해야 할 부부관계 문제가 심각해지고 있다는 것을 반증한다. 이러한 문제를 해결하기 위한 가장 기초적인 작업으로 부부 사이의 친밀감과 관련된 연구가 절실히 필요하다는 것을 시사한다.

그렇다면 결혼은 영구적으로 친밀감을 보장해줄 수 없는 것일까? 그렇지 않다. 다만 부부가 결혼생활에서 친밀감을 유지하고 더 나은 관계로 나아가기 위해서는 지속적인 노력이 필요하다. 이 장에서는 부부 사이의 친밀감이 무엇이며, 이를 발전시키고 유지하기 위한 방법에 대해 살펴볼 것이다.

1. 부부 친밀감의 개념

1) 부부 친밀감의 정의

친밀감(intimacy)의 광범위한 정의는 두 사람 사이에서 깊이 있고 밀접한 정도(Stevens & Labate, 1989)를 의미한다. 부모-자녀, 형제-자매 및 친구관계와 같이 다양한 인간관계에서 형성되는 친밀감과는 달리 부부관계에서 형성되는 친밀감은 부부에게서만 볼 수 있는 고유하고 독특한 특성을 나타낸다. 즉 부부관계는 다른 어떠한 관계보다 밀접한 관계이므로 진정으로 서로를 이해하고 배려해야 친밀감을 경험할 수 있다. 게다가 부부는 함께 생활하고 일상을 공유하는 가운데 다양한 유형의 친밀감을 경험할 수 있기 때문에, 각자가 중요하다고 생각하고 있는 친밀감을 공유하고 이를 지속시키기 위한 노력이 있어야 만족스럽고 안정적인 결혼생활을 유지할 수 있다. 따라서 부부관계에서의 친밀감은 일상적인 인간관계의 친밀감과 다른 측면에서 정의된다.

부부 친밀감(marital intimacy)은 '부부가 각자의 자율성을 토대로 하여 상대방의 결함까지도 수용하는 상호공유적인 인지적, 정서적, 성적 밀접함의 정도'를 말한다(이경희, 1998). 이러한 부부 친밀감은 결혼생활의 총체적이고 전반적인 측면에서 부부관계를 설명하는 여타의 개념들과는 달리 두 사람 간의 개인적 평가에 주안점을 두기 때문에 부부만의 관계적 속성을 평가하는 데 적절한 개념이다. 나아가 부부만의 독특한 측면인 성적 요소와 함께 애정, 헌신과 같은 개념들을 포괄하고 있기 때문에 다차원적 속성을 지닌 복합적 상위개념이라 할 수 있다(Moss & Schwebel, 1993).

2) 부부 친밀감의 유형

많은 연구에서 친밀감을 이해, 사랑, 존중, 협조 등의 일면적인 개념으로 파악하고 있거나(전길양 · 김태현, 1993), 보다 넓은 의미의 개념인 결속이나 관계적인 특성의 하위요인으로 정의하고 있다(박옥임 · 신효식 · 김은주, 1994). 부부간 친밀감은 결혼을 통해 형성되며, 성적 요소를 포함한 두 사람 간 인지 · 감정 · 행동의 상호공유성을 강조(Moss & Schwebel, 1993)한다는 점에서 애정으로 국한되는 부모와 자녀, 형제와 같은 다른 가족원과의 친밀감이나 일반적인 인간관계에서 보이는 친밀감과 다른 특징을 보인다. 따라서 연구자들은 부부관계에서의 친밀감을 측정하기 위해 이를 부부 친밀감이라 명명하고 정의내리고자 하였다.

대체로 부부 친밀감은 다차원적 개념으로 연구되고 있다. 부부 친밀감을 다차원적인 개념으로 살펴본 연구들은 행동적 측면(Berscheid, Snyder, & Omoto, 1989)이나 사회심리적인 측면(Whitbourne & Tesch, 1985) 혹은 성적인 측면(Derogatis, 1980)과 같이 어느 한 측면만을 조명해서 살펴본 연구와 다양한 측면을 동시에 고려하는 연구로 구분될 수 있다. 그러나 전자는 어느 한 측면에만 국한하여 부부 친밀감을 측정하고 있기 때문에, 다른 관계에서의 친밀감과는 달리 부부간에서만 보일 수 있는 복합적인 특성의 친밀감을 측정할 수 없다는 점에서 다소 협소하게 정의된다는 한계가 있다(장휘숙 · 최영임, 2004).

이와 달리 부부 친밀감을 다차원적 속성으로 접근하여 살펴본 Schaefer와 Olson의 연구(1981)에서는 부부 친밀감을 정의적, 정신적, 지적, 사회적, 오락적, 성적, 미적의 7개의 요인로 구성하여 측정하였고, Waring(1984) 역시 부부 친밀감을 애정, 표현성, 응집성, 양립성, 갈등요인, 성, 자율성, 정체감의 8개 요인으로 구성하여 측정하였다. 또한 Moss와 Schwebel(1993)은 인지적, 정서적, 성적, 상호공유적 요소에 헌신을 부부 친밀감의 하위요인으로 추가하였다. 그러나 다차원적 요소를 살펴본 연구자 중에서도 Broucke와 동료들(1995)은 기존의 척도들이 결혼만족도나 결혼적응 등의 부부관계를 측정하는 척도들과 대별되지 못한다는 점을 지적하였고, 이와 같은 단점을 보완하고 부부관계에서만 살펴볼 수 있는 관계성을 밝혀내기 위해 부부 친밀감 척도(Marital Intimacy Questionnaire: MIQ)를 개발하였다. 그들이 개발한 부부 친밀감 척도에는 친밀성 문제, 합의, 개방성, 헌신, 애정의 5개 요인이 포함되는데, 이 척도가 다른 척도와 구별되는 점은 부부간 친밀감을 형성하기 위해서는 먼저 개인의 주체성을 확립해야 한다는 인지적 측면을 강조한 점과 부부 친밀감의 핵심요소인 상호공유성을 측정하기 위한 문항을 만드는 데 상당히 노력했다는 점이다.

이상을 종합적으로 살펴보면, 국외의 부부 친밀감 척도 개발을 위한 노력은 어느 한 가지 구성요소에 주목하기보다 인지적 요소, 정서적 요소와 상호공유성 요소, 그리고 성적 요소와 같이 부부 친밀감이라는 독특한 특성을 측정하기 위해 다양한 측면에 주안점을 두었음을 알 수 있다.

국내에서는 이러한 부부 친밀감의 개념과 측정 기준을 명확하게 하고자 이경희(1998)가 기존 척도들에 대한 분석과 평가를 통해 우리나라 실정에 맞는 한국형 부부 친밀감 척도를 개발하였다. 한국형 부부 친밀감 척도는 인지적, 정서적, 성적 친밀감의 3가지 하위요인으로 구성되어 있다. 각 영역의 구체적인 개념과 측정 문항들은 〈참고자료 5-1〉과 같다.

(1) 인지적 친밀감

인지적 친밀감(cognitive intimacy)은 비슷한 교육수준이나 학벌을 의미하는 것이 아니라 부부의 사고나 가치관이 유사하며, 배우자의 내면세계에 대해 잘 알고 결점마저 이해하고 수용하는 정도를 말한다. 이를 위해서는 각자의 자율성을 토대로 배우자를 독립된 인격체로 인정하고, 있는 그대로 받아들이는 노력이 필요하다.

선행연구에 따르면 상대방에 대한 정확한 이해와 부부관계에 대한 신념의 일치는 부부 친밀감과 결혼만족도를 증진시킨다고 보고되었다(고재홍, 전명진, 2003). 따라서 부부관계나 배우자에 대한 인지적 측면은 부부관계의 질을 결정하는 중요한 요인임을 알 수 있다.

(2) 정서적 친밀감

정서적 친밀감(emotional intimacy)은 부부가 말로 표현하지 않아도 느끼는 심리적 일치감과 밀접함을 의미하며, 서로가 상호보완적이며 적합한 배우자라고 여기는 정도를 말한다. 이처럼 부부 친밀감은 배우자와의 정서적 유대감과 부부관계의 질을 결정하는 중요한 요소 중 하나이며 친밀감과 신뢰감 형성의 기본이 된다.

선행연구에 따르면 행복한 부부는 배우자와 정서적 친밀감이 높은 반면 불행한 부부는 배우자와의 정서적인 친밀감이 낮은 것으로 나타났다(Olson, 2000). 또한 부부 개인의 정서 역량은 부부관계에 영향을 미친다는 선행연구(김혜주 · 전종국, 2005)와 같이 부부관계에서 따뜻하고 안정적인 정서는 친밀감을 형성하는 데 중요한 요인임을 알 수 있다.

(3) 성적 친밀감

성적 친밀감(sexual intimacy)이란 부부가 관계 증진을 목적으로 만족스러운 성적 욕구를 충족하기 위해 성을 개방하는 정도를 말한다. 구체적으로 부부가 성에 대한 대화를 자연스럽게 하고, 서로의 성적 즐거움을 증진시키기 위해 노력하는 정도를 의미하며, 배우자 각자에 의해 성적 욕구가 만족스럽게 충족되는 면까지 포함된다.

부부간 친밀감이 다른 관계에서의 친밀감과 두드러지게 다른 특징은 성적 친밀감에 있다(Feldman, 1979). 성은 부부간의 결속을 강화시키는 중요한 기본 요소로 결혼만족을 가늠할 수 있는 매우 중요한 변인이라 할 수 있다. 또한 배우자와의 갈등을 해소하고 근심과 긴장도 이완시켜 주는 데도 도움을 준다. 그러나 성적 친밀감은 정서적, 인지적 친밀감이 충족된 후에 채워질 수 있으므로 먼저 다른 친밀감을 충분히 충족해야 성적 친밀감을 채울 수 있다(Hunt, 1974). 선행연구에서는 부부간 성생활 만족도가 높을수록 결혼적응과 부부 친밀감에 긍정적인 영향을 미친다고 보고하였다(Trudel, 2002).

참고자료 5-1 한국형 부부 친밀감 척도

다음은 부부가 현재의 부부관계를 어떻게 생각하는가에 대한 질문이다. 각 문항 중 자신과 가장 가깝다고 생각하는 곳에 ✓(체크)해 보시오.

전혀 아니다 1 — 보통이다 3 — 매우 그렇다 5

	문항	점수
1.	우리 부부는 서로가 개성을 가진 독립된 존재임을 인정해 준다.	1 2 3 4 5
2.*	우리 부부는 성격이 서로 맞지 않다고 종종 느낀다.	1 2 3 4 5
3.	우리 부부는 성에 대해 자연스럽게 이야기를 나눈다.	1 2 3 4 5
4.	우리 부부는 서로를 있는 그대로 받아들여 서로 차이점이 있다는 것을 인정한다.	1 2 3 4 5
5.	우리 부부는 서로의 부족한 면을 보완해 준다.	1 2 3 4 5
6.	우리 부부는 서로의 성적 만족을 위해 노력한다.	1 2 3 4 5
7.	우리 부부는 서로를 충분히 알고 있어서 말하지 않아도 상대방을 이해한다.	1 2 3 4 5
8.	우리 부부는 상대방이 자신에게 가장 적합한 배우자라고 생각한다.	1 2 3 4 5
9.*	우리 부부는 성관계에 관심이 없는 것 같다.	1 2 3 4 5
10.	우리 부부는 함께 하는 생활을 중요하게 생각하면서도 서로의 개인적인 생활도 인정해 준다.	1 2 3 4 5
11.	우리 부부는 죽음이 갈라놓기 전까지는 하나다.	1 2 3 4 5
12.	우리 부부는 성관계를 통해 서로에게 더욱 가까워진다.	1 2 3 4 5
13.	우리 부부는 상대방의 단점을 이해하고 받아들인다.	1 2 3 4 5
14.*	우리 부부는 대부분 방을 따로 쓴다.	1 2 3 4 5
15.	우리 부부는 성적으로 서로에게 만족을 준다.	1 2 3 4 5

출처: 이경희 (1998).

■ **점수합산방법**

– 2번, 9번, 14번은 역채점 기준에 따라 합산한다.
(1점은 5점, 2점은 4점, 3점은 3점, 4점은 2점, 5점은 1점으로 변환).
– 다른 문항들은 원래 점수로 채점하여 합산한다.
– 인지적, 정서적, 성적 친밀감에 응답한 점수를 합산하여 각각 5로 나눈다.

■ **각 영역별 평균점수**

하위영역	문항번호	원점수	문항 수	(원점수/문항 수)평균점수
인지적 영역	1, 4, 7, 10, 13	점	5	점
정서적 영역	2*, 5, 8, 11, 14*	점	5	점
성적 영역	3, 6, 9*, 12, 15	점	5	점

– 부부 친밀감 척도는 총 15문항으로 구성된 5점 Likert척도로, 각 영역별 평균점수가 높을수록 부부간 친밀감이 높은 것을 나타낸다.

2. 부부 친밀감 형성의 중요성

부부는 가족의 설계자이며 동시에 다른 하위관계의 통솔자로서 가족 내 모든 관계의 중심이 된다(최규련, 1988). 게다가 부부관계의 정서적 안정과 원활한 기능에 따라 가정의 안녕이 좌우되므로 다른 어떠한 인간관계보다 중요하다. 또한 부부는 비혈연적이지만 매우 밀접하고 애정적인 관계이므로 애정을 유지하고 지속시킬 수 있는 친밀감이 있어야 만족스럽고 안정적인 결혼생활을 지속할 수 있다. 따라서 부부 사이에 친밀감을 느끼고 이를 표현하는 것은 필수적이다.

그러나 부부는 서로 다른 환경에서 자라온 두 남녀가 결혼이라는 제도에 의해 이루어진 관계이기 때문에, 결혼생활을 하는 과정에서 필연적으로 크고 작은 갈등을 겪기 마련이다. 처음에는 사소한 부부싸움 정도였던 부부갈등은 누적되고 반복될 경우 서로에게 무관심해지는 결혼생활로 흘러가 마치 벽지가 갈라지고 누수되는 낡은 건물과 같이 변모하게 된다. 이처럼 부부간의 작은 오해가 풀리지 않으면 깊은 좌절로 발전되기 쉽고, 급기야 상대방에게 입을 닫아버리는 대화단절의 단계로 나아가 친밀감을 방해하게 된다. 부부의 낮은 친밀감은 부부관계에 다양한 문제를 일으키는 원인이자 스트레스를 초래해 신체적 증상이나 심리 · 사회적 부적응 및 우울 등을 일으킨다(Waring & Patton, 1984). 또한 부부가 친밀감 부족으로 인한 문제를 원만히 해결하지 못한 경우 정서적으로 멀어져 이혼으로 이어지기도 한다.

그러나 우리나라 이혼 사유의 대부분은 성격차이로 인한 것이 가장 많다. 물론 그 외에도 경제문제, 외도, 자녀양육문제, 고부간의 갈등, 대화의 부재, 성문제 등을 꼽을 수 있다. 하지만 이러한 갈등은 표면상의 문제들이다. 더 깊은 곳으로 들어가서 살펴보면 부부를 파탄으로 몰고 가는 원인은 따로 있다. 외도, 경제문제, 자녀양육문제, 성문제 등 결혼생활 속 대부분 문제들의 밑바닥엔 '부부 친밀감'이 관련되어 있다. 부부가 친밀감이 높을 때는 서로 다른 성격도 배려하여 비슷한 성격이라고 생각하지만 친밀감이 낮아지게 되면 서로 완전히 다른 사람이라 느끼게 되는 것이다. 따라서 성격차이가 부부갈등을 유발하는 것이 아니라 낮아진 친밀감으로 인해 본래 있던 성격차이가 드러나게 된 것이다. 이처럼 부부간 친밀감 부족은 갈등을 유발하고 이혼의 원인으로 빈번하게 제시되는 요인 중 하나로, 낮은 친밀감으로 인해 부부가 상담을 통해 전문가의 도움을 구하는 일도 흔해졌다(Feeney & Noller, 1990).

게다가 부부 친밀감은 부부 각자의 개인적 행복뿐 아니라 부모자녀관계 체계에도 영향을 미친다. 즉 부부간 낮은 친밀감은 당사자인 부부는 물론 자녀들의 마음에도 상처를 주어 그들의 인격발달에도 심각한 영향을 미치게 된다. 부부불화를 보다 심각하게 지각하고 경험한 자녀들의 경우 자아 멸시, 개인적 무가치, 자아 거부 등과 같이 부정적 자아개념을 형성하고, 불안이나 우울증을 겪는 등 사회부적응 증상을 야기할 가능성이 높은 것으로 나타났다(김영미 · 이명숙, 1993). 이와 같이 부부간 친밀감의 부재는 역기능적인 가족관계를 형성하고 자녀들의 정서 · 행동적 어려움을 초래한다. 따라서 부부간 친밀감 형성은 건강한 가정의 필수적 요소이며 삶의 전반적인 질을 향상시킬 뿐만 아니라 건전하고 행복한 사회의 형성을 위한 중요한 요소라고 할 수 있다.

이처럼 가족의 중심체계가 되는 부부간의 긍정적인 상호작용을 촉진하고 관계 안에서 불가피하게 발생하는 여러 가지 갈등에 효율적으로 대처하기 위해서는 부부간 친밀성을 지속적으로 증진시킬 필요가 있다. 부부관계에서 친밀감이란 부부가 서로 성장할 수 있도록 상대방을 배려하는 과정에서 획득하는 정적 산물로써 결혼생활에 필연적으로 수반되는 갈등을 건설적인 방식으로 해결하도록 해주고, 행복한 결혼생활을 유지하는 바탕이 되며, 자신의 생각과 감정을 배우자에게 편안하게 드러낼 수 있게 만든다(Epstein & Baucom, 2002).

그러나 친밀하고자 하는 능력은 태어날 때부터 주어지는 것이 아니다(심수명, 2008). 건물도 보수하고 관리해야 수명이 오래가듯, 부부가 친밀감을 유지하고 더 나은 관계로 나아가기 위해서는 서로에게 자신의 생각이나 감정과 욕구를 솔직하게 나누고 소통하려고 하는 의식적인 노력이 반드시 필요하다.

3. 부부 친밀감에 영향을 미치는 변인

부부 친밀감에 영향을 미치는 변인은 사회인구학적 변인과 개인의 심리내적 변인, 대인간 변인으로 나눌 수 있다. 먼저 사회인구학적 변인인 성별, 연령, 결혼 지속기간, 교육수준, 경제수준 등의 영향은 다음과 같다.

성별에서는 여성이 남성보다 부부 친밀감이 낮은 것으로 보고된다(김승옥 · 정혜정, 2013). 부부 친밀감에 대한 성별의 차이는 여성들이 배우자와의 관계에서 친밀감을 남성들에 비해 낮게 인식하고 있다는 것으로, 이는 결혼생활로 인한 가사 및 육아 부담 등이 아직까지 남성보다는 여성에게 불리하게 작용하고 있기 때문이라는 해석이 있다. 그러나 여성이 남성보다 부부 친밀감을 높게 지각한다는 상반된 연구결과(Waring, 1984)와 성별 간 유의한 차이가 없음을 보고하는 연구결과(오은희 · 이인수, 2012)도 있어 심층적 연구가 필요하다.

연령의 경우 세대관의 차이를 대변하고 있기 때문에 부부 친밀감에 영향을 미치는 중요한 변인이다. 젊은 부부들일수록 애정이나 친밀감의 욕구가 더 강한 것으로 나타났으며(김승옥 · 정혜정, 2013), 결혼 지속기간이 길어질수록 부부 친밀감은 낮게 나타났다(홍순건, 2006). 대부분의 연구에서 교육수준과 경제수준은 부부 친밀감과 정적인 관계로 교육수준과 경제수준이 높을수록 부부 친밀감이 높은 것으로 보고되었다(장선웅 · 정혜정 · 이주연, 2011).

개인의 심리내적 변인으로는 마음챙김, 내외통제성, 공감능력, 자아정체감, 자아분화수준, 자아존중감, 가치관 등이 있다. 다수의 연구에서는 이와 같은 개인 심리내적 변인들이 높을수록 부부간 친밀감 수준이 높은 것으로 보고되고 있다(정복자 · 조성희, 2017). 그밖에 부부가 가치관이나 취미, 성격이 일치할 경우 부부간 친밀감이 증가하는 것으로 나타났다(김미라, 2001).

대인간 변인으로서 역할수행, 의사소통, 자기개방은 부부 친밀감과 밀접한 관계를 보이고 있다. 부부가 역할수행이 잘 이루어질수록(변선아, 2009), 관계에서 의사소통을 효율적으로 하고 있다고 지각할수록(김미라, 2001) 부부간 친밀감이 높은 것으로 나타났다. 특히 자기개방은 부부 친밀감에 영향을 주는 가장 결정적인 변인으로 자기개방을 많이 할수록 부부간 친밀감이 증가한다고 보고되었다(이미영 · 권정혜, 2016). 이처럼 부부관계에서 친밀감 발달의 핵심은 배우자에게 다양한 감정과 생각들을 터놓고 이야기하는 것임을 알 수 있다.

이상에서 살펴본 바와 같이 부부 친밀감은 다양한 변인의 영향을 받는 것으로 나타났다.

4. 부부 친밀감 형성의 장애요인

배우자로부터 친밀감을 발견하는 것은 매우 긍정적인 경험이다. 그러나 끝없이 이어지는 업무와 가사일에 쫓겨 부부가 함께 보내는 시간이 부족하거나, 함께 시간을 보내더라도 기대한 만큼의 애정과 친밀감이 충족되지 않는 등의 여러 가지 이유로 인해 친밀감은 점차 줄어들곤 한다. 다음에 열거된 것은 부부간 친밀감 형성을 어렵게 하는 장애요인들이다(임성선, 2008; Feldman, 1979).

(1) 거부에 대한 두려움

부부간 친밀감 형성의 가장 큰 장애요인 중 하나는 거부에 대한 두려움이다. 부부 사이와 같이 친밀한 관계에서 형성되는 두려움은 보다 가까운 사람들과의 관계에서 나타나는 정서적 교류와 자기개방의 결과로, 친밀해지려고 시도했다가 거절로 인해 상처를 받은 경우, 다시는 상처받지 않기 위해 친밀감 추구를 피하게 된다.

(2) 낮은 자아존중감

자아존중감이 낮으면 자신이 사랑받을 가치가 없다고 생각하기 때문에 배우자가 자신을 사랑한다는 말을 진심으로 받아들이지 못한다. 또한 자신의 나약하고 미숙한 모습을 배우자에게 보이고 싶어하지 않기 때문에 거짓으로 꾸며진 자신의 모습을 보이려고 노력한다. 그러나 거짓으로 형성하고자 하는 친밀감은 부부간 깊은 관계를 만들어낼 수가 없다.

(3) 함께 보내는 시간의 부족

'시간이 충분하지 않다.' 이 말은 친밀감이 낮은 부부들 사이에서 변명으로 자주 내세우는 이야기이다. 가장 가까운 사람이므로 가장 많이 시간을 보내야 하는데도 현실은 그렇지 않다. 같이 시간을 보내지 않는데, 어떻게 가깝고 친밀한 존재일 수 있겠는가? 이와 같이 항상 바쁘다는 이유로 부부가 같이 보내는 시간이 없을 때 친밀감은 점점 소실된다.

(4) 성고정관념

부부가 전통적인 남성적 역할과 여성적 역할을 수행할 때 어떻게 친밀감이 소실되는지 주변에서 쉽게 찾아볼 수 있다. 즉 남녀의 역할에 대한 고착화된 생각은 가사분담과 일상생활 속에서 부부간 친밀감 형성에 장애요인이 된다. 이는 부모의 결혼생활로부터 배우고 무의식적으로 되풀이하게 되므로 세심한 분석이 필요하다. 남성이 꼭 경제적 가장이 되어야 하는 것도 아니고 아내가 꼭 육아를 도맡아 해야 하는 것도 아니다. 결혼은 협동생활이므로 서로가 수행하여야 할 역할에 대하여 의논하고 잘할 수 있는 일을 해나가는 것이 중요하다.

(5) 분노

부부 중의 한 사람이 화가 났거나 두 사람 모두 화가 났을 때는 대화가 더욱 중요하다. 그러나 배우자에게 부적절한 방식으로 분노를 표출하는 것은 부부간 대화를 파괴하고 친밀감을 소실하게 하는 원인이 된다. 분노에 대해 이해하기 위해서는 자신의 분노 표출방식에 대해 알 필요가 있다. 분노를 표현하는 방법에는 상대방에게 상처를 주고 보복당할까 두려워서 무의식 속에 분노를 파묻는 억압형, 욕설을 하거나 삿대질을 하는 등으로 분노를 분출하는 직접적 공격형, 고함이나 짜증을 내진 않지만 비꼬거나 협조하지 않거나 칭찬이나 관심 등 애정을 보여주지 않는 수동적 공격형, 자신이 화가 났을 때 그것을 인정하되 불쾌한 감정이 무절제한 행동이나 말로 발전하는 것을 막고 분노를 절제하려 의식적으로 노력하는 억제형이 있다(Spielberger, Krasner, & Solomon, 1988).

공격적이며 강렬한 방식으로 분노를 표현하든 소극적이고 간접적인 말과 행동으로 분노를 표시하든 일방적으로 삭이든 간에 이러한 형태의 분노는 부부간 원활한 의사소통과 친밀감을 방해한다. 따라서 자신의 분노 표출방식을 알고 개인적 차원에서 이를 잘 관리하고 조절할 수 있는 능력을 훈련하는 것이 필요하다.

(6) 권력불균형

부부간의 권력은 부부간의 각종 문제나 의사결정 시에 자신의 의사에 복종시키거나 종속시킬 수 있는 권리와 힘을 의미한다. 부부간 권력 중에서 아내지배형과 남편지배형같이 주도권이 한쪽에 집중되어 불균형을 이룰 경우 지배하는 배우자는 우월한 지위를 차지하는 반면 지배당하는 배우자는 상대방에 대한 피해의식과 적대감, 보복심을 가짐으로써 일상적인 역할은 수행되지만 친밀감 형성과 결혼생활에 부정적인 영향을 미치는 것으로 밝혀졌다(최규련, 2015). 한편 공동형과 같이 문제나 의사결정 시 두 사람의 지혜와 의견을 바탕으로 함께 결정을 내리는 부부들은 상대방을 비난할 확률이 낮고 더 좋은 의사결정을 할 확률을 보여 친밀감 역시 높은 수준으로 나타났다. 이처럼 부부가 함께 책임을 지고 의사결정을 할 때 결혼생활의 만족감과 친밀감은 훨씬 더 높아진다.

5. 부부간 친밀감 향상 방안

'결혼을 이루는 것은 결혼식이나 정부에서 발행한 증명서가 아니라 바로 친밀감이다.'와 같은 유명한 말이 있다. 이처럼 친밀감은 성공적인 결혼의 중요한 요소이다. 그러나 진정으로 친밀한 부부관계는 상대방을 통해 자아를 채우고자 하는 욕구보다는 함께하고자 하는 선택에서 시작한다. 따라서 부부라는 애정적이고 밀접한 관계가 생활의 중요한 부분으로 유지되기 위해서는 의식적인 노력과 관여가 있어야 한다. 다음은 부부간 친밀감 향상을 위한 구체적인 방법들을 정리한 것이다(양상규 · 김미희, 2018; 김영희 · 최규련 · 홍숙자 역, 2005).

(1) 자신을 명확하게 정의하기

부부간 깊은 친밀감을 나누고 성숙한 결혼생활을 하기 위해서는 관계 안에 완전히 분리된 두 사람이 있어야 한다. 그러기 위해서는 어떤 주제에서도 남에게 반응적이지 않고 자신의 의견, 신념, 흥미를 유지하는 능력이 필요하다. 자기 자신을 명확하게 정의하는 사람은 자신에게 중요한 사람이 자신의 의견에 동의하지 않더라도 지나치게 방어적이거나 불안해하지 않는다. 또한 자신을 명확하게 정의한다는 것은 원가족의 규칙을 이해하고, 원가족과의 만남에서도 비반응적으로 자기 자신을 유지하는 능력을 포함한다. 그러나 많은 부부들이 개별적인 자아를 유지하면서 친밀한 결속과 일치감을 형성하는 데 어려움을 느낀다. 친밀한 결혼생활이 되기 위해서는 부부 각자가 관계 속에서 자신을 잃지 않고 자신을 명확하게 정의하는 능력이 필요하다.

(2) 자기개방하기

자기개방(self-discourse)은 자신에 대한 정보를 상대방에게 스스로 드러내 보이는 것으로(심수명, 2008), 자신이 배우자에게 정보를 노출할수록 배우자도 속마음을 점점 털어놓을 수 있게 되어 부부 모두에게 긍정적인 영향을 준다. 즉 적극적인 자기개방은 부부가 서로를 이해하고 친밀감을 향상시키는 데 도움이 된다. 친밀감이 높은 부부들의 경우 평소 생활 속에서 서로의 다양한 영역을 충분히 알고 공유하며, 부부간 '상세한 애정지도'를 갖고 있다. 관계 속에서 끊임없이 배우자에 대해 관심을 기울이고 이해하려는 노력은 친밀감 형성의 가장 기초가 되며, 이를 지속하기 위해서는 '애정지도'를 주기적으로 업데이트하는 과정 역시 필요하다. 그러므로 말하지 않아도

참고자료 5-2 결혼생활에서 자기 자신을 얼마나 잘 정의하는지 알아보자

결혼생활에서 당신이 얼마나 잘 분화되어 있는지 알아보기 위해 다음의 질문에 답하시오.

		예	아니요
1.	늘 정서적으로 반응적인 논쟁에 사로잡히는가?		
2.	종종 배우자의 이야기에 걸려들어서 감정적으로 변해가는 자신을 발견하는가?		
3.	그리고 그때 지나치게 반응적인가?		
4.	논쟁을 하다 보면 똑같은 패턴 내에서 늘 똑같은 역할을 하고 있는 자신을 발견하는가?		
5.	화를 낸다거나 극도로 방어적이지 않고도 배우자에게 내가 원하는 것을 반응적이지 않게 요구할 수 있는가?		
6.	논쟁 중 내가 늘 하고 있는 역할을 변화시키려 할 때 나는 항상 성공하는가?		
7.	배우자가 나의 요구 때문에 침울해지거나 화를 낼 때 항복하고 배우자의 기분이 괜찮아지게 하기 위해 노력하는가?		
8.	논쟁이 점차 확대되었을 때 그것을 인지할 수 있는가? 안정을 유지하고 비반응적일 수 있는가?		
9.	원가족을 방문하였을 때 자라면서 해왔던 동일한 역할을 하고 있는 자신을 발견하는가?		
10.	배우자와 함께 있을 때 자기 자신을 유지하는 것이 어려운가?		
11.	나는 배우자와 있을 때와 친구들과 있을 때 다른가?		
12.	배우자가 생각하는 사람이 되는 것에 대한 압박감을 느끼는가?		

출처: 신희천, 한소영, 윤미혜, 배병훈, 백혜영 역 (2009). p. 189.

배우자가 알아주길 바라고 침묵하기보다는 자신을 적극적으로 소개하고 알려서 불필요한 갈등의 씨앗을 제거해야 부부간의 이해와 친밀감을 높일 수 있다.

(3) 서로의 감정을 솔직하게 표현하고 공유하기

부부가 서로의 감정을 솔직하게 표현하고 공유하기 위해서는 이해하고 수용하는 대화가 필요하다. 특히 분노, 서운함과 같은 감정은 무조건 억제할 경우 친밀감 형성의 장애요인이 될 수 있기 때문에, 이를 표현하되 공격적으로 퍼붓는 것이 아닌 '나-전달법'을 통해 진솔하고 건강하게 표현해야 한다. 예를 들면, '그렇게 할 때 내가 화가 나고, 힘들고 서운했다'와 같이 상대를 공격하거나 상처를 주지 않으면서 자신의 힘든 감정을 솔직하게 표현하는 것이다. 그럴 때 상대방은 자신의 잘못을 스스로 발견하고 나아가 배우자에게 더 자상하고 사려 깊게 행동할 수 있게 된다.

참고자료 5-3 부부의 자기개방 정도를 알아보자

배우자에 대해 얼마나 알고 있는가? 다음 질문들에 대답하면서 당신의 애정지도 수준을 한눈에 알 수 있다. 자신들의 결혼생활이 어떤지 정확하게 알기 위하여 부부가 함께 질문에 대답해 보기 바란다. 알고 있는 항목에는 '예', 모르는 항목에는 '아니오'에 ○표 하시오.

		예	아니요
1.	배우자의 친구 이름을 말할 수 있다.		
2.	배우자가 현재 무엇 때문에 스트레스 받고 있는지 말할 수 있다.		
3.	최근에 배우자의 신경을 몹시 곤두세우는 사람들의 이름을 알고 있다.		
4.	배우자의 인생의 꿈을 몇 가지 들 수 있다.		
5.	배우자가 가진 종교에 대한 믿음과 생각을 잘 알고 있다.		
6.	배우자의 인생철학에 대해서 이야기할 수 있다.		
7.	배우자가 가장 싫어하는 형제자매 또는 친척 이름을 말할 수 있다.		
8.	배우자가 좋아하는 음악을 알고 있다.		
9.	배우자가 좋아하는 영화를 3편 들 수 있다.		

10.	배우자는 내가 현재 스트레스를 받고 있다는 것을 잘 알고 있다.		
11.	배우자가 이제까지 경험한 가장 특별한 사건을 3가지 이상 알고 있다.		
12.	배우자가 어린 시절에 경험한 가장 괴로웠던 일을 말할 수 있다.		
13.	배우자의 인생에서 최대의 소망과 꿈을 말할 수 있다.		
14.	배우자가 현재 가장 걱정하고 있는 것을 말할 수 있다.		
15.	배우자는 내 친구들의 이름을 알고 있다.		
16.	두 사람 가운데 어느 한쪽이 복권으로 큰돈을 타게 되면, 상대방이 무엇을 하고 싶은지 알고 있다.		
17.	배우자를 만났을 때의 첫인상을 자세히 말할 수 있다.		
18.	나는 주기적으로 배우자의 주변 일들에 대해 듣고 있다.		
19.	나는 배우자가 나를 충분히 알고 있다고 생각한다.		
20.	배우자는 내 소원과 희망을 알고 있다.		

■ **채점방법: '예'를 1점으로 해서 점수를 매긴다.**

10점 이상	부부가 강하게 결합되어 있고, 높은 자기개방성을 띠고 있다. 배우자의 일상생활, 두려움, 꿈에 대해 상세한 '애정지도'를 갖고 있다.
9점 이하	결혼 생활에 있어 개선점이 필요하다. 서로 이야기 나눌 시간을 마련해서 상대방을 더 잘 알게 되면 관계는 좀 더 친밀해질 것이다.

출처: 임주현 역 (2002). pp. 71-73.

(4) 배우자가 선호하는 사랑 표현이 무엇인지 알고 표현해 주기

많은 부부들은 정서적으로 가까워지려고 하는 욕구를 가지고 있으면서도 자신의 방식으로만 표현하여 부부간 친밀감을 느끼지 못하고 이혼이라는 최악의 상황까지 가게 된다. 그러나 각 나라의 언어가 다르듯이 사람들마다 사랑을 표현하고 전달하는 방법이 다르기 때문에, 배우자의 제 1의 사랑의 언어가 무엇인지 알고 그에 맞게 표현해 주어야 부부관계가 더 깊고 친밀해질 수 있다(임주현 역, 2002).

생각해보기

배우자의 사랑의 언어는?

사랑의 감정을 표현하고 이해하는 데는 인정하는 말, 함께하는 시간, 선물, 봉사, 스킨십의 다섯 가지 방법이 있다. 배우자를 칭찬하고, 시간을 함께 보내며, 선물을 주고, 봉사하고, 부드럽게 만지는 것 중에서 배우자의 제 1의 사랑의 언어를 발견하여 채워 주려고 노력한다면, 부부관계에서 발생하는 사랑에 관한 많은 오류를 수정하고, 친밀감을 향상시킬 수 있다.

■ **배우자의 제 1의 사랑의 언어를 발견하기 위한 질문**
- 배우자가 다른 사람들에게 사랑을 어떻게 표현하는가?
- 배우자가 가장 자주 요구하는 것은 무엇인가?
- 배우자가 가장 자주 불평하는 것은 무엇인가?

이러한 질문에 대한 대답은 배우자의 제 1의 사랑의 언어를 나타낼 가능성이 높다.

출처: 황을호, 장동숙 역 (2010). p. 211.

(5) 공감하기

공감은 말 그대로 감정을 같이 한다는 것으로 '말하는 사람과 듣는 사람이 같은 수준에서 느끼는 것'을 말한다. 이러한 공감은 신체적 매력 이전에 서로에게 강한 끌림을 주는 내적인 매력이라고 할 수 있다. 배우자의 희노애락의 감정을 비난과 충고 없이 진정으로 공감해 준다는 것은 부부간 친밀감을 향상시키는 좋은 방안이라고 할 수 있을 것이다.

(6) 용서와 화해하기

정서적 친밀감을 향상하기 위한 마지막으로 방안으로서 용서와 화해가 있다. 부부는 가까운 사이인 만큼 서로에게 상처를 주기 쉽다. 이러한 상처를 치유하는 가장 빠른 방법은 용서에 있다. 용서를 하지 않는 부부는 부정적인 감정이 계속해서 쌓이게 되어 정서적 친밀감이 소멸되곤 하지만 용서하는 부부는 더 친밀해진다. 용서란 일방적으로 일어나는 것이 아니다. 상처를 준 사람이 무엇을 잘못하였는지와 그 잘못들에 대하여 어떻게 용서를 빌고, 상처를 받은 사람은 상대 배우자가 용서를 구할 때 어떻게 용서할 것인지에 대한 아름다운 조합을 이루어야 진정한 용서와 화해가 성립되기 때문이다. 이러한 과정을 통해 부부는 정서적으로 더 돈독해지는 경험을 하게 된다.

(7) 공동의 취미 가지기

부부가 행복하게 지내려면 함께 즐길 수 있는 취미생활이 있어야 하고 가능한 부부 둘만의 외출이나 여행을 정기적으로 가지며 친밀감을 증진시키는 노력을 해야 한다. 함께 운동을 하거나 같이 음식을 만들어 먹거나 공연을 보러 가는 등의 활동을 자주 가지면 부부간 결속과 유대감을 높이고 행복한 추억을 만들 수 있다.

(8) 부부만의 의식 만들기

부부만의 의식, 예를 들어 귀가할 때와 잠자리에 들기 전에 포옹하기, 외출할 때 배웅하기, 점심시간을 이용해 연락주고받기, 부부동반 여행하기 등을 계속 유지하는 것은 결혼생활에 활기를 불어넣고 부부간 친밀감과 행복감을 높이는 좋은 방법이다. 또한 생일, 결혼기념일 등과 같이 특별한 날 의식을 정하여 정성스럽게 축하하고 기념해 주는 것은 부부간 애정도와 친밀감 향상에 더욱 도움이 된다.

(9) 공동의 가치관 가지기

부부는 같은 방향으로 함께 나가는 관계이므로 부부간 친밀감은 부부의 사고나 신념이 유사할 때 더욱 증진된다. 따라서 행복한 부부는 공동의 삶의 목표와 가치관을 공유하고 서로 힘을 모아 목표실현을 위해 노력한다. 부부가 겸손, 정직, 사랑, 봉사 같은 가치관과 인생의 의미와 꿈들을 공유할 때 부부의 결합은 견고해지고 결혼생활과 가정생활은 풍성해지며 생산적인 삶을 만들어가게 된다.

(10) 성에 대한 열린 대화하기

부부가 만족스럽고 친밀한 성생활을 유지하길 원한다면, 성에 대해 터놓고 대화를 해야 한다. 즉 성에 대한 느낌이나 생각, 관심, 욕구 등을 나누어야 한다. 이러한 대화를 통해서 부부간 성에 대한 생각의 차이를 이해하게 되고, 친밀감을 증진시킬 수 있다. 친밀한 성적 대화를 위해 무엇보다 중요한 것은 눈을 마주 보는 것이나 신체적인 접촉과 같은 것들이 따뜻하고 애정적인 대화의 한 방법임을 잊지 말아야 한다. 부부가 손을 잡거나, 사랑스런 눈길을 보내는 것은 배우자에게 감정을 전달하는 방법으로 이러한 시도를 일상에서 반복적으로 하는 것이 중요하다.

부부가 성에 대한 인식을 높이고 친밀감을 촉진할 수 있는 자세한 방법들에 대해서는 8장에서 더욱 자세히 살펴볼 수 있다.

이처럼 부부간 친밀감을 향상시킬 수 있는 방법은 다양하다. 실제로 친밀감이 획득되면 부부간의 삶의 다양한 측면들을 함께 공유하고 상호 조정하며 조화롭게 하는 것이 가능하게 되며, 인간관계 속에서 만족과 삶의 활력을 얻을 수 있다. 또한 개인적인 일을 배우자에게 이야기하고 상호작용하는 과정을 통해서 배우자에게 이해와 보호를 받는다고 느끼며, 이러한 긍정적 경험은 다시금 친밀감을 느끼게 해주는 선순환 작용을 하게 된다.

*참고문헌

고재홍, 전명진 (2003). 부부의 유사성과 결혼 만족도간의 관계: 프로파일 유사성 분석. 한국심리학회지: 사회 및 성격, 17(3), 1-16.

김미라 (2001). 부부친밀도에 미치는 요인 연구. 목원대학교 산업정보대학원 석사학위논문.

김승옥, 정혜정 (2013). 기혼남녀의 마음챙김과 일치성이 부부 친밀감에 미치는 영향. 한국가족치료학회지, 21(2), 203-229.

김영희, 최규련, 홍숙자 역 (2005). 부부치료: 효과적 임상을 위한 개념과 기술. Brown, J. H., & Brown, C. S. (2002). Marital therapy: concepts and skills for effective practice. 서울: 박학사.

김혜주, 전종국 (2005). 부부의 정서역량과 부부 만족도 지각 간의 관계. 상담학연구, 6(2), 633-644.

박옥임, 신효식, 김은주 (1994). 노부모-성인자녀 간의 결속도 및 노부모의 자아존중감에 관한 연구. 한국지역사회생활과학회지, 5(2), 185-197.

변선아 (2009). 중년기 남성의 부부 친밀감이 생활만족도 및 아버지 역할수행에 미치는 영향. 단국대학교 석사학위청구논문.

신희천, 한소영, 윤미혜, 배병훈, 백혜영 역 (2009). 부부 연인보다 아름답게 사는 법 – 부부심리워크북. Olsen, D., & Stephens, D. (2001). The Couple's Survival Workbook. 서울: 학지사.

심수명 (2008). 사랑이 흐르는 공동체 만들기2 인간관계훈련. 서울: 다세움.

양상규, 김미희 (2018). 로맨스는 길게 환멸은 짧게. 로맨스는 길게 환멸은 짧게. 서울: 좋은땅.

오은희, 이인수 (2012). 기혼 남녀의 내외통제성과 일치성이 부부 친밀감에 미치는 영향. 한국가족치료학회지, 20(1), 135-156.

이경희 (1998). 부인이 지각한 갈등과 친밀감에 따른 부부관계 유형. 서울대학교 박사학위논문.

이명숙, 김영미 (1993). 가족구조와 부모불화가 청소년자녀의 부적응에 미치는 영향. 한국심리학회지: 발달, 6(2), 201-216.

이미영, 권정혜 (2016). 자기개방과 공감반응이 신혼부부의 친밀감에 미치는 영향. 가족과 가족치료, 24(4), 529-552.

임성선 (2008). 심리학, 부부를 만나다. 경기: 아름다운 사람들.

임주현 역 (2002). 행복한 부부 이혼하는 부부: 행복한 결혼생활을 위한 7가지 원칙. Gottman, J.M., Sliver, N. 서울: 문학사상사.

장선웅, 정혜정, 이주연 (2011). 기혼남녀가 지각한 원가족 경험과 부부 친밀감이 부모자녀 관계에 미치는 영향. 한국가족관계학회지, 15(4), 93-111.

장휘숙, 최영임 (2004). 대화에서의 중단: 본인의 성, 대화 상대자의 성 및 친밀도의 영향. 한국심리학회지: 발달, 17(3), 137-152.

전길양, 김태현 (1993). 노모와 성인딸간의 상호작용과 부양기대감. 한국노년학, 13, 17-38.

정복자, 조성희 (2017). 부부의 마음챙김, 내외통제성이 부부 친밀감에 미치는 영향: 자기-상대방 상호의존성 모형 (APIM) 적용. 가족과 가족치료, 25(2), 301-326.

최규련 (1988). 한국 도시부부의 결혼만족도 요인에 관한 연구. 고려대학교 박사학위청구논문.

최규련 (2015). 부부문제와 부부상담. 서울: 신정.

통계청 보도자료 (2020.3.19). 2019년 혼인 · 이혼 통계.

홍순건 (2006). 건강한 부부의 특징: Gottman 의 이론을 중심으로. 성신여자대학교 석사학위논문.

황을호, 장동숙 역 (2010). 5가지 사랑의 언어. Chapman, G. (1997). The Five Love Languages. 서울: 생명의말씀사.

Berscheid, E., Snyder, M., & Omoto, A. M. (1989). Issues in studying close relationships. In C. Hendrick (ed). *Close relationships*. Newbury Park. CA: Sage, 63-91.

Derogatis, L. R. (1980). Psychological assessment of psychosexual functioning. *Psychiatric Clinics, 3*(1), 113-131.

Epstein, N. B., & Baucom, D. H. (2002). *Enhanced cognitive-behavioral therapy for couples: A contextual approach*. American Psychological Association.

Feeney, J., & Noller, P. (1990). Attachment style as a predictor of adult romantic relationships. *Journal of Personality and Social Psychology, 58*, 281–291.

Feldman, L. B. (1979). Marital conflict and marital intimacy: An integrative psychodynamic–behavioral–systemic model. *Family Process, 18*(1), 69–78.

Hunt, M. (1974). *Sexual Behavior in the 1970s*. Chicago: Playboy Press.

Moss, B. F., & Schwebel, A. I. (1993). Defining intimacy in romantic relationships. *Family Relations, 42*, 31–37.

Olson, D. H. (2000). Circumplex model of marital and family systems. *Journal of family therapy, 22*(2), 144–167.

Schaefer, M. T., & Olson, D. H. (1981). Assessing intimacy: The PAIR inventory. *Journal of marital and family therapy, 7*(1), 47–60.

Spielberger, C. D., Krasner, S. S., & Solomon, E. P. (1988). The experience, expression, and control of anger. *In Individual differences, stress, and health psychology*. Springer, NewYork: NY.

Stevens, F. E., & L'abate, L. (1989). Validity and reliability of a theory–derived measure of intimacy. American *Journal of Family Therapy, 17*(4), 359–368.

Trudel, G. (2002). Sexuality and marital life: Results of a survey. *Journal of Sex &Marital Therapy, 28*(3), 229–249.

Van den Broucke, S., Vandereycken, W., & Vertommen, H. (1995). Marital intimacy: Conceptualization and assessment. *Clinical Psychology Review, 15*(3), 217–233.

Waring, E. M. (1984). The measurement of marital intimacy. *Journal of Marital and Family Therapy, 10*(2), 185–192.

Waring, E. M., & Patton, D. (1984). Marital intimacy and depression. *The British Journal of Psychiatry, 145*(6), 641–644.

Whitbourne, S., & Tesch, S. (1985). A Comparison of Identity and Intimacy Statuses in College Students and Alumni. *Developmental Psychology, 21*(6), 1039–1044.

Chapter 06

가계재무설계

1. 돈과 행복
2. 가족주기별 재무설계
3. 재무설계의 실제
4. 재테크전략

Chapter 06

가계재무설계

일반적으로 평생에 걸쳐 안정적 삶의 질을 유지하는 핵심 요소는 지금 얼마나 많이 버느냐가 아니라 얼마나 합리적으로 계획하고 지출하느냐이다. 많은 돈을 소유하는 것보다 자신의 돈을 스스로 관리하고 돈이 자신과 가족의 행복을 위해 쓰이도록 준비하기 위한 방법을 배울 필요가 있다. 따라서 이 장에서는 가족의 재무목표를 수립하고 자산을 적절히 관리하여 가족의 재무목표를 달성해 나가는 방법을 제시하고자 한다.

1. 돈과 행복

우리 내면 깊숙한 곳에는 돈과 사랑이 연결되어 있다. 돈과 사랑은 부모와 자식, 연인관계 및 인간관계에 깊이 개입되어 있다. 텍사스 주립대 심리학자 David Buss는 1984년부터 5년여 동안 37개 문화권의 1만 47명을 대상으로 배우자를 고를 때 중시하는 조건 18가지를 물었다. 남성들은 여성의 신체적 매력, 여성들은 남성의 지위와 경제력을 꼽았다. 모든 문화권 여성들이 예외없이 경제력을 중요시했으며, 수

렵생활을 하는 아마존의 원시부족도 마찬가지였다(임석민, 2013).

이와 같이 모든 문화권에서 돈은 결혼에 중요한 요소이며 가족들에게 다방면의 변화를 주고 영향을 주는 요인이라고 할 수 있다. 돈과 관련된 문제는 가족을 결속시키기도 하고 해체시키기도 하며 스트레스와 갈등을 일으키기도 한다.

우리나라 사람들에게 '돈이 얼마나 있으면 행복할까?'라는 질문을 했을 때 희망 평균 재산액은 21억원이라고 답변한 반면, 행복에 대한 점수는 소득 430만원인 사람이 63점, 소득 680만원인 사람이 61점으로 별로 차이가 없는 것으로 나타나 소득과 행복감에 차이가 있음을 보여주었다(서울시행복도조사, 2010). 이는 소득 자체보다 소득을 어떻게 사용하는가가 더 중요하기 때문이다.

5만 명의 부부를 대상으로 결혼행복도(marital happiness)와 재정에 강한 연관성이 있다는 것을 보고한 연구를 살펴보면, 행복하다고 생각한 부부들은 불행하다고 생각하는 부부들과 재정에 대한 관리와 관점이 다르게 나타났다(Olson, Olson-Sigg, & Larson, 2008). 즉, 행복한 부부와 불행한 부부에게서 가장 큰 차이를 보이는 재정관리 주제는 '돈을 소비하는 것에 얼마나 동의하는가?' 하는 부분으로, 행복한 부부는 돈을 쓰는 방법에 대해 서로 동의하는 경우가 많았다. 차이를 보이는 또 다른 주제로는 저축에 대한 만족, 재정에 대한 파트너의 통제, 신용카드의 사용으로 인한 문제에 관한 것이었다. 부부는 이러한 주제에 대해 의논하고 합의를 함으로써 관계를 개선시킬 수 있음을 알 수 있다.

어플루엔자(affluenza)라는 말이 있는데, 풍요로워지면 풍요로워질수록 더 많은 것을 추구하는 현대인의 소비심리 또는 소비지상주의로 인해 나타나는 각종 증상을 일컫는 용어이다. 풍요로움을 뜻하는 'affluent'와 유행성 독감을 뜻하는 'influenza'의 합성어이다. 풍요로워지기 위해서 더 많은 것을 추구하다 보니 과중한 업무에 시달리고 내가 처한 현재의 불만족스러운 모습을 이상적인 모습에 맞추기 위해 소비를 한다. 마음이 공허하고 욕구가 채워지지 않거나 스트레스를 풀기 위해 소비를 하게 되고 더 많이 소비하기 위해 더 많은 스트레스와 일에 시달리는 악순환이 반복된다

(조진환, 2013).

이러한 악순환을 막기 위해서는 돈을 더 많이 가지려고 집중하지 말고 욕망을 억제하는 훈련이 필요하다. 소비를 통한 행복이 아닌 자신의 인생 목표를 향해가는 여정에서 행복을 느끼기 위해 가족주기별 재무목표와 재무설계를 세워 보는 것이 하나의 방법이 될 수 있다.

2. 가족주기별 재무설계

재무설계는 개인의 자산과 부채, 소득과 지출을 효율적으로 관리함으로써 개인의 생애에 걸쳐 일어날 수 있는 다양한 재무목표, 즉 종잣돈, 교육자금, 주택자금, 결혼자금, 은퇴자금 등을 미리 설계하고 그 목표를 달성하기 위해 구체적인 자금계획을 세워 꾸준히 실행하는 과정을 의미한다(성동규, 2018). 가족주기별 재무설계는 가족의 인생 목표를 먼저 세운 다음, 그 목표에 해당하는 자금을 마련하기 위해 얼마를 저축하고 투자해야 하는지를 계획하고 실행하는 것이라고 할 수 있다(김남경, 2008).

금융감독원과 한국은행이 만 18세 이상~79세 이하 성인 2,400명을 대상으로 조사한 '2017 전 국민 금융이해력 조사' 결과에 따르면 우리나라의 금융이해력 점수는 62.2점(100점 만점)으로 OECD 평균(64.9점)보다 낮았다. 특히 20대의 금융 태도 점수는 57.7점으로 60대(63.2점)와 70대(63.1점)보다도 낮았다. 이들은 미래를 위한 저축보다 현재 필요한 곳에 돈을 쓰는 것을 더 중요하게 생각하며 저축보다는 소비, 돈은 쓰기 위해 존재한다는 응답이 높아 현재 위주의 소비를 중시하는 경향이 강한 것으로 나타났다(연합인포맥스, 2019.1.28).

그러나 많은 전문가들은 돈을 버는 첫 순간부터 생애재무설계를 해야 한다고 강조한다. 분명한 목적을 가지고 자신의 인생을 설계하기 위해 가족주기에 따른 재무설계가 필요하다.

1) 결혼 전 재무설계

데이트 단계에서는 많은 커플들이 재정상태에 대한 주제보다 다른 주제에 대해 더 많은 대화를 나누게 된다. 이는 수입이나 저축에 대해 이야기하는 것이 낭만적이지 않고, 특히 우리나라의 데이트 문화에서 돈에 대한 대화는 터부시되는 경향이 있다. 그러나 결혼 후 많은 경우 갈등의 원인이 되는 것이 재정적인 문제이다.

예전부터 결혼을 해야 돈이 모인다는 이야기가 있는데, 이는 결혼 전에는 부양가족이 없어 책임 있는 지출과 저축이 어렵기 때문이다. 특히 데이트를 하는 사람들은 많은 돈을 데이트비용에 지불하여 저축이 더욱 어렵다. 그러나 조금만 관심을 가지고 노력한다면 계획적인 투자를 통해 경제적 자유와 안정 속에서 생활할 수 있다. 뿐만 아니라 결혼비용 마련에서부터 부모님의 신세를 지지 않고 자신의 인생을 설계할 수 있다.

(1) 월급관리

첫 직장을 잡은 사회초년생들은 갖고 싶은 것도 많고 하고 싶은 것도 많다. 월급으로 그동안 고생한 부모님께 선물도 하고 싶고, 신세 진 친구와 선배에게 감사의 표시를 해야 할 것 같고, 자동차도 사고 신용카드를 만들어 써보고 싶기도 할 것이다. 그러다 보면 씀씀이가 커지고, 학자금 대출에 생활비, 각종 명목으로 월급이 다 빠져나가고 계획 없는 소비로 빚을 지는 경우도 생긴다.

그러나 재테크 전문가들은 자동차와 신용카드는 돈을 모으려는 20대가 반드시 피해야 할 것이라고 충고한다. 특히 사회생활 초기의 소득을 착실히 모아두는 것이 매우 중요하며 소득의 기본이 되는 것이 바로 월급이다. 현재 벌고 있는 이 소득은 단순히 지금 당장의 생활을 위한 것이 아니라 경제적인 독립, 결혼, 내 집 마련, 자녀교육비 및 노후준비 등 앞으로 닥치게 될 재무적인 문제를 해결하기 위해 필요한 것이다.

그렇다면 무엇부터 시작해야 할까? 가장 먼저 해야 할 일은 결혼은 언제 할 것이고, 자동차 구입, 내 집 마련을 언제 할 것인지 계획을 세우고 그에 필요한 돈의 규모는 얼마나 될지를 예측해야 한다. 그 다음 저축계획을 세워야 한다. 쓰고 남으면 저축하겠다는 생각을 버리고 '선저축 후지출'의 원칙을 지켜야 한다.

재테크를 제대로 하는 사람들의 공통점은 금액이 많고 적음을 떠나 '월급날이 저축날'이라는 점이다. 월급을 타면 소비할 생각 대신 최대한 저축을 하는 것이다. 만약 의지가 약하고 자신도 모르게 소비를 일삼는 사람이라면 강제적으로 급여일에 맞춰 자동이체를 등록하는 것이 저축에 도움이 된다.

소비습관은 장기적인 자산형성에 상당한 영향을 미친다. 아무리 소득이 많아도 씀씀이가 헤프면 재산을 늘리기 힘들다. 일반적으로 직장인의 낭비가 심한 항목은 자동차, 쇼핑, 술값, 외식, 통신비, 문화생활비 등이다. 스스로 판단해 과하다 싶으면 절반 이하로 지출을 줄이도록 한다. 간혹 사회 초년생들은 지금 10만원을 절약하기보다 몇 년 뒤에 20~30만원을 더 벌면 된다고 생각한다. 그러나 실제로 해마다 월급이 늘어나도 버는 만큼 지출도 두 배, 세 배로 늘어난다는 게 문제다. 그러므로 전문가들은 첫 월급을 타면 기본적으로 급여의 절반을 저축 또는 재테크에 넣어야 한다고 말한다.

다음은 현재 나의 급여 통장을 살펴보는 일이다. 대개의 근로소득자들은 급여 통장을 공과금 납부나 보험료, 카드 값 상환, 예금 · 적금 지불을 하고 남은 금액을 저장하는 용도로 사용하거나 잔액을 생활비로 쓰기 위해 통장을 이용한다. 그러나 먼저 줄줄 새는 돈을 막기 위해 통장관리가 중요하다. 지금 갖고 있는 통장을 CMA통장(Cash Management Account), 소비성 통장, 비소비성 통장으로 구분한다.

소비성 통장과 연관된 체크카드를 만들어서 한 달에 나가는 지출을 체크카드로 관리하면 신용카드의 유혹에서 조금은 벗어날 수 있다. 또한 지불유예방식이 아니라 바로 통장에서 빠져나가기 때문에 지출을 관리하기가 쉬워진다. 보험료, 대출이자 등은 비소비성 통장에서 자동이체가 되게 한다. 소비성 통장과 비소비성 통장을 통해 나의 지출을 한눈에 파악할 수 있어 지출관리가 더욱 용이해진다.

소비성 통장, 비소비성 통장 외에 자금과 현재까지 갖고 있는 여유자금을 CMA 통장에 넣어두면 하루를 맡겨도 이자수익을 얻을 수 있으므로 월급통장으로 CMA 통장을 활용하면 된다.

(2) 결혼비용 마련

미혼여성 1,324명과 미혼남성 1,140명을 대상으로 한 '전국 출산력 및 가족보건 · 복지 실태조사' 결과를 활용한 2018년 미혼자의 결혼계획에 대한 조사결과를 보면, 여성은 25.6%가, 남성은 18.0%가 '현재 결혼할 생각이 없다'고 했다. 반대로 결혼 계획이 있는 미혼인구는 여성은 45.3%, 남성은 58.8%로 나타나 과거보다 결혼을 기피하는 미혼자가 증가했다(한국보건사회연구, 2018). 이처럼 많은 젊은 사람들이 결혼을 미루거나 아예 생각조차 하지 않는 것은 고용불안과 경제적 부담이 크게 작용하기 때문이다.

결혼비용은 생각보다 많이 들어가고 또 갈수록 증가하는 추세이다. 웨딩컨설팅 듀오웨드가 최근 2년 이내 결혼한 신혼부부 1,000명을 대상으로 '2019 신혼부부 결혼비용실태보고서'를 발표했는데, 신혼부부 한 쌍이 결혼자금으로 지출한 금액은 평균 2억 3,186만원으로 나타났다. 이 가운데 주택마련자금은 1억 7,053만원으로 총 결혼비용에서 차지하는 비율은 73.5%에 해당하며, 주택 외 나머지 항목 중 가장 많은 비용이 든 품목은 '혼수'(28.1%), '신혼여행'(17.6%), '예식홀'(16%), '예단'(13.2%), '웨딩패키지'(11.1%), '예물'(11%) 순으로 나타났다. 특히 가전제품은 가격도 고가이며 필수가전 품목이 과거보다 많아져서 혼수에 드는 비용은 증가할 것으로 예상된다

(http://www.datasom.co.kr, 2019.2.28). 이 가운데 주목할 만한 것은 2억원이 넘는 결혼비용 중 결혼식 당일에 쓰는 비용이 1,700만원에 가까운 것으로 나타나 결혼 후 가장 후회하는 비용으로 꼽히고 있다. 따라서 결혼식이 일생에 한 번뿐이라는 흥분과 감상으로 많은 비용을 지불하지 말고 결혼비용에 대해 조금 더 신중하게 접근할 필요성이 제기된다.

결혼비용에 대한 대안으로 결혼자금 총액제가 있다. 결혼할 자녀들이 갖고 있는 돈을 모두 공개하고 결혼식과 내 집 마련, 예물, 예단 등에 드는 전체 비용을 산정해서 그 안에서 함께 해결하는 것이 결혼자금 총액제이다. 결혼자금 총액제를 이용하면 결혼자금 예산과 준비과정에 대한 합리적인 기준을 세우고 결혼 당사자 서로의 재무상태에 대해서 논의하고 결혼식보다 결혼에 비중을 둔 실속 있는 준비를 할 수 있다. 결혼하는 두 사람의 뜻으로만 결혼자금 총액제를 실천하기는 어렵다. 양가 부모님의 양해와 동의가 있어야 한다. 기존의 결혼문화와 많이 다르지만 부모님께 이 개념을 잘 설명한다면 빚과 허례허식 없이 결혼을 시작하겠다는 자녀의 의지를 이해하실 것이다(박상훈, 2012).

| 표 6-1 | 결혼자금 총액제를 이용한 결혼비용계획표 예시

결혼준비항목	신랑측	신부측	결혼자금 총액
	예산금액	예산금액	
상견례			
예단/예물			
혼수			
결혼식			
신혼여행			
신혼집			
기타			
합계			

과시적이고 경쟁적인 결혼예식을 자제하여 자신의 형편에 맞는 결혼식을 치르는 것이 무엇보다 중요하다. 특히 일생에 한 번뿐이라는 생각으로 결혼을 성대히 치르려는 가치관을 버리고 합리적이고 실용적인 가치관을 가질 필요가 있다. 따라서 결혼비용계획표를 작성해서 예산을 세우고 자신에게 맞는 비용을 구체적으로 생각하고 계획해볼 필요가 있다.

2) 신혼기의 재무설계

결혼은 한 개인의 성공적인 인생 여정을 위한 출발점이라고 할 수 있다. 결혼을 통해 심리적 안정감을 갖게 될 뿐만 아니라 남녀가 재정적 공동체가 된다는 것을 의미한다. 재무적인 관점에서 결혼은 남녀 모두에게 커다란 변화와 함께 책임을 수반한다. 이제 막 결혼을 한 신혼부부는 50년 이상의 시간을 함께 살게 될 것이고, 이를 위해 어떻게 살아갈 것인지 계획을 세우고 실천하는 것이 중요하다.

따라서 자신의 가족주기를 예상하고 필요한 자금을 계획하는 일이 무엇보다 중요하다고 할 수 있다. 그렇다면 삶에서 꼭 필요한 자금에는 어떤 것이 있는지 먼저 살펴보아야 한다(유평창, 2004).

첫째, 생활자금이다. Maslow의 인간욕구 5단계 중에서 첫 번째와 두 번째 단계인 생리적 욕구와 안전의 욕구를 해소하기 위한 자금이 바로 생활자금이다. 생활자금은 어느 한순간도 지출을 중지할 수 없고 갑자기 몇 배로 늘릴 수도 없는 특징이 있다. 또한 삶의 습관이라고 할 수 있지만 사람마다 지출항목이나 지출단가가 천차만별이다. 예를 들어 한 끼의 식사를 하면서 5천원으로 배가 부른 사람이 있는가 하면 십만원이 넘는 스테이크를 먹어야 만족하는 사람도 있다.

생활자금은 비중이 큰 지출항목이므로 포트폴리오를 재구성할 필요가 있다. 일반적으로 실천할 수 있는 포트폴리오는 다음과 같다.

첫째, 종이와 연필을 준비하고 지난 1년 동안 지출된 모든 지출항목을 하나도 빠짐없이 적는다.

둘째, 개별 항목들의 사회적 단가를 표시한다.

셋째, 필수품목(식비, 아파트관리비, 교통비 등)과 선택품목(담배, 술, 커피 같은 기호품, 외식비 등), 생활프리미엄품목(삶의 질을 향상시키기 위한 품목으로, 예를 들면 의류관리기, 명품가방, 향수 등)으로 구분한다. 생활프리미엄품목 중 가장 문제가 되는 것이 바로 분에 넘치는 자동차이다.

넷째, 새로 구입해야 하는 품목과 재활용할 수 있는 품목으로 구분한다. 칫솔과 같은 소모품은 반드시 새로 구입해야 하지만 성장하는 자녀의 옷은 물려 입어도 문제없다.

다섯째, 선택품목이나 생활프리미엄품목을 하나하나 지워나간다.

두 번째 항목은 주택자금이다. 처음부터 내 집을 마련해서 신혼생활을 하는 신혼부부는 많지 않다. 대부분은 미혼시절 모아두었던 돈과 부모님이 지원해 주시는 돈을 합쳐서 전셋집에서 시작한다. 따라서 신혼부부에게 내 집 마련은 중대한 문제이다. 그러나 내 집 마련 그 자체에 급급해서 원하지 않은 곳에 집을 사거나 무리하게 사서 고생하는 수도 있다.

신혼부부를 위한 제도적인 주택지원제도를 활용하면 된다. 신혼부부에게 우선 공급하는 임대주택의 자격 요건은 혼인 5년 이내로 출산 또는 입양을 통해 자녀가 있는 무주택 세대주여야 한다. 신혼부부 우선공급은 전용 $60m^2$ 이하의 물량으로 제공한다. 신혼부부 임대주택은 전체 국민임대 공급물량의 30%가 배정된다. 신혼부부 전세임대제도는 일정 요건을 갖춘 입주대상자로 선정된 자가 지원한도액 범위 내에서 전세주택을 결정하면 한국토지주택공사가 해당 주택 소유자와 전세계약을 체결하고 이를 입주대상자에게 재임대하는 사업으로 기존 신혼부부 전세임대보다 소득기준을 완화하고 지원한도액을 늘려 더 많은 사람들에게 주거복지혜택을 제공하는 사업이므로 신혼부부가 적극 활용하면 도움이 된다.

그리고 첫아이가 초등학교에 입학할 때까지, 중 · 고등학교 때까지, 대학교 졸업 후 취업 시까지, 은퇴 이후로 나누어 각 시기에 어느 지역에 어떤 규모의 집에서 살고자 하는지 계획을 세우는 것이 필요하다. 이러한 계획에 맞추어 저축이나 은행 융자나 다른 재산을 매각하여 집을 마련하는 방법이 있다. 무엇보다 중요한 것은 무리한 융자 때문에 평생 주택융자금을 갚으면서 궁핍한 생활을 하고 자신의 노후를 준비하지 못하는 우를 범해서는 안 된다.

우리나라 가구의 절반 이상이 1~2인 가구이며 이는 갈수록 그 비율이 증가하는 추세이므로 넓은 집 구입에 대해 꼭 필요한지 다시 생각해볼 필요가 있다. 넓은 집을 소유하게 되면 집을 관리하는 육체적 에너지도 많이 소모되고 관리비도 많다. 또 더 많은 상품을 소유하게 되고 가전제품이나 가구를 구입하더라도 더 큰 제품을 구입하게 되어 정작 가족들이 머무는 공간은 넓은 평수나 작은 평수나 크게 차이가 없을 수도 있다. 또한 맞벌이를 하고 자녀들이 학교와 학원에서 많은 시간을 보내면 집에서 머무는 시간은 매우 짧으므로 가족의 생활패턴과 재정상태를 고려하여 집의 규모를 잘 선택하는 것이 필요하다.

| 표 6-2 | 우리 가족이 살고 싶은 집은?

단 계	거주지역	규모	전세, 월세 또는 자가
신혼부터 첫아이 초등학교 입학 전(7~8년)			
자녀 초등학교 재학 중(5~6년)			
자녀 중 · 고등학교 재학 중(7~8년)			
자녀 대학교 졸업후 독립할 때까지(4~8년)			
은퇴 이후(25~30년)			

세 번째 항목은 자녀교육비이다. NH투자증권 '100세시대 연구소'에서 자녀 한 명이 태어나 22세에 대학을 졸업할 때까지 들어가는 양육비를 조사한 결과 '3억 9천 670만원'으로 나타났는데 이 가운데 교육비가 가장 큰 비중을 차지했다. 자녀 1명을 최고 수준의 공교육과 사교육을 시킨다면 자녀교육 예산은 3억원이 넘는 것으로 나타나(매일경제, 2017.2.28.) 결혼비용을 지불하자마자 바로 자녀교육비 마련이라는 새로운 과제에 돌입해야 한다. 자녀교육비는 생각보다 많이 들어가므로 일찍 준비하는 것도 필요하지만 무리한 사교육비로 노후준비를 소홀히 해서는 안 될 것이다.

네 번째 항목은 긴급자금(예비비)이다. 살다보면 예기치 않은 일들이 생기게 마련이고, 이 경우 대부분은 경제적인 문제이다. 퇴직이나 이직, 본인이나 가족의 질병치료 등에 대비하여 반드시 준비해야 할 자금이다. 이를 준비하지 않았다가 예상치 못한 어려움에 처했을 때 대출을 받기도 까다롭고 만기가 되지 않은 적금을 해약하면 각종 손해를 감수해야 하므로 반드시 준비해야 한다. 일반적으로 긴급자금의 규모는 월 생활비의 3개월 치를 말한다. 현재 평균 생활비가 200만원이라면 600만원 정도가 긴급자금이다. 긴급자금의 보유형태는 이자율이 낮은 보통예금이나 만기가 있는 정기예금이 아닌 수시로 입출금이 가능한 상품 중 은행의 MMDA나 증권회사의 MMF처럼 이자를 많이 주는 상품이 적당하다.

다섯 번째 항목은 은퇴자금이다. 현재의 평균수명으로는 앞으로 은퇴를 한 후 남은 여생까지의 기간이 경제활동을 한 기간보다 길어질 수 있다. 검소한 노후를 보낸다면 생활비는 적게 들지 모르지만 한 통계에 따르면 자신이 평생 동안 지불하는 의료비의 3분의 2는 죽기 전 3년 동안 쓰인다는 것을 볼 때 의료비에 대한 대비가 있어야 한다. 따라서 은퇴자금 준비에 소홀해서는 안 된다.

이상에서 살펴본 삶에 필요한 5대 자금에 대해 신혼기부터 계획을 세워 하나씩 실천한다면 삶에서 다가올 위기에 적절히 대처할 수 있고 나아가 보다 든든한 노후를 보장받을 수 있다.

3) 출산 및 자녀교육기 재무설계

독신주의와 마찬가지로 확고한 신념 때문에 아이를 갖지 않는다면 몰라도 아이를 원한다면 지나친 준비와 계산보다 하루라도 젊고 건강할 때 계획하는 편이 낫다. 돈부터 모아놓고 아이를 가지겠다는 욕심에 시기를 놓치면 확률도 높지 않은 인공수정이나 시험관 아기 시술에 수백에서 수천만원까지 비용이 발생한다. 또 임신이 되더라도 노산으로 인해 산모나 태아에 문제가 생기면 그 자체로도 불행이지만 병원비도 만만치 않다. 무엇보다 아이가 학교에 들어갈 즈음에 부모의 나이 때문에 고민하게 될지도 모른다. 따라서 너무 득실을 계산하기에 앞서 좋은 부모가 되기 위한 노력에만 열중하는 것이 좋다.

저출산 추세가 지속되면서 우리나라 부모는 자녀에게 더 많은 교육비를 지출한다. 자녀교육비를 무계획적으로 지출한다면 자신의 노후를 적절히 대비하지 못해 후회를 하게 될지도 모른다. 따라서 자녀교육비 마련을 위해서는 다음과 같이 단계별로 구체적인 계획을 세워 실행할 필요가 있다(임계희, 2006).

(1) 1단계: 자녀를 어느 수준까지 교육시킬지 계획한다

자녀교육계획에 대해서는 부부가 자녀를 출산하기 전부터 미리 계획을 세워야 한다. 자녀를 몇 명 낳아 어떻게 양육하고 교육시킬 것인지에 대해 계획을 세운다. 또 교육은 어느 수준까지 시킬 것인지도 계획한다. 즉 고등학교인지 대학교 또는 대학원까지 보낼 것인지 계획한다. 대학까지 보낸다면 2년제인지 4년제인지, 공립인지 사립인지, 국내인지 해외유학인지 등 구체적인 계획이 필요하다. 물론 자녀의 학업 수준과 의사도 반영해야겠지만 이것은 어디까지나 부모가 교육비 마련을 위한 목적으로 생각해두는 것이다.

(2) 2단계: 1단계에서 계획한 대로 필요한 교육비를 산출한다

각 학년별로 예상되는 학교등록금, 학원비, 보충수업비, 교재비 등을 알아본다. 대학교라면 등록금 외에 생활비, 기숙사비 등도 포함하여 예측해야 한다. 교육비 산출 시에는 물가를 감안해야 하는데, 교육관련 물가는 소비자물가의 2배 정도이다. 특히 대학등록금 인상률은 매년 7~8% 정도이다. 따라서 교육비 산출 시에는 소비자물가 상승률보다 높은 교육물가 상승률을 고려하여 필요자금을 산출해야 한다.

(3) 3단계: 필요 교육자금이 산출되면 이 자금을 마련하기 위한 투자계획을 세운다

투자계획은 가정의 재무상황을 고려하여 결정해야 한다. 그러나 명심할 것은 자녀 교육비에만 투자해서는 안 된다는 것이다. 다른 재무목표들도 고려하여 가장 중요한 것부터 우선순위를 정해서 계획하고 무엇보다 부부의 노후자금 마련을 포함한 투자 계획을 세운다.

(4) 4단계: 투자계획에 적합한 금융상품을 고른다

대부분의 부모들이 자녀교육비 마련을 위해서 가입하는 상품은 정기적금이나 확정금리형 상품이다. 그러나 이런 상품은 4%의 물가상승률에도 못 미치는 매우 낮은 수익률이어서 효율적이지 못하다. 자녀교육비나 노후자금 마련은 장기간 투자를 해야 하고 목표수익률 달성도 중요하므로 주식형 펀드를 활용하는 것이 바람직하다. 적어도 연 7% 내지 8%의 수익률을 내려면 위험을 부담하더라도 주식투자 비중을 높여야 한다. 개인의 위험 허용 정도에 따라 차이는 있으나 주식형 펀드에 60~70%, 채권형 펀드에 30~40% 정도 나누어 투자하는 것이 합리적인 투자방안이다.

참고자료 6-1 사교육비 줄이기

■ **결혼 초부터 자녀교육에 대한 계획을 세운다.**

자녀교육에 대한 계획을 부부가 서로 의논하면서 정하는 것이 중요하다. 이에 따라 자녀의 학력과 직업도 달라질 수 있고, 주변 사람들의 말에 흔들리지 않는 소신 있는 교육을 시킬 수 있다.

■ **부모도 자녀와 함께 공부하라.**

부모가 집에서 도와줄 수 있는 과목은 부모가 교육시키는 것도 좋다. 자녀들이 집에서 공부할 수 있는 환경을 만들어 주고 부모도 함께 하는 습관을 갖자.

■ **TV 교육프로그램을 이용하라.**

개인교습 대신 교육방송의 영어 프로그램을 이용하거나 초등학생이라면 주위 몇 가정이 함께 모여 교육하는 방법도 좋다.

■ **아이들에게 꼭 필요한 과목인지 그리고 학습효과가 있는지 점검하라.**

예체능 교육은 들어가는 돈에 비해 효과를 보지 못하는 경우가 많다. 어릴 때 잠깐 배우는 피아노와 발레가 아이에게 얼마나 가치가 있을지 생각해 보자.

■ **가정의 예산을 짤 때 자녀도 동참시켜라.**

연초에 예산을 짤 때 자녀도 참여시켜서 부모가 버는 돈이 어떻게 쓰이고 있는지 설명해 준다. 아이들 스스로도 부모가 해줄 수 있는 재무적 지원이 어디까지인지 알 수 있도록 이해시킨다. 이렇게 할 경우 자녀들도 사교육에 의존하지 않고 스스로 공부할 수 있는 동기부여가 될 수 있다.

■ **가계부를 작성하고 꼭 결산을 하라.**

자녀에게 들어간 돈이 예산대비 실제 얼마인지 결산을 해보고 비교한다. 가계지출의 30~40%가 사교육비로 들어간 것을 자녀들이 안다면 자녀들의 태도도 달라질 것이다.

■ **부화뇌동(附和雷同) 교육투자는 곤란하다.**

옆집의 아이가 듣는 학원 강의가 내 아이에게도 효과가 있다고 생각하지 마라. 다른 집만큼 과외를 시켰다는 심리적 위안을 찾기보다 자녀에게 필요한 교육이 무엇인지 자녀와 의논하면서 최대한 학습효과를 낼 수 있는 교육을 시키자.

출처: 임계희 (2006).

4) 진수기의 재무설계

자녀를 위해 많은 교육비를 투자하다 은퇴설계를 못하고 맞는 노후는 자녀들에게 재앙이 될 수 있다. 진정으로 자녀를 위한 길은 자녀의 도움 없이 노후를 보낼 수 있는 준비를 하는 것이다.

노후준비는 언제부터 시작해야 하는가? 당연히 소득이 발생되는 순간 시작해야 한다. 20대는 소득의 10%, 30대는 자녀교육자금과 노후자금을 동시에 준비해야 하므로 저축 비중에서 교육자금 20%, 노후자금 20% 정도로 배분한다. 40대는 본격적으로 노후를 준비하는 시기인데 노후에 쓸 자금의 대부분을 이 시기에 준비해야 한다. 50대는 그동안 모은 자금을 잘 운용해야 한다. 하지만 너무 많은 금액을 투자하면 손실을 대체할 만한 시간적 여유가 없기 때문에 적절한 운용방법이 필요한 시기이다.

2018년 '중고령자의 경제생활 및 노후준비 실태'를 살펴보면 은퇴 후 월평균 예상 생활비는 부부기준 2,449,000원 개인기준 1,518,000원으로 나타났다(국민연금연구원, 2018). 이 기준을 적용하여 60세에 은퇴하고 30년을 산다고 가정하면 은퇴부부에게 필요한 생활비는 거의 9억이다. 이처럼 노후필요자금은 생각했던 것보다 많이 필요하므로 하루라도 빨리 계획하여 준비하는 지혜가 필요하다. 특히 이 시기에 대학에 다니는 자녀가 있을 경우 학자금 부담뿐만 아니라 자녀의 결혼시점과 맞물려 목돈이 필요한 시점이다. 이런 이유 때문에 노후준비를 위한 저축과 함께 목돈을 조달할 수 있는 유동성 확보가 필요하다.

현재의 자산구조에 대한 재조명이 필요한 시기인데, 우리나라 대부분의 50대 자산배분 구조를 보면, 주택과 부동산에 투자된 자금 규모가 금융자산의 규모에 비해 상대적으로 크다는 사실을 알 수 있다. 통계청의 '2017 가계금융복지조사'에 따르면 우리나라 가구는 전체 자산(3억 8,164만원) 중 금융자산이 25.6%, 부동산을 포함한 실물자산이 74.4%로 구성되어 선진국의 금융자산 80% 이상과 대비된다(통계청, 2017).

최근에 수도권 및 대도시로의 인구 유입과 집중은 부동산 가격 상승을 불러일으켰다. 그러나 이런 구조가 언제까지 지속될지는 알 수 없으므로 금융자산과 실물자산에 분산하여 투자하는 전략을 취할 필요가 있다. 특히 출생률이 떨어져 인구성장이 정체되고 잠재성장률이 하락하는 국내 상황을 감안하면, 부동산에 편중된 자산구조는 취약할 수 있음을 고려하여 자산을 분산해야 할 것이다(한경닷컴, 2018.2.11).

금융자산에 투자할 때는 기존에 보유한 자산을 안정적으로 유지하는 것이 최우선인만큼 수익률만 생각하고 주식 관련 상품에 올인하는 것은 상당히 무모한 투자방법이다. 투자기간이 길지 않으면 원금손실의 가능성도 있기 때문에 은퇴를 앞두거나 노후생활이 시작되었다면 최대한 안전자산 중심으로 자산을 배분하는 것이 좋다.

5) 노년기의 재무설계

노년기에는 공격적으로 자산을 증식하는 시기가 아니라 그동안 준비한 자산을 보존하거나 사용하는 시기라고 할 수 있다. 가장 좋은 방법은 새로운 소득을 계속 창출하는 것이지만 매우 어려운 일이므로 자신의 자산을 다시 한 번 점검하여 남은 여생동안 잘 활용할 수 있는 방법을 찾는 것이 좋다. 따라서 몇 가지 원칙이 필요하다(우재룡, 2006).

첫째, 투자의 위험을 줄여야 한다. 안전성을 강조하여 위험자산을 모두 매각하고 안전한 자산만 갖고 있겠다는 생각은 옳지 못하다. 주식이나 채권처럼 물가상승률을 어느 정도 보완해 주고 또 높은 기대수익률로 노후생활비를 좀 더 증가시켜 주는 자산은 꼭 필요하다.

둘째, 부동산 비중을 줄여야 한다. 현재 60대는 부동산 가격 상승기를 살았기 때문에 부동산에 대한 신뢰가 매우 높은 세대이다. 노후생활도 부동산 임대수입이나 투자수입에 의존하는 경우가 많다. 그러나 앞으로는 부동산에 대한 기대를 줄이는 것이 좋다. 아무리 부동산시장의 전망이 좋다고 해도 고령화사회가 본격화되면 부동산 시장이 부정적인 영향을 받게 될 가능성이 높다. 따라서 전체 자산에서 부동산의 비중이 60% 이상이라면 40% 이하로 낮추는 자산배분전략을 수립할 필요가 있다. 또 노후생활비의 대부분은 연금수입으로 해결되는 것이 바람직하므로 부동산 임대수입에 절대적으로 의존하지 않도록 해야 한다.

셋째, 노후생활비의 80% 이상이 연금상품에서 나올 수 있도록 현재 보유 중인 각종 투자자금을 연금용 자산으로 전환해야 한다. 고령이 되어 치매, 뇌졸중 같은 노인성질환에 걸리거나 거동이 불편해지더라도 연금상품에서 고정적으로 나오는 수입으로 생활할 수 있어야 한다.

넷째, 상속준비를 해야 한다. 은퇴생활 중 불의의 사고로 사망할 경우 자신이 원하는 대로 배우자나 자녀에게 상속자산이 갈 수 있도록 대책을 강구해야 한다. 사전증여, 거주용 부동산을 공동명의로 전환, 남편 사망 시 종신보험의 수령인을 부인으로 지정하는 일, 유언장 작성 등을 미리 준비해야 한다.

다섯째, 은퇴기간 중 일을 통해 소득을 창출한다. 삼성생명 은퇴연구소가 발표한 '2018 은퇴백서'에 따르면 25~74세 2453명 중 비은퇴자 1,953명이 예상한 은퇴 연령은 평균 65세이며, 은퇴자 500명은 자신이 62세에 은퇴할 것으로 예상했지만, 실제 은퇴 연령은 비자발적인 조기은퇴로 57세로 조사됐다. 이는 사전에 은퇴준비가 충분하지 못한 상황에서 갑작스런 은퇴가 이루어질 수 있고 이로 인해 은퇴 이후에 사용할 소득확보 역시 부족할 가능성이 있음을 시사한다.

이렇게 되면 겨우 30년 벌어서 30년 이상을 소비해야 하므로 자신이 원하는 은퇴생활을 하기 어렵고 해마다 기대수명이 길어지는 만큼 준비해야 할 은퇴자금 규모도 계속 늘어날 수밖에 없다. 따라서 은퇴기간 중 자신이 전문으로 하는 분야에서 계속 일을 할 수 있도록 노력하거나 업무부담이 적은 파트타임의 일을 하기 위해 노력해야 한다. 좀 더 적극적이고 철저한 준비와 도전정신이 있다면 소규모 창업을 고려해 보는 것도 좋다.

3. 재무설계의 실제

1) 인생재무계획표 만들기

사회초년생은 하고 싶은 일도 많겠지만 돈은 일단 써버리고 나면 그만이기 때문에 돈을 쓰기 전에 미리 계획을 세워 통제하는 습관을 길러야 한다. 그러기 위해서 먼저 생애주기에 맞춘 인생재무계획표를 직접 작성하는 방법이 있다(표 6-3 참고). 인생의 재무계획표 만들어 자신과 가족의 인생에서 앞으로 일어날 중요한 재무이벤트가 언제 생길지를 미리 예상해 보고, 각 이벤트에 필요한 자금이 얼마인지를 예상하여 어떻게 준비할지 계획을 세우는 것이 인생재무계획표이다(성동규, 2015).

| 표 6-3 | 인생재무계획표

1. 재무이벤트 기본계획													
연도		2019	2020	2021	2022	2023	…	2029	…	2034	…	2039	…
경과년수		현재	1	2	3	4		10		15		20	
가족 나이	김부자	35	36	37	38	39							
	이저축	33	34	35	36	37							
	김재무	5	6	7	8	9							
	김보험	1	2	3	4	5							
가족 이벤트	부부									결혼20주년			
	김재무			초등 입학									
	김보험												

2. 재무이벤트 세부 운용계획					
재무이벤트	우선 순위	필요시기	현재마련자금	추가필요자금	구체적 실행방안
대학등록금	1	2033년	500만원	5500만원	적립식 펀드 월 50만원
김재무 결혼자금	2	2055년		7000만원	
은퇴자금	3				

출처: 성동규 (2015).

이와 같이 인생재무계획표를 세워 생활하게 되면 자동차나 전자제품 구입, 휴가계획과 같이 지출의 규모가 크고 목돈이 들어가는 경우에 그 지출 계획을 다시 한 번 생각할 수 있는 기회를 갖게 되므로 지출에 대한 통제가 가능하다. 주택구입과 같은 목돈이 들어가는 계획을 세울 때는 더욱 더 현금흐름에 대한 체계적인 계획을 세워야 한다.

2) 통장 관리

통장은 그 종류가 다양하여 관리가 필요한데 월급통장, 생활비통장, 투자통장, 비상금 통장으로 나누어 관리하는 것이 좋다(그림 6-1 참고). 월급통장을 만들 때 어느 은행으로 할지 고민하게 되는데, 은행들은 월급통장을 개설하여 꾸준히 급여 이체를 하는 고객을 매우 선호한다. 월급 이체를 하면 신용카드, 대출, 예금, 적금, 펀드, 보험 등 꾸준한 거래가 발생하기 때문이다. 직장인 한 명을 유치할 때 예상되는 은행 수익은 연간 100만원에 육박해서(이천, 2009) 은행들은 자신의 은행에 월급통장 개설을 유도하기 위해 다양한 혜택을 제공하고 있다. 월급통장은 수수료 면제, 금리 우대, 대출 조건 우대, 외화환전 우대, 신용카드 연회비 면제 등의 혜택을 주므로 잘 비교하여 자신에게 적합한 통장을 만드는 것이 좋다.

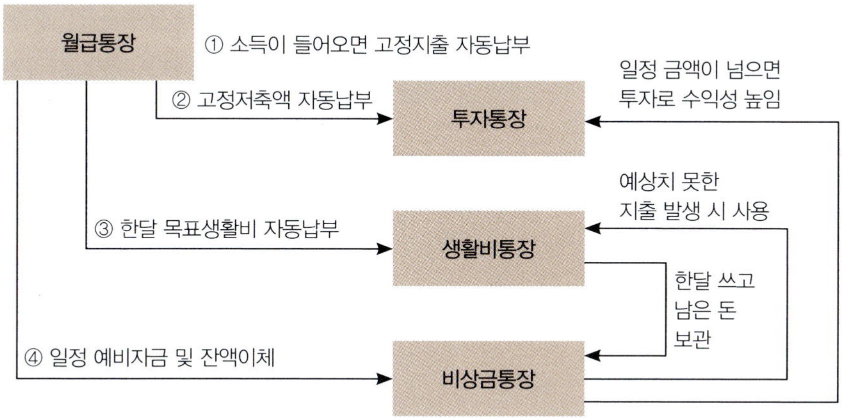

| 그림 6-1 | 통장관리 기본 구조

월급통장에 소득이 들어오면 고정지출인 아파트 관리비, 보험료, 공과금 등은 자동납부되도록 한다. 다음은 목표금액에 맞추어 생활비통장, 투자통장, 비상금통장으로 나누어 이체한 후 각각의 통장의 용도에 맞게 이용하면 된다.

먼저 생활비통장은 소비성 통장으로 식비, 교통비, 문화생활비, 의류구입비, 경조사비, 사교육비 등을 위한 금액이므로 한 달 예산에 맞추어 이체시켜 놓는다. 생활비통장은 수시 입출금통장으로 만들어 체크카드를 만들어 사용하면 좋다. 자신이 충동구매에 약하거나 계획보다 지출이 매번 초과하는 사람이라면 신용카드보다 체크카드를 사용하는 것이 필요하다. 체크카드는 결제계좌 잔액 범위 내에서 이용할 수 있는 카드로 통장에 잔고가 없으면 거래를 할 수 없다. 이 때문에 소비를 절제하고 합리적인 지출을 하게 되는 효과가 있다(장홍탁, 2012).

투자통장은 예금, 적금, 주택청약, 펀드 등 투자용 돈이나 목돈 마련을 위한 돈을 모으기 위한 통장이다. 이 통장 역시 각각의 예금, 적금통장 등으로 자동이체되도록 하는 것이 좋다.

마지막으로 비상금통장은 예상치 못한 일이 발생해서 목돈이 필요한 경우에 저축이나 투자통장을 깨지 않기 위해 필요하다. 상여금이나 보너스 등을 적극 활용하고 소비통장의 잔여자금을 모아 놓는다. 정해진 금액은 없지만 대략 3개월 치 생활비 정도가 적절하며 적은 금액이 아니므로 입출금통장보다는 CMA 같은 단기투자상품이 적절하다.

이밖에 목적자금이 필요한 시점에 필요한 만큼 쓰일 수 있도록 각각의 금융상품에는 통장 표지에 이름표를 붙이는 것이 좋다(김남경, 2008). '2년 후 유럽 가족여행 적금', '12년 후 딸 대학교육자금 변액보험' 등 금융상품의 목적을 통장 표지에 적어두면 목표의식이 생겨 더 쉽게 돈을 모을 수 있다.

3) 종잣돈 만들기

종잣돈(seed money)의 사전적 의미는 종자(種子), 즉 씨앗이 되는 돈을 뜻한다. 종잣돈은 미래의 각종 재무목표에 대비하고 자신의 투자능력을 키울 목적으로 모은 최초의 목돈이며 우리 삶의 각종 재무목표를 달성하기 위한 기반이 되는 돈이다. 종잣돈을 만들기 위한 방법은 여러 가지가 있지만 가장 좋은 방법은 저축이다. 저금리 시대에 저축이 재테크의 수단에서 밀려났지만 반드시 거쳐야 할 과정이다.

종잣돈을 만들 때는 본인의 수준에서 활용할 수 있다고 생각하는 최소한의 종잣돈 금액을 미리 정하여 최우선으로 이의 달성에 전념하여야 이후 일련의 과정에서 자신감을 가지고 실천할 수 있을 것이다. 종잣돈은 각자의 소득과 지출, 경제적 여건 등이 모두 다르므로 정해진 금액의 기준은 없다. 하지만 기준이 너무 낮으면 목적을 달성하기에 어렵고 너무 높으면 준비하는 데 너무 많은 시간과 노력이 들어서 쉽게 포기하거나 지치기 때문에 자신에게 맞게 적절한 기준을 정해야 한다(성동규, 2018). 종잣돈 마련을 위해서는 기간과 위험요소를 고려하여 분산투자하는 것이 좋다. 〈표 6-4〉와 같이 기간과 목적에 따른 저축계획을 세워보는 것이 도움이 된다.

| 표 6-4 | 매월 (150만원) 저축계획표 예시

기간	목적	상품	비고
단기(1~2년)	종잣돈 마련	저축은행 적금(2년 만기, 월 20만원)	만기시 재가입
	여행경비	신협 적금(1년 만기, 월 10만원)	
중기(3~5년)	종잣돈 마련	ISA(월 80만원)	비과세
	종잣돈 마련	적립식 펀드(월 20만원)	
장기(7년 이상)	주택 마련	주택청약종합저축(월 10만원)	청약용
	노후자금	연금저축(월 10만원)	세액공제

출처: 성동규 (2018).

4) 지출관리

소득은 쉽게 증가시킬 수 없으므로 결국 가계지출의 적절한 관리를 통해 종잣돈을 마련하는 것이 좋다. 그런데 말처럼 소비를 줄이는 것은 쉬운 일이 아니므로 무조건 소득의 일정비율을 정하여 '선저축 후지출'의 원칙을 지킬 필요가 있다. 즉 우선적으로 저축하고 남는 금액에 맞춰 소비를 하는 습관을 조기에 들일 필요성이 있다.

소비를 할 때는 자신이 하는 소비가 필요에 의한 것인지(Need) 단지 욕구에 따른 것인지(Want) 구별해야 한다. 필요성 지출은 당장 쌀이 떨어져 사지 않으면 안 되는 지출이고, 욕구성 지출은 자주 가는 쇼핑몰에 신상품이 나왔을 때나 그날따라 기분이 좋아서 술값을 모두 부담하는 등 일시적 욕구에 따른 지출을 말한다. 원하는 금액을 저축하고 싶다면 욕구성 지출은 가급적 자제하는 습관을 들인다(김창수, 2008).

소비습관은 자녀에게 쉽게 전달된다. 쇼핑에 보다 자주 빨리 노출되면 소비성향이 저절로 높아지는 것이다. 아이와 놀아주는 장소를 쇼핑공간으로 할 경우 이런 문제는 보다 심해진다. 맞벌이 부부는 자녀와 자주 놀아주지 못하는 것에 대한 보상심리와 여유로운 소득으로 자녀에게 더 많은 돈을 쓰게 되어 오히려 외벌이보다 저축률이 낮은 경우가 많다. 맞벌이로 인한 실질 순소득 증가를 위해서는 소비보다 저축에서 안정감을 느끼도록 생활습관을 바꿀 필요가 있다(박유연 외, 2011).

지출을 할 때는 가능하면 신용카드보다 체크카드를 이용하고 가계부를 적어 자신의 지출내역을 파악하는 것이 좋다. 가계부를 작성하는 가장 큰 이유는 자신의 수입과 지출을 객관적으로 돌아봄으로써 고정지출과 변동지출을 파악하려는 것이다. 그것을 통해 줄일 수 있는 항목을 찾고 효과적으로 지출을 통제할 수 있기 때문이다. 너무 자세하게 적는 것보다 가계부의 항목을 단순화하여 최소 6개월 정도 작성하며, 반드시 월 1회씩 종합적으로 지출 현황을 파악해야 한다(성동규, 2015).

가계부에서 관리해야 하는 항목은 수입, 식비, 의복비, 주거비, 수도광열비, 의료비, 생활용품비, 통신비, 교통비, 교양오락비, 교제비, 보험료와 세금, 그 외 지출 정도로 12가지 항목이 적절하다. 가계부를 매일 작성한다고 매일 되돌아보는 것은 아니므로 1주일치를 정리해서 기입하는 것이 효율적이다. 그러기 위해서는 영수증을 반드시 모아두고 사려고 한 것 외에는 상품을 구입하지 않도록 한다. 주 단위로 작성한 가계부는 월단위로 집계해서 다시 분석한다(하마구치, 2015). 종이가계부는 가시성이 있어 좋은 점이 있으나 집계하는 데 시간이 걸리므로 종이가계부가 힘든 사람은 스마트폰 가계부 어플리케이션을 활용하는 것도 좋다.

이처럼 간단한 가계부라 하더라도 그 효과는 상상을 초월한다. 돈 한 푼 쓰는 데도 신경이 쓰이게 되고 이 지출이 과연 꼭 필요한 지출인지 다시 한 번 생각하게 되는 것이다. 따라서 가계부를 쓴다는 것 자체만으로도 불필요한 지출을 억제하는 효과가 있다. 아울러 가정에서 한 달 동안 쓰는 돈의 내역을 정확하게 알게 되며, 그 결과를 놓고 지출규모를 조정할 수 있다.

5) 재무상태 파악하기

개인의 재무상태를 진단하는 일은 건강상태를 진단하는 것과 같다. 재무적으로 건강한지 아니면 문제가 있는지, 있다면 어떤 처방을 해야 하는지를 알아보기 위한 것이다. 아울러 재무목표 달성을 가능하게 하는 자산이나 소득원을 파악하기 위해 재무상태표와 현금흐름표를 작성해야 한다.

(1) 재무상태표 만들기

재무상태표란 일정시점에서 개인의 재무상황을 나타낸 표로서 그 내용에는 크게 자산, 부채, 자산에서 부채를 뺀 순자산의 상태를 의미한다. 자산의 종류에는 현금성 자산, 투자자산, 그리고 사용자산으로 나눈다(표 6-5 참고).

현금성 자산에는 현금, 수시입출금, 보통예금, CMA 등 주로 6개월 미만의 단기성 예금과 현금을 기입하고, 투자자산에는 정기예금, 적금, 주식형 펀드나 수익증권 등을 표기한다. 은퇴자산은 개인연금이나 저축, 변액연금보험 등 은퇴자금을 목적으로 사용할 것을 기재하고, 국민연금 잔액은 노후에 노령연금으로 받기 때문에 자산에 포함하지 않는다. 사용자산은 현재 주거용으로 살고 있는 집이나 아파트, 자동차 등 사용 중인 자산을 기입하면 된다. 〈표 6-5〉의 재무상태표를 보고 자신의 재무상태를 기입한다.

총자산은 부채도 포함되며 총자산에서 부채를 빼면 순자산이 된다. 이때 부채가 순자산보다 많다면 빚을 지고 있으니 재무상태가 불안한 것이고, 부채보다 순자산이 많다면 자산을 모아가는 단계로 보면 된다. 순자산이 많으면 좋겠지만 중요한 것은 이 순자산의 증감 여부다. 시간이 지날수록 순자산이 늘어나면 건강한 재무상태이고 그 반대면 재정의 적신호이므로 어디에서 돈이 새는지 찾아 가계의 구조조정 등 해법을 찾아야 한다.

또한 자산이 부동산이나 주식 등 한쪽의 자산으로 치우쳐 있지 않은지, 은퇴자산은 적절하게 준비되고 있는지, 목적 없는 자금이 유동성자산에 장기간 방치되는지 등을 면밀히 분석하여 문제점이 보이면 자산구조를 재조정하는 것이 필요하다(이영주, 2011).

| 표 6-5 | 재무상태표

재무상태표 (　　년　　월　　일)

(단위: 천 원)

<table>
<tr><th colspan="3">자산</th><th colspan="3">부채와 순자산</th></tr>
<tr><th colspan="2">계정과목</th><th>금액</th><th colspan="2">계정과목</th><th>금액</th></tr>
<tr><td>현금성 자산</td><td>현금
보통예금
CMA/MMF/MMDA</td><td></td><td>단기 부채</td><td>마이너스통장
신용카드 잔액
개인신용대출
은행대출</td><td></td></tr>
<tr><td>투자 자산</td><td>정기예금
적립식 펀드
주택청약저축
상가/건물
토지</td><td></td><td>중장기 부채</td><td>자동차 대출
주택담보대출
임대 보증금
전세 보증금</td><td></td></tr>
<tr><td>은퇴 자산</td><td>개인연금저축/보험
변액연금보험
변액유니버셜보험</td><td></td><td colspan="2">부채합계</td><td></td></tr>
<tr><td>사용 자산</td><td>주거용 부동산
전세금
자동차
기타 사용자산</td><td></td><td colspan="2">순자산</td><td></td></tr>
<tr><td colspan="2">자산합계</td><td></td><td colspan="2">총자산</td><td></td></tr>
</table>

(2) 현금흐름표 만들기

현금흐름표란 일정기간(보통 1년)에 현금이 들어오고 나가는 것을 나타내는 표이다. 단순히 현금의 유입과 유출만 나타낸 표가 아니라 미래의 재무상태를 예측할 수 있는 지표이다. 현금흐름 상황이 좋은 사람은 향후 재무상태가 개선될 가능성이 크고 반대로 현금흐름에 문제가 있는 사람은 향후 재무상태가 지금보다 안 좋아질 수 있다는 것이다(이영주, 2011).

현금흐름표는 좌우로 나누어 오른쪽에는 모든 소득을 적고, 왼쪽에는 지출을 기입한 다음 수입에서 지출을 빼고 남는 것은 저축과 투자로 표시한다. 소득원의 종류에

| 표 6-6 | 현금흐름표

현금흐름표(월 기준) (년 월 일)

(단위: 천 원)

지출		소득	
항목	금액	항목	금액
저축과 투자 정기적금 청약저축 개인연금저축/보험 변액연금/유니버셜보험 적립식 펀드 정기예금		근로소득 – 본인 – 배우자 이자/배당소득 임대소득 기타 소득	
고정지출 세금 양가 부모님 용돈 기부금 주거관리비 보험료 융자금상환 공교육비 공과금			
변동지출 의료비 문화생활비 식비/접대비/외식비 교통통신비 이발비/미용비 사교육비 개인용돈 예비비			
연지출 자동차 보험료 명절 휴가 의류 및 피복비 경조사 각종 세금 의료비 기타 불규칙 사용비용			
지출 총계 추가저축 가능금액		수입 총계	

는 급여, 사업소득, 이자, 배당소득, 임대소득, 기타 소득 등 모든 소득원을 기입한다. 지출항목을 적을 때는 고정지출과 변동지출로 나누어 작성하면 지출을 관리할 때 매우 편리하다.

고정지출은 대출금 원리금, 아파트 관리비, 각종 보험료, 세금, 공과금 등으로 고정적으로 발생하는 항목으로 쉽게 조절할 수 없는 비용이다. 변동지출은 식비, 교통비, 피복비, 접대비, 여행경비와 같이 마음먹으면 어느 정도 조정할 수 있는 비용이다. 가정의 지출 중에 큰 비중을 차지하는 사교육비는 변동지출에 포함시키는 것이 합리적이다.

매월 정기적으로 저축하는 정기적금, 부금, 펀드 등은 '저축과 투자'란에 기입한다. 또한 매월 납입하는 보험료 중 소멸성 보험료는 고정지출에 기입하고, 저축성 보험료와 연금보험료는 저축과 투자에 기입한다.

현금흐름표의 총수입과 총지출은 일치해야 한다. 따라서 총수입에서 총지출을 빼고 남는 금액이 추가로 저축가능한 금액이다. 매년 저축과 투자금액이 늘어나는 가정은 재무적으로 매우 건강하고 이상적인 가정이다.

매년 현금흐름표를 작성해 보면 소득규모에 맞게 생활하고 있는지, 과다지출은 없었는지, 저축과 투자는 제대로 이루어지고 있는지 등을 진단할 수 있으며, 이런 과정을 통해서 규모 있는 가정경제를 꾸려나갈 수 있다(임계희, 2006).

6) 신용카드 사용

한국은행이 전국 만 19세 이상 성인 2,511명을 대상으로 '2017년 지급수단 이용행태 조사결과'를 살펴보면 신용카드와 현금은 지급절차가 간단하고 지급속도가 빠르기 때문에 가장 선호하는 지급수단으로 나타났다. 또한 1인당 평균 지급카드 보유수는 신용카드(2.07장)가 체크 · 직불카드(1.38장)보다 많아(NSP통신, 2018.3.27.) 지급속도가 빠르다는 것을 알 수 있으며, 이는 소비가 좀더 빠르게 많이 일어날 가능성이 있음을 시사하고 있다. 이처럼 현대 사회에서 신용카드 없이는 경제생활이 매우 불편할 정도로 신용카드 사용이 생활화되어 있으나 사용에는 주의가 필요하다. 신용정보관련 전문가들은 개인 신용등급을 위해 주력카드 한 장을 사용하고 카드결제 거부나 훼손에 대비한 한 장을 더 갖고 있는 정도가 가장 적절하다고 말하고 있다.

신용카드의 장점은 휴대하기가 편하며 현금을 인출할 수도 있으며 거래기록을 통해 개인의 소비패턴을 한눈에 파악할 수 있다는 점이다. 또한 목돈이 들어가는 상품을 구매할 때는 할부도 받을 수 있고 연계된 할인 및 포인트 적립 혜택을 받을 수도 있다. 하지만 부작용도 많다.

신용카드의 가장 큰 문제는 충동구매와 과소비이다. 할부가 가능해 한 달에 내는 금액이 적다 보니 고가의 상품도 쉽게 구매하게 되고, 인터넷이나 모바일쇼핑에서 결재가 간단해 충동구매가 이루어지기 쉽다. 특히 사회초년생이라면 연말정산 신용카드 공제혜택이 크지 않으므로 충동소비, 과시소비로 이어지는 피해를 예방하고 잘못된 소비습관을 들이지 않기 위해 신용카드를 만들지 않는 것도 하나의 방법이 될 수 있다(성동규, 2018).

4. 재테크전략

1) 금융상품

재테크의 첫걸음은 매월 소득 중 일정금액을 모아 목돈을 만드는 것인데, 여기에도 가입해야 하는 상품의 우선순위가 있다. 무조건 절약을 미덕으로 저축하는 것만으로는 목돈을 모으기 어렵다. 예금이자도 받으면서 세금도 줄이는 상품이 있다면 앞서 가입하는 지혜가 필요하다.

(1) 주택청약종합저축

일반 예금에 비해 금리는 상대적으로 낮은 편이지만, 내 집 마련을 위한 신규분양 아파트 청약을 위해 반드시 가입을 하여 순위 요건을 갖추어 두어야 한다. 가능하면 부부 각자 명의로 한 계좌씩 가입해 놓는 것이 좋으며, 가입금액에 따라 청약가능 아파트의 규모가 달라지기 때문에 미리 희망하는 평형을 결정한 후 해당 금액을 가입하여야 한다.

주택청약종합저축은 2009년 5월 6일 출시된 상품으로 국민주택과 민영주택을 가리지 않고 모든 신규 분양주택에 사용할 수 있어 '만능청약통장'이라고도 한다. 주택 소유나 세대주 여부, 연령 등에 관계없이 누구나 가입할 수 있는 것이 특징이다. 단, 청약 자격은 만 19세 이상이어야 하고(19세 미만인 세대주는 허용), 국민주택의 경우에는 해당 주택의 건설 지역에 거주하는 무주택세대구성원으로서 1세대 당 1주택, 민영주택의 경우에는 만 20세 이상의 가입자로서 1인당 1주택이 적용된다. 납입방식은 일정액 적립식과 예치식을 병행하여 매월 2만원 이상 50만원 이내에서 5,000원 단위로 자유롭게 불입할 수 있으며, 잔액이 1,500만원 미만인 경우 월 50만원을 초과하여 잔액 1,500만원까지 일시예치가 가능하며, 잔액이 1,500만원 이상인 경우 월 50만원 이내에서 자유롭게 적립할 수 있다(네이버 지식백과).

2018년 7월 청년 우대형 주택종합저축이 신설되어 가입기간 2년 이상 시 최장 10년까지 원금 5,000만원 내에서 최대 3.3%의 우대금리가 적용돼, 기존 청약통장보다 금리가 1.5% 높다. 또한 통장을 2년 이상 유지 시 이자소득 총 500만원에 대하여 이자소득세 비과세가 적용된다. 이러한 청년 우대형 주택종합저축은 2019년에는 가입자격이 완화되어 연소득 3,000만원 이하의 만 19세 이상~만 34세 이하 청년으로 무주택세대주, 무주택이며 가입 후 3년 내 세대주 예정자, 무주택세대의 세대원 중 하나에 속하면 청년 우대형 주택종합저축 가입이 가능하다.

(2) 연금저축(보험)

노후자금 마련을 촉진하기 위해 도입된 상품으로, 5년 이상 납입해야 하고, 만 55세 이상이고 가입 후 5년이 경과해야 연금수령이 가능한 상품이다. 연금저축 가입기간 동안 발생한 이자소득에 대해서 비과세되어 세금이연효과가 있고, 사적연금 합계 1,200만원 내로 연금으로 수령 시 5.5~3.3% 연금소득세로 저율과세되기 때문에 노후 대비를 위한 좋은 수단이 될 수 있다. 개인연금은 근로소득 5,500만원 이하인 사람은 400만원 한도로 연말정산 시 16.5%, 5,500만원 초과인 사람은 13.2% 세액공제를 받을 수 있다. 후일 근로소득이 1억 2,000만원을 초과하면 개인연금에서 세액공제를 받는 금액은 300만원으로 축소된다.

만약 연금으로 받지 않고 일시금으로 받을 경우 세액공제를 받은 원금과 수익금 총액에 대해서 16.5%의 기타소득세가 부과되기 때문에 목돈 마련의 수단으로는 적합하지 않다. 이밖에도 향후 지속적으로 회사를 다니지 못하게 되는 경우에는 월불입액이 부담스러울 수 있으므로 소득공제혜택이라는 것만 보고 가입해서는 안 된다.

(3) 단기자금운용 상품

요즘은 월급을 받아서 한 달 동안 쓸 돈을 일반 시중 은행의 보통예금에 넣어두는 사람들이 많지 않다. 시중 은행의 보통예금통장은 입출금이 편리하지만 이자가 거의 발생하지 않기 때문이다. 이러한 보통예금의 대안으로 활용할만한 상품이 CMA, MMF, MMDA이다. 이들 상품은 예치기간이 며칠 되지 않는다 하더라도 이자를 지급해 준다.

- CMA(Cash Management Account): 종합금융회사와 증권사의 종합자산관리계좌로 고객 예탁금을 어음과 채권 등에 투자하여 수익을 고객에게 돌려주는 구조이다. 수시입출금이 가능하고 하루만 맡겨도 이자를 주는데다 종합금융사의

CMA는 5,000만원까지 원금도 보호된다. 게다가 체크카드, 신용카드 결제, 공과금 납부, 포인트 적립 등이 가능하다. 그러나 증권사 CMA는 예금자 보호가 되지 않으며 가상계좌로 연결되어 은행 실적에 포함되지 않는다.

- MMF(Money Market Fund): 증권사에서 취급하는 수시 입출금식 단기금융상품으로 채권에 투자하여 수익을 내는 상품이다. 대략 2~3% 수익률을 보이고 예금처럼 만기가 있는 것이 아니고 가입금액도 제한이 없어 갈 곳이 뚜렷하지 않은 여유자금이 머물기에 제격이다(장홍탁, 2012).
- MMDA(Money Market Deposit Account): 은행에서 취급하는 대표적인 입출금식 단기금융상품으로 보통 연 3% 내외의 이자를 지급한다. 그러나 예치금액에 따라 차등 이율을 적용하는 단점이 있다 보니 서민들에게는 거의 도움이 되지 않는다. 연 3%의 금리는 보통 1억 원 이상을 예치한 경우에 적용되며 500만원 이하를 예치한 경우 이자가 거의 발생하지 않는다.

2) 부동산

부동산이란 토지 또는 토지에 부착된 자원과 같은 물리적으로 움직일 수 없는 특별한 형태의 재화로 일반 공산품과 달리 동일한 상품이 존재하지 않는다. 위치와 방향에 따라 그 가치가 달라지며 이용자의 용도에 따라서도 가격이 달라진다(이규금 · 김재욱, 2006).

우리나라에서 부동산만큼 투자자의 사랑을 받는 투자수단도 없을 것이다. 그러나 부동산은 적은 돈이 드는 것이 아닌 만큼 철저한 조사와 준비가 있어야 한다. 물론 최소한의 거주공간은 필요하지만 현재의 저출산율로 볼 때 부동산으로 노후 준비를 하는 것은 위험한 선택일 수 있음을 염두에 두어야 한다.

우리나라에서 주택 마련은 단순히 주거의 목적을 위한 공간이라기보다 재테크의 수단으로 이용되고 있다. 따라서 신혼부부의 재무목표 1순위는 역시 주택 마련이고 주택청약통장 하나쯤은 대부분 가지고 있다.

국토교통부, 한국감정원과 통계청의 자료에 따르면 20~30대 가구가 서울 주택을 구입하는 데 소요되는 기간이 2019년 기준 15.0년으로 나타나 해마다 1년씩 증가한 것으로 나타났다(중부일보, 2020.10.14). 축적한 자산이 적고 소득도 적은 젊은 층의 주택 마련은 점차 어려워지고 있다. 이처럼 소득불균형으로 내 집 마련이 점점 어려워지고 있는 것이 사실이지만 계획과 노력에 따라 주택구입을 조금 더 앞당길 수 있다. 그렇다면 구체적으로 어떤 계획을 세워야 할까?

첫째, 거주할 지역을 선정하고 거주형태와 규모를 결정한다. 거주지역을 선정할 때는 주택가격과 자금조달 계획, 출퇴근이 편리한 곳, 주변의 편의시설, 주거환경 등 여러 가지 요건을 고려하여 선정해야 한다.

둘째, 어떤 형태의 주택을 구입할 것인지 결정한다. 공동주택은 아파트, 연립, 다세대, 주상복합 등으로 나눈다. 거주형태는 주택가격, 가족의 취향, 미래투자가치 변화 등을 고려하여 선정한다. 연립주택이나 다세대, 빌라는 내 집이라는 심리적 안정감은 있지만 투자 측면이나 향후 주택수요 측면에서 추천할만한 거주형태는 아니다. 물론 재개발이 예상되는 지역의 다세대나 연립주택은 예외이다.

셋째, 구입하고자 하는 지역의 주택가격을 알아본다. 지역의 부동산중개소를 방문하여 알아볼 수 있고 아파트 같은 경우에는 국민은행 사이트를 방문하면 쉽게 확인할 수 있다. 구입하고자 하는 주택의 주변 상황이나 보다 자세한 정보를 얻으려면 부동산중개소를 직접 방문하는 것이 좋다.

넷째, 구입 시점에서 필요한 자금이 얼마인지 계산해 본다. 일단 예상되는 주택가격을 알아본 후 구입시점에 얼마의 자금이 필요한지 계산해 본다.

다섯째, 자금조달계획과 부족자금에 대한 투자계획을 세운다. 현재 주택구입을 목적으로 모아둔 돈, 전세자금을 포함해서 그 시점에서 조달할 수 있는 자금 등 동원 가능한 자금을 총 필요자금에서 빼면 부족한 자금이 나온다. 이 자금을 마련하기 위해 매월 얼마의 저축을 해야 하는지 계산해서 투자계획을 세운다.

여섯째, 투자자금만으로 부족할 때 대출상품을 이용하는 것도 고려한다. 주택금융공사의 모기지론이나 시중은행의 주택담보대출을 알아보고 부족한 부분을 충당한다. 그러나 어떤 경우에도 대출은 주택구입자금의 40%를 넘지 않도록 한다.

3) 세금관리

재테크가 재무를 관리하는 기술이라면 세(稅)테크는 세금을 관리하는 기술이다. 재테크의 목적이 재산의 보존 및 수익의 극대화라면 세테크는 재산을 보존하는 데 드는 비용을 최소화하는 것을 말한다.

대표적인 세테크방법은 각 금융기관의 절세상품을 활용하는 것이다. 특히 저금리 시대에는 이자에 대한 세금을 조금이라도 덜 내는 상품인 비과세상품과 세금우대상품을 우선 가입할 필요가 있다.

가정생활에서 부담하는 조세 중에 주민세, 재산세, 종합토지세, 자동차세 등이 있는데 이러한 세금들은 납부영수증을 5년간 꼭 보관해야 한다. 납부했는데 처리되지 않아 독촉장이 나와 불이익을 받는 사례가 종종 있기 때문이다.

자동차세는 경차를 제외하고 연간 1월, 6월 두 차례 내는데, 1년 치를 1월에 한꺼번에 낼 경우 10% 할인해 주므로 이를 활용하는 것도 좋다.

또한 재산세나 종합토지세를 절세할 수 있는 방법으로 재산세는 과세기준일이 매년 5월 1일, 종합토지세는 6월 1일이므로 과세기준일 현재 누가 소유하고 있느냐에 따라 납세의무자가 달라진다. 따라서 양도 시에는 과세기준일 이전에 잔금을 다 받도록 계약하고 매입 시에는 과세기준일 이후에 잔금을 지급하도록 하면 절세할 수 있다.

마지막은 연말정산으로 연말정산이란 그 직전 연도의 기간(1월~12월)에 강제적으로 거둬들였던 소득세(원천징수) 부분에 대해 적정성 평가를 하여 개인에게 더 많이 산출했다는 것을 증명하면 세금을 환급해 주는 것이다. 그러나 증명하지 못하고 조금 내었다고 평가되면, 세금을 환수당하게 된다.

근로소득금액이 기준이 되어 정해져 있다면 인적공제, 연금보험료 공제, 특별공제, 기타 소득공제 등의 부분을 공제한 다음, 내가 낼 세금 부분에 대한 종합적인 기준이 되는 종합소득과세표준이라는 금액이 설정되며, 소득세율 인하부분에 과세율을 곱해 과세액이 형성된다. 항목별로 잘 준비하여 공제받도록 해야 하며 국세청 '연말정산간소화서비스(www.yesone.go.kr)'를 이용하면 편리하다. 연말정산 준비 시 고려할 점을 살펴보면 다음과 같다.

부양가족공제는 부부 중 한 명만 받을 수 있으므로 일반적으로 과세표준액이 높은 사람이 하는 것이 유리하다. 하지만 종합소득세 자체가 소득이 많을수록 세율이 올라가는 누진세가 적용되므로 부부가 소득이 비슷할 경우에는 부양가족을 적절히 배분해서 공제받는 것이 좋다.

신용카드 소득공제는 소득의 25% 이상을 사용해야 공제받을 수 있으므로 맞벌이라면 더 많이 받을 수 있는 사람의 신용카드를 우선적으로 사용하는 것이 좋다.

의료비는 총급여액의 3% 초과분에 한해 공제가 되므로 맞벌이라면 부부 중 소득이 적은 한 명이 몰아서 공제받는 것이 유리하나 연 700만원을 초과한 경우 잘 분산해서 활용하면 된다. 의료비에는 병원비와 약국 이용, 안경, 콘택트렌즈, 난임시술비, 보청기나 휠체어 같은 보장구 구입 등도 해당되므로 잊지 않도록 한다.

교육비 공제는 근로자가 기본공제 대상자를 위해 지출한 교육비의 15%를 세액공제해 주는데, 여기에는 교육비, 급식비, 방과 후 활동비, 교재비, 교복구입비 등이 해당되며, 어린이집 · 유치원 · 초중고 자녀는 1인당 300만원, 대학 자녀는 900만원까지 공제가 가능하다.

월세 세액공제는 무주택 세대주이며 총급여액이 7,000만원 이하인 근로자여야 한다. 돌려받을 수 있는 금액은 월세로 총 지급한 금액의 10%로, 연간 한도는 750만원이며 국민주택규모(85m^2 이하)의 주택을 임차한 경우에 해당한다.

보험료 공제는 본인이 계약자이면서 피보험자일 경우에만 공제된다. 이 밖에 전통시장과 대중교통을 이용하면 이용금액의 40%를 공제해 주므로 자주 이용하는 것이 좋고 총급여 7,000만원 이하의 경우 도서구입비와 공연관람비도 2018년 공제부터 신설되었으니 연말정산 시 누락되지 않도록 한다.

*참고문헌

국민연금연구원 (2018). 2018 중고령자의 경제생활 및 노후준비 실태.
김남경 (2008). 행복한 우리집 재무설계. 서울: 북스코프.
김창수 (2008). 직장인들이 가장 궁금해하는 목돈 만들기. 서울: 새로운제안.
데이터솜 (2019.2.28). 2019 신혼부부 결혼비용실태보고서.
매일경제 (2017.2.28). 자녀 1인당 양육비.
박상훈 (2012). 빚걱정 없는 결혼준비. 서울: 서로가꿈.
박유연, 손일선, 문지웅 (2011). 월급의 비밀. 서울: 카르페디엠.
부산일보 (2008.2.1). 자동차 구입 알고 사자.
삼성생명 은퇴연구소 (2018). 한국인의 은퇴준비 2018.
서울시행복도조사 (2010). KBS다큐 〈행복해지는법〉 내용 중 일부.
성동규 (2015). 사회초년생을 위한 재테크 첫걸음. 서울: 북스토리.
성동규 (2018). 월급이 적어도 돈은 모으고 싶어. 서울: 매일경제신문사.
연합인포맥스 (2019.01.28). 2017 전 국민 금융이해력 조사.
우재룡 (2006). 긴 인생 당당한 노후. 서울: 더난출판.
유평창 (2004). 20대는 통장을 40대는 인생을 채워라. 서울: 더난출판.
이규금, 김재욱 (2006). 현대인의 재테크의 이해. 서울: 대경.
이영주 (2011). 재무설계 길라잡이. 서울: 프로방스.
이천 (2009). 내 통장 사용설명서. 파주: 웅진씽크빅.
임계희 (2006). 실전개인재무설계. 서울: 미래의창.
임석민 (2013). 돈과 삶. 서울: 펭귄.
장홍탁 (2012). 서른에는 꼭 만나야 할 저축생활 가이드. 서울: 좋은날들.
조진환 (2013). 경제습관을 상속하라. 서울: 한빛비즈.
중부일보 (2020.10.14). 문재인정부 3년간 청년층 서울주택마련기간 4년 증가.
통계청 (2017). 가계금융복지조사.

하마구치 가즈야 (2015). **저축의 신**. 서울: 다산북스.

한경닷컴 (2018.2.11). '부동산에 편중된 자산, 리모델링이 필요하다'.

한국보건사회연구 (2018). 2018 전국 출산력 및 가족보건 · 복지 실태조사.

NSP통신 (2018.3.27). 2017 지급수단 이용행태 조사.

Olson, D. H., Olson-Sigg, A., & Larson, P. J. (2011). **커플체크업**. 김덕일, 나희수 공역. 서울: 학지사. (2008년 원저발간)

Chapter 07

역할관계

1. 역할의 개념
2. 역할취득과정
3. 성역할
4. 부부역할
5. 부부권력
6. 평등한 역할관계의 평가
7. 일·가정 양립지원정책

Chapter 07

역할관계

인간은 태어나면서부터 다양한 지위를 갖게 되고, 그 지위에 따라 역할이 부여된다. 개인은 역할에 대한 기대에 부응하는 행동을 하게 되는데 역할기대에 따라 수행하는 행동을 역할행동이라고 한다. 사회의 구성원이 각자의 지위에 따라 기대되는 역할을 수행하는 것은 사회가 안정을 유지하는 데 기여한다. 자신이 가지는 지위와 역할을 인지하고 적합한 역할행동을 하여야 사회에서 건강하고 기능적인 구성원으로서 살아갈 수 있다. 특히 결혼과 가족생활에서는 남성과 여성이 부부 또는 부모자녀, 형제자매 등의 가족 내 위치에서 상호의존적인 관계를 이루기 때문에 가족 내 역할을 이해하는 것이 건강한 가족관계 유지의 기본이 된다. 본 장에서는 역할의 개념, 역할취득과정, 성역할, 부부역할, 부부권력에 대해 알아보고자 한다. 나아가 가정 내 원만한 역할 수행과 건강한 가족관계를 유지하기 위해 필요한 가사노동과 일 · 가정 양립을 지원하는 정책들에 대해 살펴보고자 한다.

1. 역할의 개념

한 사회구조가 안정을 유지하는 것은 그 사회 내의 개인 구성원이 각자의 지위에 따라 기대되는 행동을 수행함으로써 가능하다. 지위에는 고유지위(ascribed position)와 획득지위(achieved position)가 있다. 고유지위는 출생하면서 지니게 되는 것으로 생득지위라고도 한다. 자녀가 출생하면 자녀는 아들, 딸로서의 고유지위를 가지며, 부모는 아버지, 어머니로서의 고유지위를 갖게 된다. 반면 획득지위는 자신의 노력에 의해 얻어지는 지위로 성취지위라고도 한다. 상급 학교 진학이나 직업 선택에 따라 얻게 되는 지위는 획득지위이다. 지위는 한 개인이 사회구조 내에서 타인과 접촉하며 살아가는 과정 중에 얻게 되는 보편적인 법적 · 사회적 · 전문적인 위치를 말한다.

한편 사회는 개인들이 사회 속에서 차지하는 지위에 적합한 행동을 하기를 기대한다. 이처럼 사회가 개인의 사회적 지위에 따라 요구하는 행동 유형을 역할이라고 한다. 모든 개인은 사회적인 지위를 가지며 지위에 따른 권리와 의무를 수행하며 역할을 수행하게 된다. 하지만 사회적 상호작용과정에서 새로운 요구가 생기거나 사라짐에 따라 역할은 개발되거나 소멸될 수 있다. 따라서 역할은 개인의 성격과 인성에 따라 형성되기도 하지만 그 사회문화를 습득하는 개인에 의해 학습되기도 한다. 또한 시간의 변화, 사회환경의 변화, 개인의 지위 변화에 따라 역할은 변화되고 개발되며 창조될 수 있다.

2. 역할취득과정

역할은 자신이 속한 사회문화를 습득하는 개인에 의해 학습되거나 개인의 성격과 인성에 따라 형성되는 것으로 개인의 역할행동은 역할기대(role-expectation), 역할인지(role-perception), 역할수행(role-performance), 역할평가(role-evaluation), 역할고정(role-fixation)의 과정을 거쳐 획득된다(유영주 · 김순옥 · 김경신, 2013).

역할취득과정과 관련된 개념들은 다음과 같다. 역할기대는 역할담당자에 대한 타인의 요구나 평가기준으로, 집단 내 타인과의 상호접촉을 통한 모방에 의해 주로 학습되며, 개인의 인성에 영향을 미치기도 한다. 역할인지는 역할담당자가 어떤 역할을 자신이 수행해야 한다고 지각하고 있는 상태를 말한다. 역할수행은 역할담당자가 기대나 인지와의 일치 여부와는 관계없이 실제로 행하는 행동이다. 역할평가는 역할담당자에게 부여되는 역할기대와 역할수행 간의 일치나 불일치를 비교해 봄으로써 얻게 되는 개인적 충족감이다. 역할고정은 역할취득의 마지막 단계로써 역할평가를 통해 만족할 만하다고 인정되는 역할행동 유형을 자신의 역할로 내면화하는 것이다.

이와 같이 상대방의 기대를 고려하면서 자기의 역할행동을 습득해 가는 과정을 일반적으로 역할취득(role-taking)이라고 한다. 역할취득의 과정에서 각 단계, 즉 역할기대, 역할인지, 역할수행, 역할평가의 단계가 불일치하면 각 단계를 재검토하여 조정해 가는 피드백을 거치게 된다. 개인은 자신의 지위에 따라 역할을 수행하며 역할을 취득해 나가는 과정에서 역할갈등을 경험하게 된다. 역할취득과정에서 각 단계가 불일치하는 경우, 즉 역할기대와 인지, 역할기대와 수행, 역할인지와 수행이 서로 일치되지 못할 때 역할갈등이 일어난다. 또한 역할갈등은 하나의 역할에 대한 기대들이 불일치되어 나타나는 역할 내적 갈등(intra-role conflict)과 한 개인이 동시에 여러 지위를 가짐으로써 발생하는 역할 간의 갈등(inter-role conflict)으로 구분된다.

3. 성역할

성역할이란 사회적 성(gender)과 동일한 개념으로 생물학적 성에 따라 그 사회에서 요구되는 규범적 행동을 의미한다. 성역할은 대부분 사회화 과정을 거쳐 학습되며 두 가지 측면으로 구분된다(최규련, 2014).

첫째, 심리적 측면으로서 성역할 정체감이 있다. 성역할 정체감은 성에 따른 인성 특성으로 남성성, 여성성, 양성성으로 구분된다. 남성적인 성역할 특성은 결단력이 있고, 모험적이며, 자기주장이 강하고, 지배적이며, 독립적 · 진취적이다. 반면 여성적인 특성은 이해심이 있고 수줍어하고 남을 잘 배려하며, 부드럽고 자애롭고, 감성적이며 인정이 많고 동정심이 많으며, 의존적이다. 우리 사회에서는 남성은 남성다워야 하고 여성은 여성다워야 한다고 기대되어 왔다. 그러나 복잡하고 경쟁적인 현대사회에서는 유능성과 적응력이 있는 사람을 요구하고 있다. 한 인간 내에 남성적인 특성과 여성적인 특성이 동시에 존재하는 양성성을 갖는 것이 더 바람직한 것으로 여겨지고 있다. 양성적인 사람은 사회에서 규정하는 남성다운 특성이나 여성다운 특성에 따라야 한다는 강박관념을 갖지 않고 상황에 따라 남성성 또는 여성성을 발휘하여 자신의 진정한 자아를 표현할 수 있다.

둘째, 사회적 측면으로서 성역할 태도가 있다. 성역할 태도는 성별로 기대되는 행동에 대한 개인의 호의적 또는 비호의적인 반응 경향을 의미한다. 성역할 태도는 사회적인 남녀평등에 대한 태도와 가정에서의 남녀평등에 대한 태도, 성 고정관념에 대한 태도로 구분되며, 보수적이다, 평등적이다는 말로 표현된다. 구체적으로 여성의 취업과 승진, 직장에서의 남녀평등, 부부평등과 역할공유, 아들 선호, 여성의 이혼 청구나 음주에 대한 선호 경향 등에 대한 태도로 볼 수 있다.

성역할 정체감과 성역할 태도가 가족관계에 미치는 영향을 살펴보면 양성적인 사람이 한 가지 성역할에 고정된 사람보다 자존감, 자아실현, 성취동기, 결혼만족도,

도덕성 발달 및 자아수준이 높고 정신적으로도 더 건강한 것으로 나타났다(유영주 외, 2000).

| 표 7-1 | 나의 성역할 정체감 유형은?

특성		점수	특성		점수
1.	공격적인		12.	진실한	
2.	이해심 있는		13.	주장이 강한	
3.	도움을 주려는		14.	부드러운	
4.	결단력 있는		15.	변덕스러운	
5.	양육적인		16.	지배적인	
6.	행복한		17.	인정이 많은	
7.	모험적인		18.	예측이 어려운	
8.	수줍은		19.	독립적인	
9.	조직적이지 않은		20.	동정심이 있는	
10.	강한		21.	믿음직한	
11.	온화한				

■ 점수계산

전혀 나와 다르다 1점, 대체로 나와 다르다 2점, 어느 정도 나와 비슷하다 3점, 대체로 나와 같다 4점, 대부분 나와 똑같다 5점으로 계산

- 여성성 점수 : (　　)점 (2번+5번+8번+11번+14번+17번+20번) / 7
- 남성성 점수 : (　　)점 (1번+4번+7번+10번+13번+16번+19번) / 7
- 양성성 점수 : (　　)점 (남성성 점수 – 여성성 점수)
  → 양성성 점수가 0에 가까울수록 양성적임
  (점수가 +로 높을수록 남성적임, 점수가 –로 높을수록 여성적임)

출처 : Strong & Devault (1992). p. 112.

| 표 7-2 | 나의 성역할 태도는?

	문항 내용	전혀 그렇지 않다	대체로 그렇지 않다	그저 그렇다	대체로 그렇다	매우 그렇다
1.	집안의 중요한 결정은 남편이 해야 한다.					
2.	가족을 부양하는 것은 남편의 임무이다.					
3.	아내가 직업을 갖고 있다 해도 가정살림은 아내의 책임이다.					
4.	아내가 직업이 있더라도 가족의 경제적 부양은 남편의 책임이다.					
5.	가정에서 남성이 할 일과 여성이 할 일은 따로 있다.					
6.	재산은 남편 명의로 해야 한다.					
7.	여자아이는 얌전하게, 남자아이는 씩씩하게 키워야 한다.					
8.	여자아이는 남자아이보다 말투나 행동을 조심해야 한다.					
9.	결혼한 남성이 집안일을 하거나 가족을 간호하는 것을 보면 불쌍해 보인다.					
10.	여성이 가족을 위해 자신을 희생하는 것은 어쩔 수 없는 일이다.					
11.	남성이 노부모의 식사나 대소변 등의 시중을 드는 것은 어렵다.					
12.	식사준비나 손님을 대접하는 일은 여성이 해야 한다.					
13.	부모가 수족을 못 쓰게 되면 딸이나 며느리 같은 여성이 간호해야 한다.					
14.	여성의 직장일은 집안일이나 자녀양육에 지장이 없는 범위에서 해야 한다.					
15.	자녀를 키울 동안 여성은 직장에 다니지 않는 것이 좋다.					
16.	남성이 자녀양육 문제로 직장을 휴직하는 것은 좋지 않다.					
17.	여성이 직장일과 가정일 둘 다 하기 어려워 고민하면 무리하지 말고 퇴직해야 한다.					

■ **점수계산**

- 전혀 그렇지 않다 1점 ~ 매우 그렇다 5점으로 계산
- 전체 문항 합산점수가 34점 이하는 평등적 태도이고 적을수록 평등적 태도가 강함
- 51점 이상은 전통적 태도이고 이보다 많을수록 더 전통적 태도가 강함

출처 : 한국여성개발원 (1998). pp. 250-254.

4. 부부역할

부부는 결혼하면서 남편과 아내라는 사회적 지위를 갖게 되고, 이에 따라 사회문화적인 규범과 기대에 따르는 행동을 해야 하는데 이를 부부역할이라 한다. 부부역할은 가족생활의 핵심으로 남편으로서 역할과 아내로서의 역할을 얼마나 잘 수행하고 만족하는가에 따라 개인의 행복과 가족의 건강성에 영향을 준다. 부부의 역할수행은 시대적 · 문화적 배경에 따라 차이가 있으며, 동일한 문화권 내에서도 개인이 속한 하위문화에 따라 다를 수 있다. 전통적인 부부역할과 현대사회에서 변화된 부부역할에 대해 알아보자(유영주 외, 2013).

1) 전통적인 부부역할

가부장적인 전통사회에서 남편은 주로 가계부양을 위한 직업 활동과 가정을 대표하는 역할을 수행하고, 아내는 주로 자녀양육과 가사활동 및 가족구성원의 정서적 안정을 위한 역할을 담당한다.

구조기능론자인 Parsons(1955)는 가정에서 남편과 아내가 서로 역할을 분담하여 수행하는 것이 전통적인 부부역할의 특성이라고 하였다. 남편은 목표 지향적이고 대외적으로 가정생활에 필요한 자원과 수단을 공급하는 기능을 담당하는데 남편의 역할을 도구적 역할(instrumental role)이라 한다. 아내는 가족구성원 간의 관계를 통합하고 긴장을 완화하고 정서적 안정을 유지하는 기능을 담당하는데, 이런 아내의 역할을 표현적 역할(expressive role)이라 한다. 이와 같이 역할 분화(role differentiation)를 통해 남편과 아내가 가정생활을 유지하기 위해 분리된 역할을 수행하는 것이 가족생활의 효율성을 증가시키고 상호 간의 필요성을 강화시킨다고 보았다. 가족구성원들은 남편의 역할을 통해 경제적 안정을 얻고, 아내의 역할을 통해서 정서적 안정을 얻게 된다. 그러나 전통적 부부역할에서는 어느 한쪽이 기대되는 역할수행에 어려움이 있을 때에는 역할갈등이 유발되거나 가족의 기능에 문제가 발생할 수 있다.

2) 부부역할의 변화

현대사회에서 여성의 사회참여와 경제활동이 증가하고 양성평등주의 가치관이 확산되면서 부부역할도 변화하고 있다. 전통사회에서 성별 분업적인 부부역할은 현대사회로 오면서 기능적으로 융통성 있게 조정되거나 공유되는 방향으로 재구성되고 있다. Adams(1980)는 부부역할의 변화 방향을 사회변화에 따라 전통주의, 신전통주의, 평등주의로 진행한다고 하였다.

첫째, 전통주의는 부부의 역할이 성별에 의해 규정되어 분리된 역할을 수행한다. 남편 역할과 아내 역할이 엄격하게 구별되고 역할공유나 역할전환이 일어나지 않는다. 각자 분리된 채 역할을 수행하며 서로의 역할에 관여하지 않는다. 아내는 사회활동이나 경제활동을 하지 않으며 특수한 경우에만 활동이 허용된다.

둘째, 신전통주의는 아내의 역할이 확대되어 가정일 이외에 사회참여와 경제활동을 할 수 있지만 남편의 역할은 변하지 않는다. 여성의 역할은 전통적인 구분에서 벗어나 추가적인 역할을 수행하지만 기본적인 성별 분업적인 역할을 유지하는 것이다. 남성 중심적인 가치관에는 변화가 없기 때문에 아내는 직업적 역할과 가정적 역할을 모두 잘 수행해야 한다. 남편의 가정적인 역할이 보완되지 않으므로 아내는 직장일과 가사일의 이중역할 부담을 갖게 되고 부부갈등이 생길 수 있다.

셋째, 평등주의는 남편과 아내가 부부이기 이전에 한 사람의 인격체로서 자신의 삶의 목표와 능력에 따라 원하는 역할을 선택적으로 수행한다. 평등주의에는 부부직업형(dual-career), 역할공유형(role sharing), 역할전환형(role-reversal) 등이 나타날 수 있다(문혁준 외, 2020). 부부직업형은 부부 각자가 자기실현을 위한 직업을 가지고 있어 직업생활에서 만족감을 얻으며 상대방의 성취를 통해서 간접적 만족도 얻게 된다. 역할공유형은 경제적 생산, 가사, 의사결정 등 가족생활에 필요한 모든 역할을 남녀가 공평하게 분담하고 공동으로 책임지는 것이다. 역할전환형은 개인의 선택에 따라 아내가 경제적 생산의 역할을 담당하고, 남편이 가정적 역할을 담당할 수 있으며 이를 자연스럽게 받아들이는 것이다.

한국 사회에서 여성의 경제활동 참여가 증가하고 있지만 남성이 가사와 양육에 참여하는 정도는 별다른 변화가 없다. 맞벌이가정의 여성은 다중역할의 수행으로 인한 육체적 피로와 정신적 긴장과 갈등을 경험하고 있다. 이는 여전히 신전통주의의 역할 구분에서 벗어나지 않았다고 볼 수 있다. 건강하고 행복한 가족을 이루기 위해서는 부부평등이 전제되어야 한다. 평등한 부부관계는 남성은 부양자, 여성은 가사전담자라는 이분법적인 성역할의 경계를 완화하고 동료처럼 서로 돕는 부부관계를 말한다. 평등한 부부는 각자 자신의 잠재능력을 발휘할 수 있어서 자아실현이 가능하며 환경에 효과적으로 대처하는 높은 적응력을 가진다. 또한 자녀들에게도 건전한 역할모델이 되어 양성적인 자녀로 성장하는 데 도움이 된다(강기정 외, 2009).

5. 부부권력

가족은 구성원 간의 친밀한 관계에 기초한 집단이지만 다른 사회집단과 마찬가지로 가족 내에도 권력이 존재한다. 부부관계에서 남편이 부인을 지배하고 부인은 남편에게 복종하거나, 부인이 남편을 지배하고 남편이 부인에게 복종하면서 권력이 불균형상태를 이루기도 한다. 반대로 남편과 부인이 서로 존중하고 어느 누구도 일방적으로 권력을 주도하지 않아 권력이 균형상태를 보이기도 한다.

1) 부부권력의 개념

일반적으로 권력은 다른 사람과의 관계에서 행사되는 것을 의미한다. Lamanna와 Riedman(1991)은 권력이란 자신의 의지를 행사하는 능력이라고 하였고, Blood와 Wolfe(1960)는 상대방의 행동에 영향을 미칠 수 있는 잠재적인 능력이라고 하였다. 그리고 권력은 다른 사람의 행동을 통제하고 주도하며 변화시키고 수정하는 행동(Straus, 1979), 사회체계 내의 다른 구성원의 행동을 변화시킬 수 있는 잠재적 또는 실제적 능력(Olson & Cromwell, 1975)으로 정의된다.

이러한 정의를 가족으로 확장하여 가족권력(family power)을 가족구성원 한 명이 다른 가족구성원의 행동을 변화시키는 능력으로 정의할 수 있다. 가족 내에서도 서로 통제하고 권력을 갖기 위한 투쟁이 빈번하게 나타난다. 가족권력은 다른 사람의 의지에 대하여 자신의 의지를 행사하는 것으로 사회적 권력에 속한다. 부부권력은 가족과 관련된 일에 대한 의사결정에 미치는 남편과 아내의 영향력을 의미한다. 구체적으로 부부권력이란 배우자의 반대에도 불구하고 어떤 일에 대한 의사결정을 할 수 있는 능력이며(최외선 · 유향기, 1985), 부부간의 공유된 목표에 갈등이 존재할 때 배우자에게 보다 우월한 영향력을 행사할 수 있는 능력을 뜻한다(김홍은, 1986).

Galvin과 Brommel(2000)은 부부, 가족과 같이 친밀한 관계에서 권력이 가지는 특성을 제시하였다. 권력은 가족구성원 중 한 사람이 가지는 개인적 특성이 아니라 가족체계적인 특성을 가진다. 한 사람이 다른 가족구성원에게 어떤 것을 바라면서 일어나는 상호작용적 과정으로, 체계 내의 가족구성원 모두에게 영향을 주게 된다. 권력은 정적인 과정이 아니라 역동적인 과정이고, 가족구성원의 행동에는 인과관계가 있으며, 때로는 다른 사람의 영향력이 행사될 때 반작용이 일어나기도 한다. 또한 권력은 시간이 지남에 따라 변화하는데 특히 가족이 스트레스 상황에 부딪힐 때 권력의 변화가 나타나게 된다. 동일한 권력 문제에 대해서 가족구성원 각자가 다르게 인식할 수 있다.

2) 부부권력의 요인

Cromwell과 Olson(1975)의 권력요인에 관한 이론을 부부권력에 적용해 보면, 부부권력을 행사하게 하는 요인은 권력의 기반, 권력의 과정, 권력의 결과 세 가지로 구성된다.

(1) 부부권력의 기반

권력의 기반(power base)은 권력을 발생시킬 수 있는 자원으로 경제적 자원과 비경제적 자원으로 구분된다. 경제적 자원은 화폐, 자산 등 물질적인 자원을 의미하고, 비경제적 자원은 다시 규범적 자원, 개인적 자원, 감정적 자원, 인지적 자원으로 나뉜다. 규범적 자원은 특정 지위에 따라 가질 수 있다고 사회문화적 · 법적으로 인정하는 자원이다. 남아선호사상과 경로사상을 중요시하였던 전통사회의 문화는 남성과 연장자가 가지는 규범적 자원이 된다. 개인적 자원은 개인이 가진 재능, 특성, 전문적 지식이나 기술, 선택 대안 등을 의미한다. 교육수준과 직업적 명망도 개인적 자원에 속하는데 부부 중에서 대학 졸업자는 고등학교 졸업자보다 결혼관계에서 권력을 더 많이 가질 가능성이 있다. 감정적 자원은 타인과의 관계에서 나타나는 의존적인 특성이다. 감정적 자원에는 애정이나 만족감이 포함되며, 부부 중 한 사람이 배우자에게 정서적 애착을 많이 가지는 경우 상대적으로 관심이 적은 사람이 권력을 가지게 된다. 인지적 자원은 주고받는 영향력의 인식 정도를 의미하는데, 권력에 대한 인지가 구성원에게 미치는 영향력이 포함된다. 즉 수입 자체보다도 수입이 부부의 권력에 미치는 영향을 크게 인지하는 경우에 권력을 가진다는 것이다.

(2) 부부권력의 과정

부부가 의사결정과정에서 상대방과 협상하거나 상대방을 통제하기 위하여 사용하는 다양한 상호작용기술을 권력과정(power process)이라 한다. 권력과정은 합리적 방법과 비합리적 방법으로 구분된다. 합리적 방법에는 설명, 설득, 절충, 논리적 진술 등이 있으며, 이러한 상호작용기술을 효과적으로 사용하는 경우에 권력이 행사된다. 반면 비합리적 방법에는 위협, 도피, 애정철회, 비난, 언쟁, 벌, 침묵, 고립화, 폭력 등이 있다. 이는 부부관계에 부정적 영향을 미치고 관계를 파괴하는 결과를 초래한다.

(3) 부부권력의 결과

권력의 결과(power outcome)란 상호작용 결과로 누가 이기는가, 누가 최종적인 의사결정권을 갖는가, 누가 궁극적인 통제력을 갖는가를 의미한다. 부부권력이란 부부간의 목표에 갈등이 존재할 때 서로의 행동에 누가 더 영향을 주는가의 상대적인 능력이라 할 수 있다. 최종적으로 누가 주도권을 가지느냐 하는 것은 권력의 기반이나 권력과정보다 실제 생활에서 눈으로 보고 측정하기 쉽기 때문에 권력 연구 중에서 가장 많은 관심을 받아오고 있다. 권력의 결과를 측정하기 위해 가장 흔히 사용되는 방법은 여러 결혼생활 영역들에 대해 부부 중 누가 최종 의사결정권이 있는지를 파악하는 것이다.

3) 부부권력의 유형

Herbst(1954)는 가정생활에서의 역할을 가사, 자녀양육, 사회활동, 경제활동의 4

개 분야로 구분하였다. 각 분야에 대한 역할분담의 결정권을 남편 단독권, 아내 단독권, 부부 공동권으로 나누고, 행동 유형을 남편 단독 수행, 아내 단독 수행, 공동 수행으로 구분하였다. 행동 유형과 결정권을 기준으로 9가지 상호작용 유형을 제시하였고, 이를 4가지 일반적인 부부권력의 유형으로 종합하였다.

| 표 7-3 | 부부의 상호작용 유형과 부부권력의 유형

결정권 / 행동 유형	남편 단독	아내 단독	공동
남편 단독	①형	⑥형	⑧형
아내 단독	⑤형	②형	⑨형
공동	③형	④형	⑦형

출처: 유영주 외 (2013). p. 194.

① 부부자율형(autonomic pattern): ①형, ②형

부부 각자가 고유 영역에서 결정권을 가지므로 독자적으로 결정하고 활동도 개별적으로 이루어진다.

② 남편지배형(husband dominance pattern): ③형, ⑤형

부부가 함께하는 활동뿐만 아니라 아내의 활동영역까지 모두 남편이 결정하는 유형이다.

③ 아내지배형(wife dominance pattern): ④형, ⑥형

남편지배형의 반대 유형으로, 아내가 결정권을 가지고 남편이 행동하거나 부부가 함께 행동한다.

④ 부부공동형(syncratic pattern): ⑦형, ⑧형, ⑨형

부부가 공동으로 결정하거나 활동에 있어서는 공동으로 할 수도, 각자가 단독으로 수행할 수도 있다. 부부가 공동으로 행동한다는 것은 대등한 관계를 가지고 협동적 · 분업적으로 활동하는 것이다.

남편지배형과 아내지배형은 남편 또는 부인이 어떤 일을 결정할 때 상대 배우자에 비해 강력한 결정권이 있음을 의미하며, 불평등한 부부 권력구조라는 공통점을 가진다. 권력이 우세한 사람은 관계를 주도하는 데 싫증을 낼 수 있고 순종적인 사람은 상대방에게 일방적으로 맞춰주는 데 불만을 가질 수 있기 때문에 불평등한 관계는 유지하기가 어렵다. 부부공동형과 부부자율형은 부부간의 권력이 평등하다고 할 수 있다. 부부공동형은 대부분의 결정을 부부가 공동으로 하는 데 비해 부부자율형은 남편과 부인이 결정에 대한 책임을 분리하여 각자가 다른 결정 사항에 대해 최종적으로 의사결정을 한다. 즉, 부부자율형은 성별 분업이 뚜렷하여 어떤 일은 남편에게 어떤 일은 아내에게 결정권이 일임되어 있어 부부가 서로 상의하여 결정하는 일은 적지만 전체적으로 볼 때 남편과 부인에게 결정권이 골고루 배분된다고 볼 수 있다. 따라서 부부자율형은 부부간 권력의 공유 영역보다 부부 각자의 영역이 더 많고, 부부공동형은 부부 각자의 영역보다 공유 영역이 더 많다.

가부장주의가 지배하는 전통사회에서는 남편이 부인에게 명령하거나 지시하는 남편지배형이 많았다. 그러나 아내의 경우 의생활, 식생활, 가사 등의 한정된 영역에서는 독자적으로 결정하는 면도 있었다. 한편 양성평등에 대한 인식이 증가하는 현대사회에서는 개인의 인격을 존중하고 협력적인 의사결정을 하는 부부공동형이 증가하고, 부부가 평등한 권력 관계를 추구하는 경향이 있다.

참고자료 7-1 부부간 의사결정방식

여성가족부의 '2015년 가족 실태조사'에서 부부간 권력관계의 구조적 특성을 나타내는 의사결정방식을 살펴본 결과, 의사결정 영역 중에서 자녀교육, 주택 구입문제, 투자 및 재산관리, 배우자의 취업 및 직장 이동은 '남편과 아내가 똑같이' 한다고 응답한 비율이 가장 많았다. 반면 생활비 지출, 가사 등 집안일, 가족원 돌봄 영역에서는 '대체로 아내가' 결정한다는 비율이 가장 높게 나타났다.

부부의 의사결정방식

(단위 : %)

영역	주로 남편이	대체로 남편이	남편과 아내가 똑같이	대체로 아내가	주로 아내가	해당 없음	전체
자녀교육	2.8	4.6	36.8	30.9	18.7	6.1	100
주택 구입문제	7.7	18.1	57.5	10.8	5.9	0.0	100
투자 및 재산관리	8.4	20.3	43.6	18.1	9.7	0.0	100
생활비 지출	3.5	8.4	29.1	39.0	20.0	0.0	100
배우자의 취업, 직장 이동	11.8	23.7	51.7	7.4	5.3	0.0	100
가사 등 집안일	0.7	1.5	23.4	42.6	31.9	0.0	100
가족원 돌봄	0.9	2.6	32.8	37.6	26.1	0.1	100

출처 : 여성가족부 (2015). p. 180.

6. 평등한 역할관계의 평가

평등한 부부란 사회적 관계망과 활동이 공유되고 권력이나 책임이 평등하게 분배되어 있으며, 심리적으로 친밀한 관계에 있는 부부를 말한다. 평등한 부부는 서로 영향력을 주고받으면서 조화로운 삶을 살아가게 된다. 평등한 부부관계는 부부가 양성평등한 인식을 가지는가와 일상생활에서 얼마나 공평하고 상호 존중하며 과업을 수행하는가에 좌우된다. 부부가 의사결정과정에서 권력 다툼이 일어날 때 갈등이 발생할 수 있으며, 권력은 정당한 범위 내에서 사용될 때 유용하다. 부부관계에서 자신의 권력을 상대방과 동등하게 행사할 때 친밀감을 느끼게 되고, 자신의 의견이 상대방에게 받아들여진다는 믿음이 생기며 두려움을 갖지 않고 상대방에게 말할 수 있다.

Luttrell, Distelberg, Wilson, Knudson-Martin, Moline(2018)은 친밀한 관계에서 서로의 권력에 대해 어떻게 인지하는지 알아보는 연구를 진행하고, 관계의 균형을 평가하는 기준을 제안하였다. 이들은 커플 관계에서 평등한 권력의 기초가 되는 12개의 하위요인을 확인하였고, 〈표 7-4〉의 TREASURES로 요약 · 정리하였다.

| 표 7-4 | TRESURES의 약자

T	Time discretion	시간 재량권
R	Relational power	관계적 권력
E	Emotional power	정서적 권력(표현이나 회피)
A	Accommodation	합의
S	Spending and Saving	소비와 지출
U	Union or sexual dominance	성관계 또는 지배성
R	Rational	합리성
E	Economic role power	경제적 역할(지위 vs 자녀양육)
S	Social choices	사회적 선택

출처: Luttrell 외 (2018). p. 22.

행복한 커플 관계를 만들기 위해 각각의 하위요인에 따른 세부 항목에 대하여 권력의 균형 정도를 점검해 보는 것이 필요하다. 구체적인 항목은 다음과 같다.

① 시간 재량권: 상대방의 관심을 얻기 위해 더 많은 시간을 사용하는 사람이 누구인지, 자신의 시간을 원하는 대로 사용하는 사람이 누구인지를 생각해 본다.

② 관계적 권력: 관계를 유지하기 위해 적극적인 노력을 하고, 서로의 의견이 불일치할 때 기꺼이 협상에 나서고, 상대방을 이해하기 위해 적극적으로 질문을 하

고, 상대방의 요구에 귀 기울이는 사람이 누구인지 점검한다.

③ 정서적 권력: 정서적 표현으로는 감정 표현을 더 많이 하고, 감정적으로 상대방을 더 필요로 하는 사람이 누구인지 살펴본다. 정서적 회피에는 서로 의견이 일치하지 않을 때 누가 침묵하거나 감정을 숨기는지, 회피하며 상대방의 의견을 듣지 않는지가 포함된다.

④ 합의: 상대방을 돕거나 즐겁게 하려고 자신의 습관이나 생활방식을 수정한 사람이 누구인지, 한 사람이 다른 사람이 원하지 않는 일을 하려고 할 때 누구의 바람을 더 들어주는지 점검한다.

⑤ 소비와 지출: 재정적인 분배와 소비에 대한 최종 결정을 누가 하는지, 재정적인 문제를 이야기하고, 누가 더 금전적인 요구를 하는지 살펴본다.

⑥ 성관계: 성적인 요구를 더 많이 표현하고 상대방에게 성적으로 영향을 주는 사람이 누구인지 점검한다. 성관계에서 누가 지배적인 역할을 하는지도 포함된다.

⑦ 합리성: 누가 더 합리적이고 덜 감정적이라고 여겨지는지, 누가 자신의 관점을 정당화하기 위해 이성적인 판단을 하는지가 해당된다.

⑧ 경제적 역할: 지위에서는 사회적 지위가 높고, 학력이 높은 사람이 누구인지 살펴본다. 자녀가 있다면 누가 아이들과 더 많은 시간을 보내고, 아이가 아플 때 돌보는지 점검한다.

⑨ 사회적 선택: 누구의 친구를 만날 것인지, 누가 가족이나 친척을 만나기로 결정하는지, 친구들과 시간을 보내는 데 영향을 주는 사람이 누구인지 살펴본다.

이와 같이 관계의 균형을 평가함으로써 한 사람이 권력을 지배하는지 서로 동등한 권력을 가지는지 확인할 수 있다. 상대방의 권력은 강하지만 자신의 권력은 약하다고 인식할 경우 불평등한 관계를 의미하며, 부부관계에서 갈등을 경험하거나 스트레스를 받을 가능성이 있다.

7. 일 · 가정 양립지원정책

우리나라 여성의 경제활동 참가율은 1995년 48.4%에서 2019년 53.5%로 나타났다(통계청, 2019). 여성의 경제활동 증대는 출산율의 저하, 국가의 보육 관련 서비스 지원 확대, 가전제품의 발달, 여성의 사회 진출에 대한 인식 개선, 여성의 고학력화, 그리고 여성의 자아실현 욕구의 증대 등 복합적인 요인이 영향을 준 것으로 추정된다(박주현 · 최덕경, 2013). 그러나 우리나라 여성의 경제활동 참가율은 OECD 국가 중 하위권에 속하며, 여성의 연령대별 경제활동 참가율에서 나타나는 가장 큰 특징은 M자형 곡선을 보인다. 기혼여성들은 육아, 결혼, 임신 및 출산, 가족돌봄, 자녀교육 등을 사유로 하던 일을 그만두는 경력단절을 경험하게 된다. 즉 여성의 고용률은 30대에 감소했다가 40대에 재취업으로 증가하는 것이다. [그림 7-1]을 보면 2019년 경력단절에 따른 30대의 고용률 하락은 완화되고 있지만 M자형으로 나타나는 고용률의 특징은 과거와 동일함을 알 수 있다.

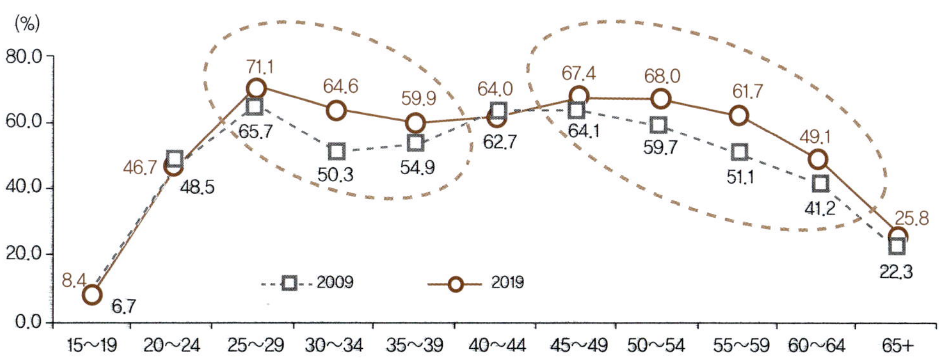

| 그림 7-1 | 연령대별 여성 고용률

출처 : 여성가족부 (2020). p. 32.

과거에는 일을 우선시하던 사회였지만 일과 가정생활의 균형을 중시하는 사회로 변화되고 있다. 여성가족부는 2007년에 「가족친화 사회환경의 조성 촉진에 관한 법률」을 제정하였다. '가족친화 사회환경'이란 일과 가정생활을 조화롭게 병행할 수 있고, 아동양육 및 가족부양 등에 대한 책임을 사회적으로 분담할 수 있는 제반 환경을 의미한다. 기업에서도 근로자가 일과 가정생활을 조화롭게 병행할 수 있도록 가족친화적인 직장환경을 조성하여야 한다. 가족친화제도를 모범적으로 운영하고 있는 기업 또는 공공기관에 대하여 심사를 통해 가족친화인증을 부여하고 있다. 2019년 12월 기준으로 대기업 408곳, 중소기업 2,444곳, 공공기관 980곳으로 총 3,832곳이 가족친화인증을 받았다. 인증된 기관에는 여성가족부에서 인증마크를 부여하고, 일과 가정의 양립을 위한 기업문화를 만들어갈 수 있도록 가족친화 직장교육과 경영컨설팅을 제공한다. 또한 대기업이나 중소기업을 위한 다양한 지원사업에 가산점을 부여하는 혜택을 제공하고 있다.

가족친화제도에는 탄력적 근무제도, 자녀출산 · 양육 및 교육지원제도, 부양가족지원제도, 근로자 지원제도 등이 포함된다. 탄력적 근무제도에는 시차출퇴근제, 재택근무제, 시간근무제 등이 있고, 자녀출산 · 양육 및 교육지원제도에는 배우자 출산휴가제, 육아휴직제, 직장보육 지원, 자녀교육지원 프로그램 등이 있다. 부양가족 지원제도에는 부모돌봄 서비스, 가족간호휴직제 등이 있으며, 근로자 지원제도에는 근로자 건강 · 교육 · 상담 프로그램 등이 있다. 결혼 초기 또는 영 · 유아기 자녀를 양육하는 맞벌이 부부의 경우 일과 가정생활의 균형을 이루기 위해 기업의 가족친화제도 및 프로그램을 적극적으로 활용하고 가족생활을 계획해나가는 것이 필요하다. 「근로기준법」과 「남녀고용평등과 일 · 가정 양립지원에 관한 법률」 등에 근거한 제도에 대해 알아보고, 일과 가정의 양립을 위한 서비스를 제공하는 기관들을 소개하고자 한다.

참고자료 7-2 가사노동

(1) 가사노동의 개념

일상생활에서 가정의 기능을 유지시켜 주는 활동으로 가정 내에서 가족구성원의 욕구 충족을 목적으로 한다(문숙재, 1988). 가사노동에는 청소, 요리, 설거지 등의 집안일뿐만 아니라 자녀 돌보기나 고령자, 아픈 가족구성원을 돌보는 돌봄 노동도 포함된다(은기수, 2009). 광의의 가사노동에는 의생활, 식생활, 주생활 영역 이외에도 가족관리와 가정경영이 포함된다(건강가정컨설팅연구소, 2017).

(2) 가사노동의 분류

- 식생활관리: 손질, 조리 및 음식준비, 식사준비, 설거지, 식사 후 처리 등
- 의생활관리: 세탁, 다림질, 재봉, 의류손질 등
- 주생활관리: 청소, 정리, 주택손질 등
- 가족관리: 신체적 · 비신체적 가족 돌보기, 자녀의 학업관리 등
- 가정경영: 가계재무관리, 장보기, 관공서 일보기 등
- 기타: 그 외 명절 준비, 집안 행사 등

(3) 가사노동의 특징(김외숙 · 이기영, 2015)

① 다양성: 가사노동의 종류와 내용은 매우 다양하며, 단순한 노동에서 전문적인 영역까지 다양한 수준의 기술을 요구한다.

② 반복성: 매일의 가정생활을 유지하기 위해서는 가사노동이 반복적으로 계속 수행되어야 하며 휴일이 없다.

③ 무보수성: 가사노동은 대가가 지불되지 않으며 사회적인 평가가 낮다.

④ 교육성: 가족이 가사노동을 함께 하면서 생활기술을 훈련하고 개발할 수 있다.

⑤ 달성도의 애매성 : 성과의 달성 정도가 애매하고 평가의 객관성이 결여된다.

⑥ 창조성: 취미와 실제적인 이익을 겸할 수 있으며 창조적인 특성을 가진다.

(4) 가사노동의 참여 정도

Huber와 Spitze(1983)는 시간유용도, 상대적 권력, 성역할 태도, 가사노동에 대한 선호의 네 가지 개념으로 가사노동의 상대적 참여 정도를 설명하였다. 즉, 시간이 많을수록, 상대적 권력이 낮을수록, 성역할 태도가 보수적일수록, 가사노동을 좋아할수록 가사노동을 더 많이 하게 된다.

(5) 가사분담을 위한 방안

① 여성 스스로 가사노동의 소중함에 대해 인지하고, 슈퍼우먼증후군이나 모성 이데올로기에서

탈피하여 가사일은 부부 공동의 책임이라는 인식을 가져야 한다. 남편에게 역할분담에 대하여 구체적으로 요구하고, 수행에 대해서는 칭찬을 해야 한다.

② 남성은 성별분업적인 고정관념에서 벗어나 함께 일하고 함께 쉰다는 의미로 가사와 육아를 공동으로 하며, 상황에 따라 융통성 있게 역할을 분담한다.

③ 가족과 직업의 주기를 적절히 조절하여 역할 긴장을 예방해야 한다. 자녀 출산시기와 직장의 격무시기를 조절하여 역할 과다로 스트레스가 발생되지 않도록 해야 한다.

④ 시간과 노력을 절약할 수 있는 기기를 이용하고 식생활의 간소화, 주거의 편의성, 가사표준의 완화, 우선순위 정하기를 통한 합리적 가사노동이 되어야 한다.

참고자료 7-3 가계생산 위성계정(무급 가사노동가치 평가)

통계청은 가계 내 음식준비, 청소, 자녀 돌보기 등 무급 가사노동의 경제적 가치평가를 통해 소득통계를 보완하기 위해 가계생산 위성계정을 개발하였다.

2014년 기준 무급 가사노동의 경제적 가치는 360.7조원으로 5년 전에 비해 33.3%가 증가하였다. 이는 2014년 명목 국내총생산(GDP) 대비 24.3%의 비중을 차지한다. 2014년 1인당 무급 가사노동가치는 710.8만원으로 5년 전에 비해 29.5% 증가하였다.

2014년 무급 가사노동가치를 성별로 보면, 남성은 88.3조원으로 5년 전에 비해 38.5% 증가하였고, 여성은 272.5조원으로 31.7% 증가하였다. 성별 무급 가사노동가치의 비중을 보면, 남성은 1인 가구 및 맞벌이 가구의 증가로 가사노동의 비중이 지속적으로 증가하고, 여성은 음식준비, 미성년 돌보기 등에서 감소하고 있다.

〈명목GDP 대비 비율〉

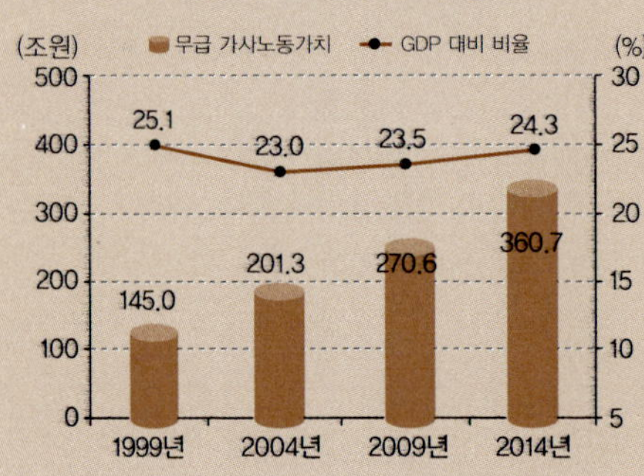

〈1인당 가사노동가치〉

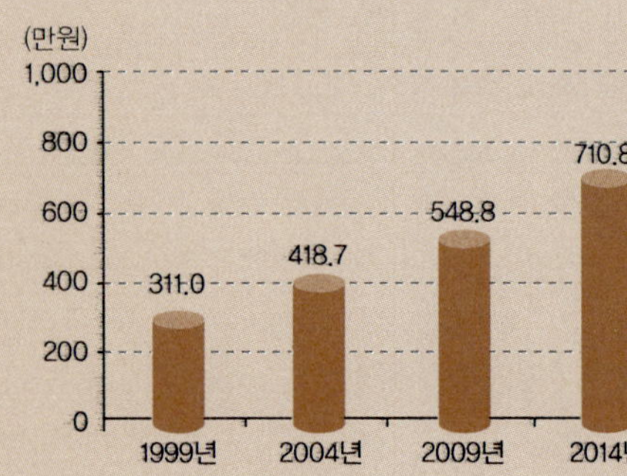

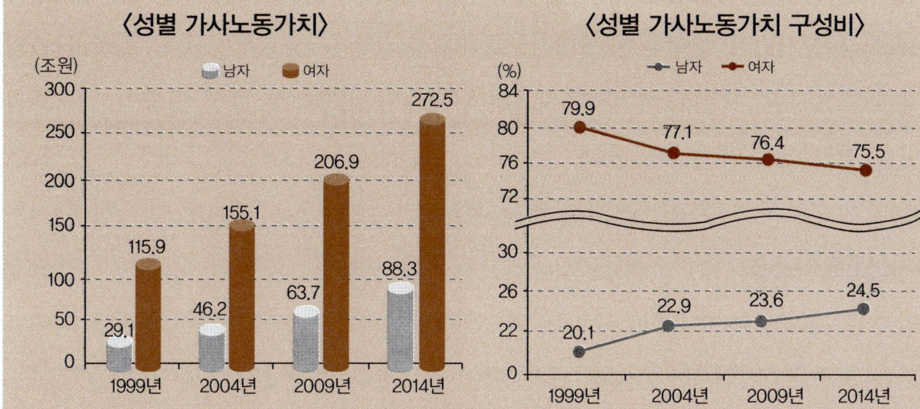

출처 : 통계청 (2018). pp. 9–12.

(1) 출산전후휴가

임신 · 출산기 여성 근로자에게 보호휴가 및 급여를 지급하여 여성근로자의 모성을 보호하고 출산으로 인한 경력단절을 예방하기 위한 제도이다. 사업주는 임신 중의 근로자에게 출산 전후로 90일의 휴가를 부여하고, 출산 후 45일을 확보(다태아 120일, 출산 후 60일 확보)해야 한다.

(2) 배우자 출산휴가

배우자 출산 시 남성 근로자가 사용할 수 있는 휴가이며, 2019년 10월 1일부터 유급 10일로 확대 시행되었다. 남성 근로자의 육아 참여를 활성화함으로써 여성 근로자의 양육 부담을 경감시키고 맞돌봄 문화를 조성하기 위한 것이다.

(3) 육아휴직

만 8세 이하 또는 초등학교 2학년 이하의 자녀를 양육하기 위하여 휴직 및 급여 일부를 지원하는 제도이다. 자녀 1명 당 최대 1년 간 육아휴직이 가능하다. 근로자가 육아로 인해 퇴직하는 것을 방지하고, 직장과 가정생활을 조화롭게 양립할 수 있도록 육아휴직 기간을 부여하는 것이다. 육아휴직 급여는 첫 3개월 동안 통상 임금의 80%(하한 70만원, 상한 150만원)를 지급하며, 4개월 이후에는 통상 임금의 50%(하한 70만원, 상한 120만원)를 지급한다.

(4) 남성 육아휴직

만 8세 이하 또는 초등학교 2학년 이하의 자녀를 가진 근로자가 신청하면 최대 1년간 휴직할 수 있다. 한 자녀에 대해 남녀 근로자가 각각 1년씩 총 2년 사용 가능하다. 남성의 육아참여를 활성화하여 남녀 공동 육아 분위기를 확산시키고 남성의 일 · 가정 양립지원제도 활용을 확대하기 위한 것이다. 특히 같은 자녀에 대해 부모가 순차적으로 모두 육아휴직을 사용하는 경우 두 번째 사용한 사람의 육아휴직 3개월 급여를 통상임금의 100%(상한 250만원)로 상향하여 지급한다. 보통 두 번째로 육아휴직을 사용하게 되는 사람이 아빠인 경우가 많아 '아빠 육아휴직 보너스제'라고 한다.

(5) 육아기 근로시간 단축제도

만 8세 이하 또는 초등학교 2학년 이하의 자녀를 둔 근로자가 근로시간을 단축할 수 있다. 하루에 1~5시간까지 근로시간 단축이 가능하여 주당 근로시간을 15시간부터 35시간으로 할 수 있고, 1년간 사용가능하다. 또한 육아휴직과 육아기 근로시간 단축을 합산하여 최대 2년까지 사용가능하다.

(6) 가족돌봄 휴직

가족(부모, 자녀, 배우자, 배우자의 부모, 조부모와 손자녀)이 질병, 사고, 노령으로 인해 돌봄이 필요한 경우에 사용할 수 있는 휴직제도이다. 휴직가능기간은 연간 90일이며, 한 번 사용할 때 최소 30일 이상을 사용하여야 한다. 일시적인 가족돌봄으로 인한 근로자의 경력 중단을 방지하기 위한 것이다.

(7) 가족돌봄 휴가

가족의 질병, 사고, 노령 또는 자녀양육을 사유로 연간 최대 10일까지 하루 단위로 휴가를 사용할 수 있는 제도이다. 2020년 9월 9일부터 감염병 확산을 사유로 긴급하게 돌봄이 필요한 경우에 최대 10일(한부모가정은 15일) 범위 안에서 연장할 수 있다.

(8) 아이돌봄 지원사업

부모의 맞벌이 등으로 양육 공백이 발생한 가정의 만 12세 이하 아동을 대상으로 아이돌보미가 찾아가는 돌봄서비스를 제공한다. 부모의 양육부담을 경감하고 시설보육의 사각지대를 보완하기 위한 제도이다. 가정의 아이돌봄을 지원하여 아이의 복지증진과 보호자의 일 · 가정 양립을 통한 가족구성원의 삶의 질 향상과 양육친화적인 사회환경을 조성하기 위한 것이다.

(9) 여성새로일하기 센터

혼인 · 임신 · 출산 · 육아 등으로 경력이 단절된 여성의 재취업을 전담하는 종합 취업지원 기관이다. 직업상담, 직업교육훈련, 인턴십, 취업 알선, 취업 후 사후관리까지 맞춤형 취업지원 서비스를 제공한다.

가족친화적인 사회환경을 조성하는 노력은 기업, 근로자, 사회에 긍정적인 효과를 주게 된다. 먼저 기업은 사회적 이미지를 개선하여 우수인력을 채용할 수 있다. 또한 근로자의 사기와 직무몰입을 증가시키고 생산성이 증가되는 효과가 있다. 근로자는 직무만족도와 가족생활에 대한 만족도가 증가하여 스트레스를 감소시키고 삶의 질이 향상될 수 있다. 사회는 가족친화 사회환경 조성을 촉진하여 취업률을 증가시키고 저출산과 고령화 해소에 따른 국가경쟁력을 강화할 수 있다.

참고자료 7-4 육아휴직 사용률

2018년 육아휴직 사용자는 9만 9,199명이며, 이중 남성 육아휴직 사용자가 1만 7,662명으로 전년 대비 46.7% 크게 증가하였다. 만 0~8세 자녀를 둔 근로자의 육아휴직 사용률은 4.7%이며, 모(母)의 육아휴직 사용률은 11.9%, 부(父)의 육아휴직 사용률은 1.2%로 나타났다. 모(母)의 73.0%가 만 0세 자녀에 대하여 육아휴직을 사용한 반면, 부(父)의 경우는 24.2%만이 만 0세 자녀에 대하여 육아휴직을 사용하였다.

〈연도별 육아휴직자 현황〉

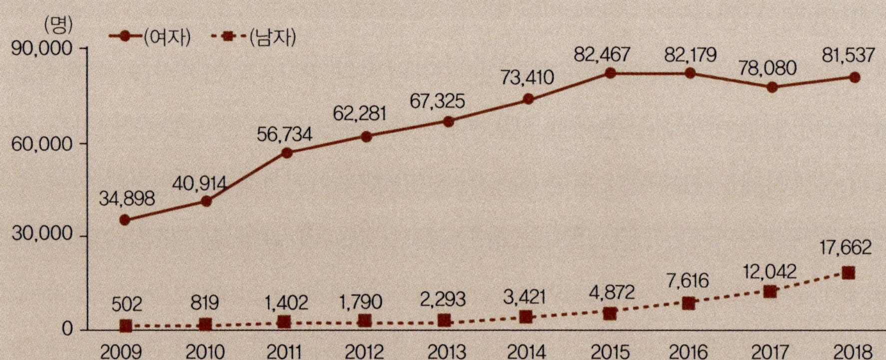

출처 : 통계청 (2019). p. 21.

읽어보기 육아휴직 사용률 98.2%, 엄마가 행복한 회사

2008년 여성가족부로부터 여성친화기업 1호로 선정된 유한킴벌리는 여성 직원들이 일터에서 높은 만족도를 유지하고 있고 타 업종 대비 여성 인재들이 증가하는 추세이다. 기업이 구성원들의 삶의 질을 높이고 일과 가정의 양립을 위해 노력하기 위해서 어떤 방향으로 나아가야 할지 유한킴벌리에서 그간 시행해 온 제도들을 통해 살펴보고자 한다.

유한킴벌리도 2006년에는 육아휴직 사용률이 4.8%에 불과하였고, 2000년대 중반까지 육아휴직제도 사용률이 매우 낮았다고 한다. 하지만 우수한 여성 인재가 회사를 떠나는 것을 막기 위해 회사에서 자녀출산과 양육지원을 위한 전폭적인 지지를 하였다. 그 결과 육아휴직 사용률이 지난해까지 14년간 누적 98.2%를 달성하였으며, 출산휴가 후 복직 역시 100%를 기록하였다. 이는 구성원들이 출산과 육아로 인한 휴직을 사용하더라도 직장 내 승진이나 인사상에 불이익을 받지 않을까 걱정하지 않음을 의미한다. 국내 기업들의 평균 육아휴직 경험률이 40% 정도임과 비교하면 상당히 높은 수준임을 보여준다.

이러한 결과는 회사에서 기혼여직원들과 간담회를 열고 만족도 조사를 통해 제도와 문화를 꾸준히 보완해 감에 따라 해마다 육아휴직 비율이 상승한 것이다. 10여년 전부터 임산부 간담회를 열고 임신과 출산을 자연스럽게 인정하고 회사가 전액 지원한 전문상담제도를 18년째 운영하는 등 각종 노력을 했다. 나아가 여성이 임신과 출산으로 인해 직장 생활에 어려움을 겪지 않도록 여성들 간 네트워크를 유지하고 정보를 공유하면서 모성을 보호하고 여성이 행복하게 일할 수 있는 환경을 조성하고 있다.

남성들에게도 육아에 동참해야 한다는 점을 강조하면서 아버지 출산휴가 5일, 아버지 학교 등을 운영하고 있다. 아버지 학교는 2012년부터 실시해왔고, 남성 사원을 대상으로 생애주기에 따른 배우자 및 자녀와의 관계, 아버지의 역할에 초점을 맞춰 가정 내에서 남성의 역할을 찾는 것을 중심으로 한다. 서로의 아버지상을 배우고 여성의 출산과 육아를 이해함으로써 구성원들끼리 긴밀해지는 효과를 얻고 있다.

또한 유연근무제를 적극적으로 활용하고 있다. 1993년부터 시행 중인 유연근무제는 생산직의 4조2교대, 임신한 여성 직원들의 시차출퇴근제, 재충전휴가제도, 재택근무제, 스마트 오피스, 재충전휴가, 탄력적점심시간제, 유연복장제 등 다양하다. 유연근무제는 무엇보다 유연한 조직문화를 만들어 스마트 워크 환경을 만들고자 하는 것이다. 특히 자녀를 양육하는 직원들은 아이를 어린이집에 맡기기 위해 출근 시간을 오전 10시로 늦추는 대신 퇴근 시간을 7시로 늦추는 경우가 빈번하고 유연근무가 유용하다고 한다. 2018년 기준으로 전체 직원 중 79%가 유연근무제를 활용하였다.

특히 2011년 도입된 스마트워크제는 리더의 승인이 있으면 고정된 노동시간 없이 각자의 사정에 따라 업무를 볼 수 있어 호응을 얻고 있다. 스마트워크는 일정한 근무자리가 있는 대신 대치동 본사나 집에서 가까운 죽전, 군포 등 8곳의 센터 중 선택해서 10시부터 4시까지 근무할 수 있는 제도다. 예를 들어 본사 소속 사무관리직이 집 근처 스마트워크 센터에서 근무하면서, 출퇴근시간을 아껴 자기계발이나 운동을 하거나 가족과 함께하는 저녁이 있는 삶이 가능해지는 것이다. 이러한 근무환경이 조성되기 위해서는 구성원들의 업무를 정확하게 파악하고 불필요한 업무들은 제거하는 기업 문화가 뒷받침되어야 한다.

출처 : 여성신문 (2020.4.5).

활동하기

1. 가정 내 역할 알아보기

가족생활을 하면서 수행해야 하는 일들을 구체적으로 열거해 보시오. 누가 그 일을 주도적으로 맡을 것인지 결정하고(아내주도, 남편주도, 부부주도), 만일 서로의 의견이 불일치하다면 어떻게 조정할 것인지 논의해 보시오.

2. 일 · 가정 양립지원제도 활용하기

자녀 출산 계획이 있는 맞벌이 부부를 가정하여 보자. 일 · 가정 양립지원을 위한 다양한 제도들을 활용하여 임신기간부터 자녀양육기까지 부부가 자녀양육과 직장생활을 조화롭게 할 수 있는 방안을 계획해 보시오.

*참고문헌

가족친화 사회환경의 조성 촉진에 관한 법률.

가족친화인증 홈페이지 https://www.ffsb.kr

강기정, 김연화, 박미금, 송말희, 이미선 (2009). 건강가정론. 파주: 양서원.

건강가정컨설팅연구소 (2017). 결혼과 가족생활. 서울: 시그마프레스.

근로기준법.

김외숙, 이기영 (2015). 가사노동과 시간관리. 서울: 한국방송통신대학교출판문화원.

김홍은 (1986). 부부의 자원과 부부 권력과의 관계 연구. 대한가정학회지, 24(4), 179-188.

남녀고용평등과 일 · 가정 양립지원에 관한 법률.

류현수, 이종숙, 김주아 (2007). 가족관계와 복지. 서울: 동문사.

문숙재 (1988). 가정생산. 서울: 신광출판사.

문혁준, 양성은, 김상림, 손서희, 윤수정, 천희영 (2020). 결혼과 가족. 서울: 창지사.

박주현, 최덕경 (2013). 가족과 젠더. 서울: 창지사.

아이돌봄서비스 홈페이지 http://www.idolbom.go.kr

여성가족부 (2015). 2015년 가족실태조사 분석 연구.

여성가족부 (2019). 2019 일 · 가정 양립지표.

여성가족부 (2020). 통계로 보는 여성의 삶.

여성새로일하기센터 홈페이지 http://saeil.mogef.go.kr

여성신문 (2020.4.5). 육아휴직 사용률 98.2%, 엄마가 행복한 회사.

유영주, 김순옥, 김경신 (2013). 가족관계학. 파주: 교문사.

유영주, 서동인, 홍숙자, 전영자, 이정연, 오윤자, 이인수 (2000). 현대 결혼과 가족. 서울: 신광출판사.

윤경자 (1997). 성역할태도가 부부의 결혼적응에 미치는 영향. 한국가정관리학회지, 15(4), 221-233.

윤종희, 이인숙 (1993). 부모의 성역할유형, 부부간 권력유형과 아버지의 유아기 자녀양육 참여도. 한국가정관리학회지, 11(1), 191-202.

은기수 (2009). 한국 기혼부부의 가사노동분업. 한국인구학, 32(3), 145-171.

최규련 (1984). 부부의 성역할 태도와 결혼만족도에 관한 연구. 대한가정학회지, 22(2), 91-102.

최규련 (2014). 가족관계론. 고양: 공동체.

최외선, 유향기 (1985). 가족의 권력구조와 부부역할에 관한 연구. 인문연구, 7(3), 681-712.

통계청 (2018). 가계생산 위성계정 개발 결과.

통계청 (2019). 경제활동인구조사.

통계청 (2019). 일 · 가정 양립지표.

한국여성개발원 (1998). 한국형 양성평등의식검사 개발.

Adams, B. N. (1980). *The family, a sociological interpretation*. Rand McNally College Publishing Co.

Blood, R. O., & Wolfe, D. M. (1960). *Husbands and wives: The dynamics of married living*. NewYork: The Free Press.

Galvin K. M., & Brommel B. J. (2000). *Family communication cohesion and change*. Addison Wesley Longman, NewYork.

Herbst, P. G. (1954). *Conceptual framework for studying the family*. In O. A. Oeser & S. B. Hammond(Eds.), Social structure and personality in a city(pp. 126-137). London: Routledge & Kegan Paul.

Huber, J., & Spitze, G. D. (1983). *Sex stratification: Children, housework, and jobs*. NewYork: Academic Press.

Lamanna, M. A. & Riedman, A. (1991). *Marriages and families*. CA: Wadsworth Pub. Co.

Luttrell, T. B., Distelberg, B., Wilson, C, Knudson-Martin, C., & Moline, M. (2018). Exploring the Relationship Balance Assessment. *Contemporary Family Therapy*, *40*(1), 10-27.

Olson, D. H., & Cromwell, R. E. (1975). *Power in families*. NewYork: Halsted Press.

Parsons, T. (1955). *The American family*. In T. Parsons & R. F. Bales(Eds.), Family, socialization and interaction process. Glencoe, Illinois: The Free Press.

Straus, A. M. (1979). Measuring intrafamily conflict and violence: The Conflict Tactics(CT) Scales. *Journal of Marriage and Family, 41*, 75–88.

Strong, B., & Devault, C. (1992). *The marriage and family experience*. West Publishing Co.

Chapter 08

안전하고 건강한 성

1. 남녀의 성기관과 성반응
2. 즐거운 성생활을 위한 팁
3. 피임
4. 성기능장애 및 성병 예방

Chapter 08

안전하고 건강한 성

부부관계에서 친밀감은 다양한 방법으로 표현될 수 있는데 성적인 관계는 친밀감의 주요한 요인이 된다. 연구 결과에 따르면 결혼만족도가 성관계와 관련이 있었고(Blow & Hartnett, 2005), 결혼관계에서 성관계의 질은 결혼 생활을 향상시킬 수 있었으며, 결혼관계의 질은 부부의 성적 만족감을 높여주는 것으로 밝혀졌다(Olson et al., 2008). 성적 친밀감은 건강한 결혼 관계에 없어서는 안 될 중요한 부분이다.

결혼 생활을 자동차에 비유한다면 부부의 성생활은 자동차 바퀴 하나로 볼 수 있다. 성생활은 결혼생활의 일부이지만 바퀴 하나가 없으면 자동차가 굴러가지 않는 것처럼 성생활은 결혼생활의 지속 여부에 매우 중요한 영향을 미친다. 이처럼 건강한 부부관계를 위해서 함께 병행되어야 할 것 중 하나가 부부의 성관계이다. 본 장에서는 성에 대한 올바른 이해와 성적 의사소통방법을 다뤄서 부부의 성적 친밀감 향상에 도움을 주고자 한다.

1. 남녀의 성기관과 성반응

부부의 성생활 만족도를 높이기 위한 첫 번째 단계는 서로의 성기관과 성반응 특징을 이해하는 것이다. 대부분의 성인이 올바른 성교육을 경험하지 못했으며, 성적인 발언을 금기시하는 문화로 인해 자신의 성기관 특징마저 제대로 이해하지 못하고 있는 경우가 많다(매일경제, 2019.1.25). 자신과 상대 배우자의 신체에 대한 무지는 성적 의사소통의 걸림돌이 되며, 건강한 성생활과 거리가 멀어지게 한다. 따라서 부부의 성생활을 준비하기에 앞서 남녀의 성기관의 특징을 이해하고 성반응의 차이를 확인할 필요가 있다.

1) 남성의 성기관

(1) 남성의 외부 성기관

① 해면체: 해면 모양 구조의 발기조직이다. 남성의 성기는 세 개의 스펀지 조직으로 이루어진 해면체로 이루어졌으며, 가운데 해면체 안에는 요도가 있다. 성적인 흥분을 하면 해면체에 피가 충혈되면서 발기된 상태를 유지하게 된다.

② 귀두: 많은 신경이 연결되어 있어 성적인 촉각, 온도, 압력에 민감하다.

③ 포피: 남근을 싸고 있는 피부조직으로 평소에 청결을 유지하지 않으면 분비물, 죽은 세포, 이물질, 땀이 쉽게 쌓일 수 있다. 이 부분에 감염으로 인해 염증이 생기거나 상처가 나면 성관계 시에 통증을 느낀다.

④ 음낭: 고환과 부고환을 싸고 있는 피부 주머니로 체모가 나지 않으며 멜라닌 색소가 침착하여 암흑색을 띤다. 피하조직에는 지방이 없고 그 표층 중에 민무늬근으로 된 얇은 피부층이 있다. 음낭은 고환의 정자 생성을 활발하게 하기 위해

온도조절 기능을 한다.

(2) 남성의 내부 성기관

① 고환: 음낭 속에 들어 있고 음경 뒤에 매달려 있다. 왼쪽 고환이 오른쪽 고환에 비해 더 늘어져 있는데 이는 마찰을 줄여서 적절한 온도를 유지하게 한다. 고환은 촉감과 압력에 매우 민감한 부위여서 부드럽게 만져주면 성적 자극이 되지만 급소이기에 세게 누르면 심한 고통을 겪게 된다. 고환은 정자와 테스토스테론을 생산하는 중요한 역할을 한다.

② 부고환: 고환의 후외측에 위치하며 육안으로 식별하기 어려운 관이다. 정자가 정관을 통해 정낭으로 보내지기 전까지 저장되는 장소이며, 정액을 추가로 생성하여 활동성이 적은 정자를 성숙할 수 있게 도와준다.

③ 정관: 약 30~40cm 길이의 관이며 고환에서 생성된 정자를 정낭으로 운반해 주는 역할을 한다. 남성의 정관을 자르면 불임이 되고 그 이후 정자는 방광을 통해서 외부로 배출된다.

④ 전립선: 밤알 모양과 비슷하며 방광 바로 아래 위치해 있다. 남성의 내부 생식기는 모두 한 쌍으로 구성되어 있지만, 전립선은 한 개뿐이다. 전립선은 정액의 약 30%를 생산하는데 정액 특유의 비릿한 냄새가 나는 것은 전립선의 분비액 때문이다. 이 분비액은 질의 강한 산성을 중화시켜 사정된 정자가 질 속에서도 살아남도록 하고 정자의 운동성을 촉진시켜 준다.

⑤ 정낭: 방광 후면에 위치해 있고, 남성이 사정할 때 정액과 정자를 혼합해서 외부로 배출하는 역할을 한다. 정낭은 전립선과 연결되어 있으며 정액의 약 70%를 생산한다. 정낭의 분비액 중 과당은 정자에게 영양을 공급하고 움직일 수 있도록 도와준다.

⑥ 쿠퍼선 분비선: 땅콩 모양의 두 개의 조직으로 이루어져 있으며 성적인 흥분을 하면 무채색 분비물을 분출한다. 이 분비물은 정자가 요도를 지나갈 수 있도록

도와주는데 이 속에 정자가 포함되어 있을 수도 있다.

⑦ 정액: 실제 정자의 양은 정액의 약 1%밖에 되지 않으며 정액은 물, 유기물질, 단백질 등으로 구성되어 있다. 정액은 크림처럼 끈적끈적한 옅은 회색을 띠며 밤꽃 냄새가 난다.

2) 여성의 성기관

(1) 여성의 외부 성기관

① 치구: 체모와 지방질로 구성된 부분이며 여러 세포가 연결되어 있어 압력을 받으면 성적인 자극을 느끼게 된다. 사춘기 이후 체모가 자라며 체모는 성교 도중 질액을 흡수하고 파트너와의 피부 마찰을 완화시켜 준다.

② 대음순: 여성의 생식기 중 가장 외부에 위치한 부분이며 대부분 지방조직으로 이루어져 있다. 주름이 져서 성기를 감싸주고 덮어주는 역할을 하며 여러 신경조직과 연결되어 있다. 사춘기가 지나면 색소 착색이 이뤄지며 체모가 자란다.

③ 소음순: 질구와 요도구를 감싸고 있는 기관이며 성적 흥분 시 발기하는 해면체 조직과 많은 신경조직이 연결되어 있다. 대음순과 달리 소음순에는 체모가 나지 않는다. 성적 흥분에 따라 색이 변하고 성적 자극에 매우 민감한 부위이다.

④ 음핵: 외음부 상단의 요도 위에 위치하고 있으며 직접 눈으로 확인할 수 있는 부분은 음핵의 머리 부분이다. 남성의 귀두에 해당하는 기관으로 신경세포가 가장 많이 몰려 있기 때문에 압력, 자극, 온도에 굉장히 민감하다. 성적 자극을 받으면 혈액이 충혈되어 남성의 발기와 같은 현상이 일어난다.

⑤ 요도: 음핵 아랫부분과 질 위쪽 사이에 위치해 있고 방광과 연결되어 있다. 더러운 손이나 감염된 남성의 성기가 닿을 경우 방광염에 걸릴 가능성이 있으므로 청결에 주의해야 한다.

(2) 여성의 내부 성기관

① 질: 직장 앞쪽에 위치하고 있으며 근육질로 된 내적 기관이다. 여성의 질의 길이는 평균 7~8cm이며, 질 안의 점막은 입안의 피부조직과 비슷하다. 질은 월경 시 혈액이 유출되거나 성교 시 정자가 들어가는 통로이며, 출산 시 태아가 나오는 출구의 역할을 한다. 성적으로 흥분할 때 분비물을 내서 촉촉해지며 남성의 성기 크기에 따라 적응하는 공간이다.

② 자궁경부: 자궁 입구인 경부에는 신경조직이 없어서 성감을 느끼지 못한다. 경부를 통해 정자가 들어가고 생리혈이 나온다.

③ 자궁: 수정란이 착상하여 자라는 곳으로 모양은 서양배와 같이 생겼다. 대체로 자궁이 질과 90도 방향으로 자리 잡고 있지만, 성교 시에 질의 입구 방향과 거의 일치되어 정자의 진입을 돕는다.

④ 나팔관: 자궁과 난소를 연결해 주고 있으며 성숙한 난자나 정자 및 수정란들이 이동하는 1mm 정도의 통로로 이루어져 있다.

⑤ 난소: 자궁의 양쪽에 위치하며 남성의 고환과 같은 역할을 한다. 조그마한 살구 모양인 난소는 여성호르몬 분비와 난자를 생산하고 방출하는 역할을 한다. 난소는 임신이 가능할 정도로 성숙한 난자를 400~500개 내보낸다.

(3) 여성의 유방

여성이 성장함에 따라 유방의 크기나 모양이 변하고 왼쪽 유방이 오른쪽 유방에 비해 약간 큰 것이 정상이다. 유방의 크기는 유선 조직 사이에 분포하는 지방량의 차이에서 비롯되며 유방이 크다고 해서 젖이 많이 나온다거나 성감이 더 발달한 것은 아니다. 젖꼭지라고도 불리는 유두는 유방 끝에 위치해 있고 부드러운 섬유질 근육으로 신경세포가 많이 퍼져 있어 자극에 민감하다.

3) 남녀의 성적인 흥분과 반응

(1) 성적인 흥분

흔히 성적인 흥분을 하면 남성의 발기나 여성의 질액 분비 등의 변화를 떠올리지만, 대뇌가 감각정보를 해석하는 것으로 성적 반응이 시작된다. 인간의 성행동은 본능에 의해서 자동적으로 일어나는 것이 아니라 성적인 욕구, 즉 의지적인 결정과정에 따른 행동 결과로 볼 수 있다. 대뇌에서 성적인 환상, 이미지를 해석함에 따라 척추신경에 정보를 전달하고 이로써 성적 흥분 상태에 도달하게 된다(채규만, 2006). 따라서 성관계 전 부부의 관계와 분위기, 심리 상태 등이 성적으로 흥분하고 몰입할 수 있게 하는 중요한 요건임을 알 수 있다.

인간이 가지고 있는 오감, 즉 촉각, 시각, 청각, 후각, 미각은 성적 흥분과 관련이 있다. 먼저 우리 신체에서 가장 넓은 영역을 차지하고 있는 촉각을 살펴보면 일차적인 성감대는 성기, 가슴, 엉덩이, 목 주위, 입술, 혀, 입안 부위 등이며, 이차적 성감대는 온몸 전체라고 할 수 있다. 여성의 경우 부드러운 키스나 스킨십을 좋아하기에 남성은 여성의 일차적 성감대에서 먼 부위부터 부드럽게 자극해주는 것이 좋다. 둘째로 시각은 성적인 흥분과 감정에 가장 중요한 역할을 한다. 오늘날 에로물이 상업화된 이유 중 하나가 성적 흥분을 돕기 위해 시각을 활용했기 때문이다. 인간뿐만 아니라 공작 같은 동물도 시각을 통해 암컷에게 성적인 자극을 준다. 셋째로 청각은 성적인 흥분을 일으키고 유지하는 데 많은 영향을 준다. 성행위 도중 상대방의 신음소리는 큰 성적인 자극이 되고 만족감을 높여 준다. 넷째로 후각도 중요하게 작용하는데, 남성과 여성 모두 상대에게서 지저분한 냄새가 나면 성적으로 흥분하기 힘들다. 남성이 성적으로 흥분하는 향은 라벤더 향, 도넛 냄새, 호박파이 등이며, 여성은 오이, 바나나, 감초 냄새에 성적으로 흥분한다고 밝혀졌다(Adamson, 2003). 성적인 흥분을 돕는 페로몬 향수도 시중에 많이 유통되고 있다. 마지막으로 미각은 성감과 관련되어 많이 연구되지 않았지만, 일부 질액이나 정액의 맛이 주관적으로 성적인 흥분을 돕는다는 보고도 있다(채규만, 2006). 이외에 배우자의 성적 흥분 취향을 잘 탐색하여 성관계 시에 유용하게 활용하면 좋다.

(2) 성적인 반응

남녀의 성적 반응 단계를 Master와 Johnson(1966)의 연구에 따라 4단계로 나눌 수 있다.

① 남성의 성반응주기

- **흥분기**: 남성에게 가장 먼저 일어나는 반응은 발기 현상이다. 대동맥을 통하여 해면체에 혈액이 공급되고 동시에 외부로 흘러나가는 정맥이 차단되어 피가 성기에 갇혀 있게 된다. 이러한 충혈상태로 음경이 더 커지고 단단해지게 되는데 이를 성기의 발기라고 한다. 흥분기 동안 음낭 표피가 두꺼워지고 고환이 몸쪽으로 달라붙는다.
- **지속기**: 성기의 발기 상태는 지속되고 고환이 점점 더 커진다. 지속기에는 쿠퍼선에서 맑은 액체를 내보내는데 이 속에 정자가 포함되어 있을 수 있다. 쿠퍼액은 알칼리성이므로 정자에게 해로운 요도의 산을 중화시키는 역할을 한다.
- **오르가슴기**: 강렬하고 폭발적인 자극이 주어지는 시기를 말하는데, 남성의 오르가슴기는 2단계로 구분된다. 첫 번째는 정낭과 전립선이 수축하면서 요도로 정액을 분출시키는 단계이다. 실제로 남성들은 이 단계에서 사정을 중지하기 힘들다. 두 번째는 요도와 전립선이 수축되면서 정액을 성기 밖으로 방출하는 단계이다. 사정 시에 방광으로 연결된 부분은 닫혀서 정액이 방광으로 흐르지 않으며, 0.8초 간격의 수축이 3~4회 정도 지속된다. 이때 남성은 오르가슴의 최고조에 이르며 성적인 쾌감이 잘 통제되지 않아 인상을 찌푸리기도 한다(채규만, 2006).
- **회복기**: 성기관에 충혈된 혈액이 빠져나가 성관계 전의 상태로 되돌아가는 시기이다. 사정 후 음경이 발기 시의 1/2 크기로 급속히 작아지지만, 음경과 고환이

원위치로 돌아가는 데는 시간이 더 걸린다. 성관계 시 대부분의 남성은 한 번의 오르가슴을 느끼고 두 번째 오르가슴을 느끼는 경우는 첫 번째보다 흥분 강도가 약하다. 남성은 사정 후 회복기에 바로 접어들고 피곤해져서 자고 싶은 충동을 느낀다.

② 여성의 성반응주기

- **흥분기**: 여성에게 가장 먼저 일어나는 반응은 질의 윤활현상이다. 남성의 성기 삽입이 쉽도록 질 내부가 촉촉해진다. 윤활액이 많이 나올수록 성적 흥분이 높은 것은 아니며, 성기 삽입을 쉽게 할 수 있다는 조건만 갖춘 것으로 볼 수 있다(채규만, 2006). 여성도 남성의 발기와 마찬가지로 음부의 혈관이 충혈되어 음순이 팽창하고 짙은 색소를 띤다. 음핵에도 혈액이 가득 차서 성적 자극에 민감해지고 유두가 발기하며 유방의 크기도 평소보다 커진다.
- **지속기**: 여성의 질은 계속 팽창하며 자궁은 솟아오른다. 질 입구에서 1/3에 해당하는 부분이 충혈되면서 음경을 꽉 조이며 남성을 더 자극하게 된다. 질은 성적으로 흥분하면 신축성 있게 적응하기 때문에 남성의 성기 크기가 크게 문제 되지 않는다. 소음순과 질벽은 혈액으로 인해 적색이나 포도주 색깔을 띠게 되고 이와 같은 변화가 있을 때 오르가슴을 잘 느낄 수 있다(채규만, 2006). 지속기에 음핵은 팽창한 음순에 가려져 보이지 않기도 한다.
- **오르가슴기**: 여성이 오르가슴을 느낄 때 회음부, 복부, 자궁, 항문, 질을 둘러싸고 있는 근육이 동시에 수축하는데, 초기에는 강렬하지만 시간이 지나면서 약해진다. 보통 3~5회 수축하지만 강하게 느끼는 경우 10~15회 정도까지 발생한다(채규만, 2006). 모든 여성이 성관계 시 항상 오르가슴을 느끼는 것은 아니며 40~50% 경우만 오르가슴을 느낀다(Wilcox & Hager, 1980). 오르가슴을 방해하는 요인은 불안, 갈등, 스트레스 등 여러 가지 원인이 있다. 오르가슴기에 도달하지 못하였더라도 성적 흥분은 느낄 수 있다.

- **회복기:** 여성은 남성과 달리 오르가슴을 반복적으로 경험할 수 있다. 편안한 상태에서 자극을 주어야 하고 성적인 만족에 몰두할 때 다시 흥분의 상태로 돌아갈 수 있다. 여성의 회복 시간은 남성에 비해 길기 때문에 성적 여운을 더 즐기고 싶어 한다.

성반응주기는 남녀 모두 4단계로 구분할 수 있지만 성반응의 속도는 생리적 차이를 보인다. 남성의 경우 성적 흥분과 관련된 호르몬이 순간적으로 집결했다가 오르가슴기 이후 급속히 방출되지만, 여성의 경우는 쾌감이 고조되는 속도가 훨씬 더디고 오르가슴 이후에도 꽤 오래도록 남는다. 남성은 불과 2~3분 정도의 성적 자극으로 오르가슴 직전까지 도달할 수 있지만, 여성은 20~30분의 시간이 더 걸릴 수 있다(김경숙 역, 2009). 남성은 오르가슴 후 확실한 회복기에 접어드나 여성은 오르가슴 후에도 곧 다시 자극받을 수 있다. 즉 여성은 멀티오르가슴을 경험할 수 있으며, 성반응주기에서도 변이가 더 많다.

생각해보기

평소에 자신이 가지고 있던 성적 흥분과 반응에 대한 편견은 무엇이며, 그러한 인식을 갖게 된 이유가 무엇인지 이야기해 보시오.

2. 즐거운 성생활을 위한 팁

1) 성욕의 차이 다루기

남녀의 성욕에 차이가 있다기보다 한 개인의 성욕에 관심을 두어야 한다. 여성에게도 남성과 같은 성적 욕구가 준비되어 있다. 남성은 성욕이 많고 여성은 적다는 편견에서 벗어나야 정확한 서로의 성적 욕구를 파악할 수 있다.

먼저 육체적 관계에서 자신과 배우자가 원하는 바를 잘 알아야 하는데 서로가 가진 성욕과 성생활에 대한 추구가 다를 경우 많은 부부가 성적 스트레스를 경험한다. 배우자가 섹스에 대해 모호하거나 보수적인 태도를 갖고 있다고 해서 그것을 억지로 변화시키려고 하는 것은 옳지 않다. 배우자가 성생활에 적극적으로 되기를 기대하기보다 당신이 배우자의 섹스 스타일에 맞춰 나갈 수 있는지를 먼저 생각해 보아야 한다. 섹스는 한 사람만을 위한 것이 아닌 부부 모두의 욕구를 충족시킬 때 건강한 성생활로 평가될 수 있기 때문이다. 부부의 성욕 차이를 좁히는 데는 다음과 같은 방법이 도움이 된다(Masters et al., 1995).

① 명확하게 의사소통하라: 배우자와 성적 관심을 분명하게 주고받을 수 있는 자신들 만의 용어를 개발하라. 예) 파티, 도도

② 초대와 요구의 차이를 인식하라: 배우자로부터 성관계에 대한 압력을 받을 때 성적 흥미를 잃어버리게 된다. 요구받은 배우자는 들볶인 것처럼 느끼고 비협조적이며, 열정 없이 반응하게 되므로 배우자의 협조를 구해야 한다. 그 방법으로는 달콤한 말과 스킨십으로 부드럽게 다가가서 자신의 욕구를 드러내는 것이 있다.

③ 행위를 거절하는 것과 배우자를 거절하는 것의 차이를 이해하라: 성욕이 없어서 성행위를 거절할 때 상대방은 자신까지 거절했다고 느낄 수 있다. 섹스가 지금

당장 왜 하고 싶지 않은지 그 이유를 분명하게 말해준다면 상대방은 거절당한 것 같은 느낌을 받지 않을 것이다.

④ 타협의 기술을 배우라: 상황과 시간이 잘 따라주지 않아 원하는 성관계를 못 할 수도 있고, 짧은 시간 안에 섹스가 끝날 수도 있다. 사실 성관계에 매번 열과 성을 다해야 성욕을 채울 수 있는 것이 아니라 성적 스킨십만으로도 가능할 수 있다. 섹스를 하고 싶은 마음이 없을 때라도 상대방을 위해서 서비스를 해주고, 반대로 배우자가 섹스를 하고 싶어 하지 않을 때 그의 바람을 존중해 주는 타협의 기술이 필요하다.

⑤ 성적 레퍼토리를 확장하라: 똑같은 자세와 똑같은 방식으로 반복적인 섹스를 할 경우 예측 가능한 진부한 일이 되어 버린다. 섹스는 다양한 시간과 다양한 장소에서 가능하며, 기구를 사용하거나 색다른 체위로 성감을 극대화시킬 수 있다. 이러한 시도는 부부의 성적 만족도를 높여준다.

⑥ 성생활을 하는 데 방해되는 것을 제거하라: 성생활에 집중할 수 없게 만드는 문제리스트를 찾고 배우자와 함께 해결하려는 노력이 필요하다. 직장 업무나 육아가 가중되면 신체가 피로하여 성생활에 방해가 된다. 이를 극복할 수 있는 행동 방안을 마련하는 것이 중요하다.

2) 부부의 성적 의사소통

배우자와의 육체적 친밀감은 특별하며 두 사람 사이에만 존재해야 하는 것이다. 대개 부부들이 육체적 친밀감을 높이길 원하지만 실패하는 경우는 이에 대한 상대의 생각을 확인할 기회가 적었으며, 어떤 방법으로 친밀해질지 모르기 때문이다. 결혼과 동시에 성생활이 시작되지만 막연한 상상만으로 성생활의 만족을 기다리는 것은 어리석은 일이다. 배우자에게 성적 만족을 주는 것이 무엇인지 알고 싶다면 확실하고 분명한 피드백을 주고받아야 한다(김경숙 역, 2009). 두 사람이 섹스에 대해 부정적인 느낌에 사로잡혀 있지 않을 때 서로의 성적 경험과 생각을 나누는 것이 좋다.

부부의 성생활에 도움이 되는 [참고자료 8-1]과 같은 질문에 답해 보면서 부부의 성적 친밀감을 더 향상시킬 수 있다.

참고자료 8-1 즐거운 성생활을 위한 질문

즐거운 성생활을 위해 배우자와 함께 다음 질문에 서로 답해 보시오.

1. 만약 당신이나 배우자가 섹스가 처음일 경우 가지고 있는 환상이나 두려운 마음은 없습니까?
2. 얼마나 자주 섹스하기를 기대합니까?
3. 얼마나 오래 섹스를 할 수 있을 거라 생각합니까?
4. 언제 어디에서 하는 걸 좋아합니까?
5. 당신의 섹스 방식에 대한 상대방의 반응을 알고 싶습니까? 그렇다면 어떻게 전달받고 싶습니까?
6. 섹스하길 원치 않는 시간대와 상황이 있다면 언제입니까?
7. 섹스하기에 좋은 분위기라고 생각하는 장소나 상황이 있습니까?
8. 자위에 대해 어떻게 생각합니까?
9. 성인용품 사용에 대해 어떻게 생각합니까?
10. 섹스하고 싶은데 배우자가 거절한다면 어떤 기분이 들까요? 그때 어떻게 반응하겠습니까?
11. 새로운 체위나 기술을 시도해 보는 걸 어떻게 받아들이겠습니까?
12. 이상하다거나 변태적이라고 생각하는 체위나 행위가 있습니까?
13. 포르노물에 대해 어떻게 생각합니까?
14. 성희를 위해 포르노물을 보겠습니까?
15. 보지 않기로 약속을 했음에도 배우자가 포르노물을 본다면 어떻게 하겠습니까?
16. 결혼 전 성병 유무를 알아보는 검사를 받을 생각입니까?
17. 주위의 시선을 아랑곳하지 않는 노골적인 애정표현에 대해 어떻게 생각합니까?
18. 노출이 심한 옷이나 몸매가 드러나는 스타일의 옷을 즐기는 편인가요?
19. 배우자가 그런 옷 입기를 요구한다면 어떻게 하겠습니까?
20. 색다른 장소에서 섹스를 어떻게 생각합니까? 배우자가 당신과 다른 생각이라면 어떻게 하겠습니까?

출처: 트래니 역 (2005).

3. 피임

결혼 후 아이를 원치 않거나 바로 자녀 갖기를 꺼리는 부부가 선택하는 방법이 바로 피임이다. 자녀 없이 신혼생활을 더 즐기고 싶거나 경제적 형편상 아이 갖기를 미루는 등 실제 79.6%의 사람들이 피임법을 사용하고 있다(한국보건사회연구원, 2015). 과거 우리나라 남성들은 여성이 알아서 피임해야 한다는 생각을 많이 가지고 있었다. 하지만 근래는 많은 부부가 성관계에 대한 의견을 솔직하게 표현하고 피임에 대해 공동책임을 지는 추세로 바뀌고 있다. 결혼을 앞둔 커플 역시 자녀계획과 그에 따른 피임 방법에 대해 논의할 필요가 있다. 피임방법은 다양하고 효과와 부작용에 대한 내용도 각색이다. 따라서 부부가 합의하여 서로가 선호하는 방법을 택하여야 할 것이다. 피임방법의 종류와 그 특징을 알아보면서 피임을 올바르게 준비할 수 있다.

1) 자연피임법

(1) 월경주기법

여성의 생리주기를 이용하여 가임기에 성교를 피하는 방법이다. 생리 예정일의 첫날부터 거꾸로 세어 배란기의 5일간과 자궁 내에서 정자의 생존 기간 2~3일을 합한 8일간을 임신가능일로 본다. 단 생리가 불규칙한 경우는 사용하기 곤란하다. 여성이 속한 환경의 변화나 스트레스 여부에 따라 생리주기가 불규칙적일 수 있다.

월경주기법의 예로는 생리주기가 28일로 규칙적인 여성의 마지막 생리 시작일이 5월 9일이라면 다음 생리 예정일은 6월 5일이 된다. 생리 예정일로부터 14일 전인 배란일은 5월 23일이고 23일 전 5일과 후 2일을 임신가능기간으로 본다. 따라서 이

여성이 피임해야 할 시기는 5월 18일에서 25일까지이다.

(2) 점액관찰법

배란기간에 여성의 질 속에 점액을 관찰하는 방법이다. 평소 질내 점액은 불투명하고 점성이 약하지만, 배란기에는 달걀흰자같이 투명하고 미끈거리는 점액이 나온다. 배란 후에는 점액 분비가 멈추는데, 점액 증가기부터 분비가 멈춘 3일간은 성교를 하지 않아야 피임을 할 수 있다. 이 또한 여성의 생리주기가 규칙적일 때 시도할 수 있다.

(3) 기초체온법

기초체온의 변동에 의해 배란일을 알아내어 피임하는 방법이다. 매일 아침 기상 시 누운 자리에서 일어나기 전에 체온을 측정하고 그것을 그래프로 표기한다. 월경 중과 월경 후 1주일 동안은 저온기가 지속되는데, 특히 더 저온일 경우 양 이틀간을 배란일로 본다. 단 산후 모유수유를 하거나 호르몬제 피임법을 사용하는 여성의 체온은 불규칙할 수 있다. 또한 질병에 의한 체온 상승도 배제할 수 없기 때문에 이 방법에만 의존하면 곤란하다.

(4) 질외사정법

성관계 시 사정 직전에 남성이 여성의 질 밖에서 사정하는 방법이다. 그러나 질외사정의 피임실패율은 23.6%로 가장 위험한 방법이며, 외음부에 사정한 정액이 질내로 흘러 들어갈 수도 있다(질병관리본부 국가건강정보포털, 2017). 남성의 자제력이 순간 무방비 상태일 수도 있고, 사정 전 분비되는 쿠퍼액에 정액이 흘러나오기도 하기에 가장 불안하고 비효율적인 방법이다.

2) 기구피임법

(1) 콘돔

남성이 사용하는 피임도구로 잘 알려진 콘돔은 신축성 있는 재질로 만들어진 막이 얇은 주머니이다. 성교 전에 콘돔을 발기된 음경에 끼우면 사정을 하더라도 정액이 흘러나오지 않는다. 콘돔을 사용할 때는 사용 일자를 확인하고 정액주머니에 공기를 빼주어야 한다. 간혹 콘돔이 찢어져서 피임에 실패하는 사례도 있기 때문이다.

(2) 페미돔

여성용 콘돔으로 남성용 콘돔보다 폭이 더 넓고 양 끝에 유연한 고리가 달려 있다. 이것이 질 내부를 감싸주고 정자의 이동을 차단하여 피임 효과를 가져온다. 단 남성용 콘돔에 비해 착용이 불편하고 잘못 사용하기 쉬운 단점이 있다.

(3) 루프

자궁 내 T자형의 작은 플라스틱 장치를 삽입하는 피임방법이다. 장치에 구리선을 감아서 경증염증을 일으켜 배란과 정자의 운동성을 방해한다. 5년간 피임효과가 있고 임신을 원할 경우 언제든지 간단히 제거할 수 있다. 그러나 생리통, 자연 탈출, 골반염증이 생길 수 있다는 단점이 있다.

(4) 미레나

루프와 마찬가지로 T자형 플라스틱 장치이며, 장치 내에는 소량의 레보놀게스트렐 호르몬이 함유되어 있다. 호르몬은 정자가 자궁 점액을 통과하지 못하도록 하고 수정란이 자궁내막에 착상되는 것을 방해한다. 간단한 시술로 5년 동안 피임이 지속되는 장점이 있다. 단 6개월간 적응 기간이 필요하고 출혈 및 탈모, 두통 등의 부작용이 있을 수 있다.

3) 호르몬피임법

(1) 경구피임약

먹는 피임약으로 잘 알려졌으며 미혼여성이 주로 이용하는 방법이다. 신혼부부가 첫아이를 낳기 전에 배란일을 조절하려고 사용하기도 한다. 매일 1정씩 순서대로 21정을 복용해야 피임효과가 있다. 복용은 월경 첫날부터 시작하고 같은 시간대에 복용한 후 7일의 휴식기를 갖는다. 단 복용 시 한 알을 잊었을 경우 가능한 한 빨리 복용하고 콘돔 등 보조피임법을 병행하여야 한다. 두 알을 잊었을 경우 2일 동안 두 알을 복용하고 7일간 보조피임법을 병행하여야 한다. 세 알을 잊었을 경우 새로운 팩으로 시작하는 것이 좋다. 경구피임약은 혈압을 올리고 심혈관계 질환을 유발할 수 있기에 고혈압, 간염, 당뇨가 있는 여성의 경우 사용을 금해야 하고, 메스꺼움 등의 부작용이 있을 수 있다.

(2) 응급피임약

성관계 후 다량의 호르몬을 체내에 투입해 수정란의 착상을 막는 방법이다. 이 방법은 성폭력이나 예상치 못한 특수한 경우에 사용하는 것으로 전문의의 처방이 필요하다. 성관계 이후 늦어도 72시간 안에 복용해야 효과가 있다. 호르몬제이기에 역시 생리불순, 두통, 구토감, 어지러움 등의 부작용이 있을 수 있다.

(3) 임플라논

막대 모양으로 생긴 호르몬제를 상완의 피하 부위에 삽입하는 방법이다. 임플라논에서 분비되는 호르몬은 배란을 억제시키고 자궁경부 점액의 점도를 증가시켜 정자가 자궁이나 난소로 이동하는 것을 방해한다. 효과는 3년 동안 지속되지만 삽입과 제거가 불편하여 오늘날 거의 사용되지 않는다. 호르몬에 의한 부작용으로 출혈, 탈모, 두통 등이 발생할 수 있다.

4) 영구피임법

(1) 정관수술

남성의 음낭을 조금 절제하여 정관을 잘라 묶는 수술이다. 수술 시간은 10분 정도로 국소마취 후 이뤄진다. 정관수술 후에도 정액 배출은 똑같으나 정자가 포함되지 않는 것이 수술 후 변화된 점이다. 영구적인 방법이지만 수술 후 5년 이내 정관을 복원하면 임신 성공률이 높다. 수술 후 5일부터 성관계가 가능하나 6주까지는 소량의 정자가 계속 배출되므로 이 시기까지는 다른 피임법을 병행해야 한다.

(2) 난관수술

여성의 난관을 자르거나 묶는 방법이다. 피임 실패율과 부작용이 적고 복원술을 할 경우 임신 성공률도 60% 정도다. 단 수술 후 통증, 출혈이 있을 수 있고 월경과다증, 난소낭종 등을 동반할 수 있다.

생각해보기

나와 배우자가 선택할 피임방법은 무엇인가? 이를 준비하기 위해 어떤 논의가 더 필요한가?

4. 성기능장애 및 성병 예방

1) 남성의 성기능장애

(1) 발기장애(발기부전)

발기장애는 남성의 성기가 성교를 할 수 없을 정도로 발기되거나 발기를 유지하는 것이 어려운 것을 말한다. 발기장애는 다양한 연령대에 올 수 있고 여러 형태로 시작될 수 있다. 가끔씩 발기가 되지 않은 것을 성적 장애로 볼 수 없는데, 이는 신체 상태(독감, 피로, 과식, 과음)를 반영한 것일 수도 있고, 개인의 역량 부족, 새로운 성 파트너와의 적응 부족, 긴장 및 스트레스 등의 영향을 받은 것일 수도 있기 때문이다.

'상대를 만족시킬 수 있을까?', '발기를 잘 유지할 수 있을까?'와 같은 성행위에 대한 두려움은 성적 흥분을 저하시키고 발기를 어렵게 한다. 또한 수행에 대한 두려움은 성행위 시 자신과 파트너의 반응을 관찰하고 평가함으로써 서로를 관객으로 만들게 되는데, 관객이 되면 성적 활동에 몰입하기 어려워 발기가 잘 안 될 수 있다.

(2) 조루

남성의 성기능장애 중 가장 흔한 유형인데, 성적인 만족이 일어나기 전에 의도치 않게 사정하는 경우다. 주로 성반응 주기에 대해 무지하고 성 경험이 없는 남성의 경우에 많이 발생하는데, 대부분의 남성이 첫 관계 시 성적 자극을 컨트롤하기 힘들어 조루를 경험하기도 한다. 발기부전과 마찬가지로 성행위에 대해 지나치게 민감하고 불안해하는 심리적 요인이 기인하므로 성의 목표를 사정이 아닌 상대방과의 교감으로 재해석하는 것이 중요하다.

(3) 지루

지루는 조루의 반대로 발기가 되고 성적 흥분이 고양되었음에도 질내 사정을 하지 못하는 것을 말한다. 사정하기 위해 매우 긴 시간과 끊임없는 성기 자극의 노력이 요구된다.

(4) 성교 통증

일반적으로 여성의 장애로 생각되지만, 남성에게도 성교 통증이 있다. 성교 시 생식기에 지속적으로 통증을 느끼는 경우를 말하는데, 지속되면 성행위 자체를 피하게 되고 성욕구장애나 다른 성기능장애로 발전될 수 있다. 전립선이나 정낭에 문제가 있으면 고환이나 내부기관에서도 통증을 느낀다.

2) 여성의 성기능장애

(1) 질 경련

외음부 주변 근육이 비자발적으로 수축하여 성교가 어려운 경우를 말한다. 모든 연령대에 나타날 수 있으며 수축의 심각도는 각기 다르다. 질 수축이 너무 심해서 성교가 불가능한 경우도 있으며, 삽입은 가능했지만 고통이 느껴져 성교가 불편한 경우도 있다. 일시적인 증상일 수 있으나 지속적으로 불편감을 느낄 경우 전문의의 도움을 받아 치료할 필요가 있다.

(2) 불감증

성기능장애 중 유일하게 여성에게만 해당하는 질환이 바로 불감증이다. 이는 남성은 사정과 함께 오르가슴을 느끼지만 여성은 사정과정이 없다는 점과, 남성은 발기가 되어야 성관계가 가능하지만 여성은 이러한 발기과정 없이 성관계가 이루어진다는 남녀 성반응의 차이에서 비롯된다.

일반적으로 여성의 불감증은 초기에 흥분을 못 느끼는 성욕구장애(흥분장애)와 절정을 잘 느끼지 못하는 극치감장애(오르가슴장애)로 나눌 수 있다. 성욕구장애란 본인이 성적 관심이나 욕구는 있는데, 어떠한 이유로 인해 성적 자극을 받아도 성적 반응을 보이지 않거나 질의 윤활화를 유지할 수 없는 상태를 말한다. 극치감장애란 흥분은 이루어지는데 절정을 잘 느끼지 못하거나 지연되는 경우를 말한다. 이것이 문제가 되지 않는 여성이 있는 반면 매우 좌절하거나 분노하는 여성도 있다.

(3) 성교 통증

가장 치료하기 힘든 장애 중 하나로 여성의 성적 만족에 심각한 방해가 될 수 있는 것이 성교 통증이다. 이는 성교 시작, 성교 중, 성교가 끝난 후에 나타나는 통증으로 뜨거움, 콕콕 찌르는, 쥐어짜는 듯한 고통을 안겨준다. 고통에 대한 두려움은 여성을 긴장하게 하여 성교활동 및 성적 접촉을 꺼리게 만든다.

3) 성병 예방

성병은 성교나 성적인 접촉에 의해서 감염되는 모든 감염성 질환을 의미한다(채규만, 2006). 주로 남성의 요도염, 성기 포진, 성기 사마귀 등과 여성의 질염 등의 질병을 말한다. 이런 질병을 일으키는 바이러스나 균이 성행위 및 성관계를 통해 옮을 경우 성병으로 본다. 따라서 어느 부위에 질병이 생겼나 보다는 어떠한 균에 의해 감염되었는지를 살펴야 한다. 세균성 성병에는 임질, 비임균성 요도염, 매독 등이 있고, 바이러스성 성병에는 음부포진, 음부콘딜로마, 바이러스성 간염, 그리고 후천성면역결핍증후군(AIDS) 등이 있다.

성병은 발생하는 질환이 다양하고 전염성이 강하기 때문에 초기 발견 및 치료가 중요하다. 또한 잠복기를 거치는 것이 대부분이며, 면역력이 저하되면 재감염되어 다시 재발할 수 있기 때문에 건전한 성생활을 해야 한다. 성병은 발견 즉시 치료하여야 하며 치료가 안 된 상태에서의 성관계는 금물이다. 불치병으로 알려진 에이즈 역시 치료만 잘 받으면 합병증 없이 오래 살 수 있는 만성질환이 되었다.

대부분의 성병은 성관계를 통해 전염되지만, 성질환을 가진 사람이 사용한 수건, 소독되지 않은 침구를 통해서도 전염될 수 있다. 성병이 의심되는 증세가 나타나면 반드시 병원에 가서 진단받아야 하며, 그러기 위해서는 성병에 대한 사전지식을 가지고 있어야 한다.

참고자료 8-2 성병 예방하기

① 성병에 대한 지식을 습득한다.

성병에 걸릴 수 있는 상황과 가능성, 구체적인 증상에 대한 사전지식을 알고 있으면 성병에 걸리더라도 조기발견하고 치료할 수 있다.

② 자주 성기를 관찰하는 습관을 기른다.

자신의 성기와 구강점막 등을 관찰하는 습관을 들이면 조기에 성병을 발견할 수 있다.

③ 성교 상대는 신중하게 고른다.

오랫동안 관계를 유지해 온 사랑하는 사람과 성관계를 하는 것이 가장 안전한 방법이다.

④ 정직해야 한다.

성병에 감염되었다면 지체 말고 상대방에게 알려야 한다. 상대방의 감염 여부가 의심스러울 때도 사실을 알려줄 것을 요구해야 한다.

⑤ 항상 조심하고 혼외 성교 시 반드시 콘돔을 사용한다.

콘돔 사용에 부정적인 사람이 성병에 감염되기 쉽다.

⑥ 신속히 검진하고 치료해야 한다.

성병에 감염된 사실을 알게 되면 즉시 치료를 받아야 하고, 성 파트너도 함께 검진 및 치료를 받아야 한다.

출처: 정민자 (2010).

*참고문헌

김경숙 역 (2009). **화성남자 금성여자의 침실 가꾸기.** John, G. (2001). Mars and venus in the bedroom. 경기: 친구미디어.

매일경제 (2019.01.25). [Weekend Interview] '유쾌하고 적나라한' 성교육으로 성범죄 없는 세상 꿈꾸는 김영화 소아정신과 전문의. 정희영 기자.

정민자 (2010). **신세대를 위한 성과 사랑.** 서울: 대왕사.

질병관리본부 국가건강정보포털(2017). 피임. http://health.cdc.go.kr/health/HealthInfoArea/HealthInfo/View.do?idx=1690

채규만 (2006). **성행동심리학.** 서울: 학지사.

트래니 역 (2005). **결혼 전 잠깐!.** Monica, M. L. (2004). 1001 Questions to Ask Before You Get Married. 서울: 지식의날개.

한국보건사회연구원 (2015). 전국 출산력 및 가족보건복지 실태조사.

Adamson, A. (2003). Scents to Raise Your Blood Pressure, retrieved from www.philly.com site.

Blow, A. J., & Hartnett, K. (2005). Infidelity in committed relationships il: A substantive review. *Journal of marital and family therapy*, *31*(2), 217-234.

Britton, P. (2011). *The art of sex coaching: Expanding your practices*. WW Norton & Company.

Masters, W. H., & Johnson, V. E. (1966). *Human sexual response*. Boston: Little, Brown.

Masters, W. H., Johnson, V. E., & Kolodny, R. C. (1995). *Human sexuality*. New York: HarperCollins College Publishers.

Olson, D., Olson-Sigg, A., & Larson, P. J. (2008). The couple checkup: Find your relationship strengths. Thomas Nelson Inc.

Wilcox, D., & Hager, R. (1980). Toward realistic expectations for orgasmic response in women. *Journal of Sex Research*, *16*(2), 162-179.

Chapter 09

의사소통

1. 의사소통의 개념
2. 의사소통의 원리
3. 의사소통의 중요성
4. 의사소통에서 성차
5. 부부 의사소통
6. 효과적인 의사소통방법
7. 의사소통의 유형

Chapter 09

의사소통

사람들은 끊임없이 의사소통을 하면서 생활한다. 특히 결혼을 앞둔 예비부부는 많은 의사소통을 통해 결혼에 이르는 합의를 이끌어내고 결혼의 과정과 결혼 생활에 대한 준비를 한다. 그러나 이러한 과정에서 행해지는 잘못된 의사소통은 오해와 갈등을 불러일으켜 결혼 준비과정에서부터 위기에 직면하게 되거나 결혼 이후의 삶에도 영향을 줄 수 있다. 결혼을 통해 서로 다른 두 사람이 결합하고 두 가족이 결합하기 때문에 의사소통은 이러한 관계를 이루기 위해 꼭 필요한 기술이라고 할 수 있다. 따라서 의사소통을 하는 능력은 만족스러운 대인관계를 유지하는 데 가장 중요한 요소이다.

이 장에서는 의사소통에서 남녀의 차이를 살펴보고 행복한 부부가 되기 위한 효과적인 의사소통방식에 대해 살펴봄으로써 예비부부, 부부, 가족 및 친구 간에 만족스러운 의사소통을 할 수 있도록 도와줄 것이다.

1. 의사소통의 개념

의사소통의 어원은 라틴어 '나누다'를 의미하는 'commicare'이며 둘 이상의 사람들 사이에 서로 공통성을 만들어 내는 과정이다(임성은, 2018). 사전적 의미로는 '가지고 있는 생각이나 뜻이 서로 통한다'는 것으로 풀이되며 인간이 사회생활을 하기 위해서 가장 필수적으로 가지고 있어야 하는 능력이다. 상호 간 소통을 위해 사용되는 매체로는 언어는 물론 몸짓, 자세, 표정, 억양, 노래, 춤과 같은 비언어적 요소들까지 포함된다.

의사소통에는 여러 가지 유형이 있는데 가장 기본적인 일상 언어 유형은 대화이다. 대화란 두 사람 이상이 모여 말로써 서로의 생각과 느낌을 표현하고 이해하는 과정이다. 이때 정보와 정서만 서로 주고받는 것이 아니라 새로운 의미를 형성해 나가는 것을 의미한다. 사람들은 대화만이 의사소통이라고 생각하지만 의사소통의 유형은 매우 다양하다.

가장 대표적인 의사소통 유형은 일대 일로 나누는 대화이다. 대화는 면담이나 면접 같은 공식적 대화와 담소를 나누는 등의 비공식적 대화로 나누어진다. 일대 다수의 대중적 화법으로는 설명이나 연설, 강연, 보고, 주례사나 축사 등이 있으며, 집단 화법으로는 공통된 문제에 대한 최선의 해결책을 얻기 위한 토의와 찬성 · 반대로 나누어 자신의 의견을 주장하는 토론이 있다(한승주, 2012).

2. 의사소통의 원리

1) 의사소통의 원리

대인간 원활한 상호작용을 위해 의사소통의 몇 가지 원리를 살펴보면 다음과 같다(Adler & Proctor, 2015).

첫째, 의사소통은 의도적일 수도 있고 비의도적일 수 있다. 배우자에게 부탁을 하거나 건전한 비판을 할 때는 자신이 할 말을 신중하게 준비할 것이므로 의도적이다. 반면에 지루해서 나오는 한숨이나 혼자 생각하다가 찌푸린 표정은 비의도적임에도 불구하고 다른 사람들은 그와 같은 행동을 보고 평가한다.

둘째, 의사소통을 하지 않는 것은 불가능하다. 의도적 행동과 비의도적 행동 모두 메시지를 보내기 때문에 많은 이론가들은 의사소통을 하지 않는 것이 불가능하다고 생각한다. 우리가 말을 하든지 침묵을 하든지, 직면하든지 혹은 회피하든지 상관없이 우리는 자신의 생각과 감정에 대한 정보를 다른 사람들에게 제공하게 된다. 이런 의미에서 우리 모두는 차단할 수 없는 의사소통자들이다.

셋째, 의사소통은 반복될 수 없다. 의사소통은 진행 중인 과정이기 때문에 동일한 사건을 반복하는 것은 불가능하다. 동일한 사람에게 매일 똑같은 말과 행동을 했다 하더라도 할 때마다 그 의미가 다르다.

넷째, 의사소통은 되돌릴 수 없다. 때로 우리는 시간을 되돌려서 그때의 말이나 행동을 지우고 좀 더 나은 것으로 바꾸고 싶어 한다. 그러나 그와 같은 철회는 불가능하다. 한 번 받은 메시지를 되돌려주는 것은 불가능하므로 우리는 신중할 필요가 있다.

다섯째, 의사소통은 내용적 차원(contents dimension)과 관계적 차원(relational dimension)을 가지고 있다. 내용적 차원은 "당신이 내 손을 잡고 있어요"와 같이 분명한 정보를 수반한다. 관계적 차원은 상대방에 대해 좋아하는지 싫어하는지, 통제하는지, 종속되어 있는지 등을 반영한다. 즉 "당신이 내 손을 잡고 있어요"와 같은 의사소통에서 좋아하는 사람이라면 문제되지 않으나 싫어하는 사람이라면 불쾌감을 표현한 것이 된다.

2) 의사소통에 대한 오해

의사소통에 대한 오해를 피함으로써 의사소통으로 인한 관계의 어려움을 극복하고 예방할 수 있다(Adler & Proctor, 2015).

첫째, 의사소통을 많이 하는 것이 항상 더 좋은 것은 아니다. 불충분한 의사소통으로 문제가 일어날 수 있지만 너무 많은 의사소통이 문제일 때도 있다. 부정적인 의사소통은 하면 할수록 부정적인 결과를 초래한다. 현대사회에서는 스마트폰을 통한 과한 메시지의 전달이 오히려 문제가 되는 경우도 있다.

둘째, 의미는 말 속에 있는 것이 아니다. 어떤 사람에게 전적으로 타당한 말도 다른 사람에게는 전혀 그렇지 않게 들릴 수 있다. 그러므로 의사소통을 할 때는 말하는 사람이 전달하고자 하는 생각을 잘 받아들일 수 있는 경청기술이 필요하다.

셋째, 성공적인 의사소통이라 하더라도 항상 오해가 없는 것은 아니다. 모르는 사람들끼리보다 잘 알고 있는 사람들끼리 서로를 오해할 가능성이 상대적으로 더 높다는 연구도 있다. 또한 서로 완벽한 이해는 없어도 성공적인 의사소통을 할 때도 있다. 예를 들어 아내가 새로 만든 요리를 남편에게 맛보게 하며 "맛이 어때?"라고 물으면 남편은 정직하게 "좀 이상해"라고 분명히 말하는 대신 "와 정말 독특하네"라고 재치있게 말할 수도 있다. 이런 경우는 서로의 관계를 위해서 명료한 의사소통보다는 친절한 의사소통을 한 것이라고 할 수 있다.

넷째, 의사소통이 모든 문제를 해결하는 것은 아니다. 최선의 의사소통조차도 때로는 주어진 문제를 해결하지 못하는 경우가 있고 분명한 의사소통이 문제의 원인이 되기도 한다. 예를 들어, 아내가 미용실을 다녀와서 머리스타일에 대해 남편에게 의견을 물어보았다고 가정해 보자. 남편이 "그 머리스타일은 너무 늙어 보여"라고 솔직하게 말하는 것은 이롭기보다 해롭다. 언제 어떻게 자기개방을 할지 결정하는 것은 쉬운 일이 아니다. 전반적으로 자기개방은 쌍방적 관계이므로 부부관계에서는 개방성 수준이 거의 비슷할 때 가장 행복하다.

3. 의사소통의 중요성

오늘날처럼 바쁜 세상 속에서 조용히 살고 싶다고 생각은 하지만 우리는 의사소통하지 않고 하루도 견디기 힘들지도 모른다. 의사소통은 친밀한 대인관계의 핵심이므로 가족관계, 부부관계의 의사소통은 친밀한 관계이기 때문에 더욱 중요하다고 할 수 있다. 매일 관계를 맺기 때문에 더 많은 영향을 주는 것이 가족 의사소통이라고 할 수 있다. 의사소통이 불충분하거나 병리적인 의사소통을 할 경우에는 부부간에 문제를 야기하고, 반대로 긍정적인 의사소통은 결혼생활의 활력이 된다. 의사소통이 부부와 가족에게 미치는 영향은 다음과 같다(최규련, 2012).

첫째, 의사소통이 잘 이루어지면 친밀감이 증가한다. 친밀감은 자신의 감정, 생각 및 개인적인 사실을 개방하고 상대방을 이해하고 인정하며 돌봄으로 반응할 때 발달한다. 따라서 부부가 경험과 관심을 서로 나누고 사랑과 존경을 기반으로 한 의사소통을 할 때 더욱 친밀한 관계를 형성할 수 있다.

둘째, 의사소통이 잘 이루어질수록 부부관계 만족도가 높고 결혼의 질이 상승한다. 즉 부부간에 자기 표현이 많고 효과적인 의사소통을 많이 할수록, 비언어적 의사소통이 분명할수록 서로 이해가 깊어지고 감정이입이 많아 결국 결혼의 질 상승으로 이어진다.

셋째, 의사소통이 잘 이루어지면 스트레스를 완화시킨다. 가족원은 가정생활을 잘 유지하는 데 있어 많은 스트레스 상황에 직면하게 되는데, 가족 간에 개방적이고 효율적인 의사소통을 할수록 스트레스를 낮게 인지하여 갈등을 예방할 수 있다.

넷째, 부부 의사소통이 효율적일수록 부부의 성만족도가 높다. 언어적 표현을 많이 하는 개방적 의사소통을 할수록 높은 수준의 감정을 노출하여 부부의 성만족도가 높았다. 특히 아내가 자신의 감정을 개방적으로 표현하고 남편이 의사소통에 적극적으로 참여할수록 부부의 성만족도가 증가하였다.

참고자료 9-1 공간언어

- **친밀한 거리: 0~45cm**
  가장 친밀한 거리로 사적인 공간을 의미하며 가족, 부모, 연인, 자녀, 가까운 친구, 친지 등 정서적으로 가까운 사람만이 허락되는 거리이다.

- **개인적 거리: 45cm~1.2m**
  개인적인 거리이며 손을 뻗으면 닿을 수 있는 정도의 공간으로 어느 공적, 사적 관계를 넘나드는 공간이다. 사교모임, 친구모임, 동아리 모임, 칵테일파티 등과 같이 제한적인 관계의 사람들에게 허락되는 거리이다.

- **사회적 거리: 1.2m~3.7m**
  사회적 거리로 업무상 미팅이나 공식적인 상호작용을 필요로 하며, 이 공간에서는 제 3자가 개입하더라도 부담스럽지 않다. 여러 사람이 대화하거나 새로운 사람이 들어와도 허락되는 거리이다. 일반적으로 택배원이나 낯선 사람과의 거리로, 어느 정도의 거리감이 오히려 안정감을 준다.

- **공적인 거리: 3.7m 초과**
  공적인 거리로 대중 앞에 서서 편하게 연설할 수 있는 거리이다.

출처 : 임성은 (2018).

4. 의사소통에서 성차

의사소통에서 나타나는 성차는 종종 갈등을 유발시킨다. 남성과 여성은 의사소통에 대해 다른 관점과 태도를 가지며 다른 방식으로 반응하고 접근하는 것으로 나타나고 있다(Tannen, 1990). 이러한 남성과 여성의 의사소통방식의 차이를 이해하면 남성과 여성의 마찰을 줄일 수 있다. 다음은 많은 연구에서 남성과 여성의 의사소통 방식의 차이로 밝혀진 것들이다(박경란 외, 2001; 최규련, 2012; 최성애, 2005; Kohei, 2010; Sherman & Dumlao, 2008).

1) 의사소통 목표에서의 차이

첫째, 여성은 친밀감 형성을 위해 의사소통을 하며 남성은 상대방과 경쟁하는 기회로 본다. 즉 여성들의 의사소통은 주로 상대방과의 관계를 확립하고 유지하기 위한 수단이며, 지지를 제공하고 친밀과 이해를 성취하기 위한 것이다. 반면 남성들은 과업을 성취하고 통제를 발휘하고 지위를 높이고 자신을 나타내기 위한 것이다.

둘째, 남성은 해결할 일이나 용건이 있을 때 대화를 하려고 하고 정보수집과 문제해결을 위해 대화를 한다. 그러나 여성은 말하는 과정 자체를 즐기고 관계를 확립하고 지속하기 위한 대화를 많이 한다.

2) 경청하는 태도

첫째, 남성은 경청에 신경을 잘 쓰지 않고 반응에만 신경을 쓰는 경향이 있으며 여성은 좋은 경청 습관을 보이려고 노력한다. 즉 남성은 상대방 이야기를 들을 때 눈을 잘 마주치지 않고 고개를 잘 끄덕이지 않으나, 여성은 눈을 잘 마주치고 고개를 잘 끄덕거린다.

둘째, 남성은 상대가 말을 하는 동안 딴짓을 하거나 자기의 말을 하려고 자꾸 끼어드는 경향이 있다. 여성은 상대가 말을 할 때 다른 행동을 잘 하지 않으며 다음에 말을 하기 위해 숨을 고르는 경향이 있다.

셋째, 남성은 경청하면서 말하는 사람의 정보를 분석하기 위한 질문을 자주 하는 반면, 여성은 상대방의 말을 듣고 더 많은 정보를 유추하기 위해 질문을 한다.

넷째, 남성은 "아하"라는 감탄사 사용이 드물지만 여성은 남성보다 자주 사용한다.

다섯째, 남성은 상대방의 문제를 접했을 때, 힘들어하는 사람에게 정서적 지지를 제공하는데 덜 능숙하다. 남성은 문제에 조언을 하거나 주제를 전환하는 방식으로 반응한다. 대조적으로 여성은 정서적 지지를 자주 하고 무조건적으로 들어주며 위로해 주고 걱정해 주는 데 능숙하다.

3) 말하는 태도

첫째, 남성은 경쟁적인 방식으로 대화를 주도하려는 경향이 있는데 이는 남성의 경우 서로의 만남을 도전으로 받아들이는 경향이 있기 때문이다. 반면에 여성은 좀 더 친화적인 방법으로 대화를 하며 친밀한 관계를 맺고자 한다. 따라서 여성은 배우자에게 자신이 어디를 가고, 누구와 있고, 언제 집에 돌아오는지 미리 말을 해준다. 그러나 독립성과 통제를 필요로 하는 남성들의 경우 이러한 정보를 왜 공유해야 하는지 잘 이해하지 못한다.

둘째, 남성은 말을 할 때 갑자기 주제를 바꾸거나 누가 끼어들 때까지 말을 멈추지 않는 경향이나 여성은 이전의 화자가 말했던 정보와 자신의 정보를 연관지으려고 하고 상대의 정보를 받아들일 때는 말을 하지 않는다.

셋째, 남성은 '나'라는 말을 자주 쓰고 개인적인 정보에 대해서 말하는 것을 꺼린다. 반면에 여성은 '우리'라는 말을 자주 쓰며 자신에 대한 이야기를 잘 한다.

넷째, 남성들은 여성보다 직접적이고 주장적인 방식으로 말을 한다. 이에 비해 여성은 상대방의 의견과 주장을 고려하여 상대방의 말을 맞받아치기보다는 함께 연결짓고자 한다. 예를 들어 차를 함께 타고 가는 아내가 "우리 뭐 좀 마시게 차를 좀 세울까?"라고 물으면 남편은 진심으로 "아니, 난 괜찮아"라고 말한다. 나중에 아내가 음료수를 마시고 싶어서 짜증이 났다는 것을 안 남편은 황당해한다. 남편은 "그냥 음료수를 마시고 싶어"라고 말을 하지 않는 아내를 이해하지 못한다.

다섯째, 남성은 자신의 감정에 대해 이야기하는 것을 여성보다 더 불편하게 생각하는데 이는 감정을 드러내는 것은 연약한 것이라고 생각하기 때문이다. 반면에 여성은 자기를 노출하고 상대방과 의견일치에 도달하거나 확인과 지지를 얻는 것을 관계를 구축하는 것으로 여긴다. 여성은 친밀함을 찾고 고립감을 피하려는 성향이 있기 때문이다.

여섯째, 남성은 어떤 문제에 대한 대화를 할 때 그 문제에 대한 해법을 찾으려는데 집중하지만, 여성들은 그 문제에서 느끼는 감정에 초점을 맞추고 이를 공유하려 한다. 이러한 차이로 인해 남성들은 여성들이 문제를 해결하기보다는 그저 잡담만 했다고 생각하고 여성은 그것을 답답해하고 오해받았다는 느낌을 받기 쉽다.

일곱째, 남성은 농담을 할 때 별개의 일화로 말을 하고 다른 사람을 놀리려는 뜻에서 개그를 한다. 그러나 여성은 대화 중에 개그를 첨가하며, 누구를 놀리기 위한 개그는 거의 없다.

4) 자기개방

자기개방(self-disclosure)은 일반적으로 다른 사람이 알지 못하고 자신에게 중요한 정보를 의도적으로 개방하는 과정이다. 일반적으로 자기개방의 양과 애정 사이에는 강력한 상관관계가 있다. 사람들은 본인이 좋아하는 사람에게 자신을 더 개방시킨다. 개방 빈도는 친밀감으로 다가오므로 자기개방은 친밀감을 쌓는 데 도움을 준다.

여성은 남성보다 더 자기를 개방하는 경향이 있다. 여성에게 개방은 상대방과의 관계를 구축하는 한 방법이다. 따라서 여성은 자기개방을 하지 않으려는 남성의 행동을 자신이나 그들의 관계에 대해 관심을 갖지 않는 증거로 간주하는 반면, 남성은 개방이 개인적인 약점을 드러내는 것이라고 본다.

정서를 표현함에 있어서도 남성보다는 여성이 더 많이 표현하는데 아버지와 어머니의 정서표현도 마찬가지여서 자녀들은 아버지의 정서표현을 읽는 데 어려워했다(Dunsmore, Halberstadt, Her & Perez-Rivera, 2009; Adler & Proctor, 2015 재인용). 또한 온라인에서의 의사소통에서도 여성이 이모티콘을 더 많이 사용하고 애정을 더 많이 표현한다(Witmer & Katzman 1999; Adler & Proctor, 2015 재인용).

남녀의 이러한 개방의 상이한 스타일이 상호작용에서 불만을 초래할 수 있다. 그러므로 남녀의 의사소통 차이를 알고 서로 다르지만 타당한 방법으로 의사소통할 수 있는 방법을 배울 필요가 있다.

5. 부부 의사소통

현대사회로 접어들면서 가족이 수행하는 여러 기능 가운데 특히 가족원들의 정서적 지지 기능이 중요해지면서 가족원들이 각자의 역할을 수행하는 도구적 차원보다 관계적 차원이 중요한 의미를 갖게 되었다. 그 중에서도 건강한 부부관계가 가족 전체에 미치는 영향을 고려해볼 때 부부간의 원활한 의사소통은 특히 중요하다고 볼 수 있다.

의사소통은 가족원들 간의 상호작용이 중요한 요소로서 가족원들 간의 친밀감을 증진시키고 갈등을 해결할 수 있는 중요한 기술인 동시에 의사소통이 효과적으로 이루어지지 않았을 경우 관계의 갈등을 유발시키는 요소이기도 하다. 즉 모든 인간관계는 언어적, 비언어적 의사소통을 통해 이루어진다고 볼 수 있다. 상당히 많은 수의 부부들이 다른 사람들과는 대화가 잘되는데 배우자와는 대화가 되지 않는다고 고민을 토로하고 있으며, 이는 결혼만족도를 저하시키는 중요한 요인이 된다.

1) 부부 의사소통의 장애요인

부부간의 대화가 중요하다는 것은 많이 알려져 있는 바로 많은 부부들이 대화를 잘하기 위해 노력을 한다. 그러나 나름대로 노력을 하지만 서로 평행선을 달리는 것처럼 계속 그 상황이 지속되거나 오히려 감정을 상해서 끝나는 경우가 많다. 그러다 보니 오히려 배우자와는 이런 이야기를 안 꺼내는 편이 낫겠다며 대화 자체를 회피하게 되는 결과를 낳기도 한다. 그렇다면 남편이나 아내 아닌 다른 사람과는 대화가 잘 되는데 왜 집에서는 대화가 안 되는 걸까? 부부간의 의사소통 장애요인으로 다음과 같은 사항을 들 수 있다(Stinett, Walters, & Kaye, 1984; 유영주 외, 2000 재인용; Gottman, Gottman & DeClaire, 2007).

(1) 의사소통의 규칙 차이

개인이 처한 지역적, 사회적, 경제적, 종교적 환경 등에 따라서 고유한 가치관이나 행동 유형을 형성하게 되는데, 이렇듯 서로 다른 문화적 환경에서 성장한 두 사람은 의사소통 규칙에 있어서도 차이를 나타내게 된다. 즉, 다른 사람에게 약한 모습을 보여서는 안 된다, 가족원들끼리 화를 내서는 안 된다, 원하는 것을 달라고 요구해서는 안 된다 등 개인이 습득한 의사소통 규칙의 차이로 인해 부부간에 의사소통이 다르게 인지되어 의사소통에 장애를 가져오게 된다.

(2) 간접적 의사소통

간접적인 의사소통은 상대방에게 자신의 불만이나 요구하는 바를 직접적으로 분명하게 말하지 않고 암시하면서 듣는 사람이 자신의 마음을 읽고 원하는 바를 알아주기를 바라는 것이다. 이는 듣는 사람이 메시지의 참뜻을 파악하기가 힘들게 하여 서로 간의 명확한 의사소통을 방해하게 된다.

(3) 과잉일반화나 잘못된 가정

과잉일반화란 어떤 부분적인 특성을 가지고 전체의 특성인 것처럼 확대시키거나 다른 유사한 상황에서 그러한 일이 똑같이 나타날 것이라고 보는 것이다. 즉 아이들과 놀러가기로 약속한 남편이 그 약속을 지키지 않자, 아내가 남편이 아버지로서 자격이 없다고 비난하는 것을 한 예로 들 수 있다. 그리고 명확한 의사소통을 방해하는 잘못된 가정으로는 '부부는 일심동체이니 어떤 감정과 행동도 반드시 같아야 한다', '과거에 일어난 일이나 현재 일어나고 있는 일은 변화될 수 없다', '자신은 배우자의 감정이나 생각을 다 안다'는 것 등을 들 수 있다.

(4) 선택적 인지

선택적 인지는 어떤 사건을 지각할 때, 상황에 대한 해석을 전체적 혹은 다양한 측면에서 융통성 있게 사고하는 것이 아니라, 지나치게 부정적이거나 극단적인 면으로만 해석하는 것을 말한다. 특히 갈등이 많은 관계에서는 상대의 긍정적인 면보다는 부정적인 면에 집중하여 잘못된 편견을 가지고 두 사람 간의 의사소통 시 부정적인 해석을 해버리는 경우가 많다.

(5) 모순적인 의사소통

모순적 의사소통은 한 사람에 의하여 여러 가지 다른 메시지가 보내지거나 언어적 메시지와 비언어적 메시지가 다를 때 발생한다. 모순적 메시지의 예를 들어 보면, 부인이 남편에게 같이 마트에 장을 보러 가자고 해놓고 조금 있다가 분명한 이유 없이 같이 가기 싫다고 하는 경우이다. 다른 예로는 부인이 남편에게 말로는 남편과 함께 여행을 갔으면 좋겠다고 하면서 표정은 귀찮아하는 비언어적 메시지를 보내는 경우이다.

(6) 일방적으로 말하기

일방적으로 말하기는 상대의 말을 경청하려고 하지 않고 자신의 생각만 이야기하여 상대방에게는 생각이나 감정을 나타낼 수 있는 기회를 주지 않기 때문에 두 사람 간의 의사소통이 이루어진다고 볼 수 없다.

(7) 방어적 의사소통

방어적 의사소통은 상대방의 비난이나 비판, 평가 등에 위협을 느껴 자신의 감정을 솔직하게 표현하지 못하고 자신을 보호하려고 하는 것을 말한다. 주로 상대의 비위를 맞추려 들거나, 상대를 비난하거나 혹은 대화를 회피하는 등 역기능적인 의사소통 양상으로 나타나게 된다.

(8) 과거의 문제 들추어내거나 누적된 불만을 한꺼번에 말하기

현재 당면하고 있는 문제에 초점을 맞추는 것이 아니라 지나간 과거의 불만들을 끄집어내어 불평을 늘어놓거나 평소 누적된 여러 가지 불만들을 한꺼번에 쏟아 놓는 것은 상대에게 분노를 불러일으키게 되어 의사소통에 전혀 도움이 되지 않는다.

(9) 절대적인 진실인 것처럼 말하기

자신의 시각이나 의견에서 문제를 설명하는 것이 아니라 마치 그것이 절대적인 진실인 것처럼 이야기하는 것이다. 예를 들어 "화장품 하나 사는 데 어느 누구도 그렇게 많은 돈을 쓰지는 않아"라고 하는 것이다.

(10) 문제를 상대방 탓으로 돌리기

어떤 문제의 책임을 서로 나누는 것이 아니라 상대의 탓으로 돌리는 것으로, 상대는 대응적이고 방어적으로 나오게 되어 이는 오히려 갈등을 심화시켜 감정의 골을 깊어지게 만든다.

(11) 적절하지 않은 시간에 대화 시도하기

상대가 심한 스트레스를 받고 있거나 신체적으로 아주 피곤해 하는 경우, 혹은 정신없이 바쁜 시간 등 대화를 하기에는 적절하지 않은 시간에 대화를 시도한다면 상대방은 제대로 이야기를 들을 수가 없다.

2) 행복한 부부와 이혼하는 부부의 의사소통

(1) 행복한 부부의 의사소통

Gottman은 부부관계가 안정적이고 만족스러운 부부들을 수 년 동안 추적 연구한 결과, 여러 유형의 행복한 부부들이 있을 수 있지만 행복한 부부들의 의사소통에는 특징이 있음을 밝혀냈다.

첫째, 행복한 부부들은 긍정적인 상호작용이 부정적인 상호작용보다 훨씬 높다. 행복한 부부 중에서도 서로를 인정하는 유형도 있지만 갈등을 회피하거나 사소한 문제로 자주 싸우는 유형도 있다는 것을 발견했다. 단 세 유형 모두 긍정적 상호작용과 부정적 상호작용의 비율이 5:1을 넘었다. 즉 행복한 부부들은 모두 긍정적인 분위기를 경험하고 있었다.

둘째, 행복한 부부들은 계속해서 반복되는 문제에 대해 대화를 해나간다. Gottman의 연구에 의하면, 부부 중 69%는 반복되어 나타나는 문제들을 경험한다. 반복되어 나타나는 문제들은 내용이 어떻든지 간에 배우자의 근본적인 성격차이 또는 근본적인 필요의 차이에 관련된 것들이다. 이들 문제들은 일반적으로 해결되지 않기 때문에 해결되는 것이 중요한 것이 아니라, 해결되지 않더라도 부부가 그 문제에 대해 어떻게 느끼고 있는지가 중요하다. 행복한 부부들은 반복되어 나타나는 문제에 대해 상대를 변화시키려는 목적 없이 계속 대화를 해나간다.

셋째, 행복한 부부들은 보수공사를 효과적으로 실행한다. 부부 사이에는 말다툼과 부정적인 상호작용이 있게 마련이다. 그런데 행복한 부부들은 부정적인 상호작용을 했을 때 그 부정성을 감소시키거나 긍정적으로 분위기를 전환시키는 보수공사를 효과적으로 실시한다.

넷째, 행복한 부부들은 일반적으로 서로에 대해 긍정적인 귀인을 한다. 행복한 부부는 배우자가 부정적인 행동을 하면, 일시적이고 상황적이라고 생각하는 경향이 있다. 그러나 불행한 부부들은 상대방이 실수하거나 잘못한 것이 있으면 상대방의 성격적인 특징으로 돌리는 경향이 있다. 또한 행복한 부부는 배우자가 긍정적인 행동을 하면, 그 행동을 배우자의 내적인 특징으로써 귀인한다. 즉 "남편은 사려 깊고 사랑이 많은 사람이야"와 같은 생각을 한다. 반면에 불행한 부부는 같은 긍정적인 행동을 일시적이고 상황적인 것으로 취급한다.

다섯째, 행복한 부부는 부정성에 대한 역치가 낮다. 행복한 부부는 부부 사이에 부정적이고 꺼림칙한 것이 있을 때 빨리 대화나 문제해결을 시도한다. 문제를 참았다가 분노나 부정적인 감정의 수위가 높은 상태에서 문제해결을 시도하면 화를 폭발적으로 내서 폭력으로 발전할 위험이 있다. 배우자들은 서로의 부정적인 감정에 민감하게 반응하면서 문제가 발생하면 가능하면 초기에 대화로 문제를 해결하려고 시도

하는 것이 유익하다.

(2) 이혼하는 부부의 의사소통

Gottman은 부부들의 부정적인 상호작용 중에서도 특히 관계를 악화시키는 것들을 4가지 파국 예언 요인이라고 명명하였다. 4가지 파국 예언 요인은 비난, 경멸, 방어, 담쌓기(냉담)이다(최성애, 2010).

① 비난(criticism)

부부관계에서 비난과 불평(complain)에는 차이가 있다. 비난은 '전혀', '항상', '한번도' 등의 말을 사용해서 상대방의 성격이나 특성을 공격하여 상대방의 기분과 감정을 상하게 하는 것이다. 반면에 불평은 상대의 구체적인 행동을 책망하는 것이다. 예를 들어, 아내가 남편에게 "나는 당신이 저녁식사 동안 내내 자기 이야기만해서 좀 짜증이 났어요. 당신은 나에 관해 아무것도 물어보지 않는군요."라고 하는 것은 불평이다. 그러나 "언제 당신이 나한테 관심을 가져본 적이 있어요?"는 상대방에 대한 비난이다.

② 경멸(contempt)

경멸은 비난과 달리 상대방을 모욕하려는 의도로 배우자를 심리적으로 학대하는 것으로 말과 신체적 신호를 사용하여 배우자에게 모욕을 주는 것이다. 이혼 직전에 있는 부부들은 서로를 멸시하고 서로에게 상처를 많이 준 경우가 많다. 경멸의 방식에는 욕하거나 모욕하기, 빈정거리고 코웃음치기, 조롱하고 비꼬기, 눈동자를 굴리거나 입을 삐죽거리기 등이 포함된다.

예를 들면 "당신은 무엇 하나 제대로 하는 게 있어?", "당신은 친정에서 그렇게 배웠어?"와 같이 말하는 것이다. 이러한 경멸이 발생되지 않게 하기 위해서는 상대의 말이나 행동에 앙갚음하거나 자신이 옳다고 논쟁을 하지 않는 것이다. 배우자의 성격을 공격하기보다 배우자의 행동을 구체적으로 불평하고 상대를 존중하는 마음을 표현한다면 관계는 향상될 수 있다.

③ 방어(defensiveness)

방어는 공격받는다고 느낄 때 자신을 보호하려는 시도이다. 방어는 서로가 상대방에 의해 희생되었다고 느끼고 자신에게는 잘못이 없다고 변명하면서 상대를 나무라는 격이 되므로 부부관계를 더욱 어렵게 만든다. 방어에는 많은 방법이 있는데 가장 흔한 방법이 책임회피와 책임전가 등이다.

예를 들어 아내가 쇼핑을 지나치게 해서 신용카드를 많이 쓴 경우, 남편이 "카드빚이 이렇게 늘었는데 어쩔 거야? 도대체 당신은 어떻게 된 사람이 나갔다 하면 항상 최소 10만원은 쓰고 와?" 이런 식으로 비난할 때, 아내가 "그러는 당신은? 당신도 골프장 가면 돈 안 써? 돈은 누가 더 많이 쓰는데?"라고 방어를 한다. 이렇게 주거니 받거니 공격, 방어, 공격, 방어를 하며 싸우면 지쳐서 결국 이혼으로 이어진다.

④ 담쌓기(stonewalling)

이혼으로 가는 네 번째 지름길은 담쌓기이다. 말 그대로 상대와의 사이에 담을 쌓는 행위이다. 눈 마주치지 않기, 전화 꺼놓기, 상대가 말하는데 대답하지 않기, 각방 쓰기, 집 나가기, 별거하기 등이 모두 해당된다. 담쌓기를 하게 되면 서로를 외면하게 되고 결국 감정적인 연결이 끊어져 이혼으로 가게 된다.

6. 효과적인 의사소통방법

효과적인 의사소통을 하려면 대화를 하기 전에 준비가 필요하다. 상대방과 제대로 대화하기 위해서는 내가 말하고 싶을 때 하고 싶은 말을 그냥 하는 것이 아니라 대화 상대가 준비되었을 때 시작하는 것이 좋다.

1) 대화 준비

효과적인 의사소통을 위해서는 적절한 준비가 필요하다. 상대방을 이해하고자 하는 마음의 준비를 갖추고, 대화하기에 적당한 시간과 장소에 대해서 미리 약속하는 것이 좋다. 예를 들면 아주 바쁘게 집안일을 하거나 너무 늦은 밤, 출근 바로 전이나 퇴근 직후에는 마음의 준비가 되지 않아 효율적인 대화를 하기 어렵다. 특히 중요한 내용이나 긴 토의가 필요한 내용의 대화일수록 대화를 위한 준비는 더 중요하다.

대화의 장소는 두 사람이 대화에 집중할 수 있는 곳으로 한다. 식사 자리는 가족구성원들이 서로 같이 모여서 그날 있었던 일을 공유할 수 있기 때문에 좋은 대화의 장소로 여겨진다. 자녀들도 어른들의 대화에 참여함으로써 의사소통기술을 익히고 가족의 문화적 가치를 한 세대에서 다음 세대로 전수하는 장소가 될 수 있다(Ochs & Shohet, 2006). 그러나 대화의 주제가 민감하거나 해결을 요구하는 문제일 경우에는 식사 자리는 피하여 즐거운 식사에 방해가 되지 않도록 하는 것이 좋다. 침실에서 대화를 할 경우에는 대화 중에 한 명이 잠이 들어 대화가 중단되거나 해결되지 못한 문제가 있을 경우 수면에 방해를 받게 된다. 그리고 대화 당사자 외에 다른 사람이 있는 곳에서는 솔직한 마음을 표현할 수 없어 진정한 대화를 나눌 수 없게 되거나 언쟁을 할 경우 주위 사람들에게 영향을 주게 되고 문제해결이 어려워질 수 있다. 따라서 두 사람이 온전히 대화에 집중할 수 있는 시간과 장소를 결정하고 대화의 주제에 따라 자녀를 대화에 참여시킬지 여부를 정하는 것이 좋다.

대화를 어느 정도 길게 할지를 정하는 것도 미리 약속하는 것이 필요하다.

2) 말하기 기술

미네소타 부부 대화법에서 말하는 기술은 여섯 가지로 되어 있는데 이를 아는데 그치지 않고 실제로 구체적인 방법을 훈련받고 연습을 많이 해야만 숙달될 수 있다. 부부가 대화하면서 다음의 말하기 기술을 모두 사용하는 경우는 흔하지 않지만 논쟁이 될 만한 이야기를 할 때, 문제해결과 의사결정을 위해 의논할 때 이러한 말하기 기술을 사용하면 싸우거나 대화가 중단되지 않으면서 대화다운 대화를 할 수 있게 된다(최규련, 2012).

(1) 자신의 말로 표현하기

자신이 말하는 내용이 자신의 주관적인 것임을 인정하면서 자신을 스스로 대변하는 말하기 방법으로 '나는', '내가' 등으로 말을 시작하는 것이다. 이는 '다른 사람은 어떻게 볼지 모르겠지만 내가 보기에는, 내 입장에서는 어떠하다'는 의미를 지닌다. 무엇이든지 상대방에게 이야기를 하고 싶을 때는 "당신은 왜 ~한 거야?"라고 말하고 싶어도 이를 자제하고 자신의 말로 표현하는 기술을 사용하여 "나는 ~"으로 시작하는 말로 바꾸는 것이 중요하다. 이럴 때 비로소 자신의 속마음을 정확하게 전달할 수 있게 되고 상대방을 비난하거나 화를 돋우지 않고 대화를 제대로 할 수 있다.

예 당신은 왜 매일 늦게 다니는 거야?
→ 나는 당신이 연락도 없이 늦게 들어오면 걱정이 돼.

(2) 관찰한 사실 표현하기

실제로 일어났던 상황과 사건에 대해 말하는 것으로 자신이 관찰하고 경험한 특정한 장소와 시간의 구체적인 사실을 제시하는 것이다. 구체적인 근거를 말하게 되면 그에 따른 나의 마음을 배우자가 더 정확하게 이해할 수 있게 된다. 이때 사실 그대로를 표현하는 것이 중요하다. 예로 '어제 몇 시에 누가 어디에서 무엇을 하는 것을 보았어요' 같은 표현과 '요즈음', '종종', '자주', '가끔'으로 시작하는 표현은 바람직하지만, '만날', '늘', '언제나', '항상', '한번도', '전혀', '절대로' 같은 표현은 잘못된 것이다.

예 당신은 집에만 오면 항상 휴대폰만 보네요.
→ 나는 요 며칠 당신이 휴대폰만 보면서 12시까지 앉아 있는 것을 봤어요.

(3) 생각 표현하기

생각을 표현한다는 것은 내가 관찰한 사실에 대한 해석과 평가, 판단, 예상과 기대 등에 관해 말하는 것이다. 예를 들어 "이번에는 당신이 약속을 꼭 지킬 것으로 기대해요", "당신도 퇴근하고 와서 힘들 텐데 설거지를 도와줘서 내가 쉽게 일을 마칠 수 있었어요"와 같은 표현들은 자신의 생각을 말로 나타냄으로써 배우자가 나의 감정의 이유를 이해하는 데도 도움이 된다. 그러므로 감정을 표현하기 전에 가능한 감정을 갖게 된 이유를 구체적으로 설명하는 것이 필요하며 이것이 관찰한 사실과 생각을 표현하는 것이다.

(4) 감정 표현하기

자신의 감정과 기분을 직접 말하는 것이다. "내가 느끼기에는~"라는 말을 쓸 수도 있고 이 말을 쓰지 않아도 감정을 표현할 수 있다. 예를 들면 "불안했어요", "걱정했어요", "행복했어요", "미안했어요" 등으로 표현하는 것이다. 자신의 감정을 상대방에게 이해받고자 한다면 먼저 자신의 감정을 정확하게 알아차리고 내가 지금 어떤 감정을 느끼고 있는지, 그 이유는 무엇인지를 생각하고 얼굴 표정이나 목소리 등과 일치되게 감정을 말로 표현하여야 한다.

예 나는 어제 당신이 일찍 온다고 말하고서 연락도 없이 30분이나 늦게 와서(자신의 말로 표현, 관찰한 사실) 나와의 약속을 소홀히 여기는 것으로 생각이 들어(생각표현) 실망하고 화도 났고(감정표현) 무슨 일이 있나 걱정도 했어요(감정표현).

(5) 소망 말하기

상당수의 부부들은 서로 사랑하는 사람은 바라는 것을 알게 되므로 말하지 않아도 내가 원하는 것들을 배우자가 알아서 해주어야 한다고 생각한다. 그러나 이런 생각을 하게 되면 상대방은 추측해서 행동하게 되므로 자주 실망하게 된다. 그러므로 자신이 바라는 것은 분명하게 말하여 배우자에게 자신의 욕구와 소망을 알리는 것이 중요하다. 소망을 얘기할 때는 이 소망이 나, 배우자, 우리 모두가 원하는 것인지 생각해볼 필요가 있다.

예 나를 위한 소망 – 내 생일날 당신에게서 작은 선물을 받고 싶어요.
상대를 위한 소망 – 당신이 말했듯이 당신이 직장에서 승진했으면 좋겠어요.
우리를 위한 소망 – 우리 사이가 더 가까워졌으면 좋겠어요.

(6) 자신의 행동에 대해 말하기

서로에게 자신의 행동을 알리는 일은 과거와 현재, 미래의 모든 사건에 관련되어 있다. 나중에 할 일을 미리 말하는 미래 행동 말하기는 배우자에게 그에 대한 대비를 할 수 있게 하고, 배우자를 배려하고 중요한 존재로 여긴다는 생각을 갖게 하며, 서로의 행동에 대한 쓸데없는 추측이나 오해를 막는 효과가 있다. 과거 행동 말하기는 자신의 행동에 대해 잘 인식하고 있다는 것을 상대방에게 이해하게 하는 효과가 있으며 현재 행동 말하기는 부정적 행동을 이해시키는 데 더욱 필요하다.

예 과거 행동 말하기 – 오늘 오전에 당신한테 여러 번 전화했었어요.
현재 행동 말하기 – 감기약을 먹어서인지 지금 졸리네요.
미래 행동 말하기 – 앞으로는 주말마다 등산을 해야겠어요.

읽어보기 애벌린 패러독스(The Abilene Paradox)

추운 크리스마스 시즌이 아닌 숨이 턱턱 막히는 텍사스의 한여름에 일어난 일이다. 당시 하비(Jerry Harvey)와 그의 부인은 장인 장모와 함께 여름을 보내고 있었다. 집에서 잘 쉬고 있던 어느 날 오후, 하비의 장인이 집에서 약 80km나 떨어진 애벌린에 가서 저녁을 먹자고 말했다. '그 형편없는 음식을 먹겠다고 용광로처럼 펄펄 끓는 이 날씨에 운전을 해야 한다니.' 생각만 해도 끔찍했다. 그러나 그는 아내가 원하는 것 같아서 군말 없이 그냥 따라 나섰다.

애벌린으로의 나들이는 하비가 예상했던 대로 끔찍했다. 애벌린에 다녀온 후 식구들의 기분이 별로 좋아 보이지 않자 하비는 분위기를 띄우기 위해 다음과 같이 말했다.

"오늘 애벌린 나들이 참 재미있었지, 그렇지?"

그러자 기다렸다는 듯 모든 식구가 그 나들이가 너무나 끔찍했다고 고백했다. 실제로는 가기 싫었는데, 모두 가고 싶어 하는 것 같아서 할 수 없이 따라갔다는 것이었다.

"아니야, 난 절대 애벌린에 가고 싶지 않았어."

하비의 장인이 말했다.

"식구들이 집에서 너무 심심해하는 것 같아서 그냥 꺼내본 말이었어."

애벌린 패러독스의 교훈은 자신의 마음속 생각을 솔직하게 털어놓는 것, 그것이 관계를 개선할 수 있는 좋은 전략이라는 것이다.

출처: 올리버 버크먼 (2012).

3) 듣기 기술

저널리스트 Mignin McLaughlin은 "우리는 우리가 듣는 것의 절반만 듣고, 그 절반만 이해하며, 그 절반만 믿고, 그 절반만 기억하면서 산다"고 말했다. 듣기는 우리의 삶에서 매우 어려운 삶의 기술로 좋은 관계를 맺는 데 필수적이라고 할 수 있다. 일반적으로 사람들은 서로 판단하려는 경향이 있는데, 좋은 경청의 기술은 판단하려는 자세를 중단하고 타인의 진심을 이해하려는 노력을 기울이는 것이다.

듣기는 의사소통의 가장 기본이 되는 기술로서 상대를 진심으로 이해하고 공감하겠다는 의지를 표현한 것이다. 잘 듣는다는 것은 상대에 대한 존중을 나타내며 메시지의 의미를 명확하게 파악함으로써 상대의 감정, 요구에 대한 이해를 높일 수 있다. 이러한 듣기 능력 향상에 도움이 되는 5가지 기술은 다음과 같다(Miller, Miller, Nunnally & Wackman, 채규만 외 역, 1996; 최규련 2012 재인용).

(1) 주의 기울이기

대화 시 상대에게 주의를 기울인다는 것은 상대의 말에 몸과 마음을 다하여 들음으로써 듣는 사람의 관심과 존중을 나타내는 것이다. 가능한 많은 정보를 얻기 위해서 상대가 말하는 동안 바라보고 듣고 따라가도록 해야 한다. 즉, 상대의 비언어적인 메시지를 관찰하고 말의 어조와 억양 및 속도에까지 귀를 기울이는 동시에 상대의 생각이나 감정, 소망 등에 대해 주의 깊게 따라가도록 해야 한다.

(2) 상대의 경험을 인정하기

상대의 경험을 인정한다는 것은 언어적, 비언어적 표현을 통하여 상대에게 자신이 상대와 함께하고 따라가고 있음을 알려주는 것이다. 이는 단순히 머리를 끄덕이거나 "아하"라고 반응하는 것에서부터 상대의 경험을 간단하게 해석하거나 자신이 어떻게 생각하고 있는가를 반영해 주는 것까지 다양하다. 이때 상대의 생각을 바꾸려고 한다거나 자신의 생각에 동의하도록 설득하려는 시도는 효과가 없다. 상대가 자신의 경험을 말할 수 있는 권리가 있다는 것을 받아들이고, 상대가 한 말에 대해 방어적인 반응을 보이지 않고 수용한다면 그 사람을 이해하고 보다 깊은 관계를 맺을 수 있다.

(3) 더 많은 정보 요청하기

부드러운 지시나 진술, 질문의 형태로 상대가 더 많은 것을 말할 수 있게 하는 것이다. 말하는 사람은 자신의 이야기를 할 때 이야기를 계속해도 좋은지 알아보기 위하여 무의식적으로 잠시 멈추고 듣는 사람을 살펴보게 된다. 이때 듣는 사람이 상대가 더 말할 수 있도록 요청하게 되면 자신에 대한 더 많은 정보를 말하게 될 것이며 이로 인해 상대를 더욱 잘 이해하게 될 수 있다.

(4) 정확성을 위해 요약하기

상대가 한 말에 대해 자신이 정확하게 이해하고 있다는 것을 보여주기 위하여 상대의 메시지를 요약하는 것을 말한다. 요약하는 방법은 상대의 말을 수정하거나 가감하지 않고 자신의 말로 반복하고, 이러한 요약을 확인 또는 명료화하기 위해 상대에게 질문을 하는 것이다.

(5) 개방적 질문하기

대화를 하면서 상대의 이야기 중에 정보가 부족한 부분이나 내용과 감정이 불일치하거나, 혼합된 메시지 혹은 갈등적 메시지 등 분명하지 않은 내용이 있을 때 명료화하기 위해 질문하는 것을 의미한다. 개방적인 질문은 상대의 응답에 많은 자유를 부여하지만 폐쇄적인 질문은 '예' 또는 '아니오'로 제한적인 반응을 보이게 한다. 또한 '왜'라는 질문은 상대를 비난하거나 설득하려는 의도를 나타내어 상대는 방어하게 되므로 피하도록 한다.

7. 의사소통의 유형

의사소통은 부부 만족과 직결되고, 부부간의 친밀감을 유지하고 신뢰감을 증진시키는 것으로 의사소통의 표현방식과 전략에 따라 학자들은 다음과 같이 몇 가지 유형으로 구분하고 있다(박경란 외, 2002).

1) Hawkins의 의사소통 유형

의사소통에서 언어와 감정의 표현이 어느 정도 이루어지는가를 기준으로 Hawkins 등(1980)은 네 가지로 분류한다.

차단형은 자신의 의견을 언어로 표현하지 않고 감정노출도 적어 자신을 개방하지 않는 유형이다.

표출형은 자신의 상태를 언어로 표현하지 않으나 감정은 잘 노출하여 다른 사람이 감정의 변화를 쉽게 알 수 있는 유형이다.

억제형은 언어표현은 많으나 감정노출은 적은 유형으로 이성적인 면에 치우쳐 표현하는 유형이다.

친숙형은 언어표현과 감정노출을 모두 잘하여 자신을 개방하는 유형이다. 이 중 가장 바람직한 유형은 친숙형이고, 가장 바람직하지 않은 유형은 차단형이다.

2) Satir의 의사소통 유형

Satir(1979)는 스트레스 상황에서 생존하고 대처하기 위해 사용하는 방식과 전략을 의사소통이라고 명명하며, 다섯 가지 의사소통 유형으로 분류하였다.

회유형은 상대방과 부딪히는 게 싫어서 무조건 상대방을 기분 좋게 만들고 상대방이 성내지 않도록 애쓰며 자기가치나 자신의 감정을 무시하고 숨기는 것이 특징이다. 이들은 상황과 상대방은 존중하나 자기 자신은 무시하게 되고 저자세로 살면서 자기주장을 하지 못하고 사는 결과 마음속의 불만이 쌓여 신경과민과 우울을 경험한다. 이 유형이 가지는 자원은 다른 사람에 대한 민감성이다.

비난형은 모든 잘못의 원인이 상대방에게 있다고 생각하며, 자신은 하나도 잘못한 것이 없고 떳떳하고 옳다고 생각하는 유형이다. 이들은 겉으로 강하고 힘이 있는 것처럼 보이나 내면에 열등감이 있어서 자신을 보호하고 다른 사람이 자신을 강한 사람으로 인식하게 하려고 다른 사람의 잘못을 찾아내고 비난하는 유형이다. 이들은 자신과 상황은 존중하나 상대방에 대해서는 이해하려 노력하지 않고 오직 다른 사람의 잘못과 약점을 지적하고 비난하는 결과 화를 잘 내고 폭언과 폭력을 사용할 가능성이 높은 것이 특징이다. 이 유형의 자원은 자기주장 능력이다.

초이성형은 스스로 똑똑하고 지적이고 합리적이라고 생각하고 항상 바른 말만 하고 상대방이 싫은 소리를 해도 전혀 감정적인 반응을 보이지 않는 유형이다. 이들은 모든 상황에서 자기논리를 펴서 따져보고 지적으로 정확하고 논리에 맞아야 안심하고 자신과 상대방의 감정을 다루는 데는 미숙하다. 이들은 상황만 존중하고 자신과 상대방은 무시하는 것이 특징이며 자원으로 지식을 갖고 있다.

산만형은 다른 사람의 말에 직접 반응하기보다는 대화의 주제를 바꾸거나 상황과 관계없는 이야기들을 해대거나 분주하게 여러 가지 행동을 한다. 진지한 논쟁을 하는 것을 두려워하고 깊이 있는 대화의 상황을 불편해하므로 과잉행동, 방해행동 등으로 진지한 대화를 피하려 한다. 이들은 자신과 상대방과 상황 모두를 무시하는 것이 특징이며, 자원으로 즐거움, 창의력, 자유추구 능력을 갖고 있다.

일치형은 가장 바람직한 유형으로 자존감이 높고 언어표현과 표정, 음조 등의 비언어적 표현 및 감정표현이 일치되고 일관성이 있으며 표현이 적절하고 분명하다. 자신의 고유성과 개성을 인정하고 변화에 대해 개방적이며 융통성이 있으며 신체

자세와 목소리, 음조, 표정이 자연스럽고 모순이 없다. 이 유형은 자신과 상황, 상대방 모두 존중하는 특징을 가지며 자원으로 높은 자존감과 관계성, 연결감을 가진다.

*참고문헌

게리 채프먼 (2016). 5가지 사랑의 언어. 장동숙, 황을호 옮김. 서울: 생명의말씀사.

박경란, 이영숙, 전귀연 (2002). 현대 가족학. 서울: 신정.

올리버 버크먼 (2012). 행복중독자. 김민주, 송희령 옮김. 서울: 생각연구소.

유영주, 서동인, 서숙자 (2000). 현대 결혼과 가족. 서울: 신광.

임성은 (2018). 인간관계와 휴먼커뮤니케이션. 파주: 양성원.

최규련 (2012). 가족대화법. 서울: 신정.

최성애 (2005). 부부사이에도 리모델링이 필요하다. 서울: 해냄.

한승주 (2012). 의사소통 기술. 서울: 청목.

Adler, R. B. & Proctor, R. F. (2015). 인간관계와 의사소통의 심리학. 정태연 역. 서울: 교육과학사.

Dunsmore, Halberstadt, Her & Perez-Rivera (2009). Parents' Beliefs about Emotions and Children's Recognition of Parents' Emotions. *Journal of Nonverbal Behavior*, *33*(2).

Gottman, J., Gottman, J., & DeClaire, J. (2007). 부부를 위한 사랑의 기술. 정준희 역. 서울: 해냄.

Hazel, R. Rozema, & John W. Gray (2005). How wide is your communication gender gap? Fahey/Insel/Roth, *Fit and Well*, Sixth Edition. 2005 The McGraw-Hill Companies.

Hawkins, J., Weisberg, C., & Ray, D. (1980). Spouse Differences in Communication Style: Preference, Perception, Behavior. *Journal of Marriage and Family 42*, (3), 585-593. National Council on Family Relations.

Kohei, M. (2010). 행복한 결혼생활을 위한 부부배려. 조동림 역. 서울: 미래북.

Miller, S., Miller, P., Nunnally, E. W., & Wackman, D. B. (1996). 부부대화법: 부부가 함께 말하기와 듣기. 채규만, 최규련, 송정아, 홍숙자 공역. 강원: 하우.

Ochs & Shohet (2006). The cultural structuring of mealtime socialization. *New Directions For Child and Adolescent Development*, 111, 35–49. Spring 2006 Wiley Periodicals, Inc. Published online in Wiley InterScience.

Satir, V. (1979). *Conjoint Family Therapy*. Virginia Satir Souvenir Press.

Sherman, S. M., & Dumlao, R. (2008). A cross cultural comparison of family communication patterns and conflict between young adults and parents. *Journal of family communication*, *8*, 186–211.

Stinnett, N., Walters, J., & Kaye, E. (1984). *Relationships in Marriage and the Family*. (2nd ed) NewYork: Macmillan Publishing.

Tannen, D. (1990). *You just don't understand: Women and men in conversion*. NewYork: William Morrow.

Witmer, D. F., Colman, R. W., & Katzman, S. L. (1999). 인간관계와 의사소통의 심리학. 정태연 역. 서울: 교육과학사.

Chapter 10

갈등관리

Chapter 10

갈등관리

인간관계에서 갈등이 없는 관계란 불가능하다. 사람들은 다양한 관점과 목표를 가지고 세상을 살아가기 때문에 갈등은 피할 수 없는 부분이다. 특히 친밀한 관계에서는 더 많은 갈등을 경험하게 된다. 대부분의 사람들은 갈등으로 인한 어려움과 고통 때문에 자신의 삶에 갈등이 비켜가기를 바라지만, 갈등이 없으면 개인이든 사회든 성장할 수 없다. 따라서 갈등을 자연스런 삶의 문제로 받아들이고, 긍정적 변화의 기회로 삼는 것이 바람직하다.

본 장에서는 먼저 갈등에 대한 기본적인 특성을 알아보고, 가족집단 갈등의 중요성 및 그 영향을 살펴볼 것이다. 그리고 갈등을 건설적으로 관리 · 해결하기 위한 과정을 고찰해 볼 것이다.

참고자료 10-1 갈등의 어원

갈등은 칡넝쿨의 갈(葛)과 등나무 덩굴의 등(藤)이 합쳐진 말이다. 칡넝쿨과 등나무 덩굴은 둘 다 다른 식물을 감아 올라가며 자란다는 점에서 비슷하다. 그러나 칡넝쿨은 왼쪽으로, 등나무 덩굴은 오른쪽으로 감으며 올라간다는 점이 다르다. 칡넝쿨과 등나무 덩굴은 감아올라가는 방향이 서로 반대이기 때문에 한번 엉키면 풀기 어렵다. 따라서 갈등이란 실마리를 찾지 못하고 대립과 모순으로 엉켜버린 상황을 뜻한다.

1. 갈등의 기본 이해

1) 갈등의 개념

일반적으로 갈등은 인간 사이에서 피할 수 없는 자연적이고 보편적인 현상으로서 사람들 사이에 표현될 수 있는 모든 불일치를 뜻한다. Berko 등(1997)은 갈등이란 개인의 어떤 관심사나 욕구, 바람을 상대방이 좌절시키거나 혹은 좌절시킬지도 모른다고 생각하는 개인의 지각과 관련되며, 이것은 서로 맞서는 목표, 자원 사용 욕구의 불일치, 태도와 가치관의 차이 때문에 일어난다고 하였다.

갈등의 유형은 거시적 차원의 갈등과 미시적 차원의 갈등으로 나누어진다. 거시적 차원의 갈등이란 집단 간, 조직 간에 발생하는 갈등으로 기능 · 계층 · 경쟁력 차이로 유발되는 갈등을 말한다. 미시적 차원의 갈등은 일상생활 영역에서 발생하는 갈등으로 개인 내 갈등과 개인 간 갈등으로 구분된다. 개인 내 갈등은 내면적으로 상대방에 대한 접근과 회피 사이에서 일어난다. 개인 간 갈등은 친밀한 관계에 있는 두 사람 사이의 문제, 두 사람 관계의 만족 문제와 관련된다(Bate, 1988).

2) 갈등의 기능

갈등은 부정적인 영향과 동시에 긍정적인 영향을 미친다. 갈등 초기에는 부정적인 결과를 많이 접하면서 갈등은 피해야 할 것이라고 생각하기도 하나, 갈등이 모두 부정적인 것은 아니다. 갈등을 원만히 해결해 나가면 오히려 긍정적인 결과를 가져온다. 일, 건강, 개인, 관계의 네 측면에서 갈등의 부정적 · 긍정적 영향을 살펴보면 〈표 10-1〉과 같다(박경란 외, 2001; 정주진, 2006; 최환규 · 김성희, 2014; Berko et al., 1997).

| 표 10-1 | 갈등의 역기능과 순기능

영역	역기능	순기능
업무	업무의 생산성 감소	업무의 생산성 향상
건강	정신적 · 육체적 건강 악화	정신적 · 육체적 건강 증진
개인	자기비하 및 무력감 증가	자기이해 및 가치감 증가
관계	관계의 응집 위협	관계의 성장 초래

(1) 업무에 미치는 영향

갈등 때문에 일에 방해가 된다면 갈등은 역기능적이다. 갈등상황에서 무엇이 문제인지, 무엇을 해야 되는지, 어떻게 행동해야 되는지의 생각 등으로 일에 집중하기 어렵고, 시간과 에너지가 소모된다.

반대로 갈등관계에 있는 사람과 문제점을 얘기하고, 새롭고 더 나은 해결책을 강구해 나간다면 그 갈등은 기능적이다. 이 과정을 통해 안정된 마음으로 업무의 효율성이 높아지고 생산성이 향상된다.

(2) 건강에 미치는 영향

갈등과 건강의 관계는 매우 밀접하다. 미해결된 갈등으로 긴장감이 지속된다면 면역체계가 약화되고 신체적 · 심리적 부적응 증상을 일으키게 된다.

그러나 갈등을 잘 해결하면 오히려 건강해진다. 개인의 정신력을 강화시키고 분노나 우울증이 감소되어 심신의 안정을 되찾게 된다.

(3) 개인에 미치는 영향

갈등상황에서 자신이 어리석고 부적절하거나 비참하다는 느낌을 받는다면 그 갈등은 역기능적이다. 상대방과 서로 비난과 비평, 욕설, 모욕 등의 부적 자극을 교환한다면 자존감이 저하되고, 자기의심, 무력감, 부적절하다는 느낌을 갖게 된다.

반대로 갈등이 잘 해결되면 개인은 상대방에 대한 두려움의 감소로 자신감이 증가하며, 자신에 대한 이해와 가치를 증진시킨다. 또한 다른 사람들의 생각과 느낌을 존중하고 이해할 수 있는 능력을 기르게 된다.

(4) 관계에 미치는 영향

갈등이 두 사람의 관계를 위협하고 붕괴시킨다면 그 갈등은 역기능적이다. 비록 관계가 끝나지는 않더라도 관계가 소원해지고 신뢰와 애정이 감소될 것이다.

그러나 갈등이 관계의 성장을 가져올 때는 기능적이다. 이는 두 측면에서 가능한데, 하나는 갈등을 다루기 위해 서로 협력하게 된다는 점이다. 협력을 통해서 서로의 생각과 느낌을 어떻게 표현하고 대화할 것인지를 배우게 되고, 갈등을 잘 해결하기 위한 새로운 상호작용 전략을 개발하게 된다. 다른 하나는 갈등을 다루는 과정에서 서로에 대한 정보를 교환하게 된다는 점이다. 각자의 욕구, 소망, 목표에 대한 새로운 정보를 활용하게 되면 두 사람의 관계는 성장할 것이다.

2. 가족갈등

갈등은 문화마다 다르게 이해되고, 그것을 다루는 방법도 상이하다. 개인주의 문화권의 서구 사회에서는 갈등을 삶의 한 부분으로 인식하여 말다툼하고 논쟁하는 데서 즐거움과 보람을 느낀다. 이에 비해 우리나라를 비롯한 집단주의 사회에서는 개인보다는 '관계'를 중시하기 때문에 갈등을 외면하거나 갈등해결에 소극적인 경향이 있다.

한국 사회는 어느 사회보다 가족집단 중심적이다. 최근의 빠른 사회 변화에도 불구하고 가족은 여전히 가장 중요한 단위로 존재하며, 사람들은 가족의 결속력을 중시한다. 그래서 타 집단에서의 갈등은 '나와 그들' 간의 갈등이지만, 가족 간의 갈등은 '나와 우리' 또는 '우리와 우리'의 갈등이어서 더욱 고통스럽고 힘들다(유영주, 2004).

1) 가족갈등의 특성

가족 간의 갈등은 다른 집단의 갈등과는 구별되는 몇 가지 중요한 특성이 있다.

첫째, 보편적으로 개인 간이나 집단 간이나 상호의존성이 높아질수록 갈등이 일어날 가능성이 높다. 가족은 사회 어느 집단의 사람들보다 자주 접촉하고, 자신을 더 많이 노출하고, 더 많이 상호의존하기 때문에 갈등이 일어날 가능성이 높다(Dominian, 1995).

둘째, 가족원들은 한정된 가족자원을 공유하는 과정에서 갈등을 겪는다. 한정된 자원에는 돈, 시간, 공간, 장비, 도와줄 사람 등이 포함된다(Berko et al., 1997).

셋째, 다른 사회집단에 비해, 가족집단은 성원 간의 화목을 무엇보다 강조한다. 그 결과 가족집단에서는 한 식구라는 사실만으로 서로에 대한 완전한 이해나 용서를 기대하고, 보다 쉽게 감정적으로 자신의 불만을 표출하거나 순화되지 않은 언어를 사용하는 경향이 있다(조성남 · 최유정, 2013).

넷째, 사회에서 만난 사람과의 갈등은 피하거나 피할 수 없다면 내 삶에서 지워버리면 된다. 이렇게 일반 사람들이 갈등으로 그들의 관계를 쉽게 끝내는 것과는 달리 가족 간의 갈등은 죽을 때까지 이어지기도 한다(최광현, 2014).

다섯째, 가족관계는 역동적이고 발전적이다. 그래서 가족갈등은 개인과 가족의 발달에 따라서 자연스럽게 일어나는 경우일 때가 많다(Emery, 1992). 예를 들어, 첫 자녀의 출생으로 부부가 새로운 스트레스와 갈등을 겪게 된다면, 이것은 부모기로의 변화에 따른 자연스러운 과정이다.

여섯째, 가족은 사회적, 정서적 지지를 위한 하나의 체계이다. 가족갈등은 가족이라는 체계 안에서 상호의존적으로 발생하는 것이기 때문에, 가족의 한 하위체계에서 발생한 갈등은 다른 하위체계에 영향을 미친다(예: 고부갈등→부부갈등).

일곱째, 가정은 우리가 갈등해결방법을 처음으로 배우는 장소이며, 또한 갈등해결을 위한 행동을 처음 시험해 보는 장소이기도 하다. 자녀들은 성장하면서 부모들의 갈등해결 태도와 행동을 경험하고 학습한다. 즉 개인은 인생 초기에 부모를 통해, 형제와의 상호작용을 통해 갈등을 다루는 방법을 배우고, 성인이 되어서도 지속적으로 이것의 영향을 받는다.

여덟째, 가족갈등은 개인과 가족은 물론, 더 나아가 사회 전체에 직간접적으로 영향을 미친다. 가족은 사회를 구성하는 중요한 집단이므로 가족 내에서 발생하는 갈등과 이에 따르는 고통은 사회 전반에 부담을 줄 수 있다(김유경 외, 2014). 따라서 사회 안녕을 위해서는 가족 내의 갈등을 성공적으로 관리하는 것이 무엇보다 중요하다.

2) 부부갈등

현대사회에서 부부관계는 가정에서 가장 중요한 위치를 차지하게 되었다. 부부가 친밀한가의 여부는 가족의 안정성과 직결되고 있으며, 당사자는 물론 다른 가족구성원들에게도 영향을 미친다는 점에서 중요하다. 특히 부부갈등은 그 자체가 자녀에게 하나의 커다란 스트레스 자극이자 정서적 위협이 된다. 자녀들은 부모의 싸움에서 엄청난 불안과 공포를 느끼며, 불안 · 우울 등 생활적응에 어려움을 겪는다.

부부의 갈등에는 많은 원인이 있다. 이 가운데 어떤 것은 쉽게 인지되며, 어떤 것은 부부 상호작용의 관계망 안에 숨겨져 있다. 이 가운데 빈번하게 일어나는 몇 가지 갈등 측면을 살펴보면 다음과 같다(Benokraitis, 1999).

(1) 내용적 측면

① 성역할

가정 내 역할수행에 대해서 부부가 서로 다른 태도와 생각을 갖는다면 긴장이 높아지고 다툼이 잦아진다. 이것은 부부가 남녀평등 지향적인 변화를 받아들이는 속도와 정도에서 차이를 나타내기 때문이다(곽배희 외, 2004).

② 친족문제

우리 사회에서 부부갈등의 주요한 원인 중 하나는 친족에 대한 충성심 문제이다. 조희금 등(2010)에 의하면 남편은 내 부모 · 형제와의 관계에서, 아내는 배우자 부모 · 형제와의 관계에서 더 많은 갈등을 지각한다.

③ 성문제

성문제 또한 부부갈등의 원인이 될 수 있다. 부부의 성적 결합은 친밀감과 사랑을 표현하는 방법이다. 부부간에 성적 결합이 원만하면 사랑의 감정도 그만큼 단단해지지만 그렇지 못한 경우에는 부부간에 갈등이 생기는 중요한 원인이 되기도 한다(홍명선, 2012).

④ 경제문제

경제문제는 부부가 직면하는 가장 중요한 문제이다. 이것은 현대사회에서 삶을 영위하기 위한 중요한 요인이기 때문에, 만약 소득이 낮거나 자산이 적어서 경제적 어려움을 겪는다면 부부간에 갈등의 초점이 될 수 있다. 그러나 반드시 돈의 액수만이 문제가 되는 것은 아니다. 그보다는 적절하지 못한 소비습관이 문제가 되기도 한다.

즉, 돈의 사용에 대한 부부의 기본적인 태도 및 습관이 서로 다를 때 지속적인 갈등의 원인이 된다.

⑤ 권력

부부 중 주로 가정생활의 결정권을 가진 사람은 누구이며, 영향을 미치고 지배하는 사람은 누구인가? 가정 내에서 남편과 아내가 지배권을 갖기 위해 서로 '이기려'고 하는 다툼은 '승리-패배'라는 대항으로 간주되어 갈등이 일어나게 된다(Knox, 1985).

⑥ 사생활

공간, 시간, 정서 그리고 재산면에서의 사생활은 많은 부부의 중요한 욕구이다. 아무리 부부가 친밀하다고 할지라도 혼자 있을 공간과 시간을 포함하여 사생활을 서로 존중하지 않는다면 문제가 야기될 수 있다.

⑦ 자녀문제

자녀는 결혼생활을 강화시키기도 하지만 또한 갈등의 원인이 되기도 한다. 최근 주부의 취업으로 인해 아버지들의 자녀양육 참여가 높아지면서 이에 따른 문제가 늘어나고 있다. 특히 부부 사이가 원만치 않은 부부는 자녀로 인한 갈등이 많아져 부부관계가 더욱 악화되기도 한다.

⑧ 의사소통

의사소통의 어려움도 부부갈등의 원인이 된다. 부부 사이에서 일어나는 의사소통 기술의 부족과 통제되지 않는 감정의 표출이 부부관계를 악화시킨다.

⑨ 배우자의 행동 및 생활습관

배우자의 행동이나 생활습관(예: 늦은 귀가, 거짓말 등)이 지속적으로 좋지 않게 지각될 때 부부갈등으로 발전할 수 있다.

⑩ 종교

상대종교에 대한 무시, 편견, 일방적인 개종의 강요는 부부갈등을 초래한다. 특히 배우자와 자신의 종교적 신념이나 가치관이 상반될 때 대립과 갈등이 일어나기도 한다(홍명선, 2012).

(2) 관계적 측면

반드시 눈에 보이는 측면만이 갈등은 아니다. 왜냐하면 부부갈등은 어떤 한 문제로 인해 일어나는 것처럼 보이지만, 실제로는 부부관계가 투사되어 나타난 것일 수도 있기 때문이다. 실제 부부관계에서 발생하는 갈등의 이유는 다양하지만 갈등의 중심은 보통 관계 그 자체인 내면에 있다. 지속적으로 싸움을 하는 부부관계에서 보다 중요한 것은 현재의 당면 문제가 아니라 관계의 통합문제라 할 수 있다(Retzinger, 1991).

참고자료 10-2 부부싸움 시 절대로 해서는 안 되는 말과 행동

부부간에는 절대 하지 말아야 할 말과 행동이 있다.

1. 무슨 일이 있어도 폭력(폭언)은 안 된다.

폭력은 어떤 상황에서도 안 된다. 가장 기본적으로 지켜야 할 부분이다. 정말 화가 나는 상황일지라도 폭력은 안 된다. 특히 자녀들이 있는 상황에서의 폭력행사는 자녀들에게 가장 나쁜 영향을 미치므로 절대 하지 말아야 한다.

2. 우리 이혼해!

이혼을 공격무기로 삼지 않는다. 이혼이란 말을 거듭 사용한다면 그 충격도 잦아들어 어느 틈엔가 부부는 이혼에 가까워질 것이다. '이혼해'라는 말은 아예 시작부터 꺼내지 않는 것이 좋다.

3. 당신 식구들은 왜 그래?

부부싸움 중에 시댁이나 처가를 헐뜯는 말은 치명적인 상처가 된다. 상대방 가족 누군가에게 불만이 있다면 그 사람의 못마땅한 점만을 얘기해야 한다. 절대 상대방 집안 자체를 경시하거나 비난하는 일은 없어야 한다.

4. 옆집 남편(부인)처럼 할 수 없어? 누구 좀 본받아봐.

다른 사람과 비교하는 것은 배우자의 자존심을 긁을 수 있는 매우 위험한 말이다. 비교는 그 자체로 갈등의 원인이 된다. 남과 비교하면 자기 잘못을 깨닫기 이전에 감정부터 상한다.

5. 이런 것도 못하냐?, 이런 것도 모르냐?

부부싸움에서 상대방의 자존심을 건드리는 말과 행동은 절대 삼가야 한다. 사실 자존심 문제는 평상시에도 부부간에 지켜야 할 기본적인 예의이다.

6. 그러는 당신은 어떤 줄 알아?

부부싸움은 주로 반격과 방어를 주고받는 형식으로 나타난다. 배우자의 말을 진지하게 경청하는 대신 배우자에게 그 말을 되던지면, 부부 모두 상처를 입는다.

7. 응? 방금 뭐라고 했어?

말다툼 시 사태를 가장 악화시키는 발언 중의 하나다. 이 말은 극한 사태에서도 배우자의 말을 흘려듣는다는 신호로 해석돼 모멸감을 준다.

8. 당신이 그렇게 말할 줄 알았어.

우리는 배우자에 대한 선입견에 따라 그의 생각과 관점을 걸러 듣는 경향이 있다. 자신의 마음속에 있는 모습과 맞지 않을지라도 배우자가 하는 말을 주의 깊게 듣고, 배우자가 제공하는 메시지를 깊이 생각해 봐야 한다.

9. 모든 게 당신 잘못이야.

논쟁의 원인을 제공한 사람을 찾아내는 것과는 별개로 어느 한 사람에게만 비난을 돌리려는 태도는 아무런 도움이 되지 않는다. 논쟁 속에는 내가 있고, 네가 있고, 우리가 있다.

출처 : 우현주 역 (2007).

3) 부모자녀갈등

부모세대와 자녀세대는 각기 다른 삶의 가치관과 태도를 가진 채 살아왔기 때문에 생활 전반에 걸쳐서 서로 상이한 의견을 나타낼 수밖에 없다. 비록 이전보다 자녀의 자율성이 존중되는 방향으로 나아가고 있지만, 그것을 받아들이는 정도에서 세대 간의 차이가 명백하기 때문에 갈등으로 발전될 가능성이 높다(조성남 · 최유정, 2013).

(1) 내용적 측면

김유경 등(2014)의 연구에서 지난 1년간 부모와 청소년기 자녀 간에 갈등을 경험한 가정은 45.4%로 거의 과반수에 이른다. 세대 간의 갈등 원인은 생활습관이 48.7%로 가장 많았고, 다음은 학업문제(22.7%), 취업 및 진로문제(11.3%)의 순이었으며, 이외에도 돈 문제, 이성 및 동성친구, 가사 돕는 문제, 다른 형제와의 불화 등으로 다양하게 나타났다.

(2) 관계적 측면

부모와 청소년 자녀와의 갈등은 관계의 성격, 특히 부모의 통제수준에 대한 자녀의 지각과 관련된다. 부모들은 자녀와의 갈등문제가 대부분 생활규칙이나 학업에 대한 것이라고 생각하지만, 청소년들은 자신의 자율적인 선택이나 의사결정을 방해받는 것, 즉 부모들이 자신의 생활을 통제하는 것을 갈등으로 지각한다. 청소년들은 자신의 행동을 통제하려는 부모의 시도나 간섭에 대해 부정적으로 반응한다(박경란 외, 2001).

3. 갈등의 관리

1) 건설적 · 파괴적 접근

갈등은 우리가 변화할 수 있는 좋은 '기회'다. 그러나 갈등이 기회가 되는 것은 갈등에 잘 대응한다는 전제 아래서만 가능하다. 갈등이 파괴적으로 전개되면 변화의 기회가 사라지고, 갈등이 파국적으로 끝이 나면 우리의 삶은 더욱 힘들어질 것이다. 따라서 갈등이 소중한 기회가 되도록 잘 해결해 나가야 한다(정주진, 2006).

일반적으로 갈등에 대응하는 방법은 사람마다 다르며, 사람들은 갈등상황이 되면 다양한 반응을 하게 된다. 갈등을 잘 해결하기 위해서는 어떤 노력을 해야 하는가? 일련의 학자들(박경란 외, 2001; 최환규 · 김성희, 2014; Crosby, 1991; Olson et al., 2013)은 갈등을 공정하게 건설적으로 다루는 몇 가지 방법을 제시하고 있다.

첫째, 성인의 위치에서 협상한다.

갈등상황에서 당신은 부모처럼 말과 행동하는가? 아니면 어린 아이처럼 화내고 짜증내는가? 이러한 행동들은 성인으로서는 어리석은 행동이다. 즉 상대방을 자녀의 위치로 놓고, 자신은 부모의 위치에서, 또는 그 반대의 위치에서 대화한다면 공정하게 협상할 기회를 놓치게 된다. 만약 자녀의 위치에서 협상한다면 상처나 위협을 느낄 것이며, 부모의 위치에서 협상한다면 부모들이 행했던 말과 행동을 그대로 되풀이할 것이다. 두 사람이 성인의 위치에서 협력할 때만이 상대의 얘기를 경청할 수 있으며, 갈등해결을 위해 함께 노력할 수 있다.

둘째, 비협력적인 태도는 피한다.

비협력적인 태도는 건설적인 해결방법이 아니다. "이렇게 해라, 저렇게 해라" 하는 식의 논쟁은 공정한 싸움이 아니다. 공정한 싸움은 협력을 강조한다. 그래서 각자가 협상할 여백을 남겨 놓는다. 비협력은 최후통첩으로 이끌며, 협상의 여지를 남기지 않는다. 또한 침묵으로 일관하는 것이나 말하기를 거부하는 것은 상대방에게 보복하거나 조절하기 위한 시도이다. 상대방이 양보하리라는 기대로 정서적 문을 닫아버리는 것은 심리적으로 심한 고통을 준다. 이러한 방법은 갈등을 해결하지 못한다(Crosby, 1991).

셋째, 자신의 인식을 항상 검토한다.

추측은 갈등을 악화시킨다. 상대방의 행동을 추측할 때의 문제는 부정확성이다. 정확하지 못한 정보를 바탕으로 상대방의 행동을 추측하게 되면 잘못된 반응을 하게 될 확률이 높아지고 갈등을 만들 가능성이 높아진다(최환규 · 김성희, 2014). 따라서 상대방과 애기를 나눌 때까지 무엇이 일어나고 있다고 확신하거나 가정하지 않는다. 또한 상대방이 무엇을 생각하고 어떻게 느끼는가를 애써 추측하지 않는다. 모든 사실은 대화로 확실해질 수 있다.

넷째, 자신이 원하는 것, 요구하는 것을 분명하게 말한다.

갈등이 높아지면 상대방에게 말하기가 주저되거나 두려워지는 경향이 있다. 종종 상대방으로부터 거절당하거나 거부되는 것이 두려워서 또는 상대방의 감정을 보호하기 위해서라는 명목으로 자신이 '원하는 것', '기대하는 것'을 직접적으로 말하지 않는다. 대신 유도심문을 하거나 자신이 바라는 결과의 힌트를 준다. 그러나 상대방과 대화할 때 보다 직접적으로 구체적으로 표현한다면, 대화의 목적을 달성할 가능성은 그만큼 더 커지게 된다(최환규 · 김성희, 2014).

다섯째, 현재의 문제만을 다룬다.

건설적인 논쟁은 현재에 중점을 두는 것이다. 싸움이 진행되면 현재의 문제에서 이전의 문제로, 주변의 문제로 그 범위를 넓힌다. 이 문제 저 문제로 건너뛰는 싸움은 해결지점에 도달하기 어렵다. 보통 과거를 들추는 것은 책임을 뒤집어씌우는 전략이다. 불행한 부부들은 한번 싸우기 시작하면 하고 싶은 말을 다 해버린다. 불만이 있다고 해서 하고 싶은 말을 다 해버리면 결국 관계를 망치는 결과를 가져온다(최성애, 2010). 공정한 싸움에서의 질문은 '우리가 어디에 있었느냐'가 아니라 '현재 어디로 가고 있느냐'이다.

| 표 10-2 | 갈등해결에 대한 건설적 접근과 파괴적 접근

영역	건설적 접근	파괴적 접근
1. 위치	성인의 위치에서 협상한다.	부모 또는 자녀의 위치에서 협상한다.
2. 태도	협력적인 태도로 협상한다.	최후통첩, 침묵으로 일관한다.
3. 인식	신뢰를 가지고 생각한다.	의심, 오해, 추측을 한다.
4. 제기	요구사항을 분명하게 말한다.	침묵하거나 유도심문한다.
5. 쟁점	현재 문제에 중점을 둔다.	주변, 과거 문제로 확대한다.
6. 초점	개인보다는 문제에 초점을 둔다.	문제보다는 개인에 초점을 둔다.
7. 감정	긍정적 · 부정적 감정을 모두 표현한다.	부정적 감정만 표현한다.
8. 비난	상대방의 취약점을 말하지 않는다.	상대방의 약점 · 결점을 말한다.
9. 종결	가능한 한 문제를 빨리 해결한다.	문제해결을 지체하거나 뒤로 미룬다.
10. 결과	두 사람 모두 승자	승자와 패자, 혹은 두 사람 모두 패자

여섯째, 개인이 아니라 문제에 초점을 둔다.

싸움이 진행되면 문제에 초점을 두지 않고 상대방을 비난하는 것으로 바뀌게 되는 경우가 많다. 이것은 파괴적인 방법이다. 개인에 대한 비난이 문제해결에 결코 도움이 되지 못하는 이유는 '해결할 문제'에 초점을 맞추기보다는 변화하지도, 변화시킬 수도 없는 '사람'에 초점을 맞추고 있기 때문이다(최환규 · 김성희, 2014). 개인보다 문제에 초점을 두는 것이 건설적인 해결방법이다.

일곱째, 긍정적 · 부정적인 감정을 모두 표현한다.

일반적으로 논쟁을 할 때는 상대방에 대한 부정적인 생각이나 감정만을 표현하기 쉽다. 그러나 파트너가 가진 긍정적인 면에 초점을 맞추고 상대방에 대해 가지고 있는 또는 가지고 있었던 긍정적인 감정을 표현하는 것은 갈등해결에 도움을 준다. 예를 들어, 상대방의 이런 점은 고맙게 생각한다든지, 이전에는 이래서 매우 좋았다든지 하는 등의 감정표현은 상대방으로 하여금 거부감 없이 말을 경청할 수 있게 해준다.

여덟째, 상대방의 취약적인 측면은 공격하지 않는다.

싸움에서 가장 비겁한 방법이 상대방의 결점이나 약점을 건드리는 것이다. 주로 궁지에 몰린 사람들이 자신이 승리자가 되고자 이 방법을 사용한다. 단순히 상대를 흠집 내기 위해 갈등과 상관없는 상대의 약점이나 과거의 문제를 들춰내지 않는다(정주진, 2006). 싸움의 궁극적인 목적은 문제를 해결하고 좀 더 바람직한 관계를 이루기 위한 것이다. 상대방의 약점을 찌르는 말은 감정만 폭발시킨다. 따라서 싸움에도 하지 않아야 할 분명한 규칙이 있다는 점을 명심해야 한다.

아홉째, 가능한 한 빨리 문제를 해결하도록 한다.

개인에게 힘들게 하는 문제가 있다면 가능한 한 빨리 문제의 종결을 위해 노력하는 것이 중요하다. 행복한 부부들은 문제가 있으면 심각하든 심각하지 않든 가능한 한 빨리 해결하려고 한다. 그러나 불행한 부부는 문제가 있을 때 일단 미룬다. 어마어마한 어떤 사건이 벌어지기 전까지 계속 외면한다. 하지만 미룬다고 해서 그 문제가 해결되는 것은 결코 아니다. 점점 더 심각하게 곪아갈 수 있으므로, 문제가 생기면 미루지 말고 그때그때 푸는 것이 좋다(최성애, 2010).

열 번째, 두 사람 모두 승자가 되도록 한다.

친밀한 관계에서 싸움의 목표는 이기는 것이 아니다. 사회관계에서 경쟁하는 것과는 달리, 가족 간의 경쟁은 문제가 될 수 있다. 다툼에서 한쪽만 이기게 되면 그 관계는 개방성을 잃고 협력의 정신을 잃게 되므로 모두가 지는 것이다. 가족에서 공정한 싸움의 목표는 이기고 지는 것이 아니라 누구나가 수용할 수 있는 해결안을 함께 발견하는 것이다.

2) 갈등대처 유형

갈등상황을 변화시키기 위해서는 적어도 3가지 선택이 가능하다. 상대방을 변화시키기, 갈등상황을 바꾸려고 노력하기, 그리고 자신의 행동을 변화시키기이다. 당신은 상대방과 다루기 어려운 상황에 있을 때 어떤 것을 선택하는가? 그리고 갈등을 해결해 나가기 위해서 어떤 전략을 사용하는가?

갈등대처 전략은 ① 자신에 대해서, ② 상대방에 대해서, 개인이 기울이는 관심과 배려의 정도에 따라 경쟁형, 회피형, 수용형, 타협형, 협력형의 다섯 유형으로 나누어진다(Olson et al., 2013). 자신에 대한 관심은 갈등상황에서 개인이 상대방에게 얼마나 공격적인가에 중점을 두며, 반대로 상대방에 대한 관심은 얼마나 협력적인가에 초점이 맞춰진다(그림 10-1 참조). 각 유형의 특성은 다음과 같다.

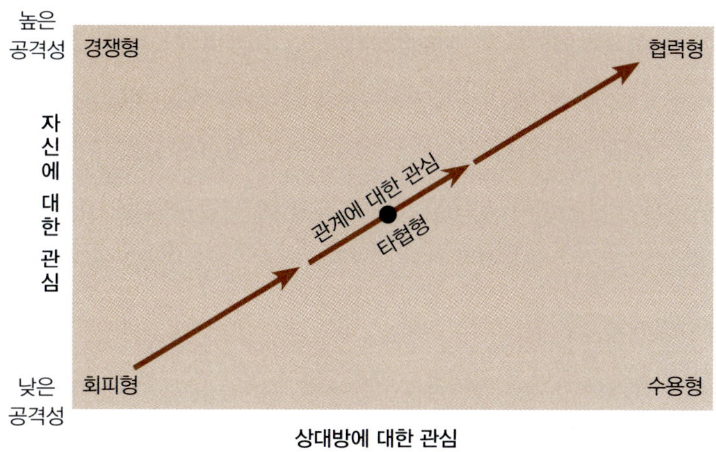

그림 10-1 | 갈등대처 유형

출처: Olson et al. (2013). p. 153.

(1) 경쟁형(competitive style)

경쟁형은 갈등대처 유형 중 가장 적극적인 유형이라고 할 수 있다. 이런 유형과 갈등을 겪으면 갈등의 전개를 주도할 가능성이 높다. 한마디로 다른 사람을 이겨야 마음이 편한 성격을 가진 사람들이 보여주는 갈등대응방식이다. 경쟁형의 사람들은 공격적이고 비협조적이고, 상대방의 희생으로 개인의 욕구를 추구하려고 한다. 그렇지만 일방적이기 때문에 진정으로 갈등을 해결하기는 어렵다(Olson et al., 2013).

이 유형의 문제점은 자신의 욕구는 충족되었을지라도 상대방의 욕구는 불만족한 상태로 남는다는 것이다. 겉으로는 문제가 없어 보이지만 당하는 사람의 입장에서는 납득할 수 없는 결과에 대해 마음속으로 승복하지 않게 되고, 이런 결과를 만든 사람에 대해 부정적으로 생각하게 된다(최환규 · 김성희, 2014). 상대방에 굴복함으로써 두려움에서 벗어날 수 있었지만, 그 두려움이 종종 분개심이나 적대감, 복수심으로 발전할 수 있다. 따라서 정말 갈등을 해결하고 싶다면 경쟁형의 사람은 자기주장과 의견을 좀 보류하고 다른 유형을 가진 사람들의 의견과 주장에 귀를 기울일 필요가 있다(정주진, 2006).

이 전략은 자신의 주장이 꼭 받아들여져야만 하는 특별한 경우이거나 상대방과의 관계가 중요하지 않을 때만 사용해야 한다. 오늘날 가족 간의 갈등을 해결하는 방법으로는 적합하지 않은 유형이다. 과거에 남성들이 지배적일 때 여성들이 주로 양보하였으나 평등지향적인 오늘날에는 이러한 상황이 더 이상 적용되지 않는다.

(2) 회피형(avoidance style)

회피적 반응은 갈등상황에서 사람들이 가장 많이 선택하는 행동이다. 마음이 불편함에도 갈등을 극복하려고 노력하기보다는 일시적으로 그 상황을 모면하려는 행동이다. 그러나 회피전략은 자신의 욕구도 상대방의 욕구도 모두 충족되지 못한다는 문제점이 있다. 회피형의 사람들은 문제를 충분히 다룰 정도로 관심이 없으며, 갈등은 나쁘니까 희생을 치르고서라도 피해야 된다는 생각을 갖기 때문에 보통 더 심한 갈등단계로 나아간다.

회피반응이 갈등해결에 결코 효과적이지 않은데도 많은 사람들이 이 방법을 선택하는 가장 큰 이유는 '두려움' 때문이고 일시적으로 '편하기' 때문이다(최환규 · 김성희, 2014). 사람들은 상황을 악화시킬 수 있다는 두려움 때문에 적극적으로 문제해결하기를 꺼린다. 갈등 상대와의 직접적인 대화는 문제를 크게 만들 가능성이 커 너무 위험하다고 확신하거나, 상대방의 거친 감정에 맞부딪칠 능력이 부족하다고 생각하기도 한다.

물론 몇몇 경우에는 단기간의 갈등회피가 합리적인 전략이 될 수 있다. 예를 들어, 어떤 문제를 논의하기에 상대방이 너무 피곤한 상태이거나 흥분되어 있을 때, 자신의 관심사를 만족시킬 가능성이 매우 낮을 때, 그 상황을 잘 다룰 수 있는 시간이 더 필요할 때 적절한 방법이다. 그러나 갈등문제를 피하는 것은 문제해결에 도움이 되기는커녕 모두가 피해를 보는 결과를 초래하고, 다른 사람과의 관계를 단절시킨다. 갈등은 잠시 잠복하거나 일시 중단될 수는 있지만, 관계가 계속되는 한 언젠가는 모습을 드러낸다. 학자들은 상처가 곪도록 내버려 두기보다는 갈등에 직면하고 이것에 대해 이야기하는 것이 더 바람직하다고 제안한다.

(3) 수용형(acommodating style)

수용형은 '자기억제' 전략으로 다른 사람에 대한 배려는 있으나 자신에 대한 배려는 없는 유형이다. 이 유형의 사람들은 상대방의 소망과 욕구를 만족시키기 위해 자신의 관심사는 덮어둔다. 자신의 주장을 고집하기보다 다른 사람의 주장을 가능한 한 수용하는 유형으로 경쟁형과는 완전히 반대다. 이것은 자신의 욕구가 충족되지는 않았지만 패배한 느낌을 최소화시킬 수 있는 방법이다. 물론 자신이나 가족의 안녕과 미래가 걸린 문제라면 다르겠지만, 크게 문제가 되지 않는 부분이라면 상대가 원하는 것을 충족시켜 주기 위해 자신의 이익을 희생하려는 태도를 가진다(정주진, 2006). 그래서 갈등문제가 자신에게 별로 중요하지 않고 상대방과의 관계를 유지하는 것이 정말 중요하다고 생각될 때 사용하면 바람직하다.

수용적 유형은 경쟁형의 사람을 만날 때 더욱더 수용적이 된다. 상대가 워낙 강하고 명확하게 자신의 것을 주장하기 때문에 오히려 수용하기가 쉬워지는 것이다. 수용형이 회피형을 만나면 별 진전도 없이 문제를 장기간 끌 가능성이 크다.

이 유형의 문제점은 때로 이것이 갈등의 해결이 아니라 새로운 갈등의 시작이 될 수도 있다는 점이다. 자신의 욕구를 모두 억누르고 상대방의 것만 전부 수용하면 문제가 해결되지 않고 봉합되기 때문이다. 한 사람의 욕구가 미해결된 채 남아 있으므로 갈등은 사라지지 않고 항상 그 문제가 잠재해 있다. 뿐만 아니라 진정한 대화가 이루어지지 않기 때문에 바람직한 선택을 제한시킨다(Berko et al., 1997).

(4) 타협형(compromise style)

타협은 '흥정' 또는 '협상'으로 불린다. 타협형은 기본적으로 서로 조금씩 양보해 갈등을 해결하는 방법이다. '나도 조금 양보하니 너도 조금 양보해라', '나도 조금 손해를 볼 테니 너도 조금 손해 봐라'와 같은 목적으로 갈등을 해결하는 방법이다(최환규 · 김성희, 2014). 타협적 유형을 사용하는 사람들은 회피형보다는 직접적이지만 협력적 유형만큼 문제를 밀어붙이지는 않는다.

타협형 갈등대처의 장점은 갈등이 완전히 해결되지는 않지만 임시변통으로는 유용하다는 점이다. 타협은 대체로 행복한 관계에서 일어난다. 두 사람이 각각 약간을 포기함으로써 갈등이 제한된다. 자신의 행동에 대한 책임을 어느 정도 받아들이고, 기꺼이 행동을 변화시키려 하고, 상대방에 대한 어떤 비난이나 투사를 하지 않는 장점이 있다(Dominian, 1995).

그러나 이 유형의 문제점은 성실하게 협상하지 않는다는 것이다(Berko et al., 1997). 갈등 당사자 모두가 조금씩 양보해 문제를 해결하자는 생각은 문제를 원만하게 비교적 빨리 해결하는 것 같아 얼핏 보면 현명한 방법으로 보이지만, 거꾸로 생각하면 가장 현명하지 못한 방법일 수도 있다. 왜냐하면 문제해결을 위해 서로가 가지고 있는 능력과 정보를 충분히 활용했는가에 대해 의문이 있기 때문이다(최환규 · 김성희, 2014). 사람들은 '조금만' 양보해야 한다고 생각하기 때문에 자신의 요구를 부풀리기도 하며, 문제를 덮는 선택을 하기 쉽다. 그러면 갈등이 재발할 가능성이 높다. 결과적으로 문제가 복잡하면 할수록 타협과 같은 안이한 방법은 위험하다. 따라서 자신의 욕구에 대해 정확하게 의사표현을 해야 하며, 또한 상대방의 말에도 적극적으로 경청해야만 한다. 그렇지 않으면 두 사람 모두 불만스런 결과를 갖는다.

(5) 협력형(collaborative style)

협력형은 두 사람의 욕구를 모두 충족시켜주는 방법이다. 이것은 갈등에 가장 이상적으로 대응할 수 있는 유형으로, 말 그대로 상대방과 서로 공유된 정보에 기반하여 적극적으로 협력해서 해결책을 찾으려고 노력하는 유형이다. 자신은 물론 상대의 관심사가 무엇인지 물어 알아내고 창의적인 방법으로 모두가 만족할 수 있는 해결책을 찾으려고 노력한다(정주진, 2006).

협력적 유형의 사람들은 자신의 목표에 이르는 데 매우 주장적이지만 동시에 상대방에게도 많은 관심을 갖는다. 즉 '나는 상대방과 갈등이 있지만 새로운 선택을 발견하기 위해 노력하려고 애쓴다' 그리고 '나는 주장하기를 좋아하지만 또한 상대방과 협력하는 것도 좋아한다'는 생각을 갖고 있다(Wilmot & Hocker, 2011).

앞의 갈등해결 유형의 4가지 방법은 공통적으로 갈등 당사자가 해결을 위해 같은 방향을 보는 것이 아니라 각기 다른 방향을 보면서 문제를 해결하는 전략이다. 그렇기 때문에 자신이 이익을 보면 상대방이 손해를 보게 되거나 그 반대의 경우가 만들어진다. 또한 타협을 하더라도 갈등 당사자 모두가 이익을 보기보다는 조금씩 양보해 모두가 손해를 보는 결과가 된다. 결국 갈등 당사자 모두를 만족시키기 어려운 결과를 가져온다. 이에 반해, 협력형은 갈등해결과 두 사람 간의 관계, 이 두 가지의 중요성을 모두 깨닫는 승-승법이다. 이를 위해서는 상대방에 대한 충실, 상호존중, 그리고 효과적인 대화기술이 필요하다(Berko et al., 1997).

3) 갈등해결단계

사람들이 갈등을 불편하게 생각하는 이유는 해결이 어렵기 때문이다. 해결이 쉽다면 갈등은 힘든 상황을 바로잡고 삶에 활력이 되는 좋은 기회가 될 수도 있다. 그러나 한 번 생긴 갈등은 잘 해결되지 않는다. 더욱이 갈등은 당사자 중 한쪽의 의지대로 통제되는 것도 아니다. 다른 쪽의 생각 · 태도 · 행동이 갈등해결에 결정적 영향을 미치기 때문에 상대방의 협력이 필요하다(정주진, 2006). 이처럼 갈등을 해결하는 것이 쉬운 일은 아닐지라도 이를 간과해서는 안 된다.

친밀한 관계에서 긴장과 싸움이 지속된다면 무엇인가 해결되어야 할 문제가 있다는 신호이다. 갈등해결에 대해 전반적인 계획을 갖는 것은 도움이 되는데, 갈등을 다루는 승-승법의 절차는 다음과 같다(정주진, 2006; Berko et al., 1997).

(1) 단계 1: 문제를 확인하고 명료화한다.

갈등을 잘 해결해 나가기 위한 첫 번째 단계는 갈등문제를 확인하고 명료화시키는 것이다. 이를 위해서는 우선 자기분석이 필요하다. 누가 나를 좌절시키고 괴롭히는가? 나를 불편하게 만드는 것은 무엇이며, 나를 위해 필요한 것은 무엇인가? 나를 힘들게 하는 것은 내가 문제인가 상대방이 문제인가, 아니면 우리 두 사람 모두가 문제인가에 대해 자신의 입장에서 확인해 본다. 이 시간 동안 갈등이슈, 사고, 감정, 그리고 그 이슈에 대한 바람들에 초점을 맞춰서 스스로에게 질문을 던져야 한다(Olson et al., 2013).

(2) 단계 2: 상대방에게 문제가 있음을 알리고 대화의 협력을 요청한다.

자신의 관점에서 갈등문제를 확인한 다음, 먼저 해야 할 일은 상대방에게 문제가 있음을 알리는 것이다. 상대방에게 이야기 나눌 시간을 부탁한다. 그리고 그 문제를 다루는 데 함께해 줄 것을 요청한다. 가능하다면(아마도 스트레스 주는 상황에서는 어려울지도 모르지만) 침착하고 단호하게 자신의 의사를 말하고 상대방도 협조적으로 참여하도록 이끈다. 두 사람 모두 협조적으로 행동하려는 마음의 준비가 되어 있지 않으면 성공적인 갈등해결은 불가능하다.

대화는 궁극적으로는 문제를 해결하기 위한 것이지만 그에 앞서 다른 입장과 생각을 나누는 자리이기도 하다. 때문에 상호존중을 해야 한다는 점을 모두 인식해야 한다. 마주 앉기 전에 가장 중요하게 생각할 것은 자발적 참여를 원칙으로 해야 한다는 것이다. 이 과정에서 더욱 불편해지고 힘들어지고 위기감을 느낄게 될지도 모른다. 그 이유가 무엇이든지, 이를 인식하고 극복해야만 다음 단계로 나아갈 수 있다. 주의할 점은 갈등을 다룰 시간이 충분치 않을 때 아무런 예고 없이 상대방에게 갈등문제에 대한 말을 꺼내지 않는다. 상대방이 공격을 당했다고 느끼게 되면 그는 방어적이 될 것이고, 그러면 도움이 되는 분위기를 만들기가 어려워질 것이다.

(3) 단계 3: 자신의 문제를 분명하게 표현하고, 상대방의 의견을 경청한다.

대화를 나눈다는 것은 서로의 다른 생각을 확인하고 문제를 해결할 방법을 함께 모색하는 것을 의미한다. 때문에 기본적으로 서로 다른 생각을 가지고 있다는 것을 인정하지 않으면 대화가 불가능하다. 자신의 생각을 잘 말하는 것과 동시에 상대의 다른 생각도 잘 들을 수 있어야 한다. 여기서 주의해야 할 점은 상대방의 말과 행동을 평가 · 판단하지 않고 듣고 본 그대로 서술하는 것이다. 또한 그 상황에 대한 자신의 느낌과 감정에 대해서도 솔직하게 표현해야 한다.

일단 자신의 관심사가 다 전달되었으면, 이번에는 상대방이 자신의 생각과 감정을 표현하도록 한다. 말의 내용을 조심스럽게 귀담아 듣고, 그에 따르는 느낌을 느껴보도록 노력한다. 상대방의 관점에 대해서 꼬리표(어리석은 생각이다)를 붙이거나 모욕(당신은 미쳤어)을 하지 말고 자신의 생각을 얘기한다.

상대방의 관점을 자신이 말해보고, 자신의 관점을 상대방이 확인하는 식으로 반복해 나가면서 갈등이 각자에게 가져올 결과에 대해 토론해 본다. 그러면 이 단계가 마무리될 때 자신과 상대방 모두 문제를 정확히 정의하게 되고, 감정을 표현하게 되고, 갈등으로 인한 행동들을 상세히 말할 수 있게 된다. 두 사람이 일치하는 영역과 일치하지 않는 영역을 파악하게 되고, 서로 얼마나 의지하고 있는지를 알게 될 것이다.

(4) 단계 4: 자신과 상대방이 진정으로 원하는 소망을 확인한다.

갈등의 문제가 무엇인지 분명해지면 대화는 각자가 원하는 것이 무엇인지를 확인하는 방향으로 나아가야 한다. 과정 중에 이 부분이 생략되면 불만족스러운 협상과 반복적인 싸움이 지속된다. 각 파트너는 상대방이 진정으로 원하는 것을 발견해야만 한다. 이 과정이 어떤 커플들에게는 어려운 과정일 수 있다. 그러나 두 사람이 진정성을 가지고 서로의 바람을 표현한다면 용이해질 수 있다(Olson et al., 2013).

(5) 단계 5: 두 사람을 위한 다양한 해결대안을 발견한다.

대안 찾기는 최종 해결책을 찾기 위해 반드시 거쳐야 하는 절차다. 모든 대안은 자신의 입장, 이익, 욕구만 충족시키는 것이 아니라 상대의 입장, 이익, 욕구를 고려한 것이어야 한다. 즉 나는 자신을 위하여, 배우자를 위하여, 우리를 위하여 무엇을 할 수 있는지 가능한 모든 대안을 고려한다. 이런 대안 찾기는 두 가지 점에서 중요한 의미를 가진다. 하나는 각자 대화를 나누기 전에 생각했던 자신만의 해결책을 접어두고 제3의 해결책을 모색한다는 점이고, 다른 하나는 공동의 작업을 통해 대안을 찾는다는 점이다.

특히 이 단계는 좌절감을 느끼는 커플들이 서로에게 상처를 입히는 언쟁을 최소화시켜 주기 때문에 중요하다. 해결책이 나올 때마다 토론하거나 평가하지 말고, 가능한 한 많은 아이디어를 내어본다. 어리석게 들리는 해결책에서도 유용한 정보가 있을 수 있다는 것을 명심해야 한다.

(6) 단계 6: 최종 해결책을 검토하고 합의한다.

이 단계에서는 몇 가지 대안전략들을 검토하고 최선의 해결책을 선택한다. 물론 대화가 잘 됐다고 꼭 협상이 성사되는 것은 아니다. 협상은 공동으로 만든 몇 가지 대안에 기초해서 진행하는 것이 효과적이다. 각자의 행동에서 일어날 수 있는 최악의 일과 최선의 일은 무엇인지, 가장 잘 실천할 수 있는 대안은 무엇인지를 검토한다. 각 해결책은 공동 목적을 어떻게 만족시킬 수 있을까, 수행하기는 쉬울까 어려울까를 검토한다.

협상의 목표는 최종 해결책에 합의하는 것이다. 이를 위해서는 우선 상대방이 수행하기로 한 해결책에 진심으로 동의하고 있는지 확인한다. 두 사람이 진심으로 동의한 것이며, 피곤하거나 상대방을 기쁘게 해주기 위해서 또는 나중에 해결책을 손상시키게 될 어떤 다른 이유 때문에 동의한 것이 아니라는 것을 분명히 한다. 둘째, 누가 무엇을, 언제, 어떻게 할 것인지에 대해 동의한다. 상세한 것을 밝히지 않으면 그것이 다음 갈등을 만드는 발판이 될 수 있다. 이때 상대방을 합의하도록 밀어붙여서는 안 된다. 두 사람이 화가 나 있는 동안에는 합의를 내리지 않는 것이 좋은 생각이다. 합의를 위한 압박전술은 싸움에서는 이길 수 있을지 모르나 실제에서는 이기지 못한다(Olson et al., 2013).

(7) 단계 7: 실천행동을 점검하고 재협상을 실시한다.

보통 최종 합의를 하면 쟁점이 모두 해결되었다고 생각하기 쉽다. 유감스럽게도 이런 경우는 거의 드물다. 합의한 것이 완벽하게 실행될 때까지 갈등은 끝난 것이 아니다. 더 나아가 관계 회복까지 이뤄져야 갈등이 완전히 해결됐다고 할 수 있다. 합의 내용이 약속된 일정과 방식으로 실행되지 않거나 상습적으로 지연된다면 공동 점검을 통해 합의가 실행되도록 서로 노력해야 한다.

만일 커플 중 어느 한쪽에서 행동계획을 실행할 수 없다면 무엇이 방해하고 있는지를 생각해 본다. 행동을 막는 것이 자신이 생각하고 느끼는 그 어떤 것인가? 아니면 정말 실행하기를 원치 않는 것인가? 시간이 지나서 행동으로 옮길 기회를 가진 후에 자신의 계획을 평가하고 행동이 효과적인지 여부를 생각해 볼 수 있다. 만일 자신의 행동이 효과적이라면 긍정적인 감정을 느낄 것이다. 결과가 좋으면 해결에 한 역할을 담당한 배우자에게 긍정적인 피드백을 반드시 준다. 만일 효과적이지 못하면 실망, 좌절, 당황 등의 부정적 감정을 느낄 것이다. 다시 점검하여 다른 행동계획을 세운다. 잘 되지 않는 행동들을 다시 반복하지 않아야 한다(채규만 외, 1998).

보편적으로 합의가 깨지게 되면 서로 불신하거나 상대방의 진정성에 의문을 느끼게 된다. 깨진 합의는 되도록 빨리 재검토되어야만 한다. 변화한다는 것은 결코 쉬운 일이 아니며, 어떤 사람도 합의한 것에 완전히 부응하는 경우는 드물다는 것을 상기하는 것이 중요하다(Olson et al., 2013).

갈등해결의 7단계는 비록 어렵고 힘든 과정이지만 실천하면 성과를 거둘 수 있는 방법이다. 결국에는 자신과 상대방 모두 자기가 원하는 것을 얻게 될 것이고, 서로의 관계가 강화될 것이고, 스스로에 대해 좋은 감정을 느끼게 될 것이다.

활동하기 부부싸움의 규칙 만들기

1. 부부싸움 시 부부가 반드시 지켜야 할 '싸움의 규칙'을 만들어 보시오.

• 부부싸움에서 "~은 반드시 하지 말아야 한다."

①

②

③

④

⑤

• 부부싸움에서 "~은 반드시 해야 한다."

①

②

③

④

⑤

2. 갈등상황에서 상대방이 자신을 가장 화나게(또는 비참하게) 했던 말이나 행동이 있었다면 무엇인가?

3. 갈등상황에서, 상대방이 자신을 가장 힘나게(또는 용기를 준) 했던 말이나 행동에 대해 이야기해 보시오.

*참고문헌

곽배희, 전병재, 이시형, 김문조 (2004). 위기에 선 가족: 한국가족의 위기와 전망. 서울: 다산.

김유경, 이진숙, 이재림, 김가희 (2014). 가족의 갈등과 대응방안 연구: 가족관계 갈등과 가족기능 갈등을 중심으로. 한국보건사회연구원 연구보고서, 1-368.

박경란, 이영숙, 전귀연 (2001). 현대가족학. 서울: 신정.

우현주 역 (2007). 부부싸움의 은혜. Downs, T. & Downs, J. (2003). Fight Fair, 예수전도단.

유영주 (2004). 새로운 가족학. 서울: 신정.

정주진 (2006). 갈등은 기회다: 일상의 갈등해결 솔루션. 서울: 개마고원.

조성남, 최유정 (2013). 질적 접근을 통해 본 가족 내 세대갈등 양상과 통합기제. 이화여자대학교 사회과학연구논총 11, 71-114.

조희금, 송혜림, 박정윤, 권태희, 김경화, 김주현, 김혜영, 윤소영, 윤진숙, 이진숙, 정민자, 이재림 (2010). 2010년 제2차 가족실태조사. 서울: 여성가족부.

채규만, 최규련, 송정아, 홍숙자 공역 (1997). 부부가 함께 말하기와 듣기. Miller, S., Miller, P., Nunnally, E. W., Wackman, D. B. 서울: 한국가족상담교육연구소.

최광현 (2014). 가족의 발견. 서울: 부키.

최성애 (2010). 행복수업. 서울: 해남.

최환규, 김성희 (2014). 갈등타파매뉴얼. 서울: 매일경제신문사.

홍명선 (2012). 청소년 자녀가 인지한 부부갈등유형이 자아개념에 미치는 영향. 대구대학교 박사학위논문.

Bate, B. (1988). *Communication and the sexes*. New York: Harper & Row Publishers.

Benokraitis, N. V. (1999). *Marriages and families: Changes, choices, and constraints*. (3rd ed.). Upper Saddle River, New Jersey: Prentice-Hall.

Berko, R. M., Rousenfeld, L. B., & Samovar, L. A. (1997). *Connecting: A culture-*

sensitive approach to interpersonal communication (*2nd ed.*). New York: Harcourt Brace College Publishers.

Crosby, J. F. (1991). Illusion and disillusion: *The self in love and marriage*. (5th ed). Belmont, CA: Wadsworth.

Dominian, J. (1995). *Marriage: The definitive guide to what makes a marriage work*. London: Heinemann.

Emery, R. E. (1992). Family conflicts and their developmental implications: A conceptual analysis of meanings for the structure of relationships. In C. U. Shantz & W. H. Hartup (eds.). *Conflict in child and development*. New York: Cambridge University Press., 270–298.

Killmann R. H., & Thomasm K. W. (1975). Interpersonal conflict handling behavior as reflection of Jungian personality dimension. *Psychological Reports*, *37*, 971–980.

Knox, D. (1985). *Choices in relationships: An introduction to marriage and the family*. New York: West Publishing.

Olson, D., DeFrain, J., & Skogrand, L. (2013). *Marriages and families: Intimacy, diversity, and strengths* (*8th ed.*). New York: McGraw–Hill.

Retzinger. S. M. (1991). Violent emotions. London: Sage.

Wilmot, W. W., & Hocker, J. L. (2011). *Interpersonal conflict* (*8th ed.*). New York: McGraw–Hill.

Chapter 11

부모역할

1. 부모역할
2. 태내기의 발달특징과 부모역할
3. 영아기의 발달특징과 부모역할
4. 양육행동 유형
5. 발달단계에 적합한 부모역할

Chapter 11

부모역할

현대사회는 정보화 사회를 지나 4차 산업혁명을 논하며 빠르게 변화하고 있으며 이에 따른 사회적 변화와 더불어 가족 적응이 민감하게 영향을 받고 있다. 이러한 사회에서 변화의 다양성이 추구되면서 가족의 형태, 구조, 가치관, 역할에도 많은 변화를 가져왔으며, 다양한 유형의 가족들이 나타나게 되었다. 그에 따라 부모가 된다는 것이 필연적인 일이라기보다는 선택의 문제일 수도 있게 되었다. 하지만 이러한 선택의 자유가 넓어짐과 동시에 현명한 선택의 필요성과 부모됨의 역할이 중요한 사안으로 대두되고 있다.

최근 들어 저출산, 고령화사회로 가면서 국가에서는 출산을 장려하기 위해 자녀의 양육과 관련하여 국가 정책들이 제시되고 있다. 국가에서 보육을 책임지는 정책방향, 즉 영육아 보육료 지원 정책, 2012년 5세 누리과정 적용, 2013년 3–5세 누리과정 확대 적용, 2019년 개정 누리과정이 새롭게 적용되는 등 다양한 국가 보육정책들을 실시하면서 부모의 효율적인 양육을 지지하는 복지정책을 제시하고 있다. 이러한 흐름은 매우 바람직한 현상이지만 빠르게 변화하는 사회에 따라 가족의 위기가 나타날 수 있는 다양한 요인들을 생각한다면 부모됨의 민감한 적응능력에 대한 인식과 교육은 매우 필요하다. 정책과 더불어 부모됨의 자세나 가치, 태도, 유능한 부모의 역할에 대한 국가적 차원의 관심이나 지원이 더욱 필요한 시대가 도래한 것이다.

부모가 되는 것은 막연히 돈이 많이 든다거나 힘이 든다는 것 외에 구체적으로 어떤 것을 배워야 하는지, 또는 유능한 부모가 되려면 어떠한 특성과 행동을 가져야 하는지에 대한 명쾌한 지침을 알고 결혼준비를 하는 사람은 거의 없다. 자녀양육에 대한 뚜렷한 가치 설정과 방향 제시나 기준 없이 막연하게 불확실한 시대에서 부모가 된다는 것은 만족감을 주는 동시에 스트레스를 주기도 하고 좌절감을 느끼게도 한다.

이렇게 명확하게 설정되지 않은 부모역할을 잘 수행하기 위해서는 부모역할의 특성이나 본질에 대한 이해와 더불어 영유아발달에 대한 지식의 습득이 선행되는 것이 필요하다. 따라서 이 장에서는 부모됨의 의미와 더불어 영유아의 발달단계에 따른 특성과 부모역할에 대해 살펴보기로 한다.

1. 부모역할

1) 부모역할의 의미

현대사회에서는 과학의 변화, 정보의 변화, 사회의 다양한 변화에 따라 부모가 가정에서 해주던 많은 일들을 사회에서 대신하기 시작했다. 사회현상의 변화에 따라 부모됨을 명확하게 설정하기 힘든 시대에 살고 있는 현대사회의 부모가 해야 할 역할은 무엇이며, 진정한 부모의 의미는 무엇인지 생각해 볼 필요가 있다.

사람은 사회에서 기대하는 이상적인 역할에 영향을 받아 사고나 행동 등 많은 부분을 형성하게 된다. 그래서 개인은 이러한 역할에 대해서 의문을 갖지 않고 당연시하며 받아들이게 된다(Bigner, 1979). 부모가 되는 것 또한 이러한 사회가 개인에게 기대하는 이상적인 역할 중 하나이다. 즉 부모역할은 특정한 개인적 선택이라기보다는 사회적 기대로 인해 자연스럽게 해야 하는 것이며, 이것이 개인을 부모가 되도록 만든다. 우리 사회에서는 결혼을 한 성인들은 당연히 부모가 되기를 기대하며, 또 남성보다 여성에게 부모역할 수행에 대해 더 많은 기대를 하고 있다(이지순, 1981; 이혜란, 1984).

그러나 자녀를 갖는다는 것은 부모역할의 기회를 주는 것과 동시에 한 아이에게 삶을 경험할 수 있는 기회가 되는 것이기도 하다. 이때 부모는 자녀가 독립적인 인간으로 성장할 수 있도록 가족이라는 풍성한 환경을 제공할 필요가 있다. 부모는 '아무 조건 없이' 아이에게 사랑과 온정, 배려, 수용을 주는 것이라고 생각하는 것이 필요하다.

가족 개개인이 모두 만족하고 성숙하고 건강한 사람이 되는 가정을 꾸미고 싶다면, 부부는 아이를 갖기 전에 자신들이 다음 조건을 충족시키는지 생각해 볼 필요가 있다(윤영삼, 2006).

- 자기 자신을 사랑하고 인정하고 소중히 여기는가?
- 다른 사람의 자아를 조건 없이 사랑하고 소중히 여길 수 있는가?
- 지금 여기에 집중할 수 있는가?
- 직접적이고 분명하게 의사소통할 줄 아는가?
- 자신은 물론 다른 사람의 감정에 반응하고 표현할 줄 아는가?
- 자신의 행동에 책임지고자 하는가?
- 아이들 스스로 자기 행동에 책임지도록 일관되고 긍정적인 방식으로 도와줄 수 있는가?
- 다른 사람의 체면을 고려하여 행동할 수 있는가?
- 골치 아픈 가족의 문제들을 회피하지 않고 헤치고 풀어나갈 수 있는가?
- 자기 자신은 물론 배우자와 자녀들의 타당한 욕구들, 즉 정서적 · 사회적 · 교육

적 · 창조적 · 영적 · 물리적 욕구, 독립하고자 하는 욕구와 행동을 존중하고 채워줄 수 있는가?

위와 같은 내용에 대해 미래의 부모가 될 사람, 이미 부모인 사람들은 한번씩 자문자답할 필요가 있다. 이러한 내용은 부모가 되기 위한 조건으로 보이지만, 현재에는 충족시키지 못한 점이 보이더라도 그리 실망할 필요는 없어 보인다. 가장 중요한 것은 어떤 점이 부족한지 살펴보고, 부족한 점에 대해 스스로 반영적 성찰을 하여 보다 나은 방안으로 해결하고자 하는 마음가짐을 가지는 것이 중요하다.

2) 부모됨의 동기 및 특성

부부가 자녀를 낳아 기르기로 결정하는 데는 개인의 특별한 생각이나 가치관, 태도 등에 따라 다르다. 이러한 태도는 결혼 전의 원가족(family of orientation)의 근거 혹은 자녀를 갖기 원하는 다양한 생각과도 밀접한 관련이 있다.

Rabin(1965)은 부모가 되는 동기로 네 가지의 이유를 들고 있다(표 11-1 참조)(송진숙 · 권희경 · 김순기, 2006 재인용).

첫째, 숙명적인 이유이다. 자녀를 갖는 것이 인간이 존재하는 이유이고, 가계존속을 위하여 자녀를 갖는 이유이다.

둘째, 이타주의적 이유이다. 부모가 되어 자녀에게 관심과 애정을 표현하고자 하는 바람과 욕구에서 시작된다.

셋째, 자기도취적 이유이다. 아기를 가질 수 있는 만큼 성인으로 성숙했다고 기대하는 점에서 자기도취적 성향을 보인다.

넷째, 도구적 이유이다. 자녀가 부모를 대신하여 어떤 목적을 달성해 주기 바라며 그러한 것들이 부모에게 만족감을 주기를 바라는 데에서 시작한다.

| 표 11-1 | 부모가 되는 동기 유형

동기 유형	특성
숙명적 이유	• 운명에 순종 • 종교적 신념 • 자녀를 통해 가계계승
이타주의적 이유	• 부모가 되고자 하는 기본적 욕구 • 자녀에 대한 관심과 애정을 위한 이타적 소원
자기도취적 이유	• 자녀를 가짐으로 심리적 안정 • 자녀를 가짐으로 성인이 되었다는 심리적 안정
도구적 이유	• 자녀를 통한 대리보상 충족 • 부모에게 만족감을 주기 위한 사고 • 부부간의 불화를 방지할 수 있다는 의식

출처: 송진숙 · 권희경 · 김순기 (2006).

부모역할은 개인이 성인기에 수행하는 주요 역할 중의 하나이다. 성인의 다른 역할과 비교하여 부모역할은 다음과 같이 네 가지 독특한 특성을 지닌다(Bigner, 1979).

첫째, 여성이 남성보다 부모역할 수행에 대한 문화적 압력을 크게 받는다. 남성들은 부모보다는 직업인으로서의 역할에, 그리고 여성들은 어머니 역할과 자녀양육 의무를 수행하는 역할에 대해 더 많은 사회적 기대를 받는다.

둘째, 부모역할이 항상 자발적으로 이루어지는 것이 아니다. 오늘날 피임방법의 발달로 피임 성공률이 높지만, 때로는 피임을 하지 못하거나 피임방법을 제대로 사용하지 못함으로써 임신을 하는 경우도 있다.

셋째, 부모역할은 취소할 수 없다. 일단 임신을 하여 자녀가 태어나면 극단적인 경우(학대하는 부모의 권리를 박탈하는 경우)를 제외하고는 취소하거나 중간에 그만둘 수가 없다.

넷째, 부모로서의 역할을 위한 준비과정과 내용은 다른 역할을 위한 준비에 비해 미흡하다.

3) 가족계획 및 부모기로의 전이

일반적으로 사람들에게 부모가 될 것인가는 중요한 문제로 성인의 전반적 삶의 질을 결정하기도 한다(김혜신, 2003; Guiduabalsi & Cleminshaw, 1989). 시대가 달라져 요즈음에는 결혼을 했다고 해서 반드시 자녀가 있어야 된다고 생각하지 않게 되었다. 또한 의학기술의 발달로 인해 부모가 되는 것에 대한 선택 혹은 부모가 된다면 시기는 언제이며, 몇 명을 낳고 터울을 얼마나 가질지에 대한 결정도 조율할 수 있게 되었다. 현재 우리는 가치관의 변화 및 의학기술로 인해 언제 어떻게 몇 명의 자녀를 둔 부모가 될지 선택할 수 있게 된 것이다.

합리적 가족계획이란 자녀의 인원뿐만 아니라 언제 자녀를 가지고 몇 살의 터울로 가질 것인지를 포함하여 자녀를 갖기 전에 자신이 처해 있는 여러 상황에 비추어 합리적인 방향이 될 수 있도록, 임신을 통제함으로써 행복한 가정생활을 계획하는 것을 뜻한다. 따라서 가족계획을 통하여 어머니와 자녀의 건강을 보호하고, 자녀양육 및 가정 경제의 부담을 줄이고, 여성들에게 보다 많은 사회 참여의 기회를 제공할 수 있다.

가족계획은 개인의 삶의 질과 개인의 행복을 위해 필요한 부분이다. 그렇기 때문에 가족계획 시에는 부부간에 불만이 생기지 않도록 자유로운 의사표현과 그에 따른 부부의 합의에 의해 이루어질 필요가 있다. 많은 부부들은 다양한 방법으로 피임을 할 수 있으며, 각각의 피임방법들은 효과, 부작용, 경제성 등에서 장단점을 고려하여 이루어져야 한다. 따라서 가족계획을 위해 피임방법을 선택할 때 커플들의 요구나 가치, 병력 등을 고려하여 결정되어야 하며, 특히 임신의 주체가 여성이라는 이유로 피임방법 결정에 대한 책임이 여성들에게만 주어져서는 곤란하다.

4) 효과적인 부모역할

최근까지 전통적인 성역할 개념의 영향으로 어머니가 자녀양육 의무를 수행하는 것이 당연시되었다. 일반적으로 어머니의 역할은 양육적이고 애정이 많은 반면 아버지의 역할은 총체적이며 권위적인 것으로 생각해 왔으며, 자녀 출산 이전까지 평등적 관계를 갖던 부부들도 부모가 되고 나면 보다 전통적인 남편과 아내의 역할을 담당하는 경향이 있었다.

양육에 헌신적인 어머니가 자녀에게 가장 좋은 성장 환경을 제공해 준다는 신념은 그러지 못한 여성들에게 죄책감을 심어주게 되고, 직업 때문에 가족과 함께 보내는 시간이 적어 자녀들이 피해를 본다면 여성의 직장생활에 관한 문제로 치부되어 왔다. 또한 권위적이고 전통적인 관념을 가진 아버지들은 적극적인 자녀양육 참여기회를 제한함으로써 자녀들과 좋은 관계 맺기가 힘들고, 가족의 부양자 역할만을 강조한 아버지들은 은퇴 후 성장한 자녀들과 아내에게 소외당하는 세대가 되기 쉽다.

자녀양육에서 아버지는 부부간의 평등적 역할로 양육실천의 나눔을 생각하고, 양육에 적극적으로 참여를 하는 역할에 대해 인식할 필요가 있다. 자녀양육에 능동적이고 적극적으로 부부가 함께 참여하여 자녀들을 보다 이해하려는 노력을 하고, 많은 시간을 공유하며, 아이들을 이해하고, 적극적인 소통으로 훈육을 하는 등 건강한 가정을 유지하려는 노력이 필요하다.

2. 태내기의 발달특징과 부모역할

1) 태아 발달의 결정적 영향 요소

인간의 생명은 정자와 난자의 결합으로 새 생명이 시작된다. 수정이란 난자와 정자의 핵막이 터지면서 각각 22개의 체염색체와 1개의 성염색체가 22쌍의 체염색체와 1쌍의 성염색체로 합쳐지는 과정이다.

태아발달은 수정의 순간부터 시작되며 태내에서 40주 동안 수정란인 하나의 세포가 빠른 속도로 하나의 생명체로 성장하게 된다. 수정란은 부모로부터 받은 유전인자 정보를 가지고 성장하며, 수정이 되는 순간 성의 구분, 유전적 특성, 태아의 정상 여부 등 인간의 전 생애에 영향을 미치는 발달적 특성이 결정된다. 이 시기의 태아는 수정되는 순간부터 어머니의 영양상태, 약물, 질병, 연령, 정서 등 여러 가지 태내환경에 영향을 받으므로 태아에게 바람직한 태내환경 제공은 매우 중요하다.

(1) 어머니의 영양상태

임신 중의 충분한 영양섭취는 어머니의 건강뿐만 아니라 태아의 건강에도 필수이다. 어머니의 영양은 태아 발달에 영향을 주는 주요한 요인으로 다양한 음식으로 구성된 식단의 섭취가 중요하다(Eisenberg, 2002). 전체적인 영양상태뿐 아니라 특정 영양소의 결핍 또는 과잉 역시 태아의 전반적인 발달에 영향을 미친다.

어머니의 하루 섭취량은 평상시에 비하여 15~30%(300~500cal) 정도 증가시키는 것이 바람직하며, 특히 칼슘과 단백질, 철분, 비타민은 임부의 건강뿐 아니라 태아의 성장, 발육에 필수적이므로 충분히 섭취해야 한다(정옥분, 2004). 무엇보다도 태아의 혈액을 만드는 철분은 혈액 속의 적혈구를 만드는 데 꼭 필요한 요소이다. 철분이 부족하면 빈혈을 일으키고, 임신중독증의 원인이 되기도 하며, 태아의 자율신경계 손상으로 나타날 수도 있다. 단백질 부족은 골격, 신장, 장기의 발육에 영향을 미치고, 비타민 부족은 신체기형의 원인이 될 수 있다. 당뇨병을 앓는 어머니가 당분을 과다하게 섭취하면 태아에게 선천성 백내장을 유발할 수 있으며, 출생 후 주의결핍이 나타날 수 있다. 요오드(아이오딘)를 과다하게 섭취하면 태아의 갑상샘 기능에 영향을 주기도 한다.

특히 이 시기에 없어서는 안 되는 영양소 중 엽산을 빼 놓을 수 없다. 엽산은 정상적인 세포 합성과 적혈구를 생성하는 데 도움을 주고 유지하는 역할을 한다. 임신을 하면 태아에게 공급해야 할 혈액량이 45% 정도 증가하게 되는데 이때 엽산이 꼭 필요하다. 엽산이 부족하면 태아에게 구개파열 같은 장애가 나타날 수 있다.

어머니의 영양이 부족한 경우 유산, 미숙아, 임신중독증, 조산, 기형아의 위험성이 증가한다. 반대로 영양이 과다한 경우 지나친 체중 증가로 인해 난산 등의 위험이 있다. 임신 6~7개월에부터 임산부의 체중이 급속히 증가하기 때문에 이 시기에 특히 유의해야 한다. 또한 태내에서 충분한 영양공급을 받지 못하거나 출생 후에도 영양결핍이 지속되면 중추신경계의 결함을 초래하여 지적 발달에 영향을 미치거나 운동기능 장애, 무관심, 무반응, 무기력 등 사회성 발달의 결함이 나타날 수 있으므로 임신 중에는 꼭 균형 잡힌 영양섭취가 필요하다.

(2) 어머니의 약물복용

각종 약물복용은 태반을 통해 태아에게 영향을 주어 발달에 부정적인 영향을 초래할 수 있다. 특히 임신 12~15주는 태아의 신체기관이 형성되는 시기로 특별히 조심해야 한다.

유산 방지를 위한 합성 에스트로겐인 DES(diethylstilbestrol)를 투약한 경우 태어난 아기가 여아일 때 암에 걸릴 확률이 높았으며, 남아인 경우 30% 정도가 생식능력이 없는 것으로 확인되었다. 배아기 때의 감기약 등에 포함된 항생제 복용도 심장 이상을 유발할 수 있다.

카페인은 저체중 그리고 자연유산, 조산, 태아 사망에 영향을 주는데 미국의 한 과학 학회지의 발표에 의하면 임신 중 커피를 하루 4잔 이상 마신 산모의 아기에서 돌연사가 2배 이상 많았다는 보고가 있다(Studd, 2004).

어머니의 습관적인 음주는 태아알코올증후군(fetal alcohol syndrome)을 야기하게 된다. 이 증후군의 아기들은 얼굴, 팔다리, 심장 이상이 나타나며 정신지체가 수반된다.

어머니의 흡연에 의한 태아의 니코틴 섭취는 태아의 발달장애를 유발할 수 있다. 흡연은 유산, 조산, 신생아 사망의 원인이 되며, 소량의 지속적인 흡연 또한 체중미달, 과잉행동, 정신지체 등을 유발하기도 한다. 연구결과에 의하면, 태아기의 니코틴 중독은 4세 때의 언어 및 인지발달지체, 수면장애, 과활동, 호흡장애 등을 유발한다고 보고되고 있다(Gabbe, Niebyl, & Simpson, 2003). 코카인, 헤로인, 마리화나 등의 마약류 흡입 또한 태아의 발달에 미치는 영향이 치명적이다.

(3) 어머니의 질병

어머니의 질병은 세 가지의 기제에 의해 배아나 태아에게 영향을 미친다. 첫째, 질병 바이러스가 태반에 침투하여 배아에 필요한 영양소를 감소시키거나, 둘째, 미세한 세균분자가 태반의 여과작용을 통과하여 배아나 태아를 직접 공격하는 경우, 셋째, 출산통로인 질 점막 내에 있는 병원체가 태아에게 감염되는 경우 등이다.

태내결함을 유발하는 대표적인 질병인 풍진은 예방이 가능한 질병이다. 임신 3개월 이전에 모체가 풍진에 감염된 경우, 시각장애나 청각장애, 지적장애 등을 유발하는 확률이 높기 때문에 임신가능성이 있는 가임기의 여성은 미리 예방접종을 해야 한다. 또한 매독이나 임질 등의 성병에 감염되었을 때에도 감염된 태아의 30%는 출산 이전에 사망하거나 기형아 출산 등의 우려가 있으며, 모체의 성기 부위의 감염 또한 태아에게 심각한 영향을 미치는데, 성기 부분에 헤르페스 바이러스를 가진 여성의 경우 태아가 산도를 통해 출산하는 과정이나 태반을 통해 감염될 가능성이 있으며, 심한 경우 사망을 초래할 수도 있다(정옥분, 2004).

(4) 어머니의 연령

일반적으로 어머니의 연령이 23~28세일 때 임신하는 것이 태아 성장에 가장 좋은 태내환경이 조성되는 것으로 알려져 있다. 또한 어머니의 연령이 높아질수록 태아의 지적발달장애가 나타날 가능성이 커진다. 35세 이상 산모의 경우 임신중독증이나 당뇨병 등의 합병증, 다운증후군이 발병할 가능성이 높아진다(최외선 외, 2007). 그러나 최근에는 30세 이상의 임신도 임부가 건강하다면 태아발달이 정상인 것으로 보고되고 있다. 또한 의학의 발달로 고령출산에 따르는 위험도 극복할 수 있기 때문에 막연하게 걱정하기보다는 철저한 건강관리가 필요하다.

(5) 어머니의 정서상태

임신 중 어머니의 정서상태도 태아의 발달에 영향을 미친다. 어머니의 심한 공포나 불안은 아드레날린 분비를 유발하며 태반을 통해 태아의 순환계에 전달되어 태아의 과활동을 촉진시킨다. 또한 극심한 스트레스는 일시적으로 태반에 혈액공급을 차단시켜 산소결핍을 유발하게 된다. 이러한 상태가 반복되면 태아의 신체발달에 지장을 줄 수 있으며, 출생 후 잘 울거나 놀라는 등 정서불안을 보이기도 한다(최외선 외, 2007). 우리나라 전통사회에서 내려오는 태교도 임산부의 정서적 안정을 중요시하고 있다. 임산부가 보고, 듣고, 말하고, 먹어서 좋은 것들을 제시한 것이기 때문에 현대과학에서도 그 타당성이 입증되고 있다.

새로운 생명의 창조는 모체와 태아 모두에게 신체적인 변화와 재조직을 수반하기 때문에 정서적인 문제도 발생하는 위기의 상황이다. 본인뿐만 아니라 주변 가족들도 이 시기를 위기 개념으로 받아들여 주고 이해해 주어야 어머니와 태아 모두가 긍정적인 정서상태를 유지하게 될 것이다.

(6) 생물학적 결함에 대한 대책

부모의 가계에 유전결함이 있거나 태아에게 생물학적 결함이 의심되면 여러 가지 방법으로 선천적 결함의 가능성을 알아보아야 한다. 일반적으로 양수검사와 초음파검사 등으로 이루어지는데, 양수검사는 임신 14~16주에 태아의 양수액을 주사바늘로 직접 채취해 내어 그 속에 있는 태아세포로 유전적 결함 여부를 밝혀내는 검사법이다. 1~2주 경과한 후 검사 결과에 대해 알 수 있다. 비록 가능성은 1%로 희박하나 검사 자체가 태아에게 손상을 줄 수 있는 단점이 있다. 초음파검사는 초음파를 산모의 배에 투사해 자궁이나 태아, 태반의 모습을 공명사진으로 나타내므로 쌍생아 여부, 태아 크기, 형태, 위치, 신체 이상 유무를 판별하는 데 유용하다.

2) 출산

출산의 시작을 나타내는 징후로는 이슬, 진통, 파수 등이 있다. 이슬은 양막의 일부가 자궁벽에서 떨어짐으로써 생기는 혈액이 섞인 점액성의 분비물을 지칭한다. 진통은 출산을 위해 자궁이 수축하는 것으로 나타나는 현상이다. 처음에는 간헐적이고 미약하지만 점차 규칙적이고 강도가 세지며 시간 간격이 좁아지고 지속기간도 길어진다. 파수는 자궁구가 완전히 열린 다음 양막이 파열되면서 양수가 나오는 것이다. 파수가 되면 바로 분만이 진행된다.

출산단계는 3단계로 이루어진다. 먼저 1단계(개구기)는 정상적인 진통이 오기 시작하여 자궁구가 완전히 열릴 때까지이다. 진통의 시간은 초산부의 경우 보통 12~14시간 정도이며, 이전 출산 경험이 있는 산모는 6~7시간 정도이다. 이때는 산모가 쉬고자 할 때는 누워 있도록 강조만 하지 말고, 의자에 앉거나 옆으로 눕도록 허용하여 태아의 움직임에 방해를 주지 않도록 배려해 주는 것도 산모를 돕는 방법이다. 2단계(만출기)는 태아가 모체 밖으로 나오는 시기이다. 초산부의 경우 약 1~2시간, 경산부의 경우 약 30분 정도가 소요된다. 아기는 세상에 나온 후 몇 초 내에 첫 울음을 터트림으로써 호흡을 시작한다. 3단계(후산기)는 출산 후 태반, 탯줄 등이 떨어져 나오는 단계이다. 초산부와 경산부 모두 20분 정도가 소요된다.

(1) 출산 때 발생할 수 있는 문제

대부분의 경우는 정상적으로 출산하지만 어머니와 아기 각각에게 문제가 발생하거나 어머니와 아기에게 복합적인 문제가 발생하기도 한다.

진통이 지나치게 천천히 진행되거나 산도가 지나치게 좁거나 출혈이 있을 때, 아기의 머리가 너무 커서 어머니 골반을 통과하지 못할 때, 아기의 위치가 거꾸로 되어 있어 머리보다 다리가 먼저 나와 난산의 우려가 있을 때 등은 제왕절개수술을 하게 된다.

산소결핍증은 출산 직전 · 후에 발생하기 쉽다. 아기가 첫 호흡을 하기 전까지 태반을 통해 아기의 혈액 내에 산소를 공급해 주어야 하는데 출산 도중 어떤 이유로 인해 탯줄이 눌려 산소공급이 중단되어 발생한다. 혹은 아기가 자신의 폐로 스스로 호흡을 시작해야 하는데 어떤 이유로 호흡을 하지 못해서 발생하기도 한다. 산소결핍이 심할 경우 뇌성마비나 정신지체 등의 치명적인 결과를 가져올 수 있다.

미숙아는 출생 시 체중이 2.5kg 미만인 경우로 대체로 태내기간 37~38주 이전에 태어나면 미숙아가 되기 쉽다. 일반적으로 신생아의 약 10%가 미숙아로 태어난다. 미숙아는 피부지방층이 잘 발달되지 않고, 신경계통 발달이 불완전하며, 반사기능이 미약하고, 질병에 대한 저항력이 약하여 몸무게가 2.5kg 이상이 될 때까지 보육기(incubator) 안에서 자라야 한다.

조산아는 태내기간이 29~38주에 태어난 아기로 적절한 보살핌에 의해 정상적인 성장이 가능하다. 어머니가 빈곤한 상태이거나 영양부족, 과로, 음주, 흡연, 질병 등이 있을 때 조산의 가능성이 높아져 미숙아로 태어날 가능성이 높다.

3) 다양한 분만법

자연분만을 하는 산모와 태아에게 좀 더 편안한 환경과 분만방법을 통해 출산을 할 수 있는 분만법으로, 각각의 방법에 따라 시간이나 과정에 약간의 차이가 있어, 자신이 선택하는 분만법을 실시할 수 있는 병원에서 출산 준비를 해야 한다. 대표적으로 르봐이예분만법, 수중분만법, 라마즈분만법, 무통분만 등이 있다.

| 표 11-2 | 다양한 분만법

분만법	내용
르봐이예분만	• 쾌적하고 편안한 환경에서 아기가 태어나게 하는 분만법 • 태아가 출산을 통해 세상에 나오면서 급작스런 환경 변화로 인한 스트레스를 줄일 수 있도록 환경을 고려한 분만법 • 조도가 낮은 조명과 조용한 음악의 환경을 제공함
수중분만	• 양수와 비슷한 성질의 물에 태아가 나옴으로써 출산 스트레스를 줄임 • 감염성 질병 혹은 출산 당시 부주의로 인해 감염의 위험이 있을 수 있어 전문병원을 이용하는 것을 권유함
라마즈분만	• 출산의 고통을 최대한 줄이게 해서 아기를 낳으려는 정신예방적 분만법 • 산소를 체내에 충분히 공급함으로써 근육의 이완을 돕고 태아에게 원활한 산소를 공급해주고, 통증의 주기에 따라 리듬에 맞추어 호흡을 함으로써 통증을 덜 느끼게 하려는 분만법 • 남편이 함께 참여하여 호흡법, 연상법, 이완법으로 진행
무통분만 (경막외 마취)	• 자연분만 시 통증을 줄여주는 방법 • 척추의 일부분을 마취하여 의식과 운동능력은 유지되며, 출산의 통증을 완화하는 방법

4) 산후조리법

산후기란 출산 후 산모의 몸이 회복될 때까지 걸리는 기간을 말하는데 보통 출산 후 6~8주까지이다. SBS의 산후조리의 비밀에서 나온 산후 100일 건강 수칙으로 산후 몸 관리 원칙 123으로 제안된 것은 ① 가벼운 운동으로 활력을 가져라, ② 춥지도 덥지도 않게 보온에 유의하라, ③ 무리하지 않게 일상으로 돌아가라 등이다.

이외에도 산후조리 동안 가만히 누워 있는 것보다 실내에서 가벼운 스트레칭과 걷기를 하는 것이 좋으며, 동물성 고단백식품보다 식물성 단백질인 콩, 두부, 두유 등을 많이 섭취하는 것이 좋다.

5) 난임 극복

결혼을 하여 부모가 되기를 원하지만 자연적인 방법으로 불가능한 부부들이 7쌍 중 1쌍 정도의 비율로 나타나고 있다.

(1) 인공수정

인공수정은 여성의 자궁에 정자를 주입하는 기술이다. 남성의 정자 수가 적어서 임신이 어려운 경우에 해당할 때 사용된다. 또는 여성에게 남성 파트너가 없는 경우 인공수정(Artificial Insemination of Donor: AID)방법을 이용하기도 한다. 인공수정이 이루어질 때 기부자의 존재는 대개 익명으로 처리되며 학력, 신체적 외모와 같은 특성을 바탕으로 선택되기도 한다.

(2) 시험관수정

시험관수정방법은 임신이 어려운 부부의 수가 증가하면서 널리 사용되는 방법이다. 이 방법은 난임의 원인이 나팔관 폐쇄 때문인 여성들에게 가장 효과적인 방법이다. 배란기에 성숙한 난자를 수술로 추출한 후 배우자의 정자와 수정시키고, 다시 여성의 자궁에 착상시키는 과정을 거친다. 수정란이 성공적으로 착상하게 하거나, 접합자의 생존율을 높이기 위해 여러 난자로 시도하게 된다. 이러한 까닭에 종종 쌍생아가 태어난다.

(3) 입양

입양은 난임의 가장 오랜 해결책으로써 친부모가 여러 가지 이유로 자녀를 영구히 양육할 수 없는 경우 이들을 대신하여 아이를 양육하는 한 방식을 말한다(Ostrea, 2003). 다양한 난임치료로 인한 도덕적인 문제 혹은 부작용 등을 고려할 때, 가장 권장되는 방법이라 할 수 있다. 입양의 유형에는 기관 · 개인입양, 비밀 · 공개 · 반공개 입양, 해외입양 등이 있다.

입양은 아이를 가족체계에 포함시키고, 아이를 받아들이는 법적, 사회적, 심리적인 과정을 포함한다.

입양을 결정할 때 혹은 입양을 하고 나서 입양자녀를 키우는 동안에도, 입양에 대한 여러 가지 사회적 편견들이나 믿음이 입양의 성공에 영향을 준다. 그렇기 때문에 입양을 도와주는 기관들은 입양 부모와 일반적인 사람들의 입양에 대한 인식, 입양의 이유 등 사회에 만연한 다양한 부정적 견해를 갖지 않도록 다양한 인식 개선에 대해 교육적인 노력 및 홍보를 실시하는 것이 필요하다.

6) 태내기의 부모역할

(1) 임신에 대한 긍정적인 태도

임신과 출산을 경험하지 못한 성인 남녀는 구체적으로 부모됨에 대해 생각하지 않는다. 태내기에 이루어져야 하는 과업 중 가장 기본적인 것은 임신 자체를 수용하는 일이다. 산모들은 산전, 산후를 전후하여 각자가 느끼는 정도는 조금씩 차이가 있지만 우울증을 경험하게 되기도 하고, 반대로 행복감에 빠져 있거나 행복감과 우울감이 교차되는 감정을 느끼는 산모들도 있다. 일반적으로 임신기간 중의 우울증은 가볍게 지나갈 수도 있지만, 임신을 계획하지 않거나 임신이 원하지 않는 경우, 결혼만족도가 낮은 경우 등의 경우에는 심각하게 나타나기도 한다.

임신 중의 우울증은 산모의 신체적인 변화, 즉 입덧, 두통, 피로감, 체중 증가, 피곤, 불면증, 움직임의 불편함 등의 변화와도 함께 관계되어 나타나는 경우가 많다.

우울은 태어나는 아기에게는 물론 출산과정에서의 다양한 어려움을 경감시키는 데에 도움이 되지 않기에 임신 자체를 긍정적으로 받아들이고 밝은 기분을 유지하도록 하는 것이 필요하다. 우울증을 극복하기 위해서는 임산부 자신의 적극적인 노력이 선행되어야 하며, 동시에 가족원으로부터의 정서적 위안이 필요하며, 더불어 친척이나 친구, 주위 사람들과 경험을 교환하는 것도 도움이 된다(정옥분 · 정순화, 2008).

(2) 태내환경에 대한 배려

태중의 1년이 탄생 이후의 10년만큼 중요하다고 일반적으로 이야기하는 것처럼 태내환경은 태아에게 절대적인 영향을 미친다.

임신 초기의 산모는 정기적인 검진을 하여 자신의 건강과 태아를 위한 최적의 태내환경을 살펴보아야 한다. 충분한 영양섭취를 하고, 흡연이나 음주, 약물복용 등을 자제하며, 질병에 감염되지 않도록 충분한 휴식과 적절한 운동이 필요하며, 편안한 마음을 갖는 것이 중요하다(정옥분, 2004).

(3) 아버지의 적극적인 지지

남편의 정서적인 지지는 임신한 아내가 순응적인 임신과정을 겪을 수 있도록 돕는다. 정서적인 위안을 필요로 하는 아내에 대해 적극적인 반응을 보이며, 작은 문제에서 아내의 의견에 우호적이며 타협적인 태도로 대하는 것이 중요하다. 임신한 아내뿐만 아니라 남편도 어려움을 경험한다. 소수의 남편들은 아내가 임신과 분만기간 동안 경험하는 식욕상실이나 구토 등의 현상들과 유사한 증후를 경험하기도 한다(정옥분, 2004).

아버지가 분만과정에 참여하거나 자녀출산에 대해 준비하는 것은 이후의 부모자녀관계에도 큰 영향을 미친다. 분만과정에 참여하거나 영아와 충분한 접촉을 시도한 아버지는 이후의 자녀양육에도 적극적으로 참여하는 것으로 나타났다. 평소 아버지의 적극적인 가사노동분담이나 역할분담도 필요하다. 또한 아버지의 참여는 어머니의 육체적, 정신적 부담을 덜어 줄 수 있다(정옥분 · 정순화, 2008).

(4) 출산준비

부모는 출산에 대비하여 부모로서 물질적으로나 정서적으로 준비를 해야 하며, 임신 말기에는 아기에게 필요한 물품들을 준비할 필요가 있다. 먼저 물질적 준비란 정기적인 전문의사의 검진, 거주 공간의 문제, 아기를 위한 공간의 마련, 아기에게 필요한 물품과 도구 준비 등을 의미한다. 정서적으로는 양육자로서 작고 나약한 새로운 개체에게 관심과 애정을 주고 아기의 행동에 적절한 반응을 줄 수 있을 만큼 성숙한 성인이 되는 것을 뜻한다(숙명여자대학교, 1996).

3. 영아기의 발달특징과 부모역할

영아기는 자녀가 출생한 후 약 24개월까지의 시기를 말한다. 아기의 탄생은 부모에게 무한한 기쁨인 동시에 여러 가지 어려움과 많은 부담을 안겨준다. 이 시기의 영아는 절대적으로 의존적인 존재이기도 하지만, 부모의 돌봄을 받아들이기만 하는 수동적인 존재일 뿐만 아니라 적극적으로 자신의 욕구를 표현하는 존재이기도 하다.

1) 신체발달

(1) 신체적 특징

영아기는 전 생애에서 신체적 성장이 가장 빠르게 일어나는 시기이다. 그 중에서도 신생아기는 출생 후 4주까지를 일컫는데, 출생 시 신생아의 체중은 남아 3.4kg, 여아 3.2kg 정도이며, 신장은 남아 51.4cm, 여아 50.5cm 정도이다.

생후 첫 1년간은 신체적 성장이 빠르게 진행된다. 건강한 영아의 경우 키는 1년간 1.5배, 몸무게는 3배 정도 증가한다. 생후 6개월까지는 키와 몸무게가 사회계층에 무관하게 비슷한 비율로 성장한다. 그러나 6개월 이후부터는 중류계층 이상의 아동이 부모가 지각하는 영양 면이나 건강에 대한 관심으로 인해 더욱 빨리 성장한다.

태내기와 영아기는 두뇌발달의 결정적 시기이며, 이 시기의 영양결핍은 두뇌의 성장발달에 부정적인 영향을 미친다. 출생 시 뇌의 무게는 350g 정도이지만 1세경에는 880g, 성숙한 성인의 뇌 무게는 1,350g인 것을 생각해 본다면 다른 신체기관에 비해 두뇌발달은 출생 초기가 결정적인 시기임을 알 수 있다(정옥분, 2004).

(2) 운동기능의 발달

① 반사능력

출생 초기에는 외부 자극에 대해 무의식적 반응을 하는데 이것을 신생아의 반사능력이라고 한다. 반사능력을 크게 4가지로 구분할 수 있다.

- **근원반사(rooting reflex)**: 신생아의 입 주위에 자극을 주면 자극을 향하여 고개를 돌리고, 입을 벌려 빨려고 하는 것을 말한다.
- **파악반사(grasping reflex)**: 신생아의 손바닥에 물건을 쥐어주면 힘껏 꼭 쥐는 행동을 보이는 것을 말한다.
- **모로반사(Moro reflex)**: 갑작스럽게 큰 소리를 내거나, 신생아를 안고 있다가 갑자

기 아래로 내려놓으면 발을 활 모양으로 휘게 되는 것을 말한다.

- 바빈스키반사(Babinski reflex): 신생아의 발바닥을 간질이게 되면 엄지발가락은 구부리고 다른 네 발가락은 쫙 펴는 반응을 하는 것을 말한다.

이러한 반사능력은 발달상태를 평가하는 데 유용하다. 반사능력은 수개월 이내에 사라지는데, 월령이 지나도 없어지지 않으면 신경계통에 문제가 없는지 살펴볼 필요가 있다.

② 대근육 및 소근육 운동

영아기의 대근육 운동기능의 가장 큰 발달은 초기에 고개를 못 가눌 정도로 의존적이던 영아가 뒤집기, 기기, 서기, 걷기 등을 할 수 있게 변화하는 것이다. 생후 1개월 이후에는 엎드린 자세에서 고개를 들 수 있고, 3~4개월에는 뒤집기, 7개월에는 혼자 앉을 수 있고, 12개월에는 붙잡고 걸을 수 있다. 18개월에는 계단을 오를 수 있으며, 12~18개월경에는 달리기, 공던지기, 공차기, 뜀뛰기 등을 할 수 있다. 소근육 운동기능은 근원발달의 원칙에 의해 팔과 손 그리고 손가락 순으로 발달하는데, 신생아기에 잡기반사는 있지만 잡기능력이 없다가 10개월이 지나면서 엄지와 집게손가락을 사용해서 작은 물체를 잡을 수 있게 된다(정옥분 · 정순화, 2008).

2) 인지발달

인지적 성장은 영아기에 급속도로 이루어지는데, 몇 가지 반사능력만을 가지고 태어난 신생아는 점점 목적의식을 가지고 행동하는 존재로 바뀐다(정옥분, 2004).

Piaget에 의하면 영아기의 인지발달은 주변 환경에 대한 정보를 얻기 위해서 감각운동을 통해 탐색 후 지각경험이 바탕이 되어야 한다고 제시하고 있다. 이 단계를

Piaget의 4단계 인지발달단계 중 첫 번째 단계인 감각운동기라고 말한다. 감각운동기 영아의 세상에 대한 인식과 지각은 감각기관을 통해 운동기능을 익히고 이해하는 것이다. 영아가 이해하고 기억하는 것은 감각기관을 통해 받아들인 정보, 즉 자신이 직접 보고, 듣고, 느끼고, 행동하는 것 등에 의해 이루어진다.

3) 언어발달

언어발달의 첫 단계는 울음이다. 초기의 울음은 아기가 왜 우는지 알 수 없는 미분화된 울음이지만 점차 분화되어 우는 이유를 어느 정도 파악할 수 있게 된다. 4~5개월경에는 옹알이가 나타나는데, 언어와 유사한 최초의 말소리이다. 옹알이는 일반적으로 영아가 만족스러운 상태에서 가장 많이 나타낸다. 생후 1년경에는 영아는 한 단어 문장을 사용하는데, 그 한 단어로 자신의 생각을 표현한다. 24개월경에는 두 단어 문장을 사용하는데, 일반적으로 명사와 동사를 결합한 전문식(電文式) 문장을 많이 사용하여, 두 단어 가운데 자신이 원하는 바를 강조해서 말하게 된다.

4) 사회정서발달

(1) 기질의 발달

대부분 영아는 출생 때부터 서로 다른 기질적 특성을 보인다. 이러한 영아의 기질을 Tomas와 Chess(1977)는 세 가지 유형으로 구분하였다.

첫째는 순한(easy) 영아 유형이다. 이 유형은 잠에서 깰 때 행복함을 나타내고, 장난감을 가지고 혼자 잘 놀며, 규칙적인 일상에 따라 수유나 수면이 쉽게 이루어지고, 낯선 사람에게도 미소를 보이는 유형이다.

둘째는 까다로운(difficult) 영아로 눈을 뜨기 이전부터 울고, 생물학적 기능이 불규칙적이고, 적대적이며, 조그만 좌절에도 거친 반응을 보이며, 새로운 사람과 상황에 적응하는 데 시간이 걸리는 유형이다.

셋째로 반응이 느린 영아로 수동적이고, 새로운 상황에 대해 잘 움츠러드는 경향을 보이며, 새로운 환경을 좋아하지 않지만 다시 기회가 주어지면 서서히 흥미를 가지고 참여하는 유형이다.

(2) 애착의 발달

애착이란 영아기에 영아와 양육자(혹은 대리모) 간에 형성되는 친밀한 정서적 유대감을 말한다. 영아기에 형성된 애착은 영아기 이후의 인지, 정서, 사회성 발달에 중요한 영향을 미치며, 주변 세계에 대해 신뢰감을 형성하는 데 큰 영향을 끼친다.

안정된 애착은 영아의 신호와 욕구에 대해 양육자가 민감하고 적절한 반응을 보일 때 증가된다. 안정된 애착관계를 형성한 영아는 그 다음 단계인 유아기에 문제를 해결하기 위한 호기심, 탐구심, 자신감, 타인과의 관계에서 긍정적인 성향을 보인다. 또한 이후 아동기에도 좌절을 잘 견뎌내고, 도전적인 과제를 잘 해결하며, 문제행동을 덜 보이는 경향이 있다.

5) 영아기의 부모역할

(1) 부모역할의 적응

부부 사이에 자녀의 출산은 결혼생활에 여러 가지 영향을 미치고, 부모로서의 새로운 역할, 즉 자녀가 태어나면서 발생하는 일상 생활 변화와 역할에 대한 변화에 대한 스트레스를 경험한다. 부모는 영아를 양육하는 것에 대한 책임감을 가지고, 수많은 시행착오와 경험을 통해 부모로서 필요한 기술과 역할에 대해 학습할 필요가 있다.

어머니는 만성적인 피로감과 불면증, 외모에 대한 실망감, 가사에 대한 걱정 등에 시달리며, 혹은 사회생활 및 직업을 중단해야 하는 경우가 있다. 아버지 또한 아내가 자녀에게 대부분의 시간을 보내는 것을 보고 소외감을 느끼거나, 어느 날 본인이 아버지가 되었다는 사실에 대해 책임감과 부담감을 느끼기도 하며, 아내의 성적 반응이 감퇴한 것에 대한 불만을 호소하기도 한다.

대부분의 여성들은 처음 영아를 양육할 때 부모로서의 자신의 역할에 대해 자신감이 낮으며, 육아기술 등의 미숙함으로 인해 스트레스를 경험하고, 심한 경우는 산후 우울증을 겪기도 한다. 자신의 성장과정에서 부모와의 부정적인 경험, 낮은 교육수준, 계획되지 않은 임신, 결혼에 대한 낭만적인 생각, 미숙한 성격 특성, 저소득, 영아의 기질적 반응 등이 부모역할의 적응에 영향을 미친다. 부모역할을 원만하게 수행하기 위해서는 남편의 도움이 필요하다. 특별히 유대감을 갖겠다고 노력하기보다는 아기에게 우유를 먹여주고, 함께 놀아주고, 목욕시켜 주는 것을 도와줌으로써 유대감을 길러나가는 것이 중요하다(정옥분 · 정순화, 2008).

(2) 신뢰감과 자율성 형성 조력자로서의 역할

영아기는 Erikson이 제안한 심리사회적 단계에서 신뢰감 형성과 자율성 발달의 단계이다. 양육자는 영아의 욕구를 충족시켜 주고, 다양한 신호에 대해 민감하게 반응함으로써 영아는 주변의 환경과 인간관계에 대해 신뢰감을 갖게 된다. 이때 영아가 요구하는 신호에 민감하고 일관성 있는 태도로 대하는 것이 필요하며, 이와 다르게 영아의 욕구에 민감하지 못하거나, 일관성 없는 태도로 대하게 되면 영아는 세상에 대해 불신감을 갖게 된다(정옥분 · 정순화, 2008).

영아기 후반에 이르면 영아는 자신을 돌보아주는 양육자로부터 독립하고자 시도한다. 자율성과 자아개념의 발달, 언어발달, 이동하는 능력의 발달 등으로 주위 환경을 더 적극적으로 탐색하기 시작한다. 이때 영아는 '아니야', '내꺼야', '내가 할 거야', '싫어' 등의 부정어구와 나 자아를 강조하는 단어를 자주 사용하게 된다. 이러한 행동은 발달과정상으로 볼 때 자연스러운 행동이므로 영아의 행동을 이해하고, 행동에 대한 제재나 제한을 자주 가하는 것보다 행동을 허용해 주어 영아가 혼자 하는 것을 지켜 봐 주고 기다려주는 등의 양육자의 인내심도 요구된다(김진영 · 김정원 · 전선옥, 2005).

(3) 다양한 자극 제공자로서의 역할

Piaget가 제시하는 인지발달단계에서는 영아기는 감각운동기 단계이다. 감각운동기는 감각동작적인 지능이 발달하는 시기이기 때문에 풍부한 감각적 경험과 다양한 동작 경험을 하도록 환경을 제공해 주는 일이 중요하다. 따라서 영아를 다루는 양육자는 많이 안아주고(촉각), 월령(月齡)에 맞는 장난감을 제시하거나(시각), 청각, 미각, 후각 등 다양한 자극을 주는 것이 바람직하다. 또한 감각의 협응능력을 발달시키기 위해서는 다양한 자극과 놀잇감을 제공하는 것이 필요하다.

4. 양육행동 유형

양육행동이란 부모가 아동을 양육하면서 보이는 보편적인 행동으로 사회문화적 관습과 관념의 영향을 받는다. 부모들의 양육행동은 아동의 성장과 발달에 많은 영향을 미친다. Baumrind(1971)는 애정과 통제라는 두 가지 차원에 의해 부모의 양육행동 유형을 네 가지로 나누어 설명하였다. 애정과 통제 차원이 둘 다 높은 경우는 권위 있는(authoritative) 양육방식, 통제 차원은 높지만 애정 차원은 낮은 경우는 권위주의적(authoritarian) 양육방식, 애정 차원은 높은데 통제 차원이 낮은 경우는 허용적(indulgent) 양육방식, 애정과 통제 차원이 모두 낮은 경우는 무관심한(neglectful)

양육방식으로 분류하였다(정옥분, 2004).

권위 있는 부모들은 부모의 권위를 사용하여 자녀를 양육하는 방법으로 애정 및 통제 모두 높은 형이다. 자녀의 자율성을 인정하면서 합리성과 논리적 사고에 근거하여 자녀를 통제하는 것이다. 따라서 부모의 권위를 통해 통제를 하지만 권위주의적인 부모처럼 일방적 복종을 강요하거나 체벌을 사용하지 않는다. 가장 바람직한 양육방식인 권위 있는 양육방식은 아동 자신에 만족하며, 자율적이고, 자기 통제가 가능하고 배우려는 의지가 강한 아이로 성장하게 한다.

권위주의적인 부모들은 애정의 정도는 낮고 통제의 정도가 높은 형이다. 부모들은 자녀들에게 절대적 복종을 요구하며, 체벌을 자녀 통제의 수단으로 사용하기도 한다. 또한 자녀를 종속적인 존재로 인식하여 자율성을 제한하게 되며, 기성세대의 가치관으로 자녀와 원활한 대화와 교류가 이루어지지 못하기 쉽다.

허용적인 부모는 애정의 정도는 높으나 통제의 수준이 낮다. 이런 부모 아래서 자란 아동들은 적응력은 높을 수 있지만 규율을 무시하거나 제멋대로 행동하는 경향이 높다.

마지막으로 무관심한 부모는 애정 및 통제가 모두 낮다. 따라서 엄격하지도 않고 무관심하고 냉담하다. 따라서 이런 부모를 둔 아동은 자율성과 독립심이 적고 잦은 문제행동을 나타내는 경향이 있다.

5. 발달단계에 적합한 부모역할

부모의 어려움은 자녀의 성장과정에 맞추어 부모역할이 민감하게 변화되어야 한다는 것이다. 각 발달단계에 따라 서로 다른 부모역할 기술을 요구하기 때문에 부모는 자녀의 변화에 민감하게 적응해야 하고, 자녀의 욕구와 행동에 맞추어 양육행동을 변화시켜야 한다. 각 발달단계별로 부모의 역할을 보다 구체적으로 살펴보면 〈표 11-3〉과 같다.

| 표 11-3 | 각 발달단계별로 부모의 역할

발달단계	발달과업	주요 위기	촉진요인	부모역할
영아기	신뢰감/불신감	영아기의 방임, 학대, 일관성 반응의 부족, 적절한 사랑의 결핍 등	부모가 아이의 욕구를 충족시켜 주면 아이는 강한 신뢰감이 발달함	보육자 (caretaker)
걸음마기	자율성/수치감	아이가 자신이 적절하다는 느낌을 갖지 못하게 하거나, 말하기 같은 기술을 습득하지 못하게 하는 환경	부모가 아이의 성공적인 행동에 보상을 주고 실패(배변 훈련 실패)를 부끄럽게 여기지 않도록 대하면, 자기회의/수치감/죄책감을 넘어 아이의 자율성 형성	보호자 (protector)
유아기	주도성/죄책감	아이의 자발성을 방해하는 지나치게 엄격한 훈육, 경직된 윤리적 태도의 내면화	부모가 아이의 호기심을 받아들일 뿐만 아니라 알고 싶어하는 아이의 욕구를 억누르지 않으면, 아이의 주도성은 향상	양육자 (nurturer)
학령기	근면성/열등감	실패를 겪게 하고 열등감과 좋지 못한 공부습관을 갖게 하는 지나친 경쟁, 개인적 한계 등의 환경	아이가 가정과 학교에서 실패보다 성공을 더 많이 경험하게 되면 열등감보다는 근면감을 형성	격려자 (encourager)

출처: Herbert (1991); 문혁준 외 (2016) 재인용; Hamner & Tuner (2001).

참고자료 11-1 부모역할에 도움이 되는 홈페이지

- 육아정책연구소 : http://www.kicce.re.kr
- 중앙육아종합지원센터 : http://central.childcare.go.kr
- 저출산고령사회위원회 : https://www.betterfuture.go.kr
- 건강가정지원센터 : http://www.familynet.or.kr

*참고문헌

김진영, 김정원, 전선옥 (2005). 유아, 부모, 교사를 위한 부모교육. 서울: 창지사.

김혜신 (2003). 맞벌이부부의 부모역할갈등과 심리적 복지. 전남대학교 석사학위논문.

문혁준, 양성은, 김상림, 손서희, 윤수정, 천희영 (2016). 결혼과 가족. 서울: 창지사.

송진숙, 권희경, 김순기 (2006). 결혼과 가족 그리고 부모됨. 서울: 창지사.

숙명여자대학교 아동연구센터 (1996). 현대사회와 부모. 숙명여자대학교 출판부.

이지순 (1981). 첫 자녀 출산 후 부부가 지각한 가족생활 변화에 관한 연구. 고려대학교 석사학위논문.

이혜란 (1984). 부모역할로의 전이에 따르는 어려움 및 만족 연구. 연세대학교 석사학위논문.

윤영삼 역 (2006). 가족의 심리학. Tony Humphreys (2004). Leaving the Nest Families Are All About. 서울: 다산초당.

정옥분 (2004). 영유아발달의 이해. 서울: 학지사.

정옥분, 정순화 (2008). 부모교육. 서울: 학지사.

최외선, 현은민, 전귀연, 이기숙, 김득성, 손낙주, 구순주, 배지고, 박혜인, 최보가 (2007). 결혼과 가족. 서울: 정림사.

SBS (2010). SBS스페셜 산후조리의 비밀. http://www.sbs.co.kr.

Adesman, K., & Adesmec, C. A. (2004). *Parenting your adopted child; A Positive approach to building a strong family*. New York: McGraw-hill.

Baumrind, D. (1971). Current Patterns of parental authority. *Development Psychology Monographs*, *4*, 1-103.

Bigner, J. J. (1979). *Parent-child relation*. NewYork: Macmilan Publishing.

Eisenberg, A. (2002). *Coming Out; An Act of Love*. NewYork: Plume.

Guiduabalsi, J., & Cleminshaw, H. K. (1989). *Development and validation of the leminshaw-Guiduabalsi parent satisfaction scale*. NewYork: Academic Press. Inc.

Gabbe, S. G., Niebyl, J. R., & Simpson, J. L. (2003). *Obstetrics; Normal and problom pregnancies* (4th Ed.). Philadelphia, Elservier.

Jacobson, R. B., Bigner, J. J., & Hood, S. (1991). Black versus white single parents and the value of children, *Journal of Black Studies, 21*, 302–312.

Ostrea, C. (2003). *Family Bound; One Couple's Journey Through infertility and Adoption*. Lincoln. NE.: iUniverse.

Russell. C. (1974). Transition to Parenthood: Problems & Gratification, *Journal of Marriage and the Family, 36*(May). 294–301.

Studd, J. W. (2004). *Progress in Obstetric and gynecology Philadelphia*. Elservier.

Chapter 12

친인척관계

1. 현대사회의 친족관계
2. 원가족과의 관계
3. 양가의 가족관계

Chapter 12

친인척관계

성인 남녀는 결혼으로 원가족을 떠나 부부 두 사람만의 새로운 가족체계를 형성한다. 이러한 과정에서 결혼을 통하여 형성되는 새로운 친인척관계는 결혼생활에 영향을 미치는 중요한 요인으로 작용한다. 그 이유는 대다수의 기혼 성인들은 결혼 이후에도 원가족에게서 완전히 독립하기보다 여러 가지 상호작용을 주고받으며 결혼생활을 형성 · 유지해 나가기 때문이다.

특히 우리나라는 결혼 후 부부 중심의 핵가족의 모습을 가지더라도 정서적, 심리적으로는 확대가족의 특성이 강하여 배우자 부모가 부부관계에 미치는 영향이 강하다. 얼마 전까지만 해도 친인척관계에서의 갈등은 주로 시어머니와 며느리와의 갈등이었으나 최근에는 처가의 입지가 상대적으로 높아지면서 장모와 사위와의 갈등이 주된 가족갈등으로 등장하고 있다. 이러한 갈등은 당사자뿐만 아니라 그들을 둘러싼 가족 전체에도 영향을 미치므로 기혼 부부와 원가족은 건강한 관계맺음을 통해 갈등상황을 해결해 나가는 노력이 필요하다. 그러므로 이 장에서는 결혼한 부부가 양질의 결혼생활을 유지하기 위해 원가족과의 건강한 관계 맺기에 필요한 전반적인 내용, 양가의 가족관계, 특히 고부관계와 장서관계 갈등의 특성, 구체적인 해결방안 등에 대해 살펴보도록 하겠다.

1. 현대사회의 친족관계

신혼기 부부가 해결해야 하는 주요 과업 중 하나는 좋은 친인척관계를 형성하는 것이다. 현대 산업사회에서 핵가족의 고립과 개인의 소외를 방지하기 위한 가장 효과적인 방법은 일차적인 친족관계를 가능한 활용하는 것이다(정현숙 · 유계숙, 2001 재인용). 친족관계는 핵가족에게 혈연, 혼인을 기반으로 한 소속감을 심어주며, 상호협조적 관계를 통해 경제적 · 정서적 유대관계를 갖도록 해준다. 따라서 가족의 행복은 부부, 부모자녀관계와 같은 가족 내 관계뿐만 아니라 친족관계에도 영향을 받는다. 특히 여성의 취업이 늘어나고 노인 인구가 증가하고 있는 현재의 상황에서 친족과의 교류는 자녀양육과 사회화의 부담을 덜어줄 뿐 아니라 노인들의 소외나 고립을 해결함으로써 실제 가족복지 향상에 기여할 수 있다(옥선화 · 정민자, 1992).

현재 민법상 친족의 범위는 8촌 이내의 혈족, 4촌 이내의 인척, 그리고 배우자로 규정함으로써 전통적 가부장제도를 기반으로 하는 과거의 부계친족제도를 탈피하여 부모 양계의 혈통을 따르는 방향으로 바뀌었다. 그러나 이는 법제상의 친족 범위에 불과할 뿐 실생활에서는 부계혈통을 통한 가계계승의 관념이 존재하고, 조상 봉제사를 중심으로 의례적 관계를 맺고 있어 제한적인 형태의 양계제를 취한다고 할 수 있다(여성한국사회연구회, 1995). 도시가족은 부계친족과의 관계와 모계친족과의 관계에서 다른 양상을 보이는 경향이 있다. 즉 모계의 영향이 커져 시가와는 의무적이고 형식적인 관계를 갖는 반면, 처가(친정)와는 자발적이고 친밀한 관계를 갖는다. 도시에서는 특히 처가의 인척들이 근거리에 모여 살면서 다양한 기능을 하는데, 이들은 일상생활에서 다양한 도움을 주고받으며 의례적이고 형식적인 기능이 아닌 서로에게 경제적 · 정서적 · 복지적 기능을 한다고 볼 수 있다. 이러한 현상은 우리 사회의 가족구조적 측면에서 부계적 연속성이 존속하고 있으나 친족 조직적 측면에서 사회적 환경의 변화에 적응하기 위한 전략으로 양계적 친족관계를 유지하는 것으로 해석할 수 있다(정현숙 · 유계숙, 2001). 이렇듯 가족관계들은 각각 처해진 상황에서 서로 상호작용하며 상호 지지적인 사회관계망을 형성해 나가며 변화하고 있다.

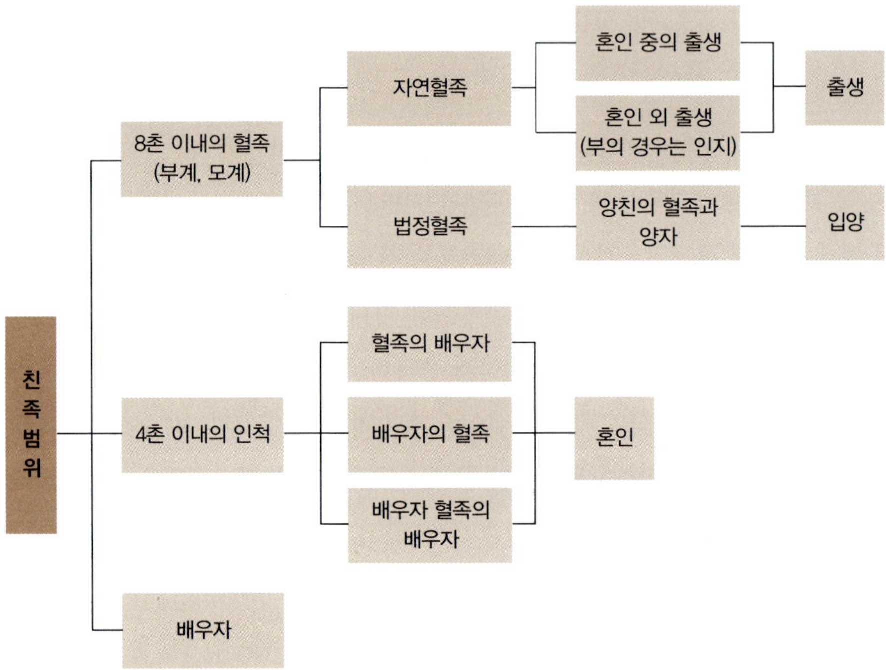

| 그림 12-1 | 친인척관계의 범위

출처: 이기숙 외 (2009). p. 226.

활동하기

1. 친인척이 서로 도와줄 수 있는 일에는 어떤 것들이 있을까?

- 고민이 있을 때 관심을 갖고 물어주며 상담해 준다.
- 집에 일손이 필요하면 도와준다.
- 경제적 곤란 시 서로 도움을 준다.
- 자녀, 살림에 관한 정보를 제공해 준다.
- 함께 쇼핑이나 외식을 한다.

• 현실을 이해하고 사회생활에 적응할 수 있도록 적절한 충고를 해준다.
• 필요할 때 자녀를 돌보아준다.
• 집안의 중요한 결정사항을 상의한다.

2. 이외에 서로 도움을 주고받을 수 있는 일들에 대해 생각해 보자.

출처: 이기숙 외 (2009). p. 226.

2. 원가족과의 관계

원가족이란 자신이 출생해서 성장한 가족으로, 한 개인이 생리적, 정서적, 신체적인 삶을 시작하는 단위이다(Hovestadt, Anderson, Piercy, Cochran, & Fine, 1985). 한 개인의 현재 자아상, 가치, 행동, 태도 및 다른 사람과 관계를 맺는 양식의 발달은 원가족이라는 맥락 안에서 이루어지며, 이러한 초기 경험은 평생 개인의 여러 발달영역에 계속 영향을 미친다(Rovers, DesRoches, Hunter, & Taylor, 2000).

생식가족은 개인이 결혼을 하여 새롭게 형성하는 가족으로 두 사람의 성인이 결혼을 통하여 만든 가족을 뜻한다. 기혼 부부는 각자의 원가족에서 독립하여 결혼을 통해 둘만의 생식가족을 만들게 되며, 이러한 과정에서 여전히 부부의 원가족은 중요한 영향력을 가진다.

1) 양가의 가족문화

가족은 세대과정을 통해 가족의 전통이나 감정, 가치관 및 가족의 생활방식과 사고방식 등을 한 세대에서 다음 세대로 전이한다(최연실 역, 1995). 세대 간 전이(intergenerational transmission)란 행동하고, 느끼고, 관계맺고, 현실을 규정하고, 친밀감이나 거리감에 대처하는 양식 등이 한 세대로부터 다음 세대로 전달되는 과정을 말한다. Bowen은 이전 세대의 인간관계 유형이 다음 세대의 가족기능의 암시적 모델이 된다고 하였다. 즉, 부모는 원가족에서 자신이 경험한 관계, 태도, 기대, 정서 또는 행동양식을 자기가 이룬 핵가족에 그대로 적용하여 부모로서 기능하게 된다는 것이다(Benson, Larson, Wilson, & Demo, 1993).

세대 간 전이에는 긍정적인 측면과 부정적인 측면이 있다(유영주 외, 2004). 먼저 긍정적인 측면을 살펴보면, 가족이 친절하고 애정적이고 동정적이며 이해심 많고 편안한 방식으로 관계를 맺는 경우 이러한 패턴은 자녀세대에 이어진다. 또한 어려운 문제에 직면하게 될 때, 가족이 서로 조화롭게 갈등을 다루고 인간적인 방식으로 대처할 경우 이것 역시 부모세대에서 자녀세대로 전달된다. 반면에, 부정적인 측면은 가족이 폭력적인 성향을 가진 경우, 예를 들면 인간에 대한 폭력, 차별, 증오심 그리고 적대감 등과 같은 부정적인 양상들이 가족 안에서 일어나고 흔히 이런 것들이 한 세대에서 다음 세대로 전달된다. 특히, 아동기에 부당한 양육을 받은 성인들은 자신의 자녀에게도 잘못된 행동을 한다고 다수의 연구(Belsky & Pensky, 1990; Belsky, & Vondra, 1993)에서 보고되었다.

주로 이혼, 가정폭력, 혹은 정신병리적 현상과 같은 문제들이 한 세대에서 다음 세대로 어떻게 전달되는지에 초점을 두고 주로 연구가 진행되기도 하였으나, 세대 간 전이는 가족원들 간의 건강하고 건설적이며, 바람직한 관계성 측면들에서도 동일하게 나타날 수 있다(유영주 외, 2004). 가족 내에서 주로 사용하는 효과적인 의사소통 방법, 갈등에 직면했을 때 문제를 해결하는 방식, 분노를 다루는 방식, 감사와 애정을 표현하는 방식, 정서적 친밀감과 대인관계 관리방법 등도 세대를 통해 전달된다. 그러므로 원가족 안에서 개인이 세대를 통해 전이된 다양한 측면들이 이후 자신의 결혼생활에도 영향을 주는 너무나 당연한 이야기일 것이다.

‘부부의 침대에 여섯 사람이 누워 있다’라는 표현이 있다. 이 말은 두 사람의 결혼생활이 각자가 성장한 가족적 배경에 의해 상당히 많은 영향을 받고 있음을 뜻한다. 겉으로 잘 드러나지는 않지만 우리는 세대 간 전이를 통해 각자의 결혼생활에 양가 부모가 미치는 영향력을 짐작해 볼 수 있다. 그 이유는 신혼부부들이 가장 잘 알고 있는 결혼생활이 바로 부모들이 보여준 부부생활이기 때문이다. 의식적이든 무의식적이든 두 사람은 배우자를 대하고 의사소통하고 판단하는 데 각자의 부모들의 결혼생활을 모방하거나, 그와는 정반대로 부모처럼은 살지 않겠다는 결심 아래 부모의 결점과 연관되는 상대방의 결점을 찾아내기도 한다. 두 사람이 서로가 어떠한 성장 배경에서 자랐는지를 이해하지 못한다면 결혼의 적응에서 오해와 갈등은 피해갈 수 없는 문제가 된다. 따라서 양가의 가족문화에 대해 이야기하고 서로가 안다는 것은 내가 만든 생식가족이 건강하게 바로 서는 출발점이라고 할 수 있다. [활동하기]에서 양가 가족의 역사 탐방을 통해 양가 가족의 문화에 대해 알아보자.

활동하기 **양가 가족의 역사 탐방**

자신의 원가족에 대한 과거의 기억을 떠올리며 다음의 질문에 대해 솔직하게 답변하도록 합니다. 먼저, 자신의 원가족에 대해 다음의 질문에 대해 답변한 후, 서로의 원가족에 대한 역사를 함께 나누도록 합니다.

1. 우리 가족에게 중요한 사건은 무엇입니까? 시간의 순서에 따라 생각해 봅시다.
2. (예비 배우자가 알지 못하는) 우리 가족만이 간직한 비밀이 있는지 생각해 봅시다.
3. 부모님의 결혼생활에 대해 이야기를 나누어 봅시다.
4. 원가족 내에서 허용되거나 무시되는 감정이 있는지 생각해 봅시다.
5. 원가족의 가족규칙을 알아보고, 나의 결혼생활에 꼭 적용하고 싶은 규칙이 있는지 생각해 봅시다.

출처: 나희수 (2003).

2) 원가족과 건강한 관계 맺기

(1) 가족경계

가족은 서로 상호작용하는 개인의 집단으로서, 하나의 체계이다. 체계란 질서 있고 상호 관련되며 그리고 기능적 전체를 구성하는 집합체이다(임은희, 2012 재인용). 가족이라는 전체 체계는 부부, 부모, 부모자녀, 형제자매 하위체계 등으로 구분될 수 있으며(참고자료 12-1 참조), 각각의 가족구성원은 여러 개의 하위체계에 동시에 속하기 때문에 한 구성원은 다른 구성원들과 다른 보완적 관계를 가지기도 한다.

모든 체계는 그 자체로 존재할 뿐 아니라 경계 외부의 환경과 끊임없이 상호작용하게 된다. 체계와 체계 간의 상호작용은 경계를 통해서 이루어진다. 경계(boundaries)란 어떤 개체들과 상호작용이 체계 안에 존재하는가 아니면 체계 밖에 존재하는가를 알게 해주는 것이다. 체계는 경계를 통해 그 자체의 독특성을 유지할 수 있으며 그리고 환경으로부터 정보가 들어오기도 하며 환경으로 정보가 나가기도 한다.

가족도 하나의 체계로서 경계란 개념을 통해 가족의 정체성 및 다양한 하위체계의 정체성을 구분할 수 있다(정문자 외, 2018). 가족경계(family boundaries)란 가족 내의 개인과 다른 가족원들 간의 관계에서 형성된 개인의 정체성이면서 동시에 한 단위로서의 가족과 더 큰 사회체계 간의 관계에서 형성된 가족의 정체성이기도 하다(Atwood, 1992). 가족경계는 가족구성원들을 둘러싸고 있는 경계 밖의 압력으로부터 이들을 보호하며 체계 안과 밖의 정보나 에너지의 흐름을 조정해 주는 체계의 울타리에 해당한다. 경계에 침투성이 있다는 것은 자기체계가 다른 체계와 쉽게 상호작용하도록 하지만, 너무 지나친 침투성은 체계 간 정체성 구분이 모호하고 자율성을 방해받기도 한다. 반면, 침투성이 없는 경계는 다른 경계와의 관계를 제지하며 체계를 고립시킨다.

기능적인 가족은 명확한 경계를 가진다. 세대 간 명확한 경계는 가족 안에서 자녀세대와 부모세대의 정체성과 자율적 기능을 향상시키고 각 세대의 독립성을 유지시킨다. 그러므로 결혼한 자녀의 원가족으로부터의 경계는 원가족이 결혼한 가족의 부부관계에 깊이 관여하는 것을 방지하고 보호한다. 이에 반해, 역기능 가족의 경계는 구성원들이 다른 가족구성원들의 공간과 사생활을 침해하면서, 애매모호하고 혼돈스러운 경향이 있다. 가족에서 세대 간 경계가 흐려지면 역기능적이 될 수 있다. 간혹 이러한 가족의 경우, 원가족 부모세대가 자신의 욕구와 성인 자녀의 욕구를 서로 혼동하여, 가족원에 대한 강요, 사생활침해, 부부갈등을 야기하기도 한다(유영주 외, 2004).

그러므로 가족 내부의 세대 간 경계는 명확하면서, 더불어 체계는 자율성과 상호의존이라는 융통성을 가지고 있어야 한다. 이를 위해 가족이 어느 정도의 침투적인 경계를 갖고 외부세계와 교류하고 있는지, 적절한 가족기능을 위해 하위체계들이 어떻게 자신의 경계를 유지하면서 각자의 역할과 책임을 수행하는지가 중요하다.

참고자료 12-1 가족 하위체계

① 부부 하위체계

핵가족 하위체계에서 가장 핵심적인 하위체계로 상호보충성의 개념을 중시하는 이 체계는 가족 삶의 성공적인 길을 협상과 적응으로 본다. 결혼생활에서는 개인의 개별성의 존중과 부부간의 상호교환이 이루어져야 한다.

② 부모 하위체계

자녀가 생기면 가족 내에 부모 하위체계가 형성된다. 부부 하위체계가 성공적으로 협상 · 적응되었다면 그 기술이 부모 하위체계 발전에도 유용하게 사용될 것이다. 부모는 자녀들의 발달단계에 따른 요구에 협상하고 적응해야 한다.

③ 형제 하위체계

형제 하위체계 내에서는 아동이 되도록 또래집단과의 관계를 실험하도록 허용한다. 이상적인 부모는 형제끼리 타협하는 능력을 개발할 수 있도록 도와야 한다.

④ 부모자녀 하위체계

부모자녀 하위체계가 다른 하위체계와 다른 점은 다른 세대의 사람들로 구성되어 있다는 점이다.이 때 체계 간 권위의 한계가 분명하면 건강한 가족구조를 유지할 수 있다. 부모자녀 하위체계 간에 심각한 경계의 문제가 발생하는 경우가 있는데, 병이나 사고로 남편을 잃은 어머니가 장남을 자신의 배우자로 기대하여 심각한 갈등을 초래하는 경우를 예로 들 수 있다.

출처: 이영분 외 (2008).

가족경계의 대표적인 개념은 Bowen이 주장하는 자기분화(self-differentiation)라는 개념으로(이영분 외, 2008), 개인이 타인이 아닌 자신만의 방식에 따라 기능하는 것을 배우는 과정이라 할 수 있다. 가족 내에는 가족원들을 융합하게 하려는 힘과 개별화하려는 반대의 힘이 있다. 자기분화는 정신내적인 개념인 동시에 대인관계적 개념으로, 정신내적으로는 사고와 감정을 분리할 수 있는 능력을 의미하며 대인관계적으로는 자신과 타인 사이의 분화를 의미한다(정문자 외, 2008). 사고와 감정을 구별하지 못하는 사람일수록 자기분화에 어려움이 따르며 주로 비자발적인 정서적 반응을 한다. 또한 감정과 생각을 구별하지 못하는 사람은 결국 자신과 타인을 구별하지 못하고 가족을 지배하는 감정에 좌우되기 쉬워 결국 미분화된다. 이러한 가족은 '지나친 가까움' 때문에 상대에 대한 정서적 반응성이 높고 상대방을 불편하게 만들어 결과적으로 상호 거부의 단계로 이어지기 쉽다(정문자 외, 2008).

가족경계로 인해 생길 수 있는 대표적인 관계 유형은 삼각관계이다(Minuchin, 1974). Bowen은 삼각관계를 가장 작은 안정된 관계체계라 하였다. 두 사람 사이에 긴장이 발생할 때, 주위 또는 가족 안에서 가장 취약한 제 3자를 끌어들이는 방법으로, 가족 융합 정도가 강할수록 삼각관계의 가능성이 높다. 부모 사이에 자녀가 위치한 삼각관계를 비롯하여 시어머니-아들-며느리의 삼각관계, 장모-아내-남편의 삼각관계 등 가족 안에는 다양한 삼각관계가 존재한다. 가족경계가 불명확할 경우 부모와 자녀에게 정서적 · 대인관계적인 문제를 야기하기도 하므로, 가족체계 안에서 세대 간의 경계를 명확히 하는 것이 바람직하다.

참고자료 12-2 가족 하위체계 간 경계상의 문제

① 가족체계와 외부 간의 경계가 지나치게 유동적임

가족생활이 수시로 외부의 간섭을 받고 가족 내에서 상호지지를 기대하기 어렵다. 서로 간에 일어나는 일들을 전혀 모르고 마치 같은 집에서 생활하는 하숙생 같은 관계를 맺는다.

② 가족체계와 외부 간의 경계가 지나치게 경직되어 있음

가족구성원 간에 지나치게 밀착된 관계를 이루어 개인의 자아의식이 발달하지 못하고 오직 가족구성원 간의 공동자아만이 존재하게 된다. 즉, 가족구성원들이 '내가 너이고 네가 나'인 관계를 이룬다.

③ 가족 내의 각 하위체계 간의 경계가 잘못됨

가족 내의 각 하위체계는 다른 하위체계와의 경계가 신축성이 있으면서도 분명하여 다른 하위체계로부터 침해를 받지 말아야 한다. 그러나 가족 내의 하위체계가 견고하지 못할 때는 다른 체계가 경계를 침범하게 되는데, 예를 들면 부부 하위체계에 자녀체계가 개입하게 되는 경우이다.

출처: 엄예선 (1994). pp. 188–190.

(2) 건강한 경계 설정하기

결혼을 한 부부가 자신의 원가족과의 경계를 분명히 해야 하는 이유는 무엇일까? 이 질문에 대한 대답은 그리 거창하지 않다. 한마디로 내가 만든 생식가족이 바로 서기 위해서이다(나희수, 2003).

신혼부부들은 자신의 부모나 형제 등의 원가족과의 유대감이 강하여 간혹 부부로서의 유대감을 형성하는 데 어려움을 겪을 수도 있다. 그러므로 결혼한 부부는 그들의 원가족으로부터 독립하여 자신과 배우자가 만들어가는 새로운 가족의 경계를 구축해야 하며, 양가 역시 두 사람의 독립을 수용하고 지지해 주어야 한다. 또한 부부 두 사람은 양가와 어느 정도의 상호작용을 유지하는 것이 바람직한지, 그리고 시댁이나 처가의 영향력을 어느 정도까지 수용할 것인지에 대해서 함께 논의하고 합의를

도출하는 과정이 필요하다(정현숙 · 유계숙, 2001). 즉, 결혼한 부부는 부부관계의 형성과 더불어 원가족과 어떤 가족관계를 유지해야 하는가 하는 문제에 직면하게 된다. 각자 독립적이고 성숙된 개인으로서 원가족으로부터 독립해야 하며, 동시에 결혼으로 맺어지는 시댁 및 처가와 원만한 관계를 형성하는 것이 중요하다. 특히, 결혼이 개인과 개인의 결합을 넘어 집안과 집안의 결합이라는 의미를 가진 한국 문화에서는 배우자 가족과의 관계가 평생 일상생활 속에 스며들면서 대단히 큰 의미를 가지기 때문에(이주리, 2012), 서로가 원가족과 어떠한 테두리를 만들어 결혼생활을 유지할 것인지를 결정하는 것은 매우 중요하다.

일반적으로 아들보다 딸이 어머니와의 분리를 경험할 때 더 큰 어려움을 겪으며, 특히 결혼 전 부모와 밀착된 관계를 유지했던 자녀는 결혼 후 배우자와 부부 유대감을 형성하는 데 충성심의 갈등(loyalty conflict)을 겪거나 부모로부터 벗어나는 해방감을 맛보기 위해 배우자를 이용할 수도 있다. 그러므로 부부의 경계 구축에서 중요한 점은 원가족과 전적으로 독립적이거나 의존적이기보다는 새로 형성된 부부가 중심이 되어 원가족과 상호의존적인 관계를 유지하는 것이다(정현숙 · 유계숙, 2001). 그렇다면 원가족과 생식가족이 건강한 경계를 유지하는 방법은 무엇인지 알아보도록 하자(나희수, 2003).

첫째, 결혼한 자녀는 부모님과의 관계에서 개방은 하되 경계는 지키도록 한다. 건강한 경계란 부모세대와 자녀세대 간에 서로 교류를 하고 대화가 오고 가지만, 부모세대와 자녀세대 간의 경계는 분명한 상태를 말한다. 우리나라의 전통적인 가정에서는 부모와 결혼한 자녀와의 경계가 애매모호하여, 부모가 자녀를 사랑한다는 명분 아래 자녀의 삶을 간섭하고, 자녀는 부모에게 효도한다는 명분 아래 부모의 간섭을 당연히 받아들이거나 부모의 간섭을 거절하지 못하는 경우가 많다. 그러나 행복한 결혼생활과 행복한 시가 · 처가관계를 위해 자녀세대와 원가족의 부모세대가 애정이 넘치지만 건강한 경계를 유지해야 한다. 부모와 자녀가 건강한 경계를 유지한다는 것은 서로가 자신의 삶을 공개할 수 있을 만큼 공개하면서 서로의 친밀감을 나누는 것이다. 즉 전화나 만남을 통해서 서로의 안부도 물을 수 있고 자신들의 삶에서 일어나는 것을 공유하고 조언도 할 수 있지만, 상대방이 결정한 것은 인정해 주고 존중해 주는 태도가 필요하다. 이런 관계는 상대방의 경계를 인정해야만 가능하다.

둘째, 부모의 강압적인 자세가 권위적인 것이 아니라는 것을 명심하여야 한다. 건강한 부모는 자녀들에게 부모로서의 권위와 품위를 유지한다. 그러나 권위적인 태도와 독재적인 태도는 차이가 있다. 부모는 자녀들에게 존경을 받을 수 있는 권위적인 태도가 필요한데, 이러한 권위는 부모이기에 자동적으로 주어지기보다는 자녀를 사랑하고, 그 사랑을 자녀에게 베푸는 과정에서 자녀의 존경하는 마음이 우러나와 부모에게 보여질 때 진정한 의미의 권위가 확립된다고 할 수 있다. 부모가 결혼한 자녀에게 강압적인 자세를 가지면 건강한 경계가 사라지게 되고 부모로써의 권위를 잃게 되거나 자녀가 부모를 기피하거나 피상적인 관계를 맺게 되기도 한다. 그러므로 결혼한 자녀에게 부모세대는 서로의 의견을 존중해 주는 동반자로, 압력을 행사하기보다는 설득해야 하고 자녀세대가 미처 보지 못하고 생각하지 못한 부분을 지적해 주는 역할을 하는 것이 필요하다.

셋째, 부모와 자녀가 서로의 역할을 알고, 현실적인 기대를 하도록 한다. 원가족의 부모들과 결혼한 자녀들이 겪는 혼돈은 부모가 결혼한 자녀들에게 기대하는 것이 무엇인지 분명하지 않고, 자녀들 역시 부모님을 편안하게 해드리기 위해서 어떻게 해야 하는지 방법을 알지 못해 생기게 된다. 그러므로 부모세대와 자녀세대는 서로가 원하는 것을 분명히 알 수 있도록 개방적인 의사소통을 해야 한다.

활동하기 원가족과 경계 설정하기

1. 당신은 부모로부터 얼마나 독립되었다고 생각하는가? 아래의 선에 표시해 보시오.

완전의존 　　　　　　　　　　　　　　　　　　　　　　　　　완전독립

1　2　3　4　5　6　7　8　9　10

2. 위에 표시한 수치를 설명해 보시오.

3. 개선을 위해 어떤 대책이 필요하다고 생각하는가?

4. 결혼을 하는 남녀 모두 원가족으로부터 독립한다는 개념이 왜 중요한지 생각해 보자.

출처: 나희수 (2003).

3. 양가의 가족관계

1) 시가와의 관계

결혼은 부모세대와 자녀세대 간 새로운 관계를 정립해야 하는 과제를 부여하기 때문에 갈등의 소지도 많다. 전통사회에서 부계중심적 가족구조의 특성상 고부간의 갈등이 필연적이었으나 현대사회에서는 상황과 여건에 따라 고부관계가 다양한 양상을 보인다.

(1) 고부갈등

고부(姑婦)갈등은 갈등 원인에 따라 권력구조적 갈등, 역할구조적 갈등, 애정구조적 갈등, 생활구조적 갈등으로 분류할 수 있다(최규련, 2007).

첫째, 권력구조적 갈등은 시어머니가 며느리에 대해 자기의 권한을 행사하려 하는데 며느리는 자신의 지위와 권리를 찾으려 하기 때문에 생기는 갈등이다. 시어머니는 가사, 집안행사, 친족관계, 손자녀양육 등에서 주도권을 갖고 며느리가 종속자로서의 역할을 갖기를 원하지만, 며느리가 이러한 문제에 대해 자신의 주권을 주장할 때 갈등이 생긴다. 그러나 현대사회에서는 시어머니와 며느리 각각 경제적 독립권을 가지는 경우가 증가하고 있어 점차 이러한 갈등은 감소하는 추세이다.

둘째, 역할구조적 갈등은 시어머니와 며느리 사이의 상호 역할기대와 수행의 불일치로 인해 생기는 갈등이다. 전통사회에서 며느리의 1차적 의무는 시부모 부양과 자손, 특히 아들의 출산이었다. 그러나 오늘날 도시가족의 주부는 아내역할이나 자녀양육에 치중하고 며느리로서의 시부모 부양의 역할이 경시되는 경향이 있다. 즉, 시어머니는 며느리에게 전통적인 여성의 아내, 며느리, 어머니로서의 역할을 강조하는 반면, 며느리가 그러한 역할을 소홀히 하고 새로운 여성상을 추구할 때 시어머니는 자신이 무시당한다고 생각하기 쉽고 이것으로 고부갈등이 생길 수 있다.

셋째, 애정구조적 갈등은 시어머니가 며느리에 대한 아들의 애정에 대한 질투로 생기는 갈등이다. 특히, 모자관계가 밀착되어 있는 경우, 젊은 시절 남편의 애정을 받지 못한 경우, 심한 시집살이를 경험한 경우, 아들이 독자인 경우 애정구조적인 면에서 갈등을 더 많이 느낀다. 며느리는 자유로운 핵가족화를 지향하며 부부중심적 애정결합을 중요하게 여겨 시어머니와의 감정과는 상반되게 된다. 따라서 시어머니는 아들의 며느리에 대한 애정을 질투하게 되고, 또 며느리는 남편의 애정을 독점하려는 경향이 생겨 고부간의 문제가 된다.

넷째, 생활구조적 갈등은 생활환경 차이, 세대차이, 성격차이 등이 주된 원인이다. 대체로 시어머니는 친족 중심의 가족주의, 시댁 우선, 남성우위의 사고방식, 어른 공경과 효를 강조하는 가치관을 지니는 반면, 며느리는 개인주의, 부부중심, 양성평등의 사고방식을 지니므로 가정생활 전반에 걸쳐서 양자 간에 사사건건 의견충돌과 오해가 나타난다(최규련, 2007). 즉, 고부관계는 세대 간의 관계이며 또한 서로 다른 연령이면서 동시집단에 속하기 때문에 이로 인해 갈등과 긴장이 발생된다고 할 수 있다. 고부의 연령 차이도 시대적, 문화적, 가치관, 취미 등에서 상당한 차이를 생기게 하고, 시어머니는 자신의 경험을 표준화하여 며느리에게 기대함으로써 고부갈등이 야기되기도 한다.

읽어보기

시어머니·며느리는 같은 '여성' …연대감은 가지고, 과도한 욕심·희생은 버려야

지난해 추석, 한 마을 입구에 "에미야 어서 와라, 설거지는 시아버지가 다 해주마."라고 쓰인 현수막이 화제를 모았다. 며느리를 '도우려는' 시아버지의 태도에 찬사가 잇따랐다. 그러나 이 말에는 여전히 '명절 노동은 며느리의 몫'이라는 전제가 숨어 있다.

20~30대 젊은 며느리들의 상당수는 가부장제가 요구하는 며느리의 역할에 더 이

상 동의하지 않고 거부감을 드러낸다. 남성중심 사회에서 여성에 대한 차별이 어떻게 드러나는지를 담은 소설 〈82년생 김지영〉과 웹툰 〈며느라기〉의 인기는 이를 반증한다. 인기리에 방영된 KBS 드라마 〈아버지가 이상해〉에서 새로운 며느리상을 보여줬던 변혜영(이유리)에 대한 폭발적 반응도 마찬가지다. 극 중 변혜영은 차정환(류수영)과 결혼을 약속하며 몇 가지 합의를 한다. 변혜영은 설, 추석, 부모님 생신 챙기기, 한 달에 한 번 양가 부모님 방문 등 구체적 조건을 통해 '일방적인 며느리 노릇'이 아니라 '평등한 자식 노릇'에 대한 합의점을 찾아간다.

며느리는 딸이 아니다

20~30대 며느리들은 극 중 '변혜영'처럼 며느리의 역할을 평등한 부부관계에서 찾는다. 일각에서는 가부장제가 부여한 며느리 역할의 대안으로 '딸 같은 며느리'를 내세우기도 하지만, 전문가들은 '며느리는 딸이 될 수 없다'고 일축한다. "친정엄마와 딸 같은 관계를 기대하다가 기대에 못 미치면 오히려 더 감정이 상해 억울한 생각이 들 수가 있다"면서 "장모에게 사위가 '내 딸에게 잘해줬으면 하는 남성'인 것처럼 시어머니에게 며느리도 '아들에게 잘해줬으면 하는 여성', 그 이상도 이하도 아니어야 한다"고 지적했다.

출처: 경향신문 (2017.9.30).

▶ 위의 신문기사를 읽고 건강한 시어머니와 며느리의 관계를 가지기 위해 각자 어떠한 태도와 노력이 필요한지 생각해 봅시다.

(2) 고부갈등의 해결방안

고부간의 갈등은 결과적으로 부부관계에 부정적 영향을 미치며, 모자관계 혹은 조부모-손자녀 관계의 단절, 주부의 정신질환, 노인들의 가출이나 방황 등 부정적인 결과를 초래할 수 있다. 더구나 갈등의 주체인 시어머니와 며느리 모두 상대방보다는 남편에게 각기 자신의 입장을 호소하거나 대신 문제를 해결해 주기를 원하는 경우가 많다. 이 과정에서 남성은 효과적인 중재 역할을 하기보다는 오히려 중재 시도 과정에서 양측의 오해와 불신만 증폭시키는 경우가 많아 고부간의 갈등해결은 매우 어려운 문제라고 할 수 있다(정현숙 · 유계숙, 2001).

고부관계는 혈연으로 맺어진 관계가 아니라 결혼에 의하여 맺어진 가족관계의 하나로, 서로 친해지는 과정에서 시간이 걸리고 갈등이 발생하는 것은 당연하다. 가부장제의 틀 속에서 '시어머니'라는 역할과 '며느리'라는 역할로 고부갈등을 해결하려 할 것이 아니라 여성이라는 공통분모를 지닌 한 가족 내의 구성원으로서 서로를 대한다면 고부관계의 양상은 달라질 것이다.

고부관계를 증진하기 위한 구체적인 방안은 다음과 같다(정현숙 · 유계숙, 2001). 첫째, 모든 가족원들이 고부관계도 인간관계의 하나이기 때문에 갈등이 발생할 수도 있음을 자연스럽게 받아들이는 것이다. 둘째, 고부지간이 모녀지간과 같아지기를 바라는 환상을 버리고 현실적인 수준의 기대를 해야 한다. 셋째, 시어머니와 며느리 모두 서로 적극적인 대화와 타협을 통해 갈등을 적절히 표출하고 문제의 원인을 찾아 해결하도록 노력해야 한다. 넷째, 시어머니는 아들과 며느리의 독립된 부부관계를 인정해 주어야 한다. 며느리는 노인의 특성과 요구를 이해하고 시어머니에게 적절한 역할 수행의 기회를 마련해 주어야 하며, 아들(남편)은 중립적인 입장에서 고부 서로가 편견이나 오해 없이 상대의 입장을 이해하도록 중재해야 한다. 다섯째, 지역사회에서 실시하고 있는 가족관계 증진프로그램 등에 참여하여 가족원 모두가 효과적인 의사소통기술을 습득하고 보다 성숙된 가족관계를 가지도록 노력한다. 여섯째, 노부모와 자녀세대 양측이 각자의 독립된 생활에 대하여 책임과 권한을 갖고 상호협조하는 관계를 유지하도록 한다. 이를 위해서는 양측 모두 경제적 독립이 우선되어야 하고, 다양한 가족형태를 모색하는 것이 바람직하다.

읽어보기 이런 말은 그만! 서로에게 상처가 될 수 있어요!

① 시부모가 하면 안 되는 말

- 며느리를 낮추고 아들을 높이는 말
  "네가 복이 있으니까 우리 아들 같은 잘난 남자를 만났다."

- 며느리에게 명절 노동을 전가하는 말
  "며늘아기가 할 건데 네(아들)가 뭘 할 줄 안다고 부엌에서 전을 부치고 앉아 있어."

- 시어머니의 방식을 강요하는 말
  "내가 어떻게 키운 아들인데 밥을 안 하니, 나는 얘 아침밥 한 번 안 굶기고 키웠다."

- 며느리를 인정하지 않는 말
  "넌 애 하나 제대로 못 키우니!"

- 친정에 가는 며느리를 막아서는 말
  "곧 있으면 시누이 오는데 좀 더 있다가 보고 가야지."

② 남편이 하면 안 되는 말

- 자신이 하지 않은 효도를 아내에게 떠넘기는 말
  "당신이 우리 엄마한테 딸처럼 싹싹하고 애교 있는 며느리였으면 좋겠어."

③ 며느리가 하면 안 되는 말

- 시어머니를 존중하지 않는 말
  "어머니, 그런 건 말 안 해주셔도 요즘 인터넷 보면 다 나와 있어요."

가족 안에서 무심코 주고받은 말이 상처가 되는 경우도 있다. 상처는 두고두고 관계를 어긋나게 만드는 요인이 된다. 좀 더 건강한 관계를 만들어가기 위해서는 위에 소개된 말을 되도록 삼가는 노력이 필요하다. 또한, 시부모, 남편, 며느리가 서로의 입장을 헤아리고 서로에게 힘이 되는 말로 건강한 관계를 만들어 나가는 노력이 필요하다.

출처: 경향신문 (2017.9.30).

2) 처가와의 관계

요즘 우리 사회는 '시월드'라는 말에 이어 '처월드'라는 말까지 생겨나, 권리와 의무로 맺어진 부계중심의 친족관계에서 점점 더 '탈부계화', 혹은 '양계화' 경향으로 가고 있음을 알 수 있다(전세송, 2013 재인용). 이러한 양계제로의 변화와 관련해 장모사위 관계의 상호작용 및 성격이 이전과 매우 다른 양상을 띠게 될 것이다.

(1) 장모사위 갈등

우리나라 가족관계 갈등의 대표적인 모습이 고부갈등이었다면 새롭게 등장하여 이슈화되고 있는 것은 바로 장모사위 갈등이다. '사위 사랑은 장모'라는 옛말이 무색하게 최근에는 고부갈등보다 장모와 사위 간 갈등으로 고민하는 경우가 늘고 있다. 한국보건사회연구원(2015)의 조사에 따르면, 응답자의 32.5%가 최근 1년간 가족갈등을 경험한 적이 있다고 밝혔는데, 이 중 장서갈등을 포함한 세대갈등이 37.5%로 가장 많았다고 한다. 또한, 처가 간섭이 이혼 사유에 해당하는 부부 중 장모로 인해 이혼을 결정을 하는 부부도 있어, 장모사위 갈등은 이미 사회적인 문제로 대두되고 있음을 알 수 있다. 그러면 이전에 없었던 장모사위 갈등이 생기게 된 원인이 무엇인지 구체적으로 살펴보도록 하겠다(전세송, 2013).

첫째, 사위와 장모 간의 가치관 차이를 들 수 있다. 사위가 아들만큼이나 자신을 배려해 주길 바라면서도 딸과 사위의 부부문제에서는 전적으로 딸 편만 드는 장모의 태도가 갈등을 유발하기도 한다. 남성과 여성의 의식 변화 속도의 차이, 처가와 본가를 동등하게 보지 못하는 남성들의 가부장적 사고, '아들 같은 사위'를 기대하는 장모의 바람 등이 충돌하여 장모사위 간 갈등이 생긴다고 볼 수 있다.

둘째, 여성의 교육 수준과 경제활동 참여율의 증가를 들 수 있다. 한국 여성의 높은 교육열은 적극적 사회경제활동으로 이어지며 이는 사회 전반에 걸쳐 영향을 미치게 되었다(김승권, 2011). 특히 기혼여성의 사회 진출이 증가함에 따라 처가와의 교류가 빈번하고 친밀해지며 친정어머니에게 대리양육 및 가사노동의 원조 등을 받는 여성들이 증가했다. 이러한 빈번한 교류와 접촉으로 인해 장모와 사위가 갈등을 겪을 기회가 많아졌다고 볼 수 있다.

셋째, 자녀를 독립시키지 않는 부모와 독립하지 않는 자녀들이 갈등의 원인이 될 수 있다. 전통적 가족주의적 사고가 점차 약해지면서 부모들은 딸과 더 많은 애정을 나누고 정서적으로 의존하게 됐다. 핵가족사회에서 엄마와 딸은 친구 같은 관계로 친밀감을 드러내며 엄마가 딸의 일거수일투족을 조정하려 한다. 이러한 관계가 결혼 후에도 지속되면서 사위까지 조정하려 들고 이것이 갈등의 시작이 된다. 어머니의 딸에 대한 애착은 자신의 딸을 누구보다도 귀하게 여기게 하여 사위의 사소한 잘못도 이해하지 못하고 딸만을 위하는 태도를 낳게 된다. 또한 딸도 친정어머니에게서 분리되지 못하고 결혼 전과 같이 의존하는 행동을 보임으로써 장모사위의 갈등뿐 아니라 부부관계에서의 갈등도 증폭하게 된다.

읽어보기 '처월드' - 젊은 부부 사이 심각한 문제 부상

<사례 1>

임연희(34세, 여, 가명) 씨는 얼마 전 친정에 있다가 갑자기 짐을 싸서 나와야 했다. 밥을 먹은 뒤 소파에 누워 TV를 보던 신랑에게 친정 엄마가 싫은 소리를 한 게 화근이 됐다. 임씨는 "평소에 조카사위 칭찬을 많이 들으시는 엄마가 봤을 땐 사위가 집안일도 잘 도와주지 않는 것 같고, 딸 고생시킨다고 불만이 쌓여 있었다"며 "시댁이 좀 가난한데, 집을 얻을 때도 친정에 도움을 받아서 남편도 일종의 피해의식이 있어 더 과민한 것 같다"고 말했다.

<사례 2>

김미영(29세, 가명) 씨는 육아휴직을 내고 집에서 아기를 키우고 있지만, 살림과 육아를 도와주러 근처에 사는 친정 엄마가 일주일에 두 번 정도 집에 온다. 평소엔 큰 문제가 없었는데, 최근 다녀온 가족여행에서 남편과 엄마 간 균열이 생기기 시작했다. 남편은 가정적이고 세심한 반면 엄마는 자기주장이 강한 스타일이라 2박3일 동안 사위의 참견하는 말에 장모가 기분이 무척 상했다는 이유에서였다. 김씨는 "엄마가 이해하라고 말했다간 큰소리치면서 육아를 도와주지 않을 것 같고, 불편해도 당신이 이해했어야지라고 했다간 신랑도 속상할 거 같아서 어느 쪽 편도 들지 못하는 상황이 난처하다"고 말했다.

위의 〈사례 1〉과 〈사례 2〉에서 나타나는 장서갈등은 시대 변화에 따라 처가의 도움 없인 육아와 맞벌이가 힘들어지면서 생겨난 풍조로 특히 젊은 부부들 사이에선 심각한 문제로 부상하고 있다. 여성의 활발해진 사회 진출과 경제력 상승 등으로 부계 중심 사회가 와해되면서 장모가 더 이상 사위 눈치를 볼 필요가 없어졌고, 둘 사이의 대립이 잦아지면서 급기야 이혼 사유로까지 등장하고 있다. 특히, 장모가 딸과 사위의 가정경제나 가사, 자녀계획까지 간섭하는 일이 잦아지면서 사위와 장모와의 갈등의 골이 깊어지기도 한다.

출처: 헤럴드경제 (2015.11.16).

(2) 장모사위 갈등의 해결방안

과거와 달리 시댁보다 처가와의 정서적 · 물리적 거리가 더 가까워지고 더 긴밀한 영향력을 주고받는 관계가 되면서 장모사위의 갈등이 증가하고 있다. 특히, 배우자 부모와의 갈등은 자신의 결혼생활에 영향을 미치고(유영주 외, 2004), 배우자 부모와의 관계의 질은 부부 당사자들의 행복과 결혼만족도에 상당한 영향을 미친다(이현, 2010). 즉, 배우자 부모와의 관계는 배우자와 부모 당사자 간의 문제일 뿐 아니라 부부의 결혼생활에도 긍정적 · 부정적 영향을 주는 중요한 관계이다. 그러므로 장모, 딸, 사위의 관계에서 갈등이 발생했을 때 당사자들은 가족 안의 갈등은 매우 자연스러운 현상임을 인식하고, 이러한 갈등을 슬기롭게 대처해 나갈 수 있는 방안에 대해서도 서로의 입장을 헤아리며 같이 모색해 봐야 할 것이다. 장서관계를 증진하기 위한 구체적인 방안은 다음과 같다.

첫째, 장모의 의식변화가 필요하다. 장모는 딸을 성인으로서 존중하고, 부부를 독립된 가정의 구성원으로서 인정해 주어야 하며 사위와 딸의 결정권을 존중해 주어야 한다. 장모의 지나친 간섭이나 사위의 행동에 사사건건 참견하는 행동을 삼가야 할 것이다. 둘째, 딸은 원가족과의 경계를 명확히 하는 것이 필요하다. 딸과 사위는 자신들의 집안 대소사나 여러 가지 결정에 대해 자신의 부모가 아닌 남편과 상의하고 그 결정을 우선하는 태도를 보여야 한다. 또한, 경제적 지원과 양육 등의 문제를 장모에게 의존하려는 생각과 태도를 버리고 독립적으로 하려는 자세를 갖추어야 한다. 셋째, 장모, 딸, 사위는 가족 안에 갈등이 있을 때 관계의 향상을 위해 노력해야 한다. 서로 상대를 원색적으로 비난하거나 하지 말고 충분한 설명과 자신의 입장에 대한 이해와 공감을 이끌어내는 대화를 하도록 한다. 앞서 고부갈등 해결방안에서처럼, 장서갈등에서는 아내가 중립적인 입장에서 장모와 사위가 서로 편견과 오해 없이 상대방의 입장을 이해하도록 중재를 해야 한다. 넷째, 사회적 지원 장치의 마련이다. 각종 상담시설이나 비슷한 갈등을 겪고 있는 자조집단 형성, 지역사회 내에서 의식 변화를 위한 교육 등을 장기적이고 지속적인 관점에서 제공하여 최근 사회적 문제로 대두되고 있는 장모사위 갈등해결에 도움을 주어야 한다. 다섯째, 갈등은 인간관계에서 지속적으로 나타나는 하나의 측면이므로, 결혼을 통해 형성되는 새로운 인척관계에서 발생하는 갈등 또한 적응의 한 과정으로 받아들이는 태도가 필요하다. 이러한 태도를 바탕으로 상대방의 입장에서 생각하는 위로와 공감, 감사하는 마음을 가지며 더 나은 관계를 가지도록 서로 노력하는 자세가 필요하다.

활동하기 **결혼 전 함께 생각해 볼 문제 - 원가족관련**

1. 배우자의 부모를 모셔야 할 상황이 온다면 모실 수 있는가?

2. 양가 부모에게 각각 얼마의 용돈을 드릴 계획인가?

3. 배우자 가족들은 서로 화목한가? 아니라면 그 이유가 이해되는가?

4. 원가족 방문 시 순서와 횟수에 대한 원칙을 정했는가?

5. 서로의 가족문화(종교, 제사 등)를 받아들일 수 있는가?

6. 우리 부부관계에 양가 부모가 개입할 가능성이 있는가?

출처: MBC스페셜 신궁합 결혼체크리스트 (2007.6.16).

*참고문헌

김승권 (2011). 미래한국가족의 전망과 정책과제. 한국보건사회연구원.

경향신문 (2017.9.30). '커버스토리 – 시월드의 불편한 추석' 딸 같은 며느리? 그런 건 없어요. 박송이 기자.

나희수 (2003). Prepare & Enrich 커플 상담 세미나 강의자료. Enrich Korea.

문화방송 (2007.6.16). MBC 스페셜 신궁합 결혼체크리스트.

엄예선 (1994). 한국가족치료개발론. 서울: 홍익재.

여성한국사회연구회 편 (1995). 한국가족문화의 오늘과 내일. 서울: 사회문화연구소.

옥선화, 정민자(1992). 결혼과 가족. 서울: 하우.

유영주, 강학중, 김밀양, 김순기, 김연, 박정희, 배선희, 손정영, 안재희, 양순미, 오윤자, 이인수, 이정연, 이창숙, 전영자, 홍성례, 홍숙자 (2004). 새로운 가족학. 서울: 신정.

이기숙, 김득성, 공미혜, 김은경, 전영주, 손태홍, 오경희 (2009). 결혼의 기술. 서울: 신정.

이영분, 신영화, 권진숙, 박태영, 최선령, 최현미 (2008). 가족치료 모델과 사례. 서울: 학지사.

이주리 (2012). 부모의 수용–거부가 부부의 심리적 복지에 미치는 영향: 자기–상대방효과 모델(APIM)의 적용. 한국가정관리학회지, 30(4), 1–11.

이현 (2010). 고부갈등이 결혼만족도에 미치는 영향: 자존감과 비난의 매개를 중심으로. 고려대학교 석사학위논문.

임은희 (2012). 가족치료론. 고양: 공동체.

전세송 (2013). 장모의 개인적 · 관계적 변인이 장모–사위 관계 만족도에 미치는 영향. 경북대학교 박사학위논문.

정문자, 정혜정, 이선혜, 전영주 (2018). 가족치료의 이해(3판). 서울: 학지사.

정현숙, 유계숙 (2001). 가족관계. 서울: 신정.

최규련 (2007). 가족관계론. 고양: 공동체.

최연실 역 (1995). 새로 보는 가족관계학. Burr, W. R., Day, R. D., & Bahr, K. S. (1993). Family Science. 서울: 하우.

한국보건사회연구원(2015). 2015 보건복지정책 수요조사 및 분석 보고서. 한국보건사회연구원.

헤럴드경제 (2015.11.16). 백년손님은 무슨... 장서갈등 시대. 서경원 기자.

Atwood, J. D. (1992). *Family Therapy: A Systemic Behavioral Approach*. Chicago: Nelson-Hall Inc.

Becker, W. C. (1964). Consequences of different kinds of parental discipline. In M. L. Hoffman & L. W. Hoffman(Eds.). *Review of child development research*. NewYork: Russell Sage Foundation.

Belsky, J., & Pensky, E. (1990). Developmental history, personality, and family relationships: toward an emergent family system. In R. A, Hinde & J. Steven-Hinde(Eds), *Relationships Within Families*(pp. 193-217). Oxford, England.

Belsky, J. & Vondra, J. (1993). Developmental origins of parenting : personality and relationship factors. In Luster, T. & Okagaki, L.(Eds.). *Parenting: An Ecological Perspective*. Hillsdale : lawrence Erlbaum, 227-250.

Benson, M. J., Larson, J., Wilson, S. M., & Demo, D. H. (1993). Family of Origin Influences on Late Adolescent Romantic Relationships. *Journal of Marriage and Family, 55*, 663-672.

Hovestadt, A. J., Anderson, W. T., Piercy, F. P., Cochran, S., & Fine, M. (1985). A Family-of-Origin Scale. *Journal of Marital and Family Therapy, 2*(3), 287-297.

Minuchin, S. (1974). *Families and Family Therapy*. Harvard University Press.

Rovers, M., DesRoches, L., Hunter, P. E. & Taylor, B. (2000). A Family of origin workshop: process and evaluation. *Family Journal, 8*(4), 368-375.

Chapter 13

가족문제와 개입

1. 이혼
2. 가정폭력
3. 가족문제 예방과 해결을 위한 전문적 개입

Chapter 13

가족문제와 개입

한국 가족은 지난 50년간의 산업화 · 도시화 과정에서 급격한 사회인구학적인 변동과 가족 가치관의 변화를 경험하였다. 가족 구조, 크기, 유형 등의 외형적인 변화와 전통적인 가치관 및 가족관 등의 내면적인 변화의 속도에 차이가 생김으로 인해 한국 가족은 최근 다양한 가족문제에 직면하고 있다. 이러한 다양한 가족문제들은 현대사회가 안고 있는 변화와 문제를 대변하는 것이며 단순히 그 가족만의 문제로 끝나는 것이 아니라 더 큰 사회문제를 야기할 가능성이 크다.

따라서 현대가족이 직면하고 있는 가족문제들을 해결하기 위해서는 가족 내부의 자원뿐만 아니라 사회적으로 유용한 자원들을 발굴하고 확장하여 가족문제를 적극적으로 해결하고자 하는 노력이 절실하다. 본 장에서는 현대 한국 가족이 직면하는 다양한 문제들 가운데 대표적인 문제로 이혼과 가족폭력에 대해 살펴보고 가족문제를 예방하고 이에 개입할 수 있는 방안에 대해 살펴보고자 한다. 이혼과 관련해서는 제1장에서 우리나라 이혼에 대한 현황이 소개되어 있으므로 본 장에는 이혼가족의 문제와 이혼가족을 위한 대책을 중점적으로 살펴보기로 한다.

1. 이혼

이혼이란 법률상으로 유효하게 성립한 혼인을 결혼 당사자들이 모두 생존한 동안에 협의 또는 재판상의 절차를 거쳐 그 결합관계를 소멸시키는 것을 의미한다. 과거에는 이혼을 가족의 해체와 일탈로 규정지으면서 병리적인 관점으로 접근하였으나 최근에는 부부문제를 해결하기 위한 최후의 선택이며 불가피한 사회현상으로 보는 관점에서 접근하는 경향이 증가하고 있다. 이혼에 대한 관점이 변화되었다 하더라도, 이혼은 부부관계에서 일어나는 여러 가지 문제를 해결하기 위한 돌파구가 될 수 있는 반면, 이혼으로 인해 다양한 가족문제들이 야기될 수 있다.

1) 이혼가족의 문제

이혼이 가족에게 미치는 영향은 부부에게 미치는 영향과 자녀에게 미치는 영향으로 구분하여 생각해 볼 수 있다.

(1) 부부에게 미치는 영향

이혼은 고통스러운 결혼에서 벗어나고 부부의 문제해결을 위한 마지막 돌파구일 수 있다는 긍정적인 측면도 있으나 대부분의 사람들에게 있어 매우 고통스러운 인생사건 중의 하나이다. 이혼 후 경험하는 어려움으로는 신체적 · 정신적인 어려움, 대인관계와 사회적인 관계에서의 어려움, 경제적인 어려움, 역할상의 어려움 등이 있다.

① 신체적 · 정신적 건강문제

이혼은 남녀 모두에게 신체적 · 정신적 건강상의 문제를 야기한다. 이혼과정 동안의 긴장과 갈등은 신체적 건강을 악화시키고 심리적 장애를 초래할 가능성이 높아진다. 이혼한 사람들은 독신이나 기혼자, 사별자에 비해 알코올중독, 약물중독, 우울, 불안, 반사회적 행동, 질병감염률, 안전사고, 자살발생률이 더 높은 것으로 나타났다.

② 대인관계 및 사회적 문제

이혼자가 겪는 문제 중 심각한 것은 이혼 후 사회적 관계망의 단절이나 축소이다. 이혼자들은 친족이나 친구뿐만 아니라 가까운 사람인 부모, 형제자매로부터도 자신의 경험을 이해받지 못하고 외면당하는 경우가 많다. 이러한 가운데 이혼 후에 인간관계를 친밀하게 가지지 못하고 대인과의 관계를 기피하여 사회관계망이 약해지기 쉬우며, 이는 더욱 더 이혼 후의 적응을 어렵게 한다.

③ 경제적 문제

이혼자들이 이혼 후 직접적으로 당면하게 되는 문제는 경제적 문제라 할 수 있다. 특히 여성의 경우 이혼 전에 경제활동을 하지 않아 이혼 후에 생계의 어려움에 처하게 되는 경우가 많다. 남성의 경우에는 사업상의 어려움, 이혼 시 재산분할과 양육비 지급으로 인한 재산 감소, 불규칙한 생활로 인해 수반되는 지출과다로 인해 경제적 어려움을 느끼게 된다.

④ 역할상의 문제

이혼 후 남녀 모두는 가정관리, 주택관리, 재정관리, 시간관리 등의 현실적 문제를 처리하는 데 어려움을 겪는다. 결혼생활 동안은 부부가 상호보완적 역할을 해 왔으나 이혼 후에 여러 가지 문제를 혼자 처리해야 하므로 어려움을 겪게 된다.

(2) 자녀에게 미치는 영향

2018년 혼인 · 이혼통계자료에 따르면, 2018년에 미성년 자녀가 있는 부부의 이혼은 4만 9천 4백 건으로 전체 이혼의 45.4%이며, 지속적인 감소 추세인 반면, 미성년 자녀가 없는 이혼 부부의 구성비는 53.0%로 10년 전 대비 7.6% 증가한 것으로 나타났다.

부모의 이혼은 자녀들의 심리적 균형을 깨뜨리고 사회적인 기능장애를 가져오게 된다. 특히 최근에는 이혼을 하면서 부모 양측 모두 양육권을 포기하는 수가 급증함에 따라 상당수의 아동이 보육원에 위탁되고 있는 실정이다. 부모의 이혼은 자녀의 성장과 발달에 매우 부정적인 영향을 미칠 뿐 아니라 자녀들의 결혼생활과 심리적 건강에도 중요한 영향을 미치는 것으로 나타났다.

① 심리 · 정서적 문제

부모의 이혼으로 자녀는 공포, 슬픔, 상실감, 분노, 원망, 죄책감 등의 다양한 감정을 겪게 된다. 자녀의 반응은 자녀의 발달단계에 따라 다르게 나타나므로 이러한 단계를 이해하고 개입하는 것이 필요하다. 이혼 후 자녀들이 경험하는 다양한 심리적 갈등과 스트레스를 적절히 다루어주지 못했을 경우, 자녀의 건전한 발달을 저해하는 심각한 사회문제로 이어질 수 있다. 또한 부모의 이혼을 경험한 자녀는 성인이 되어서 우울이나 다양한 심리적 장애를 경험하는 것으로 나타났다.

② 행동적 · 사회적 문제

부모의 이혼을 경험한 자녀들은 심리적 · 정서적으로 어려움을 겪을 뿐 아니라 여러 가지 행동문제를 일으키고 사회적 문제를 야기하는 것으로 나타났다. 부모의 이혼으로 자녀들은 역할모델과 상호협력의 부족, 부모자녀관계에서 오는 거리감 등을 경험하게 되며 이러한 경험에서 야기되는 분노와 좌절이 행동문제와 사회적 문제로 표출되기도 한다.

③ 경제적 문제

이혼으로 인한 부모의 경제적 어려움은 자녀에게도 영향을 미친다. William(1990)에 의하면, 이혼한 가족의 수입은 자녀의 학업성취, 심리적 적응, 자아개념 등과 정적인 상관관계가 있는 것으로 나타났다. 경제적 어려움으로 인한 부모의 장시간 노동은 가족생활의 불균형을 가져오며 자녀들은 용돈 부족과 가계에 보탬이 되어야 한다는 강박감을 느끼게 되기도 한다.

2) 이혼가족을 위한 대책

이혼과 관련된 대책은 이혼 예방 대책, 이혼과정상의 대책, 이혼 후의 대책으로 나누어서 체계적으로 실시되어야 한다.

(1) 이혼 예방 대책

청소년들과 미혼 남녀들을 대상으로 가족생활에 관한 교양교육을 통해 올바른 결혼관을 확립하고 이상적인 부부상에 관한 모델을 제시하며 결혼생활에서 야기되는 어려움과 문제점을 예측하고 대처할 수 있도록 하는 것이 필요하다. 또한 예비부부들을 대상으로 한 결혼준비교육과 일반 부부들을 대상으로 한 부부관계 개선 프로그램들을 실시하여 건강하고 원만한 가족생활을 영위할 수 있도록 교육하는 것이 이혼을 예방하는 데 큰 도움이 될 수 있다. 부부관계의 해결책으로 이혼을 선택하는 경우 발생할 수 있는 다양한 문제들에 대해 예측하고 대처할 수 있도록 하는 교육도 필요하다.

(2) 이혼과정상의 대책

이혼과정상의 대책으로는 크게 조정과 중재, 법률적 조력, 자녀에 대한 배려 등이 있다. 이혼을 고려하고 있거나 결심한 부부에게 부부관계를 회복시킬 수 있는 기회를 제공하고 이혼 결정에 대해 신중을 기하도록 할 필요가 있다. 이혼숙려제도는 일정 기간 동안의 상담을 통해 이혼에 대한 충분한 정보를 제공함으로써 이혼 결정을 다시 한 번 재고하여 충동적이고 경솔한 이혼을 방지하도록 하는 제도이다. 또한 이혼과정에서 재산분할, 위자료, 양육권 및 양육비, 면접교섭권 등에 대해 남녀가 공평하게 이루어질 수 있도록 조력해야 하며 이혼 후 불리해지는 배우자를 고려해야 한다.

어떠한 상황에서든 부모의 이혼은 자녀에게 신체적 · 정서적으로 어려움을 초래하게 되므로 이혼과정에서 자녀를 배려하도록 조력하는 것이 필요하며, 이혼을 결정하는 과정에서 부모들은 자녀가 이해할 수 있도록 상황을 설명하여 부모의 이혼에 대해 마음의 준비를 할 수 있게 해야 한다. 부모의 이혼에 대한 반응은 자녀들의 연령에 따라 차이가 나므로 부모들은 이를 고려해서 자녀의 충격을 줄이도록 노력해야 한다.

(3) 이혼 후의 대책

부부가 이혼 후 자신의 생활에 완전히 적응하는 데에는 평균 2~5년의 시간이 소요된다. 이 시기에 인간관계를 통한 지원 강화, 사회경제적 지원 강화, 이혼가족을 위한 교육 프로그램 등을 통해 이혼 후 잘 적응해 나갈 수 있도록 지원해 줄 필요가 있다(유영주 외, 2007). 이혼가족을 위한 복지대책으로는 자녀양육비 및 교육비 보조, 영구임대주택 입주 지원 등의 경제적 제도 마련과 이혼 자녀 대상 교육 및 상담기구 운영, 부모역할 교육 프로그램 실시 등의 자녀양육 및 교육 프로그램, 그리고 이혼 후 심리적 적응 및 성장을 위한 상담 및 치료 프로그램 실시와 이혼에 대한 사회적 편견 해소방안 마련 등의 심리적 · 사회적 지지가 있다. 이혼가족 대상의 제도나 프로그램은 정부와 사회단체에서 협동적으로 실시하는 경우가 많다.

2. 가정폭력

1) 가정폭력의 정의 및 유형

1998년 시행된 「가정폭력범죄의 처벌 등에 관한 특례법」에 의하면, 가정폭력은 '가정구성원 사이의 신체적 · 정신적 또는 재산상의 피해를 수반하는 행위'로 정의된다. '가정구성원'은 '배우자(사실혼 포함) 또는 배우자 관계에 있었던 자, 자기 또는 배우자와 직계존비속 관계에 있거나 있었던 자, 계부모와 자녀의 관계 또는 적모와 서자의 관계에 있거나 있었던 자, 동거하는 친족관계에 있는 자'로 규정하고 있다. 이러한 정의에서 볼 때, 가정폭력은 부부폭력, 부모자녀 간의 폭력(아동학대), 형제 간의 폭력, 노부모에 대한 폭력(노인학대) 등으로 구분할 수 있다.

가정폭력은 가해자와 피해자가 매우 밀접한 관계에 있으며 함께 생활하고 있다는 측면에서 일반적 폭력과는 다르다. 또한 가정에서의 폭력은 피해자에게 심각한 신체적 · 정신적 후유증을 남기며, 그 자녀들이 폭력에 노출되고 폭력을 학습함으로써 폭력이 재생산되고 세대를 이어 전수될 가능성이 크다는 점에서 더 큰 사회문제로 연결될 수 있다.

가정폭력의 유형은 크게 신체적 폭력, 정서적 폭력, 성적 폭력으로 구분할 수 있으며, 이러한 폭력 유형들은 함께 발생하는 경우가 대부분이다.

신체적 폭력은 우발적인 사고가 아닌 상황에서 신체적 손상을 입히거나 또는 신체 손상을 입도록 한 모든 행위를 말하며, 경한 폭력(물건 집어던지기, 밀치기, 뺨 때리기 등)과 심한 폭력(발로 차거나 주먹으로 때리기, 흉기로 위협하기, 감금이나 고문 행위 등)으로 구분된다.

심리적 폭력은 정신적 또는 정서적으로 고통을 주는 것으로 크게 정서적 폭력(무시하기, 협박하기, 가족이나 친구로부터 고립시키기 등), 경제적 폭력(경제권 통제하기, 일을 못하게 하기 등), 언어적 폭력(고함 지르기, 비꼬기, 비난하기 등)으로 구분된다.

성적 폭력은 성적으로 고통을 주는 것으로 성관계 강요하기, 폭행 후 강제로 성관계하기, 비정상적인 성행위 강요하기 등이 있다.

2) 가정폭력 이론

가정 내의 폭력 발생에 영향을 미치는 요인들은 다양하며, 이러한 요인들은 가족이 처한 사회적, 문화적, 경제적, 생태학적 환경에 따라 각각 다르게 작용할 수 있으므로 가정폭력의 정확한 원인을 규명하기는 어렵다. 일반적으로 가정폭력은 개인적 이론, 사회심리적 이론, 가족체계이론, 페미니즘이론에서 살펴볼 수 있다(박성석 외, 2009).

(1) 개인적 이론

폭력에 개입한 개인의 특성에 관심을 두고 가정폭력을 설명하려는 관점으로 개인의 비정상적이고 정신병리학적 측면이 원인이 되어 폭력을 일으킨다는 정신병리학 이론(psychopathology)과 술이나 약물 남용에 의해 통제력을 잃고 폭력이 발생된다는 알코올 또는 약물남용이론(alcohol or drug abuse theory)이 대표적이다. 이 이론은 왜 가족이 폭력 대상이 되는지와 가정폭력의 가해자들이 모두 정신병리적 문제를 가진 환자라고 말하기 어렵다는 점에서 가정폭력의 원인을 설명하는 데 한계점을 가지고 있다.

(2) 사회심리적 이론

사회심리적 이론은 폭력의 원인을 다른 사람 또는 다른 집단과 같은 사회적 환경과의 상호작용에서 찾으려는 이론으로 가정폭력을 설명할 때 많이 적용된다. 대표적인 이론으로는 사회학습이론, 좌절-공격이론, 교환이론이 있다.

사회학습이론에 의하면, 가정폭력은 인간의 다른 사회적 행동들과 마찬가지로 자극과 강화, 모델링을 통해 학습된 행동이다. 폭력가정에서 성장한 자녀들이 부모를 통해 폭력을 배우고 그것이 문제해결에 효과적임을 배울 때 학습의 효과는 커지고 폭력의 악순환 고리가 형성된다.

좌절-공격이론에 의하면, 인간의 공격행동은 목표달성의 실패에서 비롯되는 욕구불만의 산물이며, 좌절과 욕구불만을 야기한 대상에게 대항할 힘이 없는 경우 힘이 약한 제 3자에게 공격을 가하기도 한다. 이러한 관점에서 볼 때, 가족은 구조적 · 기능적인 측면에서 좌절과 욕구불만을 경험할 수 있는 상황이 많으며, 이러한 상황에서 가정폭력이 유발될 수 있다. 그러나 좌절과 욕구불만을 가진 모든 사람이 공격적인 행동을 하는 것은 아니며, 어떠한 상황에서 좌절이 공격적 행동을 일으키는가에 대한 설명을 하지 않은 점이 이 이론의 한계이다.

교환이론에 의하면, 사람들은 공평의 원리에 의해 인간관계를 맺으려는 경향이 있다. 사람들은 다른 사람에게 투자한 노력이나 에너지에 상응하는 만큼의 대가를 받으려고 하는 경향이 있으며 이러한 공평한 교환이 이루어지지 않으면 분노가 일어나고 폭력이 발생하게 된다.

(3) 가족체계이론

가족체계이론에 의하면, 가정폭력은 개인의 병리현상이나 학습의 결과가 아니라 체계의 산물이다. 가정폭력은 가족 내의 하위체계(부부, 부모자녀, 형제자매 등)가 주변의 환경이나 다른 체계와 조화를 이루지 못하면서 발생하는 갈등상황이다. 가족체계이론에서는 가정폭력이 발생하고 유지되는 과정에 관심을 가지면서 가족체계가 어떻게 운영되는지에 따라 가정폭력의 정도가 강화 혹은 감소될 수 있다고 본다.

(4) 페미니즘이론

페미니즘이론에서 가정폭력은 개인적인 성향이나 학습에 의해서 뿐만 아니라 폭력을 허용하는 사회문화적 규범과 가부장적 이데올로기에 근거한 성차별적인 사회구조에서 기인되는 것으로 본다(Dobash & Dobash, 1979). 이 관점에서 폭력은 여성의 자율성을 제한하고 통제하기 위한 수단이며, 부부관계에서 남성의 권력을 확보하기 위한 수단임을 강조한다. 페미니즘 관점에서는 남성 중심적 성차별적인 사회문화 구조를 바꾸지 않는 한 여성의 억압형태를 나타내는 가정폭력을 근본적으로 해결할 수 없다는 입장이다.

3) 가정폭력의 실태 및 원인

가정폭력은 그 대상에 따라 부부폭력, 아동에 대한 폭력(아동학대), 노인에 대한 폭력(노인학대)으로 구분될 수 있다.

(1) 부부폭력

부부폭력은 자신의 배우자를 통제하기 위해 의도적으로 신체적, 심리적, 성적으로 가해하는 행위로 남편에 의한 아내폭력과 아내에 의한 남편폭력으로 구분될 수 있다.

여성가족부가 3년 단위로 실시하는 가족폭력 실태 조사인 '2016년 전국단위 가정폭력 실태조사'에 의하면, 만 19세 이상의 사실혼 관계를 포함하여 배우자가 있는 응답자를 대상으로 지난 1년간의 부부폭력 실태를 조사한 결과, 여성의 폭력 피해율은 12.1%이었으며 배우자 폭력 가해율은 9.1%인 것으로 나타났다. 남성의 경우는 배우자 폭력 가해율은 11.6%, 피해율은 8.6%인 것으로 나타났다. 2013년 부부폭력률과 비교할 때 부부간의 폭력이 감소했음을 알 수 있다.

부부폭력의 원인으로는 가해자의 성격적 결함, 알코올중독, 정신질환, 어린 시절의 폭력 경험 등 개인적 요인과 부부 상호작용에 있어 성격, 생활양식, 가치관의 차이로 인한 부부 불화, 경제적 갈등, 의처증이나 의부증이 원인이 되며, 사회적 요인으로는 사회 전반에 만연한 폭력에 대한 허용적인 의식과 가부장적 사회제도, 실직 등의 사회적 스트레스 등이 부부간의 폭력에 영향을 미치는 중요한 원인이다.

| 표 13-1 | 지난 1년간 부부폭력률(전체)

(단위: %)

구분	전체	여성			남성		
		피해	가해	상호폭력	피해	가해	상호폭력
부부폭력률(1)	14.1	12.1	9.1	6.5	8.6	11.6	6.2
부부폭력률(2)	41.5	34.4	33.1	25.1	33.3	35.6	25.3
신체적 폭력	3.7	3.3	1.9	0.9	1.6	2.1	0.6
경한 폭력	3.6	3.2	1.8	0.9	1.6	2.1	0.6
중한 폭력	0.4	0.5	0.2	–	0.1	–	–
정서적 폭력	12.5	10.5	8.4	6.2	7.7	10.5	5.9
경제적 폭력	2.5	2.4	1.1	0.3	0.8	1.5	0.4
성적 폭력	2.2	2.3	0.3	0.1	0.3	1.8	0.1
통제	37.7	29.7	29.8	22.8	30.4	31.8	23.5

주: 1) 백분율은 3,961(응답자수)을 기준으로 가중치를 부여하여 추정함
2) 분석에서 무응답은 제외함
3) 부부폭력률(1)은 신체적, 정서적, 경제적, 성적 폭력 중 하나라도 경험한 비율임
4) 부부폭력률(2)는 신체적, 정서적, 경제적, 성적 폭력, 통제 중 하나라도 경험한 비율임
5) 유형별 폭력률은 각 유형에 해당하는 폭력행동들 중 하나라도 경험한 비율임. 신체적 폭력률은 경한 신체적 폭력이나 중한 신체적 폭력 행동 중 하나라도 경험한 비율임

출처: 여성가족부 (2016). 2016년 가정폭력 실태조사 연구.

(2) 아동학대

아동학대는 보호자를 포함한 성인에 의해 아동의 건강 · 복지를 해치거나 정상적인 발달을 저해할 수 있는 신체적 · 정신적 · 성적 폭력 또는 가혹행위와 아동의 보호

자에 의해 이루어지는 유기와 방임을 의미한다(아동복지법 제2조).

2018년도 아동학대 주요 통계에 의하면, 아동학대 사례 유형은 중복학대가 47.9%로 가장 많았으며, 정서적 학대 23.8%, 신체학대 14.0%, 방임 10.6%, 성적 학대 3.7% 순으로 높게 나타났다. 중복학대 중 신체학대 · 정서학대가 38.1%로 가장 높았고, 정서학대 · 방임이 3.2%, 신체학대 · 정서학대 · 방임이 2.8%인 것으로 나타났다. 아동학대 발생장소의 경우, 전체 아동학대 사례 중 가정 내에서 발생한 사례가 80.3%로 가장 높게 나타났고, 그 외 어린이집, 유치원, 학교와 같이 아동을 돌보고 교육하는 기관에서 발생한 아동학대는 각각 3.3%, 0.8%, 8.5%로 파악되었다.

아동학대 행위는 부모에 의해 발생한 경우가 76.9%로 가장 많았으며, 대리양육자에 의한 학대도 15.9%나 되는 것으로 나타났다. 아동학대 사례로 판단된 피해아동의 가족 유형은 친부모가족 55.1%, 친부모가족 외 형태 35.3%, 대리양육 형태 1.0%, 기타 8.6%으로 나타났다.

| 표 13-2 | 아동학대 유형

(단위 : 건)

	2005	2006	2007	2008	2009	2010	2011	2012	2013	2014	2015	2016	2017	2018
계	4,633	5,202	5,581	5,578	5,685	5,657	6,058	6,403	6,796	10,027	11,715	18,700	22,367	24,604
신체학대	423	439	473	422	338	348	466	461	753	1,453	1,884	2,715	3,285	3,436
정서학대	512	604	589	683	778	773	909	936	1,101	1,582	2,046	3,588	4,728	5,862
성학대	206	249	266	284	274	258	226	278	242	308	428	493	692	910
방임	1,635	2,035	2,107	2,237	2,025	1,870	1,783	1,713	1,778	1,870	2,010	2,924	2,787	2,604
유기	147	76	59	57	32	14	53	–	–	–	–	–	–	–
중복학대	1,710	1,799	2,087	1,895	2,238	2,394	2,621	3,015	2,922	4,814	5,347	8,980	10,875	11,792

* 2012년부터 유기는 방임에 포함하여 조사됨.

출처: 아동학대주요통계 (2018). 2017년도 전국아동학대현황보고서.

아동학대의 원인으로는 부모(학대하는 사람) 요인, 아동 요인, 가정적 · 사회적 요인으로 분류할 수 있다.

- **부모 요인:** 부모의 심리적 특성과 성격구조의 결함, 어린 시절의 학대 경험, 부적절한 양육기술, 알코올 혹은 약물중독, 정신병리적 문제 등이 아동학대 유발
- **아동 요인:** 아동의 신체적 특성(미숙아, 정신지체, 기형아 등)이나 심리적 · 행동적 특성(문제행동, 까다로운 기질, 사회적 반응의 결핍 등)으로 부모나 양육자가 신체적 · 심리적으로 쉽게 지치게 되면 아동과의 애착형성에 어려움을 겪게 되어 아동학대 유발
- **가정적 · 사회적 요인:** 가족관계 및 구조의 문제, 사회적 지지체계의 결여, 신체적 체벌에 대해 허용적인 문화 등이 아동학대 유발

성장기에 학대를 경험한 아동들은 가벼운 타박상과 찰과상부터 영구적 장애나 사망에 이르는 다양한 신체적 증상과 불안, 우울, 신경쇠약, 무력감 등의 정신적 증상을 보이는 경우가 많다(김승권 · 조애저, 1998; 송정애 외, 2007). 또한 아동기에 학대받았거나 학대가 빈번하게 일어났던 가정에서 성장한 부모는 다른 사람들보다 자녀를 학대할 확률이 높아 가정폭력이 세대 간에 전수될 가능성이 높아지는 것으로 나타났다. 따라서 아동학대를 사전에 예방하고 학대피해아동 보호 및 학대행위자 관리가 시급한 실정이다.

(3) 노인학대

최근 노인 인구의 증가와 인구의 고령화로 인한 노인들의 신체적 · 정신적 · 경제적 의존성의 증가는 노인학대의 가능성을 야기하고 있다. 또한 현대사회에서 가족규모의 축소 및 핵가족화, 전통적인 가족가치관의 변화로 인한 노인부양의 부담과 스트레스도 노인학대의 가능성을 증가시키고 있다.

노인학대는 노인에 대하여 신체적, 정신적, 성적 폭력 및 경제적 착취 또는 가혹행위를 하거나 방임을 하는 것을 의미한다(노인복지법 제1조2 제4호). '2016년 전국단위 가정폭력 실태조사'에 의하면, 65세 이상 노인응답자 중 가족원으로부터 폭력 피해

를 경험한 비율은 응답자의 7.3%이었다. 대부분이 정서적 폭력 형태(6.5%)로 발생하였으며, 다음으로 경제적 폭력 1.5%, 방임 1.4%, 신체적 폭력 0.45% 순이었다. 폭력 가해자는 아들 · 딸이 69.5%로 가장 많았으며, 그 다음이 사위 · 며느리 20.2%, 손자 · 손녀 7.0% 순이었다. 노인학대 경험률은 노인 특성별 차이가 있어 도시지역에 비해 농촌지역 노인이, 남성 노인에 비해 여성 노인이, 연령이 높을수록, 소득이 낮을수록 노인학대 경험률이 높은 것으로 나타났다(여성가족부, 2016).

| 표 13-3 | 지난 1년 간 노인폭력 가해자

(단위 : 건, %)

피해자 본인	친족							타인	기관	계
	배우자	아들	며느리	딸	사위	손자녀	친척			
240	1,557	2,106	143	436	34	134	59	168	788	5,665
4.2	27.5	37.2	2.5	7.7	0.6	2.4	1.0	3.0	13.9	100

출처: 보건복지부 (2019). 2018년 노인학대현황보고서.

노인학대의 발생요인으로는 노인 관련 요인, 가해자 관련 요인, 가해자와 노인과의 상호작용요인, 가정환경요인, 사회문화적 요인 등이 있다.

- **노인 관련 요인**: 노인의 성격적 특성이나 정신장애, 알코올중독 등 노인의 개인적 특성과 고령이나 질병으로 인한 노인의 의존성이 노인학대를 유발
- **가해자 관련 요인**: 가해자의 성격, 부적응, 중독 등의 개인적 특성과 부양자의 신체적 · 정신적 스트레스, 부양능력 결여
- **가정환경 요인**: 가정의 경제적 문제나 가족 간의 불화, 재산 문제 등으로 인해 노인학대 유발
- **사회문화적 요인**: 노인에 대한 가치관의 변화, 사회보장 및 노인복지서비스의 결여 등과 같은 요인들에 의해서도 노인학대 발생

3. 가족문제 예방과 해결을 위한 전문적 개입

현대사회에서 가족은 전통적인 사회규범과 가치관의 변화, 가족관의 변화 등으로 급속히 변화하고 있으며, 이러한 가운데 이혼과 가정폭력, 청소년 비행 등의 다양한 가족문제에 직면하고 있다. 과거에는 가족에서 발생한 문제들은 가족 내에서 해결하려는 노력을 하였으며 가족의 문제가 외부로 노출되는 것에 대한 우려와 부담이 높았다. 그러나 현대사회의 가족문제는 다양하고 그 정도가 심각하여 개별 가정의 범주를 벗어나 사회문제와 연결된 것이 대부분이므로 이를 해결하기 위해서는 개별 가족뿐 아니라 사회와 국가가 함께 나서서 제도적인 노력을 하는 것이 필요하다.

또한 급속하게 변화하는 가족과 사회환경에서 현대 가족이 직면하는 다양한 문제들을 단순히 가족의 약화 혹은 위기로만 인식하기보다는 무엇이 문제이며 어떻게 해결해 나갈 것인지에 대한 방안을 모색하여 보다 생산적으로 문제를 극복하고 개인과 가족의 건강성을 회복할 수 있도록 노력하는 것이 필요하다. 가족문제에 대해서는 예방적인 측면과 해결적인 측면에서 접근하는 것이 효과적이며, 가족문제가 발생했을 때에는 가족센터나 여러 상담기관의 도움을 받는 것도 문제해결에 도움이 된다.

1) 예방적인 측면에서의 개입

과거 한국 가족은 가족문제에 대해 소극적이고 수동적이며 발생된 문제를 중심으로 사후처치적인 대응을 해 왔다. 가족문제는 소수 특정한 가족만의 어려움으로 인식되었으며, 부모세대가 문제에 대처한 경험적인 방법들을 전수받아 발생한 문제를 해결하기 위한 노력을 하였다.

그러나 현대사회와 같이 급변하는 사회에서 다양한 가족문제는 어느 특정한 가족에만 발생하는 것이 아니라 모든 가족에서 발생될 가능성이 내재되어 있다고 볼 수 있다. 또한 경험에 의한 세대적인 전수로는 다양한 가족문제를 예방하고 해결하는 데 충분하지 못하다. 가족문제는 가족의 발달에 따라 발생하는 발달과업을 달성하고 가족원들의 개별적인 욕구를 충족시킬 수 있는 교육 및 훈련 프로그램들을 통하여 사전예방적인 차원에서 접근하는 것이 필요하다.

가족생활교육(family life education)은 가족문제 예방에 초점을 둔 교육으로 다양한 교육과 훈련 프로그램들을 통해 인간의 성장과 가족의 발달단계에서 야기되는 과업들을 성취하고 가족문제들을 해결하여 건강한 가족생활을 유지할 수 있도록 도와준다. 미국가족관계학회(NCFR)의 가족생활교육위원회(NCFLE)에 의하면, 가족생활교육의 내용에는 평생발달적 관점에서 대인관계, 인간발달과 성, 가족상호작용, 부모교육, 가족자원관리, 가족과 사회, 윤리 등의 내용을 포함하고 있다. 또한 주제별로 결혼준비교육, 신혼기 부부교육, 예비부모교육, 의사소통교육, 성교육, 중년기 부부교육, 청소년 자녀와 부모의 관계 향상을 위한 부모교육, 성인 자녀를 위한 노인부양교육, 고부교육, 노후준비교육, 치매교육 등이 있으며 교육 참가자들의 필요와 요구에 따라 다양한 중심 주제별 혹은 교육대상 집단별로 접근할 수 있다(유영주 외, 2007).

가족생활교육과 같은 전문적인 교육 이외에도 가족구성원들이 가족문제와 관련된 전문서적을 읽거나 관련 영화 혹은 연극 등을 통해 가족 간의 상호작용을 향상시키고 문제해결의 실마리를 찾을 수도 있다. 또한 발생된 문제에 대해 전체 가족이 논의를 통해 문제에 영향을 주는 가족규칙이나 규범, 의사소통방법들을 바꾸고자 하는 노력도 문제해결에 도움을 줄 수 있을 것이다.

가족문제에 대한 예방적인 차원의 개입은 문제가 발생한 후의 사후처치적인 개입보다 여러 측면에서 사회적 비용이 절감되는 경향이다(조선주 외, 2010). 앞으로 가족문제에 대한 예방적인 측면에서의 개입은 가족의 잠재적인 강점을 강화하고 복지를 증진할 뿐 아니라, 현대 가족에 내재한 문제들을 가족의 발달단계와 가족구성원의 특성에 맞게 교육하고 훈련하는 방향으로 이루어져야 할 것이다(전효정, 2007).

2) 해결적인 측면에서의 개입

가족문제에 대한 해결적인 측면에서의 개입은 가족치료 및 상담을 통해 이미 발생한 문제에 대해 가족이 그 문제를 해결할 수 있도록 도와주거나 야기된 문제로 받은 상처를 치유하도록 도와주는 것이다. 현대사회의 복잡하고 급변하는 환경 속에서 사람들은 대인관계 및 가족관계, 가정과 직장, 학교 등에서 많은 스트레스를 경험하고 있다. 이러한 과중한 스트레스와 대인 및 가족관계에서의 부적응으로 인해 현대사회는 가족의 불안정성과 가족해체현상이 증가하고 있으며, 이에 대한 해결방안으로 가족상담 및 치료에 대한 요구도가 높아지고 있는 실정이다.

문제의 원인을 개인에게 두는 개인상담과는 달리 가족상담 및 치료는 체계론적 입장에서 가족의 문제에 접근한다. 가족문제는 누구 한 개인의 문제가 아니라 그 개인을 둘러싼 가족과 사회체계의 역기능적인 상호작용의 결과이며, 이를 해결하기 위해서는 가족체계의 변화가 필수적이다. 원가족에서의 경험을 이해하고, 부적절한 가족규칙과 신념을 유연하고 합리적으로 변화시키며, 역기능적 의사소통을 기능적인 의사소통으로, 경직되고 모호한 경계를 분명한 경계를 가진 체계로 변화시킴으로써 가족이 현재 직면하고 있는 문제를 해결하고 가족의 건강성을 유지해 나갈 수 있을 것이다.

가족상담 및 치료는 1950년대 미국에서 시작되었으며 1960년대의 확대기, 1970년대의 정착 및 혁신기, 1980년대의 성장과 전문화기를 거쳤다. 1990년대부터 시작하여 2000년대에는 통합적인 관점의 영향으로 개인상담과 가족상담, 가족상담모델과 기법들 사이의 통합이 이루어졌으며, 상담자의 선호와 내담자 가족의 문제에 따라 이론모델과 기법을 유용하게 선택할 수 있다는 견해가 지배적이다. 우리나라에서는 1970년대 초반 가족상담 및 치료 이론이 소개되고 1980년대부터 본격적인 활동이 시작되었다. 1988년대에 한국가족치료학회의 결성을 시작으로 여러 가족상담 및 치료 관련 학회가 결성되었으며 이들 학회를 중심으로 전문적인 가족상담사의 양성이 이어지고 있다(최규련, 2009).

가족상담과 치료가 실시되고 있는 곳은 종합병원, 정신과병원 등의 의료기관, 가족센터, 종합사회복지관, 가정폭력 · 성폭력 상담소, 사설연구소 및 상담소, 대학부설 상담기관 등이다. 최근 우리 사회 전반에서 부부갈등과 이혼, 자녀문제와 관련된 가족상담에 대한 수요가 급증하고 있으며 앞으로도 지속적으로 증가할 것으로 생각된다.

3) 가족문제 전문 개입 기관

본 장에서는 가족문제에 대해 예방적이고 해결적인 측면에서 개입하는 기관으로 가족센터와 가정폭력 및 성폭력상담소, 청소년상담복지센터, 그리고 사설 상담기관에 대해 살펴보고자 한다.

(1) 가족센터

가족센터는 여성가족부의 [2021년 가족사업 안내] 개정안(21.10.13. 시행)에 따라 그간 운영되어온 건강가정 · 다문화가족지원센터가 명칭으로 인해 쉽게 인식하기 어렵고, 다양한 가족의 참여를 제한한다는 의견을 수렴하여 서비스 이용을 보다 활성하고자 변경한 명칭이다. 즉 가족센터는 일반가족 및 다양한 가족을 대상으로 가족문제 발생을 사전에 예방하고 다양한 사회적 변화에 잘 대처하여 행복하고 건강한 가족생활을 유지할 수 있도록 통합적인 가족지원서비스 전달을 목표로 한다.

가족센터는 2004년 시범사업 운영을 시작으로 2005년부터 본격적인 사업을 시작하였으며, 2022년 현재 한국건강가정진흥원을 중심으로 전국에 208개의 시 · 군 · 구의 가족센터가 전문적이고 체계적인 가족지원서비스를 제공하고 있다.

가족센터에서 실시하는 사업으로는 크게 가족교육사업, 가족상담사업, 가족돌봄나눔사업, 다양한 가족지원사업, 지역사회네트워크사업 등이 있다. 다음은 각 사업에 대해 가족센터 홈페이지(www.familynet.or.kr)에 제시된 내용을 요약정리한 것이다.

가족교육사업은 가족이 건강하고 행복한 가정생활을 영위하는 데 필요한 것들을 제공하는 교육사업으로, 특히 생애주기별로 가족의 형성과 확대 축소에 따라 예측 가능한 문제들을 미리 준비하고, 그 단계에서 해내야 할 과업들에 대한 교육이 각 단계별로 제공된다. 가족센터에서 제공하는 가족생활교육은 크게 생애주기별 교육, 아버지교육, 가족성장 아카데미가 있으며 모든 교육은 전문가에 의해 표준화된 교육 메뉴얼로 진행된다.

가족상담사업은 예비부부, 신혼기, 중년기, 노년기 등 생애주기에 따라 발생되는 가족 내 다양한 갈등과 문제의 해결을 위해 진행되는 상담사업으로 가족이 경험하는 문제의 원인을 파악하고 해결하기 위해 가족구성원의 개별적인 접근과 가족단위의 통합적 접근을 포함하여 제공된다.

가족돌봄나눔사업은 이웃과 사회의 돌봄이 필요한 가족에게 나눔을 실천하는 사업으로 가정 내 돌봄을 나누고 실천하는 것에 국한하지 않고 이웃과 지역사회의 돌봄이 필요한 가족으로 확장하여 물적 · 인적자원을 나눔으로써 돌봄대상 가족의 행복과 삶의 질 향상에 기여하기 위한 사업이다. 대표적인 프로그램으로는 '모두가족봉사단', '가족사랑의 날'이 있다.

아이돌봄지원사업(https://idolbom.go.kr)은 가정의 아이돌봄을 지원하여 아이의 복지증진 및 보호자의 일 · 가정 양립을 통한 가족구성원의 삶의 질 향상과 양육친화적인 사회환경을 조성하는 사업이다. 부모의 출장, 야근 또는 아동의 질병 등으로 발생하는 일시적인 양육공백에 따른 돌봄 수요에 탄력적으로 대응하여 시설보육의 사각지대를 보완하고, 자녀의 안전과 건강한 양육을 위해 1:1 개별보육을 선호하는 취업부모에게 가정 내 12세 이하 아동을 대상으로 돌봄서비스를 제공하는 사업이다.

다양한 가족지원사업은 최근 사회 · 경제 · 문화환경의 변화에 따라 등장하게 된 다양한 형태의 가족이 가족 내 역량을 강화함으로써 가족의 기능을 발휘하고 사회에 적응할 수 있도록 지원하기 위한 것이다. 다양한 가족 유형 중 지역적 특성에 맞는 대상을 선정하여 상담 · 교육 · 문화가 포함된 통합 맞춤형 서비스를 제공하는 것으로 현재 진행 중인 사업으로는 다문화가족, 북한이탈주민가족, 한부모가족, 1인가

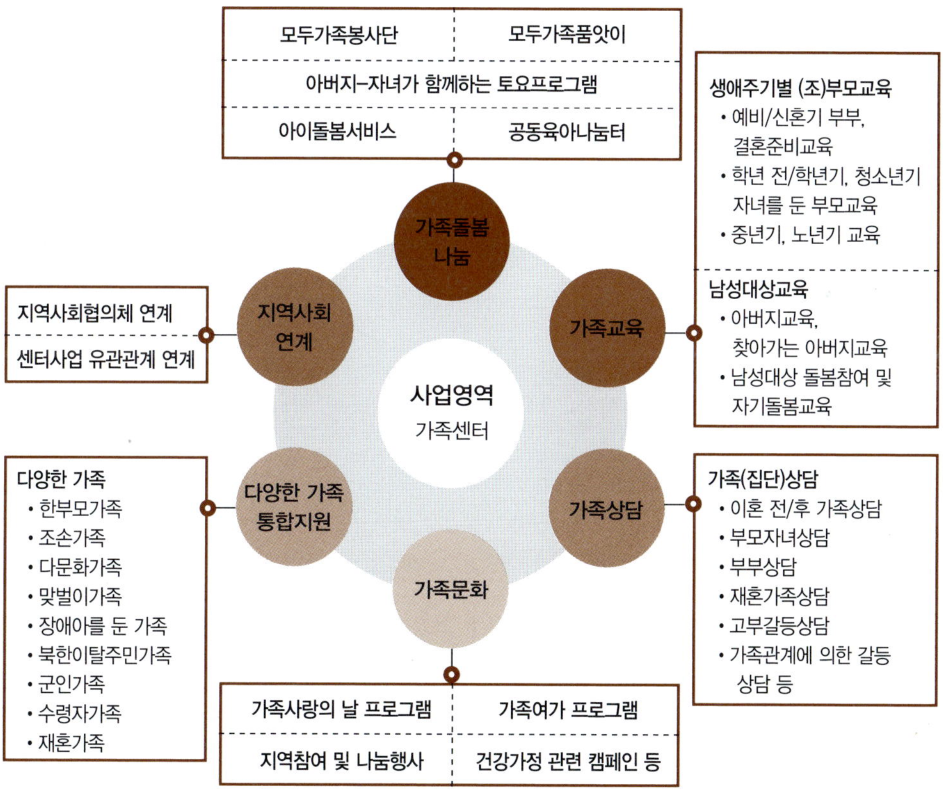

| 그림 13-1 | 가족센터 주요 사업

출처: 가족센터 홈페이지

구, 군인가족, 일탈청소년 가족지원사업이 있다.

지역사회네트워크사업은 가족센터에서 이루어지고 있는 상담, 교육, 문화사업의 추진 활성화를 위해 해당 영역의 지역사회 유관기관들과 긴밀히 협조하여 가족지원사업을 수행하는 것이다. 각 센터별로 다양한 네트워크사업이 진행되고 있어 공통사업을 정확히 특정하기는 어려우며, 한국건강가정진흥원의 경우 교통안전공단, 국민연금공단, 근로복지공단, (사)한국백혈병 소아암협회, 한국정보문화진흥원, 법무부와 연계하여 서비스를 제공하고 있다.

가족센터의 서비스를 이용하기 위해서는 1577-9337로 전화를 하면 자택과 가장 가까운 센터로 연결이 되며, 한국건강가정진흥원 홈페이지(www.kihf.or.kr)에서도 가까운 가족센터를 확인할 수 있다. 가족상담의 경우 위의 번호로 전화하거나 해당 지역의 센터번호로 연락을 하여 센터의 담당자와 상담시간을 협의 후 예약하고 이용할 수 있다. 센터 방문이 어려울 경우 전화 상담, 인터넷 상담을 이용할 수 있다.

아이돌봄지원사업의 경우 1577-8136로 전화하여 홈페이지 이용에 대한 문의를 하거나 1577-2514로 전화하여 가까운 서비스 제공 기관으로 연결해서 서비스를 이용할 수 있다. 아이돌봄지원사업을 이용하기 위해서는 국민행복카드를 발급받아야 하며, 정부의 지원을 받지 못하는 경우에는 이용 요금을 100% 이용자가 부담하는 형태로 서비스를 이용할 수 있다.

(2) 가정폭력 및 성폭력 관련 상담소

가정폭력상담소와 성폭력상담소는 각각 「가정폭력방지 및 피해자보호 등에 관한 법률」과 「성폭력방지 및 피해자보호 등에 관한 법률」에 의거하여 가정폭력과 성폭력을 사전에 예방하고 피해자를 신속하게 구제함으로써 개인의 인권을 신장시키고 건전한 가정과 가족제도를 유지 · 보호하는 데 그 설치 목적을 둔다. 가정폭력과 성폭력상담소의 주요 업무는 다음과 같다(박옥임 외, 2004).

- 가정폭력이나 성폭력 피해를 신고받거나 이에 관한 상담에 응하는 일, 후유증

극복을 위한 심리치료 및 집단상담

- 정상적인 가정생활 및 사회생활이 어렵거나 긴급히 보호를 필요로 하는 피해자를 임시보호하거나 의료기관 또는 보호시설로 인도하는 일
- 가해자에 대한 고발 등 사법처리 절차에 관하여 대한변호사협회나 한국법률구조공단 등 관련 기관에 필요한 협조와 지원을 요청하는 일
- 가정폭력과 성폭력의 예방 및 방지에 관한 교육과 홍보
- 가정폭력과 성폭력 피해에 관한 조사 및 연구 수행

가정폭력상담소와 성폭력상담소 설치는 각각 「가정폭력방지 및 피해자보호 등에 관한 법률」 제7조와 「성폭력방지 및 피해자보호 등에 관한 법률」 제10조에 의거하여 국가 또는 지방자치단체가 직접 설치할 수 있으며, 사회복지법인, 기타 비영리법인이 시 · 도지사의 인가를 받아 보호시설을 설치, 운영할 수 있다.

가정폭력상담소나 성폭력상담소 이외에도 여성긴급전화 1366을 통해 가정폭력이나 성폭력에 대한 상담 및 지원을 받을 수 있다. 1366은 가정폭력 · 성폭력 · 성매매 · 데이트폭력 · 디지털성폭력 · 성희롱 등으로 긴급한 구조 · 보호 또는 상담을 필요로 하는 여성들이 언제라도 전화를 통해 피해 상담을 받을 수 있도록 전국적으로

| 그림 13-2 | 여성긴급전화 1366 상담전화 안내 배너

통일된 국번 없는 특수전화 1366을 365일, 24시간 운영한다. 1366은 중앙센터 및 광역자치단체(시 · 도) 단위로 전국 16개 시 · 도에 18개소 운영되며, 경기도의 경우에는 지역적 특성을 고려하여 1개소를 추가 설치하여 운영하고 있다.

(3) 청소년 문제 관련 상담소

한국청소년상담복지개발원(Korea Youth Counseling & Welfare Institute)은 전국 시 · 도 및 시 · 군 · 구에 소재한 청소년상담복지센터와 학교밖청소년지원센터를 총괄하는 중추기관으로서 청소년상담 · 복지정책 연구 및 프로그램 개발 · 보급, 상담 · 복지전문인력 양성을 위한 교육연수, 위기청소년을 위한 통합지원체계 운영 · 지원, 취약계층 청소년을 위한 자립 및 복지사업 등 국가차원의 청소년 정책 업무를 수행하는 기관이다.

한국청소년상담복지개발원은 청소년 상담의 인프라를 구축하기 위해서 각 시 · 도 · 구 · 군에 청소년상담복지센터를 설치 · 운영할 수 있게 지원해 왔다. 1990년에 대구와 광주에 시범적으로 설치 · 운영해 왔던 청소년종합지원센터 개원을 시작으로 시 · 도 청소년종합상담실이 설치되기 시작하여 1993년에는 24개의 시 · 군 · 구 단위 청소년상담실이 설치되었으며, 2020년 현재 전국 236개소에 이르고 있다. 그 외에도 한국청소년상담복지개발원의 지역센터로 청소년지원센터 꿈드림 218개소, 청소년 쉼터 135개소, 청소년 자립지원관 5개소가 운영되고 있다.

한국청소년상담복지개발원은 학업, 진로, 대인관계, 인터넷중독 등 청소년들이 성장하는 과정에서 직면하는 여러 가지 문제에 대해 대면, 전화, 사이버상담을 제공한다. 주요 사업으로는 청소년안전망운영사업, 학교밖청소년지원사업, 청소년 인터넷 · 스마트폰 과의존 예방 및 해소사업, 청소년 폭력예방지원사업, 정책연구 및 프로그램 개발사업, 청소년상담사 자격연수 · 보수교육사업, 청소년권리교육사업, 청소년 복지시설지원부사업 등이 있다.

한국청소년상담복지개발원을 이용하는 방법은 청소년상담전화 110 또는 국번 없이 1388로 전화하거나 휴대전화로는 지역번호+1388로 전화하면 된다. 전화 외에도 한국청소년상담복지개발원 홈페이지(kyci.or.kr)에 접속하여 여러 프로그램을 이용할 수 있다.

1388 청소년 전화는 이전에 있었던 가출상담전화 1588-0924와 청소년긴급전화 1388이 통합되어 새롭게 탄생한 청소년상담 전화로 청소년상담, 가출, 위기상담, 신고 등 모든 기능을 하나로 통합하여 서비스를 제공하는 제도이다. 1388 전화상담의 운영모형은 〈그림 13-3〉과 같다. 1388은 여성가족부 주최로 한국청소년상담복지개발원과 지방자치단체가 운영하고 있다.

| 그림 13-3 | 청소년 사회안전망 운영사업 추진절차

출처: 한국청소년상담복지개발원 홈페이지

*참고문헌

가족센터 홈페이지 www.familynet.or.kr

김승권, 조애저 (1998). 한국가정폭력의 개념정비과 실태에 관한 연구. 한국보건사회 연구원.

김재엽 (2000). 부부폭력과 아동학대. 연세사회복지연구, 6(7), 1-32.

박성석, 오정아, 이영주, 최경화, 최금해 (2009). 가족복지론. 파주: 양서원.

박옥임, 도미향, 류도희, 박애선, 백경숙, 성정현, 이규미, 이영석 (2004). 성폭력 전문상담. 서울: 시그마프레스.

보건복지부 (2019). 2018년 노인학대현황보고서.

보건복지부 (2019). 2018년도 전국아동학대현황보고서.

송정애, 정해은 (2007). 가족복지론. 파주: 양서원.

여성가족부 (2017). 2016년 전국 가정폭력 실태조사.

유영주, 배선희, 이인수, 이정연, 박정희, 홍성례, 이창숙, 안재희, 최희진, 김밀양, 김연, 전영자, 손정영, 홍숙자, 양순미, 강학중, 오윤자, 김순기 (2007). 새로운 가족학. 서울: 신정.

전효정 (2007). 생태학적 가족복지모형을 적용한 가족생활주기에 따른 심리적 복지. 대한가정학회지, 45(5), 121-133.

조선주, 김혜영, 민현주, 이선행 (2010). 가족문제 예방의 사회적 비용 절감효과 측정 연구. 한국여성정책연구원.

최규련 (2009). 가족상담 및 치료. 고양: 공동체.

통계청 (2019). 2018년 혼인 이혼 통계.

한국청소년상담복지개발원 홈페이지. www. kyci.or.kr, youconet.or.kr

Dobash, R. E., & Dobash, R. (1979). Violence against wives-A case against the patriarchy. NewYork, NY.

William, F. (1990). Preventing Parentectomy Following Divorce. Keynote Address, Fifth Annual Conference National Council for Children's Rights, Washington, DC.

찾아보기

기타

저자 소개

전귀연
경북대학교 가정학 박사(아동가족학 전공)
현재: 경북대학교 생활과학대학 아동학부 아동가족학 전공 교수

이지민
Texas Tech University 박사(HDFS 전공)
현재: 영남대학교 생활과학대학 가족주거학과 교수

이순복
경북대학교 이학 박사(아동가족학 전공)
현재: 위덕대학교 유아교육과 교수

임지영
The Ohio State University 박사(HDFS 전공)
현재: 경북대학교 생활과학대학 아동학부 아동가족학 전공 교수

박혜란
경북대학교 이학 박사(아동가족학 전공)
(전) 경북대학교 생활과학대학 아동학부 강사

배문조
경북대학교 이학 박사(아동가족학 전공)
현재: 경북대학교 생활과학대학 아동학부 강사

임주영
경북대학교 이학 박사(아동가족학 전공)
현재: 여기스터디 사이버평생교육원 강사

정유진
경북대학교 이학 박사(아동가족학 전공)
현재: 디어미심리상담센터 대표

김은지
경북대학교 이학 박사(아동가족학 전공)
현재: 경북대학교 생활과학대학 아동학부 강사

신현정
경북대학교 이학 박사(아동가족학 전공)
현재: 경북대학교 생활과학대학 아동학부 강사

결혼준비교육

초판발행 2021년 1월 15일 **1판 1쇄 발행** | 2022년 9월 10일 **1판 2쇄 발행**

지은이 전귀연 이지민 이순복 임지영 박혜란 배문조 임주영 정유진 김은지 신현정
펴낸이 최용구 | **펴낸곳** 도서출판 **신정**
주소 (04316) 서울시 용산구 원효로 89길 19 (원효로1가)
전화 02)3211-4782, 0266(영업부), 3211-4783(편집부), 3211-4784(팩스)
이메일 shinjeong72@naver.com | **홈페이지** www.sjbook.co.kr
등록 2001년 5월 11일 제13-702호
기획마케팅 최용구 장만동 최충구 진소희 | **책임편집** 석기은 황가연 | **표지이미지** 이순복

ISBN 978-89-5912-746-7 93590
정가 19,000원